제국의 후예

고창 김씨가와 한국 자본주의의 식민지 기원, 1876~1945

Offspring of empire : The Koch'ang Kims and the colonial origins of Korean
capitalism, 1876~1945
by
Carter J. Eckert

제국의 후예

고창 김씨가와 한국 자본주의의 식민지 기원, 1876~1945

카터 J. 에커트 지음
주익종 옮김

OFFSPRING
OF EMPIRE

푸른역사

한국어판 서문

총명하고 야심 있는 학생들이 때로 먼 장래의 일들을 계획하고 관리하려고 너무 애쓰는 것을 볼 때면, 나는 그들에게 인생에서 우연히 얻을 수 있는 여러 가능성과 기회에 마음을 열어두라고 말한다. 1960년대 로렌스대학에서 학부생 시절과 그 후 하버드대학에서 대학원생 시절 나는 유럽 고대사와 중세사에 푹 빠져 있었다. 그러나 1969년 전혀 예기치 않게 2년간 한국에 평화봉사단원으로 가게 된 것을 계기로 내 인생은 완전히 바뀌었다. 나는 예정보다 길게 1977년까지 서울에 눌러앉아서 일하고 공부하였다. 내가 한국에서 보낸 이 8년은 박정희 정부하의 '근대화'가 절정에 달한 시기였고, 매일매일 눈앞에서 펼쳐지던 현상들의 역사적 맥락이 서서히 나를 사로잡았다. 결국 나는 연구 대상을 동아시아와 한국으로 옮겼고, 워싱턴 주립대학교에서 이 책의 초고가 된 박사학위논문을 마쳤다.

이제 와서 보면 좀 순진하고 너무 꿈이 컸다고 생각되지만, 당시 나는 무엇보다도 강력한 발전국가, 특히 금융 면에서 국가에 구조적으로 연결된 소수의 대규모 기업집단(재벌)과 권위주의적 노동자 통제 등의 특징을 가진 박정희시대의 자본주의가 역사상 어떻게 등장했는지 객관적으로 탐구해 보고 싶었다. 이 과정에서 자연히 경성방직주식회사(경방)에 연구 초점이 맞춰졌다. 이는 방직공업이 한국의 경제발전의 선봉이었기 때문만 아니라, 그 역사가 20세기 초까지 거슬러 올라가는 한국 최초의 자본주의 대기업이기 때문이었다.

친절하고 너그러운 경방 회장 덕분에 나는 운 좋게도 1919년 설립 때부터의 회사 문서들을 열람할 수 있었고, 회사의 성장 과정을 상세히 재구성할 수 있었다. 이를 통해 발견한 것은 기존 역사서를 보고 당초 짐작했던 것과 달리, 경방이 1945년 이후가 아니라 일본의 식민지 강점기에 최초의 큰 도약을 했다는 사실이었다. 이후 나의 연구는 어떻게 이러한 일이 가능했는지를 탐구하는 것으로 확장되었다. 결국 식민지기와 해방 후 사이의 자본주의적 연계 가능성을 고려함과 동시에, 식민지기 한국인과 일본인 간의 상호작용의 성격에 대한 좀더 복합적이고 미묘한 점들을 이해하게 되었다. 이렇게 해서 처음 잉태되고 태어난 것이 나의 박사학위논문이었고, 그것이 다시 이 책 《제국의 후예》의 모태가 되었다.

그러나 책이란 저자의 의도나 바람과는 달리 나름의 운명을 갖는다. 《제국의 후예》의 경우가 확실히 그러했다. 북미와 유럽에서는 내의도대로 식민통치하 한국의 경제개발과 한국인과 일본인의 상호작용에 대한 역사학 연구로 간주되었지만, 한국에서는 실로 다양한 반응들이 쏟아졌다. 지금까지도 이어지는 한국의 연구자들, 특히 젊은 연구자들의 편지와 이메일, 방문 등을 통해 살펴보면, 몇몇은 이 책이 판에 박힌 민족주의 사관을 벗어나 생각하도록 자극했다고 나에게 말한다. 반면, 다른 이들은 이 책이 일본의 식민지배를 이른바 '정당화'하거나 '미화'했다고 비판하기도 한다. 심지어 한 역사학자는 자신이 생각한 이 책의 주제에 너무나 격노해서《역사비평》에 내 인격과 연구의 동기를 공개적으로 공격하기까지 했다. 그러한 비판을 접할 때면 마치 롤랑 바르트의 유명한 표현처럼, 내가 포스트모던적인 '저자의 죽음'을 당한 듯한 느낌이 들었다. 즉 저자의 본래의 의도와 해석이 독자가 책에 부여한 의미들로 대체되거나 완전히 지워지는 것 말이다. 이러한 비판자들 중 몇이나 실제로 이 책을 읽었는지 궁금하기도 했다.

사실 '저자의 죽음'을 더 뼈저리게 느끼게 한 것은 이 책이 한국에서 한국어로 제대로 번역되어 출판되지 않은 채, 많은 비판자들이 책의 일부에서 떼어낸 발췌문이나 원저의 정확하고 미묘한 언어가 사라진 임시 요약물, 심지어는 단순한 풍문에 의존하고 있었다는 점이다. 비판적 서평이나 논쟁은 학자의 핵심적이고 필수적인 직무다. 이 책에는 비판의 소지가 많다. 하지만 학문의 정신이 공정하기 위해서는 그러한 비판이 단순한 가정이나 덮어씌우기가 아닌 책의 실제 내용을 토대로 해야 할 것이다. 이런 의미에서 이번에 주익종 박사가 이 책을 완역한 것을 환영한다. 나는 이 기회를 빌려 '저자의 죽음'에서 잠시 깨어나 이 책이 실제로 무엇에 관해 쓴 것인지, 출간되고 17년이 지나서 알게 된 그 몇 가지 강점과 약점은 무엇인지를 제대로 기록해 두려 한다.

먼저 분명하고 뚜렷하게 밝히는 것으로 시작하겠다.《제국의 후예》는 일본의 식민지배를 변호한 것이 아니다. 이 책은 한국 자본주의의 출현을 연구한 것이다. 나로서는 이 책에서 식민 권력이 의식적으로 회유하거나 끌어들이려 했던 한국인 엘리트와는 달리, 한국인 대다수가 느꼈던 일제 강점의 억압적 측면을 부인하거나 축소할 의도가 전혀 없다. 나는 또한 일제가 1920년대에 한국인 엘리트와 더 협력하는 자본주의개발 정책으로 전환한 것이 한국 자본주의 자체의 발전을 촉진하기 위해서가 아니라 일본 제국의 이익을 증진하기 위한 것이었음을 전혀 의심하지 않는다.

일본 제국주의가 없었더라도 한국인들이 자신의 힘으로 자본주의를 발전시킬 수 있었다거나 발전시켰으리라는 가상의 주장도 이 책에서 완전히 배제되지 않는다. 그렇지만 일어날 수도 있던, 혹은 일어나야 했을 어떤 것이란 경험적으로 입증될 수 없다. 이 책은 무엇이 실제로 일어났는지, 어떻게 자본주의가 현실의 역사적 맥락에서 발전했는지에 초점을 둔다. 물론 이 책의 주장은 식민지배가 중요한 영향을 미쳤다는 것이다. 그러나 이 책은 1910년 이전이든 특히 1945년 이후든 한국 경제를 형성한 다른 요인들의 역할을 부정하지 않는다. 몇 가지 예를 들면 전후 미국의 영향력, 한국전쟁의 영향, 한일국교 정상화, 베트남전쟁의 역할 등이 그것이다. 다시 말해 이 요인들이 중요하기는 하나 이 책의 초점이 아니다. 대신 《제국의 후예》는 한국 근대 경제사를 '장기지속성longue durée'이라는 관점에서 볼 때 식민지기를 조망해 그 공백을 메우려는 것이다.

그러므로 일제 강점기 중의 자본주의적 변혁 이야기가 이 책이 핵심이 된다. 나아가 이 책은 강점기 이전과 특히 해방 후 한국 자본주의의 역사에 관한 더 크고 긴 논의에 함축적 의미를 부여한다. 이 이야기에는 토지 재산에서 공업적 재산으로의 전환의 개시, 강력한 발전국가의 출현, 초기 부르주아지와 노동계급의 등장, 1930년대와 1940년대의 전쟁과 전시동원이 초래한 사회경제 변화 등의 다른 많은 관련된 이야기들이 담겨 있다.

자본주의란 그것을 받아들인 어느 사회에서도 그랬던 것처럼 기존 사회 구조와 질서를 부수고 새로운 구조와 질서를 낳는 역동적인 과정 바로 그것이다. 식민지 한국도 예외가 아니었다. 그러나 자본주의의 변혁적 힘을 지적하는 것은 그것을 찬양하거나 칭송하는 것이 아니다. 마르크스와 같은 자본주의 비판가조차도 그 혁명적 잠재력을 인정했으며, 이 책은 그 변혁 과정을 조명하면서도 식민지 후견 아래서 한국에서 실제로 발전한 자본주의의 형태에 비판적인 입장을 취한다. 경제와 사회에 대한 전면적인 국가 개입, 재벌이 지배하는 민간부문, 노동자 억압이 전혀 문제될 게 없다고 보는 독자들이나 이 책에서 한국 자본주의의 발전에 미친 식민지배의 영향이 흠잡을 데 없이 좋은 것이었다고 결론지을 수 있을 것이다. 실로, 유럽에서든 미국, 일본, 한국이나 다른 어디서든 역사적 자본주의에 문제가 없던 적은 없었다.

나는 《제국의 후예》의 몇몇 비판자들이 이 책을 일본 식민지배에 대한 변호로 읽은 이유 중 하나가 그들이 자본주의를 역사발전의 단선적인 진보과정의 일부로 보고, 유럽적 자본주의 형태를 이상적 모델이라고 생각하기 때문이라고 믿는다. 물론 마르크스가 그 기념비적인 비판서를 쓰도록 자극한 것은 바로 유럽 자본주의의 더 어두운 측면이었다. 식민지 한국의 자본주의는 그 유럽의 자본주의와 마찬가지로 억압적인 동시에 변혁적이었다.

당시 한국 자본주의의 역사에서 상대적으로 간과되어 온 시기였던 식민지기를 조명하려 한 것 말고도 이 책의 또 하나의 목표는 이 책을 쓸 당시 식민지 역사서술을 계속 지배하고 속박하던 일본인 / 한국인, 억압 / 희생, 혹은 억압 / 저항의 민족주의적 이분논법을 타파하려 한 것이었다. 다시 말하건대 나의 의도는 일본의 식민 차별과 억압의 역사적 실상을 부정하는 게 아니었다. 그러나 그러한 이분법은 한국사에서 한국인들의 역할에 결정적 선을 그었다. 그렇지만 한국 자본주의에 관한 나의 연구는 이 단순한 이분법을 넘어 훨씬 더 복합적이고 미묘한 당시의 한국인과 일본인 간 상호작용의 역사를 제시했다. '한국인'과 '일본인' 양자는 사실 다양한 집단이며, 상호간의 관계도 시간의 경과와 계급에 따라서, 심지어는 개인간에도 달랐다. 당시 머릿속에 깊이 각인된 이 이분법을 넘어 생각하는 것은 큰 지적 도전이었지만, 그렇게 하는 것이야말로 내 앞에 펼쳐진 문서들을 제대로 읽을 수 있는 유일한 길이었다. 그리고 이로써 더 확장되고 더 설득력 있는 역사서술의 가능성이 열렸다.

2008년의 시점에서 이 책을 돌아보면 그 결점은 너무나 명백하다. 식민주의가 해방 후 그 경제를 포함해 한국에 심대한 영향을 미쳤다는 생각에는 변함이 없지만, 이 책에서는 양자의 연계성을 분명하고 설득력 있게 증명하기보다는 주장하는 데 그쳤다. 1950년대와 1960년대를 탐구한 더 젊은 한국 연구자들의 최근의 연구를 보면, 앞서 일부 언급한 바와 같은, 해방 후 한국 경제의 경로를 닦고 그에 영향을 미친 다른 많은 요인들의 맥락에서만 식민지 유산이 적절히 평가될 수 있다는 것이 분명하다.

나는 한국인 자본가 엘리트가 특히 1937~1945년의 전시기에 일본의 식민정책을 어떻게 수용했는지를 다루었다. 돌이켜 보면 이것이 실증적으로는 맞지만, 너무 고압적이고 피상적이었다는 느낌이 든다. 당시의 주류 학설이나 회사의 공식 역사, 개인 전기 등을 보면 일본인과 한국인의 연계와 상호작용을 최소화하거나 부정하려는 경향이 강했는데, 그것은 내가 수집한 문서가 보여주는 것과 너무도 달랐고, 그래서 나는 그에 대하여 많은 부분 부정적 입장을 취한 것이다. 그러나 결과적으로는 내가 의식적으로 이분논법을 벗어나려 할 때조차도 계급 / 민족이라는 형태로 자신의 이분법을 새로 만들어낸 셈이다.

물론 한국인 자본가가 식민정책을 수용한 데서 경제적 이해관계가 중요한 역할을 했다는 데는 의문이 없다. 그러나 다시, 젊은 한국인 연구자들의 최근의 연구는 계급 / 민족, 협력자 / 민족주의자라는 단순한 이분법으론 일상의 '회색지대'에서 생활한 식민지시대 한국인들의 실제 경험의 범위나 심적 깊이를 포착할 수 없다는 것을 보여준다. 이 회색지대에서는 동기나 감정, 심지어는 정체성도 단순한 이분법이 함축하는 것보다 더 유동적이며 복합적이었다. 예를 들어 1930년대 말이나 1940년대 초에 경방의 사장 김연수는 식민정책에 맞추어 방적공업을 확장하기 위해 한국과 만주, 일본의 일본인 당국자들과 긴밀한 관계를 맺고 있었고, 1942년에는 만주에 거대한 새 방적공장을 세우는 데 성공했다. 내가 이 책에서 언급한 대로, 그러한 노력은 그와 경방에 분명 이로웠다. 그렇지만 1943년 1월에 병원에서 막 퇴원한 그는 자신의 일본인 후원자 세키야 데이자부로에게 한 통의 편지(도쿄의 국회도서관에 소장되어 있다)를 보내면서 "조선을 위해" 계속 일하겠다는 새로워진 결심을 적었다. 그가 당시 흔히 수사로 쓰였던 용어인 '일본제국'이나 단순히 '경방'이 아니라 분명히 '조선'을 거명했다는 것은 흥미롭다. 적어도 그의 마음속에는 내가 이 책의 8장에서 계급과 민족 사이에 그었던 칼 같은 구분이 그리 분명하지 않았던 듯하다. 그 시대의 이러한 '회색지대'적 복잡성은 더 한 층의 연구를 요청한다.

한국의 독자들은 물론 《제국의 후예》를 스스로 판단할 것이며, 이 번역으로 모든 비판자들이 입을 다물 것이라고는 결코 기대하지 않는다. 그렇지만 처음부터 끝까지 성심을 다해 이 프로젝트를 이끌어 온 주익종 박사와 연세대학교의 마이클 김 교수 덕분에 마침내 한국인들이 원저의 내용과 정신을 담은 번역본을 읽으리라고 확신한다. 번역 과정에 참여한 모든 사람들에게 감사하며, 원저의 서문에 소개했지만 20년 전 연구하고 이 책을 쓸 때 나를 도와준 맘씨 좋은 한국인 친구들과 동료들에게도 이 기회를 빌려 다시 한 번 감사한다.

이 책이 처음 출판된 이래 세계와 한국은 모두 엄청난 변화를 겪었으며, 과거의 이데올로기나 정치적 속박에서 자유롭고 그 어느 때보다도 서로 긴밀히 교류하는 새로운 국제적인 학자들의 세대가 한국 근현대사에 관한 흥미진진한 새 저작들을 내고 있다. 그 최고의 저작들이 오늘날 한국에서 나오고 있는바, 이 책 《제국의 후예》가 그 결함에도 불구하고 이 새 세대의 젊은 연구자들의 노력에 작으나마 기여하기를 희망한다.

2008년 1월
매사추세츠주 케임브리지시에서
하버드대학교 윤세영 한국사 석좌교수
카터 J. 에커트

서문

지난 30년간 한국이 세계적인 경제강국으로 성장한 것은 이 시대의 위대한 이야기 중의 하나로 전 세계 학자들의 관심과 상상력을 사로잡아왔다. 널리 알려진 통계들을 새삼 다시 들먹일 필요는 없을 것이다. 그것은 한 편의 드라마와도 같은 경제적 위업이었다고 말하는 것으로 충분하다. 비교적 유연한 입장의 신좌파 이론가들은 '한강의 기적'으로 알려진 이러한 경제적 위업을 보고는 제3세계의 자본주의와 경제성장에 관한 자신들의 근본 신조들을 재검토하기에 이르렀다.[1] 19세기 말의 여행가이자 지리학자인 이사벨라 버드 비숍 Isabella Bird Bishop과 같은 서양의 관찰자들이 한때 서울의 '초라함'에 혀를 찼다면,[2] 이제 그들은 이 오래된 수도를 비롯한 나라 전체의 경제적 활기와 부富를 묘사할 새로운 최고의 찬사를 찾느라 분주하다.

물론 한국의 깜짝 놀랄 만한 변혁은 단 한 가지 이유만으로는 설명되지 않는다. 현상의 복잡함 자체가 본질적인 매력이며, 필시 그것이 다양한 분야에 걸쳐 많은 학자들을 사로잡은 주된 이유일 것이다. 그러나 한국학 연구가 폭넓게 이루어지지 못한 채, 지난 20년간 한국의 경제발전에 대한 관심만 급속도로 고조되었다는 데 주요한 문제가 있다. 그 결과 많은 학자들, 특히 한국의 언어·역사·문화를 제대로 공부하지 않은 학자들이 그 내용이 의심스러운 단 몇 권의 한국 관련 영문 서적만 읽고 나서 경제발전에 관한 분석서들을 내놓았다. 나는 이 책이 그러한 취약한 경험적 토대를 개선하여 인문학적 성향이 강한 한국학과 사회과학을 상호 풍요롭게 하는 데 기여할 수 있길 바란다. 그러한 상호작용은 한국에 관심을 가진 모든 사람들에게 도움이 될 것이다.

나는 마음에 두었던 의제 한 가지를 더 제기해야겠다. 한국의 발전에 관한 대부분의 연구들은 주로 1960년대와 1970년대의 급속한 수출 주도 성장기에 초점을 맞추어 설명을 하고, 그 전의 역사는 배경 요인 정도로 밀어내 버렸다. 이 책에서 나는 독자에게 1960년대 이전의 한국 역사, 특히 일제 강점기 경험이 한국 정치경제의 틀을 형성하는 데 어떻게 그리고 얼마나 영향을 끼쳤는지 물음으로써 한국사를 논의의 중심으로 끌어들이려 한다. 물론 나는 이 작업에서 과거나 현재 그 어느 것도 찬양할 생각이 없다. 한국의 근대적 변혁에서 식민지배의 영향을 무시하거나 부인하는 것은 퍼즐의 기본 조각을 빠뜨리는 것이기 때문이다.

한편 식민지 유산은 깊은 그늘과 파우스트적 아이러니로 가득 차 있다. 거기에는 계몽과 진보라 할 만한 부분도 있지만, 민족적 예속, 수치, 변절, 정치적 전제주의와 폭력 그리고 극심한 인간적 고통도 보인다. 식민지 유산의 이러한 어두운 측면들도 다루어져야 한다. 왜냐하면 그것들은 한국의 '기적'을 위해 지불해야 했던 엄청난 역사적 대가이기 때문이다.

식민지 유산에 관심을 갖는다면, 자연히 고창 김씨가와 경성방직 주식회사(이하 경방)에 연구의 초점을 맞추게 된다. 경방은 한국사 최초의 한국인 소유(또한 경영) 공업 대기업으로서, 그 이야기는 일개 기업의 성공담 이상의 것이다. 경방과 그 운영자들은 구체적이고 인간적인 차원에서 한국 자본주의의 기원과 초기 발전 자체를 들여다볼 수 있는 창을 제공해 준다. 이것은 제국주의에 대한 한국인의 반응, 근대 계급형성과 계급투쟁, 계급과 국가의 상호작용, 전쟁 관련 식민지 공업화와 사회적 동원, 민족주의, 특히 한국인과 일본인 간의 사회적·경제적·문화적 상호작용이라는 한국 현대사의 가장 흥미롭고 논쟁적인 문제들을 담고 있다. 이 모든 분야에 대한 연구는 좀더 깊이있게 진행되어야 할 것이다. 나는 이 책을 통해 이 분야의 젊은 연구자들이 진부한 통설과 왜곡으로 인해 그 역사적 의의를 제대로 평가받지 못했던 한 시대 인간의 삶이 얼마나 복잡했는지를 이해하고, 다채로운 기록을 맛보며 지적 자극을 받을 수 있기를 고대한다.

어떤 연구자도 홀로 있는 섬이 아니기에 나는 이 기회를 빌려 이 책을 쓰는 데 도움을 준 많은 사람들에게 감사의 뜻을 표하고 싶다. 물론 이 책의 어떤 오류나 빠뜨린 부분에 대한 책임은 나에게 있다.

우선 빌 채니와 엘리자베스 코프카에게 감사한다. 내가 역사에 처음 흥미를 품게 된 것은, 20여 년 전 로렌스대학에서 두 사람의 강의와 토론회가 계기가 되었다. 그 후 시간이 갈수록 역사에 대한 열정은 강해졌다. 친구이자 동료 연구자, 그리고 스승인 워싱턴대학의 짐 팔레 교수에게는 결코 갚을 길 없는 은택을 받았다. 그는 9년간 모든 면에 걸쳐 격려와 지원을 아끼지 않았고, 인격적으로나 연구업적으로나 학자의 철저함과 성실성을 깨우쳐주는 모델이 되었다. 또한 워싱턴대학을 거쳐 현재 시카고대학에 있는 브루스 커밍스 교수의 연구와 조언, 지원에도 헤아릴 수 없는 은덕을 입었다. 한국전쟁에 관한 그의 선구적 업적은 현대 한국 연구의 지적 영역을 크게 확장했다. 오랜 친구이자 식민지시대의 동료 연구자인 서던 캘리포니아대학의 마이크 로빈슨 교수는 자료 조사와 저술 및 수정의 전 과정에서 훌륭한 상담자이자, 비평자이면서 응원자였다. 완벽한 스승인 하버드대학의 에드워드 와그너 교수는 아낌없이 시간을 할애해 주었고, 이 책의 저술을 마칠 때까지 학교의 규정을 유연하게 적용해 주었다. 하버드 옌칭연구소의 베이커는 긴급히 할 일이 있을 때에도 자신의 지식과 법률가적인 논리, 그리고 우정을 함께 나누어주었다. 피터 볼, 알 크레이그, 켄트 가이, 고故 그레고리 헨더슨, 켄 파일, 에즈라 보겔 등은 원래의 학위논문이나 이 책 초고의 전부 혹은 일부를 읽고 귀중한 조언을 주었다.

이 책을 위한 조사 작업에는 세 나라의 많은 사람들과 기관의 도움을 받았다. 한국에서는 고창 김씨가와 광산 김씨가, 특히 경방의 회장인 김각중 박사에게 감사하고 싶다. 김 박사는 현존하는 경방의 모든 식민지시대 기록과 문서를 마음껏 열람할 수 있게 해주었고, 그의 부친인 김용완 전임 회장과 삼양사의 김상홍 회장을 직접 소개해 주었다. 김 박사와 이 두 분의 관대한 협조가 없었더라면 이 책을 쓰는 일은 불가능했을 것이다. 또한 자신의 귀중한 시간을 할애해 이 말 많은 국외자를 기분 좋게 맞아주고 질문에 대답하며, 답사를 안내하고 문서를 복사해 준 경방과 삼양사의 여러 직원들에게도 감사한다. 한국에서 나의 조사 작업은 언제나처럼 유영익 교수의 동료애 덕분에 빨리 진척될 수 있었다. 특히 유 교수는 고창 김씨가에 관한 김용섭 교수의 뛰어나고 참신한 논문을 최초로 알려주었다. 나는 김 교수의 논문을 읽고서 경방과 식민지 시기의 자본주의 발전에 관한 생각을 완전히 재검토하게 되었다. 안병직, 김준엽, 김태진, 김용섭, 홍승직 교수와 고려대 중앙도서관 및 아세아문제연구소, 그리고 서울대 중앙도서관의 직원들 덕분에 나의 한국 방문은 즐겁고 보람있었다.

일본에서는 무엇보다도 아시아경제연구소의 하나부사 유키오 씨에게 큰 빚을 졌다. 그는 일면식도 없는 나를 연구에 필요한 사람과 기관에 연결시켜 주었다. 도쿄대학 경제학부 도서관의 기무라 수나코 씨 외 다른 직원들, 국회도서관 헌정자료실의 직원들, 고바야시 히데오 교수와 고故 가지무라 히데키 씨에게도 감사드린다. 세키야 데이자부로의 아들인 세키야 마사히코 씨는 내가 그의 아버지의 문서들을 마이크로 필름화하는 걸 선뜻 허락해 주었고, 이 책에 나오는 그의 아버지 사진을 제공해 주었다.

미국에서는 워싱턴대학 동아시아도서관과 하버드대학 옌칭도서관의 훌륭한 자료들, 사서와 직원들이 조사 작업에 큰 도움을 주었다. 워싱턴의 최윤환 씨와 하버드 옌칭의 코시유키 아오키 씨와 고故 김승화 씨에게 특히 감사드린다.

피터 바톨로뮤, 로저 찬, 낸시 뎁튤라, 마일란 헷마넥, 베티 호잇, 돈 로슨, 조 노와코우스키, 박명규, 박순원, 에드윈 라이샤워, 배리 로젠스탁, 빌 쇼엔, 짐 웨스트, 고조 야마무라, 유영수 등 이 세 나라의 수많은 친구들과 동료들은 내가 요청할 때마다 정보와 지원을 제공하여 연구의 진척을 도와주었다. 와그너 교수의 부인 김남희 씨와 하루코 이와사키 씨는 난해한 문어체 편지글을 인내심과 웃음으로 설명해 주고, 나의 일본어 번역문을 검토해 주었다. 김규현 군은 색인과 지도를 준비할 때 열심히 참을성 있게 도와주었다. 마거리 랭은 모든 필자들이 원할 총명하고 헌신적이며 예리한 편집자였다.

출판에 이르기까지 여러 단계에서 나는 운 좋게도 국립조성장학기금, 풀브라이트재단의 박사학위 해외조사 연구비, 사회과학연구협의회의 박사학위논문 장학금, 워싱턴대학의 박사학위논문장학금 및 하버드대학의 근대 한국 경제와 사회 담당 교수직위원회의 관대한 연구비 등 수많은 연구비를 받았다.

끝으로 대학이라는 울타리 밖 세계에 관해 현명한 조언을 늘 아끼지 않은 데이빗 그로제와 조셉 다우벤, 글을 쓰는 마지막 산고 과정에서 식사와 건강관리에 신경을 써준 니콜슨 부부와 시애틀의 비오는 날들조차도 맑게 갠 날로 바꾸어준 이경훈과 베르다넷 부부에게도 특별한 감사의 말을 전하고 싶다.

매사추세츠주 케임브리지시에서

C. J. E.

차례

1부 한국 자본주의의 발흥

PART Ⅰ : THE RISE OF KOREAN CAPITALISM

1876년 강화도조약으로 한국이 국제무역에 문호를 열 무렵, 민두호閔斗鎬와 박문회朴文會는 나이도 비슷했고 둘 다 경기도에 살고 있었다. 그러나 그들의 지위는 전혀 달랐다. 민두호는 한국에서 가장 부유하고 권세 있는 한 가문의 일원이었다. 그의 숙부 민치구閔致久는 왕의 외조부였고, 치구의 아들이자 두호의 사촌인 승호升鎬는 일족의 지도자로 불리는 자로서 왕비의 양오빠였다.[1] 반면 박문회는 민씨가 소유지에 생계를 의지하고 있던 빈농이었다.[2] 신분의식이 매우 강한 귀족제적 조선왕조 사회에서 이 두 사람이 만날 일은 거의 없었다. 설령 어떤 운명의 장난으로 그들이 한자리에 앉게 되더라도, 공통된 화제는 별로 없었을 것이다.

1945년, 아니 그 오래전에 세상은 바뀌어 있었다. 이때는 이 두 사람의 아들과 손자들이 모두 서울의 상류 사교클럽의 회원이 되어 있었다.[3] 부친 세대가 재산과 혈통의 깊은 골에 의해 격리되었던 반면, 젊은 민씨

들과 박씨들은 자본 혹은 '지분'의 소유로 연결된 신흥계급에 합류했다. 민씨들은 은행가가 되었고 박씨들은 상인이 되었으며, 양자 모두 공업회사에도 투자했다.[4] 한국의 개항에서 해방까지의 70년 동안 자본가가 태어나 성장한 것이다.[5]

1876년에서 1945년까지 한국이 일본의 직간접적 영향 아래 있었기 때문에, 많은 한국인들은 이 기간 중에 자본가계급이 출현했다는 사실을 받아들이기 힘들어 한다. 실로 70년의 절반(1910~1945) 동안 이 나라는 일본의 식민지였다. 따라서 자본주의가 이 기간에 시작되었음을 인정하는 것은, 오늘날의 역동적인 한국 자본주의의 뿌리를 결국 일본에서 찾을 수 있다는 것을 시사한다. 민족적 긍지가 반일감정과 밀접하게 결부되어 매우 민감한 쟁점인 나라에서 일본을 '근대화'의 중매자로 인정하는 것은 고통스러운 일이다. 당연히 많은 한국인들은 자본주의 발전의 원동력이 한국 내부에서 생겼다고 믿을 것이다.

반일감정은 결코 한반도의 남쪽 절반에만 국한된 것이 아니다. 시간이 많이 흘렀지만 북한에서도 일본에 대한 분노가 아직도 계속되고 있다. 게다가 남북한에는 역사인식의 공통된 유산이 있어, 양쪽은 종종 사실을 완전히 무시하는 민족주의적 사관을 은연중에 고취하곤 한다. 남북한의 한국인들은 마르크스주의적, 단선적인 보편사관에 입각하여 서구나 일본 제국주의의 침투 이전의 되도록 먼 과거로 자본주의 발전의 기원을 소급함으로써 보편적인 역사 경로에서 한국을 다른 나라보다 돋보이게 만들고 싶어 한다. 이러한 욕구는 일본이 지배하기 이전 한국 경제의 정체성停滯性을 동일한 논법으로 강조했던 예전의 일본 역사가들에 대한 분노 때문에 더욱더 강화되었다.[6]

그다지 논리적이지 않은 이러한 태도의 결과로, 휴전선 너머로는 정보 소통이 자유롭지 못함에도 남북한 학자들의 견해는 놀랍게도 하나로 수렴되었다. 조선왕조에서 자본주의 맹아의 존재를 입증하려 한 민족주의적 학파가 남북한에서 모두 출현했다. 이들은 국가의 통제력을 약화시킨 왜란倭亂과 호란胡亂 이후 17~18세기 조선 사회에서 상업화가 진전되었다는 사실에 초점을 맞추었다. 그들은 특히 상품화폐경제의 진전과 같은 요소에 주목하였는데, 예컨대 기존의 특권 어용 상업체제가 무너지고 그에 상응하는 새로운 시장지향적 상인집단이 등장했다는 것, 그들 중 몇몇은 자신의 이윤을 생산과정 자체에 투자하기 시작했다는 것, 민간수공업자들이 관영수공업자들을 대체한 것 그리고 상업적 농업의 발전 및 개량과 더불어 자유 임노동자가 출현한 것 등이 그것이다. 요컨대 이 학자들은 마르크스가 처음 윤곽을 그린, 서구 산업자본주의 발전과정의 핵심적 요소들 중 많은 것을 한국의 전통 사회에서도 맹아적 형태로 발견할 수 있다고 주장한다.[7]

이러한 연구들을 상세히 비판하려는 것이 이 책의 목적은 아니다. 이 연구들은 면밀하며 자극적이다. 그리고 조선왕조 사회가 경제적으로 정체했다고 본 종전의 역사서술을 뒤늦게나마 바로잡았다는 데 의의가 있다. 조선왕조 사회가 1876년 훨씬 이전부터 내부에서 경제적 변화를 겪고 있었음은 더이상 의심할 여지가 없다.

그러한 변화가 어느 정도였는지는 좀더 충분히 구명되어야 할 필요가 있다. 그러나 이 문제에 관한 한국 학자들의 열정에도 불구하고, 공업화 이전의 유럽은 말할 것도 없고 에도시대의 일본에서 발견되는 것과 견줄 만한 규모의 상품화폐경제가 조선 사회에 있었다는 것을 실증하지 못하고 있다.

더욱이 규모의 문제를 떠나 경제성장이 있었음을 인정하더라도, 그러한 발전의 궁극적 의미가 무엇인지는 여전히 문제다. 한국 학자들이 서술한 자생적 경제 변화가 조선왕조 사회의 기본구조를 바꾸었다는 분명한 증거는 없다. 아니, 우리가 가진 최선의 증거는 오히려 우리를 정반대의 결론으로 이끈다. 즉 조선 사회는 마지막까지 민씨가와 같은 소수의 양반 지주집단이 지배했고, 이들은 정략결혼으로 동맹을 맺고 국가의 과거제를 지배하여 부와 권력을 계속 과점할 수 있었으며, 이를 통해 중요한 정치적 직위들을 독차지했다는 것이다.[8]

게다가 더 중요한 논점은 한국 학자들이 서술한 경제적 변화를 초기 한국 자본주의로 간주할 수 있는가이다. 여기서 우리는 자본주의 사회가 성립하기 위해서는 어떤 요소가 필요한 지를 분명히 이해할 필요가 있는데, 시장경제가 은밀히 작동하고 있었다든가 민간상인과 수공업자들이 자본을 축적하고 있었다는 사실을 지적하는 것만으로는 충분치 않다. 조선 사회에서 이른바 '맹아'가 나타난 것은 17세기이지만, 적어도 그보다 200년 전부터 사적 소유가 인정되었다. 오래전에 베버Max Weber가 강조한 것처럼, 자본의 모험적 획득은 돈과 기회에 접근할 수 있는 모든 유형의 사회에서 발견할 수 있는 현상이다.[9] 마찬가지로 단순한 민간수공업자와 고용노동의 존재를 자본주의 성장의 징후로 보는 것도 잘못이다. 아무리 발전하고 광범위한 것이라 해도 본래 의미의 매뉴팩처, 즉 수공업 생산 그 자체는 산업자본주의의 기반을 제공할 기술적 능력을 갖추지 못하였다.

여기에 문제의 핵심이 있다. 경제체제로서의 자본주의는 공업과 분리될 수 없다. 자본주의는 대규모 공업 생산과 농민층의 공업 노동력으로의 동시병행적 전환을 가능케 하는 공업기술과 떼놓고는 상상할 수 없다. 자본주의는 단순히 시장관계와 생산수단의 사적 소유만이 아니라, 기계제공업의 우위를 특징으로 하는 경제체제다. 베블런Thorstein

Veblen이 기술했듯이, "근대 문명의 물질적 틀은 공업체제다. ……이 근대 경제조직이 '자본주의체제' 혹은 이른바 '근대 공업체제' 다. 그러한 특징들을 비롯해 근대 문화를 지배하는 것은 기계제 공정이며 이윤을 위한 투자다."[10]

물론 베블런의 말은 마르크스가 이미 언급한 것이다. 그러나 비록 '맹아' 론에 매혹된 한국의 역사가들이 마르크스주의의 가정과 용어로 충만한 성과들을 생산해 내더라도, 그들은 자본주의와 기술 간의 결정적 관계에 관한 마르크스의 개념을 무시한 것으로 보인다.

매뉴팩처에서 분업이 발전을 거둔 결과 기계가 태어났다. 바로 이것이 사회적 생산의 규제 원리로서 수공업자의 작업을 없애버린다. 그럼으로써 작업자를 세세한 기능에 오랫동안 묶어둔 기술적 근거가 없어진다. 다른 한편으로 이 같은 원리로 자본의 지배권에 가했던 속박이 제거된다.[11]

'무시' 가 너무 강한 단어일지도 모르겠다. 한국의 어느 맹아론자도 실제로 자본주의와 공업화의 관련성이 중요하다는 것을 부정하지는 않을 것이다. 그러나 그들이 알고 있다고 해도, 마르크스가 처음 서술한 자본주의의 발전 모습이 보편적이라는 가정하에서 논의하고 있는 그들에게는 아무런 문제가 생기지 않는다. 그들은 단지 마르크스가 자본주의의 역사적 발전의 일부로서 강조한 공업화 전 유럽 경제의 여러 특징들과 유사한 경제성장의 모습들이 조선왕조 사회에서도 나타났다는 것만 보이면 된다고 생각하기 때문이다. 자본주의 발전이 보편적이라고 믿기 때문에, 그들은 이 경제적 변화의 신호들이 필연적으로 서구와는 완전히 독립적으로 산업자본주의로 개화할 것이라고 가정할 수 있었다.

결국 그들은 헛되이 오렌지 나무에서 사과를 찾는 데 열중한 것으로 결론지을 수밖에 없다. 한국이 스스로 산업혁명을 낳았을지 어떤지는 확증할 길이 없다. 그런데 왜 그토록 맹아론에 집착할까? 조선왕조 사회에 자본주의 맹아가 있었다는 사실은 편협한 민족주의를 뒷받침하는 것으로만 의의가 있다. 이 편향은 제3자에게는 그다지 관심사가 아니며, 한국사에서도 아무런 의의가 없다. 무엇이 일어날 수도 있었는지는 결코 알 수 없을 것이다. 그러나 역사는 무엇이 실제로 일어났는지 분명히 말해준다. 바로 한국의 근대 산업기술은 한국에서 발명한 것이 아니라 외부에서 수입했다는 것이다. 따라서 우리가 진정으로 한국 자본주의의 성장을 말할 수 있는 것은 오직 1876년 이후부터다.[12]

한국의 사회경제 발전을 논할 때 제국주의와 식민주의 시기가 결정적으로 중요하지만 많은 한국의 역사가들은 이것을 도외시하고 있다. 통념화된 학설에 따르면 17세기에 처음 나타나기 시작한 자생적 자본주의의 첫 싹은 한국이 외세에 개방될 때까지 충분히 성숙하지 못했고, 따라서 일본의 경제적 침략을 저지할 수 없었다고 한다. 또한 1910년 일제의 식민지로 전락하면서 토착자본주의의 발전은 1945년까지 전반적으로 억압되었다고 한다. 그 가장 극단적인 견해는 식민지 지배가 한국의 사회경제 발전에 기여한 바를 전적으로 부정한다. 예컨대 조기준의 다음 기술을 보자.

식민지 내의 경제 건설을 계량적으로 분석하여 식민지 민족경제의 근대화를 운위할 수는 없다. 그것은 침략국의 외연적인 경제 확장에 불과한 것이지, 식민지 민족의 소득 수준이나 경제 역량의 반영은 아니기 때문이다. ……제국주의 지배에서 해방되지 않고는 근대화란 단지 공염불空念佛에 불과한 것이다.[13]

조기준이 식민지 경제를 '침략국 경제의 확장' — 그 여러 모습과 정치적 함의는 경제발전의 한 유형으로서 제2부와 제3부에서 상세히 논의될 것이다 — 으로 파악한 것은 옳다. 그러나 식민지배하에서 한국의 '근대화'가 단지 '공염불'이라고 말한 것은 잘못이다. 돌이켜보면 한국의 사회경제사를 공부하는 학도에게 식민지기에서 인상적인 것은 첫째, 식민지 상황에도 불구하고 일어난 산업성장의 정도다. 둘째, 더 흥미로운 것은 상당수 한국인이 그러한 산업성장에 적극 참여하는 것을 식민지 지배가 막지 않았다는 것이다. 비록 의도한 바는 아니었지만, 식민지기의 한국인 기업가에 관한 조기준의 광범위한 연구들은 이것이 사실이었음을 분명히 보여준다. 그리고 조기준은 그러한 기업가가 제국주의체제의 외부에서, 실로 그와 대립하여 발전한 '민족자본'이었다고 주장함으로써 결정적인 모순에서 가까스로 벗어날 수 있었다. 그러나 이러한 논의는 문제를 해결하기보다 더 많은 문제를 낳을 뿐이다. 그리고 앞으로 이 책에서 언급하는 바와 같이 실제 상황은 정반대였다.

진실은 항상 복합적인 것이다. 그리고 오직 한국 자본주의의 진정한 기원을 인식해야만 그 특징과 의의를 제대로 파악할 수 있다. 일본은 한국에서 실제로 압제자이자 동시에 사회경제적 변화의 담당자였기 때문에 제국주의 지배하에서 경제적 근대화가 진행되었다고 말하는 것은 전적으로 타당하다. 다시 말해 제국주의와 식민주의가 모든 계층에 억압적이지는 않았다는 것이다. 한국의 여러 계급들에 각기 다른 방식으로 영향을 미쳤는데, 초창기의 한국인 자본가는 가장 덜 억압당한 경우에 속한다. 경제적 관점에서 한국인 자본가를 진정 일본 침략의 희생자로 간주하는 것이 온당한지 의문이다. 일본 제국주의는 한국 자본주의의 발전에 최초의 원동력을 제공했다. 그리고 만약 제국주의가 변화의 촉매였다면, 식민지 지배는 한국 자본주의를 처음으로 만들어낸 도가니였다. 일본인들은 그들의 목적을 위해서 아주 고의적이고도 의도적으로 한국인 자본가의 성장을 촉진했다. 한국 자본주의는 이렇게 일본의 지배 아래서 일본 정부의 원조를 받아 첫 싹을 틔우게 되었다.

1. 상인과 지주 | Merchants and Landlords : The Accumulation of Capital, 1876~1919
1876~1919년의 자본축적

　1870년대 한국에 제국주의가 들이닥쳤지만, 한국의 오래된 문명이 그 즉시 질식해 죽지는 않았다. 이제 한국인들은 자본주의 문명의 기술뿐 아니라 그 제도들을 갖다 쓸 수 있었지만, 한국인 산업자본가의 성장은 서서히 진행되었다. 왜냐하면 한국에서 자본가가 성장하기 위해서는 그에 필요한 언어와 기술을 교육받은 새로운 세대가 등장해야 했고, 기업가의 활동을 촉진할 정치경제체제가 수립되어야 했기 때문이다. 그런데 그러한 전제조건들이 1919년 이전에는 별로 충족되지 않았다.

　다른 한편 한국은 제국주의의 영향으로 거대 자본주의 열강들이 지배하는, 특히 일본을 중심으로 한 새로운 시장경제에 처음으로 끌려들어 갔다. 새로운 시장을 기반으로, 또 그에 자극받아 한국 전통사회의 구성원들 중 상인과 지주들이 상당액의 자본을 축적했으며, 이들 중 일부는 1920년대 이후 신흥 산업자본가계급의 중추가 되었다. 이처럼 한국인 자본가는 복잡한 과정을 거치며 서서히 발전했지만, 그것은 1876년 한국이 국제시장에 개방되어 이제껏 생각할 수 없었던 자본축적의 기회가 주어진 데서 시작하였다.

새로운 시장경제

조선왕조시대에 약간 눈에 띄는 상업화 경향이 나타났지만, 이 전통사회에는 지속적이고 실질적인 자본축적을 위한 전제조건, 곧 확장된 대규모 시장이 없었다. 이것은 에도시대의 일본과 비교해 보면 잘 알 수 있다. 일본에서는 16세기 말 정치가 안정되면서 도시에 사무라이계급(총인구의 7~10퍼센트)의 전속 시장이 형성되었고, 광범위한 도시화가 진행되었다. 18세기의 에도(오늘날의 도쿄)는 100만 인구의 거대한 수도였다.[14] 그 거대한 상점과 활기찬 상인문화는 오늘날 일본 전통예술의 정화精華라고 여겨지는 것에 크게 기여했다. 상업 및 그에 수반된 과외 활동이 엄격히 금지된(비록 항상 성공한 것은 아니지만) 무사계급에게 그것은 선망의 대상이었다.[15]

반면 조선에서는 양반이 굳건히 지주로 남아 있었고, 따라서 도시화는 제한되었다. 우리가 아는 1876년의 한성은 동시대의 도쿄나 오사카와 비교하면 작고 초라하고 따분했던 곳으로 보인다.[16] 따라서 한국의 맹아론자들은 시장지향적 상인층이 존재했음을 보이기 위해 오랫동안 잊혀져 온 문서 더미를 열심히 그리고 샅샅이 뒤져야 했다. 예컨대 아직도 친숙한 이하라 사이카쿠의 작품들은 에도시대 상인들을 다채롭게 묘사함으로써 에도시대 상업 활동의 거대한 규모와 깊이를 직접적이고 웅변적으로 고증한다.[17] 그러나 현재까지 나온 증거로는, 고노이케鴻池나 미쓰이三井와 같은 에도시대 상인가에 필적하는

규모의 조선인 전통 상인이 한성이나 다른 지역에 있었던 징후를 찾을 수가 없다.[18]

맹아론자들은 특히 개성의 독립 상인들의 중국, 일본과의 인삼무역을 중시해 왔다. 예를 들어 강만길은 이 시기 개성을 '전국에서 가장 중요한 상업도시'라 부르기도 했다.[19] 더 많은 연구가 진행되어야 그 무역의 규모를 알 수 있겠지만, 그것은 분명히 정부의 금압 때문에 방해받고 제한되었다. 에도시대 일본과 같이, 조선은 민간 대외무역을 엄금하는 정책을 취했다. 국제교역이 있기는 했으나, 정부는 그것을 주로 중국과의 교역과 그보다 못한 일본과의 조공무역으로 제한하였다.[20] 기껏해야 개성 상업은 오늘날이나 19세기의 자본주의 세계경제의 정교한 국제상거래와 거의 공통점이 없는, 잘 조직된 형태의 밀무역에 불과했던 것으로 보인다.

그리고 개성이 1876년 이후 국가의 상업중심지로서 점차 쇠퇴해 간 것이 이러한 해석을 뒷받침한다.[21] 그들이 가졌다고 하는 국제교역 기술과 경험에도 불구하고, 대다수 옛 개성상인들은 새로운 국제경제의 요구에 적응할 수 없었다. 몇몇 상인이 살아남아 번영할 수 있었던 것은 그 전통적인 사업지식보다는 주로 자녀를 일본에 유학 보낸 덕분이었다. 그들은 아시아 교역의 새 중심지인 일본에서 근대교육을 받고 귀중한 실전 경험을 얻었다. 조기준이 1876년 이후 성공적인 개성 기업가의 으뜸가는 예로 든, 개성전기주식회사의 설립자 김정호金正浩가 바로 이 경우다. 출신 배경이 좀 불분명하지만, 그는 상인이라기보다는 부유한 지주의 아들인 것 같다. 분명한 것은 그가 강화도조약 10년 후에 태어났기 때문에 1876년 이전에 개성상

인이었을 가능성은 없으며, 두 그가 도쿄의 메이지대학을 졸업한 법학사였다는 점이다.[22]

1876년 이전 조선의 경제성장을 밝히려는 근년의 열정에도 불구하고, 결국 당시의 조선에서 내적·외적 시장기회란 일본이나 중국과 비교해 볼 때에도 매우 제한된 것이었다는 인상이 남는다. 19세기 서양 관찰자들이 조선의 전통 상업에 관해 항상 최선의 정보를 제공하는 것은 결코 아니지만, 조선 무역에 큰 관심을 가졌던 1860년대의 독일 상인 오페르트Ernst Oppert가 1876년 이전 조선 상업의 초라한 모습을 지적한 것은 크게 틀리지 않을 것이다.

중국의 2, 3류 도시에서도 마주쳤던 활기와 소란스러움은 어디에도 없고, 사람들의 상업정신은 깊이 잠들어 있는 것처럼 보인다. 이 나라가 외국과의 교섭과 무역에 문호를 열어야만, 조선의 상업은 잠에서 깨어날 것이다.[23]

조선이 세계 각국과 상업적으로 고립된 시대는 사실상 1876년 강화도조약으로 끝났다. 조선은 외국 기계제 제품(특히 면제품)의 수출시장이 되었을 뿐 아니라 일본으로 곡물, 특히 쌀을 수출하게 되었다. 그러나 그 변화가 점진적이었다는 것에 주목해야 한다. 조선의 경제가 하룻밤 사이에 급격히 바뀌지는 않았다. 조선의 항구들은 일본 및 기타 열강에 의해 천천히 그리고 하나씩 열리고 개발되었다. 부산은 1876년, 원산은 1880년, 인천은 1883년에 개항했고 쌀 무역에서 가장 중요한 두 항구인 목포와 군산은 각기 1897년과 1899년에 개항했다. 또 1890년대가 되어서야 일본의 제조공업이 농업보다 더 중요해지기 시작하여, 제품을 수출할 시장 및 늘어나는 공업 노동력을 부양할 쌀의 필요성이 커졌다. 그리고 제조공업자들이 조선의 수공업시장으로 침투하는 데는 시간이 걸렸다. 예컨대 1894년 이전에는 외국 제품이 조선 전체 면직물 수요의 약 4분의 1을 차지하였다. 당시 수입 직물들은 아직 한국인 대중의 욕구와 기호에 맞지 않았고, 토포土布가 외제품보다 3배나 더 질겼기 때문에 대다수 한국인들은 더 비싼 토포를 계속 구입하였다.[24]

그러나 조선에 대한 외국인들의 경제적 침투는 항거할 수 없는 것으로 드러났다. 마침내 일본인들이 한반도에서 지배적인 경제 세력으로 등장했다. 이것은 일본 제국주의가 조선을 침략한 주요한 동기가 경제적 이익이었다는 말이 아니다. 조선에 대한 일본인의 관심은 기본적으로 경제적이라기보다 정치적이고 군사전략적이었다.[25] 그러나 피터 두스Peter Duus가 지적했듯, 사적 이윤추구를 공공연히 경멸하던 메이지 지배자들도 국부와 국력 간의 밀접한 관계를 정확히 이해하고 있었다. 따라서 그들은 1894년 이후 갈수록 빈번하고도 공격적으로 조선에서 경제적 이권을 요구했다.[26]

1894년 이전, 아니 조선의 개항 시점인 1876년부터, 메이지 정부는 조선과의 무역을 증진하기 위해 여러 가지를 시도했다. 예컨대 1876년에 내무경內務卿인 오쿠보 도시미치大久保利通는 기업가 오쿠라 기하치로大倉喜八郎에게 부산에 가서 조선과의 무역을 시작하라고 권유했다. 그 후 같은 해에 메이지 정부는 미쓰비시가 부산행 증기선 운항을 시작할 수 있도록 연간 5천 엔의 보조금을 약속했다. 일본

정부가 조선 무역에 관심을 갖고 개입한 사례들은 1876년과 1894년 사이의 기간 내내 발견할 수 있다.[27]

메이지 정부의 정식 후원과 간헐적인 재정 지원 때문에 일본의 민간기업체들은 새로운 조선 시장에 주목하기 시작했다. 가장 먼저 문을 연 조선 항구인 부산 인근의 일본인 거류지는 메이지유신 당시 '초라한 저탄장貯炭場'에 불과했으며, 강화도조약 전년도인 1875년에는 단지 약 100명의 일본인만 살고 있었다. 그러나 1882년에는 이 일본인 마을에 약 1,800명의 주민이 거주하는 가운데 은행·기선회사·병원 등이 개설되고, 일본어(와 중국어) 신문이 발간되었다.[28] 조선이 정식으로 외국과의 무역을 개방하고 일본이 한반도에서 정치적 지위를 강화하면서 일본인 상점들이 전국으로 퍼져나갔다. 자본주의맹아론자들이 애호하는 개성에도 일본인 상인들이 등장했는데, 1895년에 그곳을 방문한 세계 여행가 비숍은 "토착 상인들은 이제 14곳의 일본인 상점과 경쟁하고 40명의 일본인 주민과 더불어 살아야 한다"고 적었다.[29] 일본 정부와 민간이 애쓴 결과, 조선 경제에서 지배적 역할은 일본에게 돌아갔다. 훗날의 병합은 단지 그것을 확인하고 강화했을 뿐이다.

그러나 새로운 시장경제가 일본인들에게만 유리하게 작용한 것은 아니었다. 1876년과 1910년 사이, 더 정확히는 1876년과 1919년 사이에 조선이 일본의 곡창 및 공업 제품의 수출시장으로 자리를 잡게 되자, 기업심 있는 상당수 한국인들이 자본축적의 기회를 얻었고 점차 토착자본가의 핵심이 되었다. 상인들, 특히 지주들이 1876년 이후 새로운 시장경제에서 특별한 역할을 하면서, 이 신생 토착자본가계급의 중추적 존재가 되었다.

상인

일반적으로 조선의 상인층은 조선이 점차 세계경제로 편입되는 데 잘 적응한 것 같지 않다. 앞서 살펴보았듯, 1876년 이후 국제교역에서 개성의 중요성이 감소해 갔다. 이것은 물론 부분적으로는 새로운 개항장으로 인한 개성의 쇠퇴 때문이었지만, 더 큰 원인은 필시 개성 무역의 대부분이 인삼과 관련된 데 있었다. 인삼이 1898년 이후 엄격히 통제된 정부 전매품목이 되었기 때문이다.[30]

육의전[31]과 공인을 포함한 서울의 주류 상인들의 처지는 개성상인보다 더 나빠졌다. 양자는 왕실과 중앙정부에 물자를 조달하는 어용상인의 역할에 끝까지 매달렸다. 그러나 1895년에 모든 공식적 특권들이 폐지되었다.[32] 백윤수白潤秀[33]와 같이 몇몇 뛰어난 예외적 존재도 있었지만, 서울의 전통 상인들은 그 후 새로운 상황에 적응하지 못했다. 외제품의 유입이 늘어나 교환의 매개물로서 일본 엔화의 중요성이 커졌지만,[34] 그들은 계속 토산품을 거래하고 조선 동전을 축적하였다. 사실상 조선의 구舊화폐 가치를 파괴한 1905년의 화폐정리사업은 그들 다수에게 결코 회복하지 못할 최후의 일격이 되었다. 1907년에 《황성신문》은 "재작년 7월에 백동화 정리 방법의 불미한 결과로 실업계에 공황이 크게 일어나, 상민이 폐문도거閉門逃去하며 혹 음약자사飮藥自死하여 분분하다"고 보도하였다.[35]

이 기간 중 운 좋게 번영한 상인들이 쌀과 공업 제품의 국제무역

확대에 가장 긴밀히 관련된 자들인 객주客主나 여각旅閣이었다는 사실은 놀라운 일이 아니다.

객주의 기원은 분명치 않으나 아마도 고려시대(918~1392)로 소급될 수 있을 것이다. 그러나 조선시대의 객주는 도시와 농촌 간의 중요한 상업 중개자였다. 객주는 다른 도매상들처럼 싸게 사서 비싸게 파는 데 골몰했지만, 전국적 상업망의 중매인이라는 특별한 지위 덕분에 점차 창고업·위탁판매·운송 등 다양하고 복잡한 일단의 사업 활동들에 관여하게 되었다. 그들은 또한 이 사업과 관련하여 상거래를 위해 오가는 상인들에게 저렴한 숙식과 금융을 제공하는 숙박업과 은행업으로도 확장해 갔다.[36]

이러한 활동에서 객주가 개발한 기법들은 1876년 이후 극히 유용한 것으로 드러났다. 개항 후 초기 수년간 외국상인은 조선 내륙으로 여행하는 것이 금지되었다. 조선은 점점 더 그들에게 개방했지만, 각 지방의 언어와 관습을 잘 모르는 그들은 여전히 심한 제약을 받았다. 외국 상인들을 구해 준 것이 객주였다. 조선에 관한 자세한 지식과 광범위한 상업적 연줄을 가진 객주는 개항장을 드나드는 쌀과 공업제품의 구입·판매·저장·운송 등 국제무역의 중매인 역할을 할 완벽한 조건을 갖추고 있었다. 게다가 그들은 국내 상업망에서 사실상 은행가 역할을 하면서, 국제교역을 성공리에 완수하는 데 쉽게 적용할 수 있는 귀중한 경험도 쌓았다. 물론 1876년 이후 외국인 고객들과 계속 상호작용을 하면서 그러한 기본적인 상업 및 금융 지식은 개선, 발전하였다.[37]

당시 객주의 자본축적 규모를 정확히 파악할 수 있는 통계가 아직 발견되지 않았지만, 몇몇 저명한 객주의 갑작스런 재산 변동을 조사해 보면 대략적 액수를 추정할 수 있다. 가장 성공한 객주 중 몇몇은 본래 가난한 젊은 농민이나 도시민이었는데, 객주업이 그들에게 빠르고 눈부신 부를 약속했다. 그 인물 중의 하나가 박승직朴承稷이었는데, 그에 관해서는 우리가 경방의 활동을 상세히 연구하게 될 이후의 장에서 더 언급할 것이다. 여기서는 그가 농촌의 빈농에서 벗어나 식민지기의 선도적인 한국인 기업가 중 하나가 되었으며, 인천을 통해 수입되는 직물을 거래하는 객주로서 경력을 시작했다는 사실을 지적하는 것으로 충분하다.[38]

재산가가 된 또 한 명의 하층민은 박기순朴基順이었다. 그는 훗날 조선상업은행장이 된 식민지 사업가 박영철朴榮喆의 아버지였다. 박기순은 1857년에 이리(현재의 익산)의 가난한 집에서 태어났다. 12세가 되었을 때 아버지가 병들어 가족을 부양할 수 없게 되자, 그는 한 상점에 사환으로 들어갔다. 그리고 18세 때 자신의 쌀가게를 내고 전라북도의 곡창지대 평야 부근의 유리한 입지를 활용하여 재산을 모았다. 그는 자신의 이윤을 토지에 투자했고, 마침내 그 지역의 대지주가 되었다.[39]

또한 박기순은 자금의 일부를 근대적 사업에도 투자한 전형적인 인물이었다. 20세기 초엽부터 국제 시장경제에서 돈을 번 많은 객주들은 이윤의 일부를 다른 사업에, 특히 근대적 금융업에 투자하기 시작했다. 예컨대 1908년에 설립된 구포저축합자회사(훗날의 구포은행)의 두 명의 주요한 창립자 중 한 사람은 경상북도의 지주였고, 다른 한 사람 — 장우석張禹錫 — 은 박기순처럼 쌀 수출로 돈을 번 객주였다.[40] 다른 객주들처럼 박기순도 은행업에 관심을 키웠다. 그는 다른 저명한 한국인 지주들 및 객주들과 협력하여 1919년에 전주에 삼남은행三南銀行을 세웠다. 또 그 무렵 전북경편철도주식회사와 전북축산주식회사 등 지역 내 몇몇 일본인 사업체의 주주와 이사가 되었다.[41] 박기순 및 여타 인물들은 실속 있는 객주업을 통해 가난에서 벗어날 수 있었는데, 이는 1876년 이전이라면 상상할 수 없던 일이었다.

객주업은 지속되는 동안은 좋았지만 점점 더 어려워졌다. 1890년대 말 조선은 외국—특히 일본—세력에 전면적으로 개방되었고, 점점 더 많은 일본인 회사들이 전국으로 퍼져갔다. 그때는 많은 일본인 무역상들이 조선 무역에서 수년간의 경험으로 실제적 지혜를 이미 얻었고, 따라서 독립적 객주가 오랫동안 담당해온 중개인 역할의 중요성은 감소했다.

이러한 위협에 대항하여 다수의 객주들이 개항장에서 협력단체를 만들었다.[42] 그러나 이미 본 바와 같이 다른 객주들, 특히 이미 재산을 모은 자들은 지주가 되거나 종종 일본인 기업가들과 협력하면서 다른 사업으로 옮겨갔다. 예를 들면 여태껏 서울에서 자신의 포목상점을 운영하던 박승직은 위협적인 일본인 경쟁자에게서 유리한 기회를 찾아내 별도로 일본인 동업자와 새로운 무역회사를 세웠다.[43] 그만 그렇게 한 것이 아니었다. 1911년경 조선 내 회사 총납입자본의 50퍼센트 이상을 한국인-일본인 합동회사가 차지하고 있었다.[44]

요컨대 20세기 초엽, 한국인 신흥 자본가계급의 두 가지 주요 원천 중 하나인 전통 상인들은 그 전통적 상업형태를 계속하는 한 더 이상 자본축적을 할 수 없는 지점에 이미 도달해 있었다. 따라서 그들은 제국주의가 조선에 도입한 성공적 자본가 모델을 모방하여, 대개 일본인 기업가와의 공동경영으로 근대적 은행 및 상업회사를 설립하는 한국인 근대 자본가의 형태를 택하기 시작했다.

결국 그러한 객주 자본은 공업에서도 길을 찾았다. 예컨대 1919년에 설립된 경방은 기본적으로 지주의 작품이었지만, 창립 발기인들 중에 객주가 출신이 적어도 한 명 이상 포함되어 있었다.[45]

지주

하버드대학교 국제개발연구소와 한국개발연구원이 공동으로 수행한 한국 기업가에 관한 근래의 연구는 약 300명에 달하는 한국인 기업가의 표본에서 47퍼센트 정도가 '대·중 지주'의 아들이었으며, 기업가를 낳은 것은 그중에서도 주로 대지주였다는 사실을 발견했다. 이 연구는 "소작농과 농촌 및 도시의 노동자로 대표되는 빈민 대중 출신의 기업가는 거의 없다. 공업 엘리트는 사회 전체보다 공업화 이전의 엘리트집단에서 충원되었다"라고 결론지었다.[46]

물론 47퍼센트라는 수치는 단지 근삿값일 수 있다. 이것은 표본 응답자가 반드시 진실을 말한다는 가정에 입각한 결과이지만, 한국인들은 사회적 지위를 워낙 중시하기 때문에 출신 배경을 요란하게 과장하는 경향이 있다.[47] 그러나 근 50퍼센트라는 수치는 매우 시사적이며 너무 낮은 것일지도 모른다. 예컨대 이 연구 결과, 응답자의 부친 중 16퍼센트가 '공장 소유자'이며 6퍼센트가 '관리', 4퍼센트가 '교육자', 7퍼센트가 '전문 직업인'이었음을 확인했다.[48] 실제로 이 집단 가운데 일부, 혹은 전부가 식민지기나 그 이전에 집안이 상당한 지주였던 사람들을 많이 포함하고 있을 것이다.

식민지기 초기 한국인 자본가계급의 사회적 기원을 고찰해 보면, 이 계급에서 지주적 요소가 우세하다는 것은 분명 깊은 역사적 근원을 가진 현상이다. 훨씬 더 많은 연구를 수행한 후에 무언가 결론을 내는 것이 바람직하지만, 현재까지 이 문제에 관해 조기준이나 김영모가 행한 작업은, 조선시대 말과 식민지기 동안의 한국인 자본가계급의 형성이란 상당한 정도로 토지자산을 자본주의적 기업으로 전환하는 것이었다는 점을 분명히 보여준다.[49] 자본주의로의 이행에서 결정적 역할을 한 집단이 '관료'와 '지주'라고 본 조기준과 김영모는 양자를 구별한다. 그러나 계급 용어상 이 두 집단은 중복되는 경향이 있고, 양자를 구별하는 것이 오히려 더 혼란스러워진다.[50] 그리고 한성은행과 전前 한국은행의 주요 설립자 가운데 한 사람인 김종한金宗漢[51]과 같은 양반관료들이 자기 돈으로 은행과 기타 사업체를 설립한 것은 분명히 광대한 소유지에서 얻은 소작료 수입 덕분이었다. 당시 한국인들이 관찰한 것도 자본가들이 주로 옛 지주 엘리트 출신이라는 견해를 확인해 준다. 1929년에 조선공산당이 작성한 '현단계 조선혁명의 성격'에 관한 글에는 "대부분의 자본가가 지주계급 속에 있다"고 쓰여 있다.[52]

식민지기 한국인 자본가 속에서 지주적 요소가 우세한 것은 사실 놀라운 일이 아니다. 1876년 이후 새로운 국제 시장경제의 과실을 거두었으며, 근대적 기업을 세우고 자금을 대는 데 쓸 수 있는 여분의 자본을 축적한 것은 객주라기보다는 지주였다. 일본으로의 쌀 수출이 늘어나면서 논을 소유한 자들의 이윤도 커졌다. 객주가 종종 그 초기 이윤을 논에 투자하여 대지주가 되려고 애쓴 것은 당연한 일이다.

물론 지주들도 이 시기에 여러 난관에 봉착해 있었다. 20세기 초엽부터, 특히 러일전쟁의 여파로 많은 일본인들이 조선에 건너와 토지를 매입하여 지주로서 정착하기 시작하였다.[53] 또 1908년에 일본 제국의회가 반관半官인 동양척식주식회사를 설립했는데, 이는 탐욕스럽게 토지를 획득하기 시작하여 결국 식민지 조선의 최대 지주가 되었을 뿐 아니라 많은 한국인들에게 일본의 악명 높은 억압의 상징이요, 화신이 되었다.[54] 더욱이 일본 정부는 자국의 지주를 보호하기 위해 1905년 쌀 수입에 15퍼센트의 관세를 부과해 1876년 이래 널리 행해져 온 쌀의 활발한 자유무역을 왜곡시켰다.[55]

그러한 일들이 필연적으로 자본축적 과정의 기세를 누그러뜨렸지만, 1876년과 1919년 사이에 한국인 지주들의 전반적 번영은 심각하게 위축되지 않았다. 당시 일본인 지주들에게 조선은 그다지 매력적이지 않았다. 훗날 일본인이 조선의 농지를 가장 많이 소유했을 때에도 전체의 25퍼센트를 결코 넘지 않았을 것이다.[56] 그리고 일본인이 토지를 획득한다고 해서 반드시 그만큼 한국인 지주의 소유지가 줄어드는 것도 아니었다. 한국인 사유지가 일본인 수중으로 넘어간다면, 토지를 상실한 자는 대개 가난한 자작농이거나 자소작농이었지 부유한 지주는 아니었다.[57] 그리고 종종 일본인 지주가 획득한 토지는 본래 민유지와 구별되는 국유지(왕실 토지)의 일부였다. 예컨대 동양척식주식회사가 소유한 많은 토지는 조선왕실과 중앙정부로부터 획득한 종전의 왕실 토지와 정부 소유지 및 1910년 이후 총독부에게서 획득한 미개간 임야가 대부분이었다.[58] 일본인 정착민들을 조선에 식민하려는 이 회사의 웅대한 계획도 음울한 실패로 귀결되었다.[59] 결국 식민지 당국은 기존 지주제도를 거스르지 않고 활용하기로 결정했고, 이는 1918년에 총독부가 완결지은 토지조사사업의 결과에 분명히 반영되었다. 토지조사사업의 주요한 한 가지 결과는 식민 당국이 소작농의 많은 전통적 관습 권리를 희생시키면서 기존 조선의 토지소유 구조를 추인한 것이었다.[60]

한국인 지주들에게 일본인 식민자들과의 경쟁보다도 더 중대한 위협이 된 것은 일본의 외국 쌀 수입관세였다. 왜냐하면 관세가 시장 자체에 타격을 가했기 때문이다. 조선에 있는 일본인 곡물상은 이를 우려하여, 조선 내의 일본인 상공회의소연합회는 관세에 항의하며 폐지를 요구하는 청원서를 본국에 보냈다. 처음 15퍼센트라는 관세율은 나중에 매우 융통성 있는 것으로 판명되었다. 1905년과 1913년 사이에 일본의 요구에 따라 관세는 자주 인상 혹은 인하되었고, 가끔씩 일시적으로 철회되기도 하다가, 1913년에는 마침내 폐지되었다.[61] 결국 제1차 세계대전의 경제적 붐은 조선의 수출이 미처 따라갈 수 없는 쌀의 상승 시세를 만들어냈다. 1914년과 1920년 사이에 일본의 쌀값은 거의 세 배로 뛰었다.[62] 이 호황기가 한국인 지주들에게는 전례 없는 번영의 시기였고, 배고팠던 이전 10년 간의 기억을 지워버렸다.

따라서 1876~1919년은 일반적으로 한국인 지주계급에게는 화창한 시대였다. 조선왕조 말기의 많은 엘리트들을 포함하여 대지주들은 지주경영의 실무사항들은 대부분 관리인의 수중에 맡겨두는 것으로 만족했고, 그들과 그 자녀들은 도시, 특히 서울에서 더 흥미로운 생활을 즐겼다. 시장이 열리기 시작한 1876년부터 1919년까지는 원래 그다지 부유하지 않았던 사람들도 농촌에서 진행된 상업화에 좀더 직접적으로 참여할 수 있었고, 이 소지주 중 좀더 기업심이 있는 다수는 상당한 액수의 자본을 축적할 수 있었다. 그러한 지주가의 하나가 고창 김씨가였다. 이 책은 1945년 이전 한국 자본주의의 발전을 평가하고 분석하는 척도로, 그들이 식민지기 동안 공업기업가로 우뚝 선 과정 전반을 보여주려 한다. 이제 가문의 역사가 곧 한국 현대사의 흐름과 직결되는, 이 뛰어난 가문을 소개할 차례다.

고창 김씨가

1876년에 김씨가는 전라북도 남부 고부(현재는 고창)군의 소지주였다. 당시 가문의 어른은 김요협이었다. 그리고 그의 손자인 성수와 연수가 훗날 경성방직주식회사를 설립하고 경영한다. 소년 시절에 요협의 경제적 장래는 밝지 않았는데, 전라남도 장성군의 가난한 선비가에서 3형제 중 막내로 태어난 그가 상당한 유산을 상속받을 가능성은 전혀 없었다.[63]

그러나 가문이 그를 구했던 것 같다. 퇴계 이황의 제자인 대유학자 김인후를 배출한 울산 김씨의 한 지파로서 김씨가는 점점 퇴색해

갔지만 양반 신분을 고수했고, 그 덕분에 요협의 아버지는 요협을 고창군의 매우 부유한 지주의 딸과 결혼시킬 수 있었다. 그의 장인은 신혼부부에게 고창군 내의 토지 중 일부를 주었고, 그래서 요협은 북쪽의 고창군으로 이주하였다.[64] 훗날 사람들이 김씨가는 "자기 땅만 밟고서도 전라도 전역을 다닐 수 있다"고 말할 정도였는데, 이처럼 전설적인 땅 부자가 될 집안으로서는 소박한 출발이었다.[65]

물론 쌀 수출시장이 열림으로써 그러한 토지의 집적이 가능했지만, 김씨가는 시장에서 경합하던 다른 많은 한국인 지주들을 앞설 수 있는 특별한 지리적 이점을 누렸다. 그리고 처음부터 김씨가는 뛰어난 사업 감각, 곧 소유지의 관리를 포함한 모든 사업에서 효력을 발휘할 재능을 가지고 있었던 것 같다.

1) 지리

오늘날에도 고창군을 여행하는 것은 시간을 거슬러 올라가는 것이다. 경부고속도로 양측에 펼쳐져 있는 한국의 경제 '기적'은 아직도 전라도를 꿰뚫고 지나가지 못한다. 좁은 비포장도로로 연결된 초가지붕 마을의 풍경 속에서 다른 세기, 아마도 식민지시대에 있는 자신을 상상하게 된다.[1*]

예컨대 해리의 해안 마을에 있는, 김요협의 증손자가 소유한 삼양염업사에 가면, 해방 전 김씨가가 소유한 많은 식민지 소작농장 중 하나인 해리농장의 부속시설이었던 오래된 정미소를 발견할 수 있다.[66] 정미소는 아직도 사용하고 있다. 물론 1945년 이후 한국은 농지개혁을 단행했고 여러 차례의 정권 교체를 겪었지만 삼양염업사

부근의 많은 토지는 여전히 김씨가의 소유다. 그 대부분은 본래 총독부의 보조금을 받아 바다를 간척한 것이다.[67] 염전의 끝에 자리 잡은 마을들은 모두 삼양염업사의 소작농으로 이루어져 있고, 이들은 여전히 소작료를 오래된 정미소에 현물로 납부하고 있다.[68]

그러나 이 지방에서 가장 인상적인 것은 지형이다. 이곳에는 김씨가가 경제적으로 성장할 수 있었던 중요한 비밀 한 가지가 있다. 일반적으로 한국은 돌이 많고 산이 많은 나라다. 예컨대 선교사이자 아마추어 한국사가였던 제임스 게일James S. Gale은 19세기 말에 글을 쓰면서, 한국의 지형을 '산맥의 연속'이라고 기술하고 "산 넘어 산이요, 무수한 산이로다"라고 그가 종종 들은 한국식 표현을 인용하였다.[69]

그러나 전라남북도, 특히 북부의 호남평야는 한국에서 이례적인 지형이다. 거기서 미국 중서부 출신의 여행자는 예상치 못하게 고향에 온 듯한 느낌을 처음으로 받을 것이다. 들쭉날쭉한 구릉과 산이 있는 보통의 경관이 아니라 일리노이 주나 아이오와 주에서처럼 지평선 끝까지 규칙적인 기하학적 무늬가 쭉 펼쳐져 있는 농촌 풍경을 마주볼 것이다.

그렇지만 주主작물은 옥수수가 아니라 쌀이다. 전라도는 사실 한국의 '쌀독'이다. 전국 평균 경작지의 56퍼센트가 논인 것과는 대조적으로 전라북도에서만 경지의 67퍼센트가 논이며, 이 지역은 오늘날 한국의 연간 쌀 생산량의 17퍼센트를 공급하고 있다. 전라북도 내에서 호남평야는 가장 생산성 높은 지역으로서 도내 쌀 수확량의 약 75퍼센트를 공급하고 있다.[70]

김요협이 처가에서 받은 고창군 내 토지는 호남평야의 남부에 해당하였고, 그 북쪽으로 가면 바다에 닿았다. 그곳은 한국에서 가장 좋은 쌀 생산지였다(현재도 그러하다). 그곳은 그와 비슷한, 혹은 더 비옥한 토지에 둘러싸여 있었고, 김씨가가 그 소유지를 확장하려 했을 때, 그보다 더 비옥하거나 편리한 장소는 발견할 수 없었다. 게다가 토지가 평야에 있었기 때문에, 훗날 김요협의 손자 연수가 가문의 토지를 대규모 농장으로 통합하기 시작했을 때(1920년대)에 매우 편리했다.

또 하나의 지리적 이점은 토지가 바다에 근접해 있다는 점이었다. 해안 인근의 어떤 보유지도 바다를 간척해 확장할 수 있었다. 또한 그러한 입지 덕분에 주요 항구로 쉽게 접근할 수도 있었다. 이 경우 김씨가는 특히 운이 좋았다. 북동쪽으로 입구를 바로 가로질러 줄포항이 자리 잡고 있었다. 국제무역이 발전함에 따라 줄포는 점차 전라북도 쌀, 특히 줄포의 배후지인 고창군 쌀의 유통에서 중요한 집산지가 되었다. 내륙으로부터 줄포로 모인 고창군의 쌀은 단지 약 17해리 떨어진 군산까지 배로 수송되었다. 그리고 그 쌀은 군산에서 더 큰 배에 실려 일본으로 운송되었다.[71] 줄포는 김씨가의 토지와 국제항 군산에 모두 근접해 있던 덕분에 훗날 고창군 및 다른 지역에서 김씨가의 농업경영을 확대하기 위한 자연적이며 편리한 해안기지가 되었다. 한마디로 1876년에 김씨가가 자리 잡았던 전라북도 농촌은 훗날 이 나라에서 가장 수익성 있는 쌀 무역의 대동맥 중 하나가 될 지역 바로 곁에 있었다.

2) 기업가적 지주

지리적 이점이 있더라도 새로운 국제시장의 혜택은 그것을 활용할 수 있는 사람들만 누릴 수 있었다. 김씨가가 이룩한 만큼의 성공을 거두기 위해서는 예리한 사업감각과 상당한 냉혹성이 필요했다. 김씨가에서는 본래 요협의 처가 상업적 안목을 갖고 있었고, 주로 그녀의 절약성과 엄격한 가계관리 덕분에 결혼 초기의 가난했던 수년간을 견뎌내고 갈수록 부유해졌다는 이야기가 전해 온다.[72] 여하튼 요협의 두 아들, 기중과 경중 및 훗날 그의 손자들은— 그리고 오늘날 그의 증손자들도 — 모두 변화의 방향을 감지하고 가장 유리한 방향을 선택하는 치밀한 능력을 보여주었다.

예컨대 제1차 세계대전 중 많은 지주들이 값이 오른 쌀의 판매수입으로 더 많은 토지를 매점하고 있었을 때, 요협의 아들 경중은 그 소득을 은행에 맡기고 이자를 받으면서 때를 기다렸다. 전쟁 후 미가米價와 지가地價가 모두 폭락했을 때, 그는 전에 살 수 있었을 토지의 3~4배나 되는 양을 구입할 수 있었다.[73] 훗날 그의 아들 성수와 연수는 언제나 파산 직전에 몰린 토지 소유자들이 팔지 못해 안달하던 바로 그때에 토지를 불린 것으로 보인다. 대부분의 경우 그들은 시장에 관한 지식과 개인적 연줄을 이용함으로써, 망해 가는 회사를 소생시키거나 수익성 있는 기업으로 전환할 수 있었다.

이 연구에서 보게 될 것처럼, 정치적 변화도 김씨가에게는 극복할 수 없는 장애물이 아니었다. 그들은 변함없이 — 비록 항상 같은 정도의 열정을 보인 것은 아니었지만 — 조선왕조 말기에서 현재의 군사정권에 이르기까지 통치 권력자들과 화친하였다. 예컨대 1980년

대 초에 김연수의 아들 상협은 전두환 정권에서 국무총리로 봉직하였다.[74]

김씨가는 1876년과 1919년 사이에도 기회주의를 견지하며 상황에 노련하게 대응하였다. 1907년 김씨가는 적절한 시점에 줄포로 이사했다. 첫째로, 줄포는 점점 치안이 불안해지던 지역 내에서 안전한 요새였다. 1905년 조선이 강제로 일본의 보호국이 되자 통칭 '의병운동'으로 알려진 봉기가 일어나, 농촌의 조선 민중, 특히 빈농 사이에서 강력한 지지를 받았다. 의병에 대한 대중의 열렬한 지지라는 장애에 봉착한 일본 헌병대는 각 촌락에서 잔혹한 폭력을 휘둘렀다. 1907년까지는 많은 농촌, 특히 봉기가 많이 일어난 전라북도와 같은 남서부 지방의 인구밀도가 높고 소작이 많은 농업지대는 위험한 유격전투지대가 되었다. 그리고 통치 당국과 유착한 것으로 간주되던 한국인들(대개 부유한 지주들)은 곧잘 의병의 증오와 보복의 대상이 되었다.[75] 김씨가 역시 전에 군수 등의 관직에 나아갔던 적이 있기 때문에 의병의 보복 대상으로 선택될 수도 있었다.[76] 실제로 김씨가에서는 1907년 줄포로 이사한 이유 중 하나가 김씨가의 집을 비롯하여 부잣집들을 습격하던 '화적떼'의 끊임없는 위협이었다고 전해 내려온다. 일본 헌병분견대가 있던 줄포는 그러한 위험에서 벗어난 안식처였다.[77]

둘째로, 당시 줄포로 이사한 데에는 경제적 이유도 있었다. 군산에서 수출되는 쌀의 약 5퍼센트가 줄포를 거쳐 온 것이었고,[78] 이 쌀의 대부분은 김씨가의 첫 소유지가 있던 고창군에서 생산된 것이었다. 줄포는 사실상 국제 쌀시장으로 통하는 고창군의 관문이었고, 김씨가는 아주 당연하게도 이 포구를 사업 확장에 적합한 기지로 간주하게 되었다. 훗날 김연수는 정미소와 선착장을 세우고 군산으로 쌀을 운반할 80톤짜리 선박 2척을 매입하여, 줄포를 전라북도 지역의 중심적인 쌀 수출 사업지로 만들었다.[79]

김씨가가 1907년에 줄포로 이사하고 그 후 그곳과 인근 지역의 토지를 사들인 것은 장래를 내다본 기민한 투자이기도 했던 것 같다. 이미 1907년에 경제적 징후는 매우 고무적이었는데, 수출사업이 어느 때보다도 호황을 맞고 있었던 것이다. 군산에서의 총수출액(그 대부분은 쌀이었다)은 1906년 약 65만 엔에서 1907년에는 거의 200만 엔으로 뛰었고, 그 후 계속 증가해 1919년에 약 2,650만 엔으로 절정에 달하였다.[80] 물론 이 금액 증가의 큰 부분은 인플레이션(특히 제1차 세계대전 중)에 기인하였지만, 논을 가진 사람들이 이 인플레이션 때문에 손해를 보지는 않았다. 오히려 지주들에게는 토지에서 이윤을 늘리기 위해 노력할 이유가 생겼다.

1876년과 1919년 사이에 김씨가가 자본을 축적할 수 있었던 비결은 소작지 관리였다. 이 기간 동안 토지 관리란 주로 소작농을 가장 효율적으로 다루어 가능한 한 최고의 소작료를 수취하는 것을 뜻했기 때문에, 그들의 더 냉혹한 경제적 본능을 발휘케 하는 일거리였다. 훗날 총독부가 쌀값을 낮게 유지하면서, 동시에 거액의 보조금을 주는 관개와 간척을 통해 생산량을 늘리는 정책을 취하자, 김씨가는 소작료만이 아니라 농업개량과 생산에도 큰 관심을 갖게 되었다. 그러나 김씨가는 1920년대 중엽 이전에는 거의 전적으로 소작농을 압박하여 소작료를 극대화하는 관리정책을 추구했던 것으로 보인다.

그러한 압력은 다양한 형태를 취했는데 첫째, 김씨가는 매년 소작농을 바꾸면서 종종 그에 상응하여 해당 토지의 소작료를 올렸다. 특히 김씨가에게 초면인 사람이 새로 소작농이 되는 경우와 소작료를 인상한 후에는, 소작농이 그 의무를 다하지 못할 경우를 대비해 소작료를 책임질 보증인을 세우라고 농민에게 요구했다. 둘째, 김씨가는 가능하다면 언제나 지세부담을 소작농들에게 전가하려 했다. 셋째, 김씨가는 분익소작제와 반대되는 정액소작료제를 시행하려고 애썼다. 정액소작료제는 일반적으로 소작료 면에서 더 수익성이 높았을 뿐 아니라, 거기서는 소작농이 지세를 책임지는 것이 관례였다.[81]

　김씨가가 점점 더 많은 토지를 소유함에 따라, 줄포에서 멀리 떨어져 흩어져 있는 토지를 경영하는 데 관리인이 점점 더 중요해졌다. 1918년에 김성수를 비롯한 김기중 측은 모두 38명의 관리인을 두었다. 따라서 그 소유지가 2~2.5배 정도나 더 컸다고 하는 경중[82]은 휘하에 더 많은 수의 관리인을 두었다. 비록 항상 그런 것은 아니지만 일반적으로 관리인은 소작농들 중에서 선발되었다. 그들의 첫 번째 의무는 김씨가의 소작료와 기타 빌려준 쌀에 대한 이자나 가축 사용료 등의 요금을 징수하는 것이었다. 또 쌀값이 충분히 오르거나 현금이 필요해질 때까지, 김씨가는 종종 관리인들의 집에 쌀을 저장하게 하였다. 그러한 서비스의 대가로 관리인은 징수된 전체 소작료의 일정 비율(7~10퍼센트)을 받았다.[83]

　그러한 상황은 관리인이 소작료를 높일 요인이 되었다. 소작농에게서 높은 소작료를 짜낼수록 관리인의 수입이 커지기 때문이다. 그러나 김씨가는 관리인을 통제할 때 당근만이 아니라 채찍도 썼다. 김씨가는 보통의 소작농처럼 관리인을 자주 교체했고 종종 그에 대한 보수를 낮추려고 했다. 게다가 손실이 생기면 모두 관리인이 책임지도록 했다. 이렇게 압력을 받는 관리인은 소작농을 압박하여 불안정성을 줄이고 자신의 손실을 메우려 애썼다. 따라서 관리인의 엄격한 조종은 두 가지 면에서 김씨가에게 이로웠다. 즉 소작료를 가능한 한 높게 유지하는 데 도움이 되었고, 그러한 고율소작료에 대한 소작농의 분노가 김씨가 자신들보다는 가혹한 징수를 대행하고 있는 현지 대리인들에게 향하도록 하는 데 상당히 도움이 되었다.[84]

3) 기업의 성과

국제 미곡시장의 번창을 배경으로 한 뛰어난 입지조건 및 빈틈없는 토지 관리는 1876년과 1919년 사이에 김씨가에게 큰 수익을 가져다주었다. 그러나 김씨가의 자본축적을 상세하게 추적하는 것은 어렵다. 김씨가가 1909년과 1919년에 얼마나 많은 토지를 소유했는지는 대략 알려져 있지만, 요협이 1876년에 얼마나 많은 토지를 갖고 출발했는지, 결혼 당시 장인에게서 얼마나 많은 토지를 받았는지는 어떤 자료에도 나타나 있지 않기 때문이다.

그의 장인은 지역의 대지주였던 것으로 보인다. 김씨가에서는 그가 '만석꾼'[85]이었다고 전해 오는데, 이것은 '천만장자'라는 말과 마찬가지로 좀 모호한 용어다. 조선왕조에서 저명한 양반관료 가문은 부자와 통혼하곤 했으므로, 연일 정씨인 요협의 장인은 실로 꽤 부유했다고 추정할 수 있다.[86] 그러나 그가 사위 요협을 얼마나 후하게 대우했는지는 솔직히 잘 모르겠다. 김씨가에서 전승되는 이야기에 의하면, 요협은 결혼 초기 수년 동안 경제적으로 전혀 안락하지

않았고 재산축적은 점진적이었다고 한다.[87]

따라서 상세한 내용은 알려지지 않았지만, 1876년 이후 김씨가의 경제적 상승을 파악하는 데 도움이 될 만한 두 가지 지표는 있다. 그 한가지 지표는 기중과 경중, 그리고 훗날 성수와 연수가 태어난 고창군의 작은 마을인 인촌리의 김씨가 저택의 확장이다. 오늘날도 주변의 농가를 압도하는 그 저택을 순차적으로 건립했다는 것은, 19세기 말과 20세기 초 동안 김씨가가 갈수록 번영했다는 구체적인 증거다.

최초의 건축은 조선이 국제무역에 개방된 1876년보다 훨씬 전인 1861년에 이미 완성되었다. 이 최초의 건축이 갖는 의미는 분명치 않지만, 요협 부부가 앞서 언급한 토지 관리 기법들을 사용하여 상당한 재산을 모았음을 시사하는 것 같다. 조선의 농촌에서 지주가 소작농을 압박하는 것은 흔한 일이었으므로, 그다지 놀라운 일은 아니다. 또는 늘어나는 식구에 적당한 집을 지으려는 딸과 사위를 도와주기 위해서 장인 정씨가 그 자금 전부나 일부를 대준 것일 수도 있다(기중은 집짓기 2년 전에 태어났다. 그리고 경중은 1863년에 태어났다. 여하튼 1876년이 되도록 더 이상의 건축은 없었다. 오늘날 보이는 형태처럼 각자의 사랑과 안방, 곳간, 하인들의 방 등과 같이 기중과 경중의 두 가족용으로 분리되면서도 작은 통로로 연결된 복합 가옥이 건축된 것은 바로 그 후였다). 요협과 그의 아들들은 1879년 큰 사랑방, 1881년 작은 안방, 1893년 큰 사랑방의 행랑채, 그리고 1903년 작은 사랑방을 잇달아 증축했다. 김씨가가 줄포로 이사한 1907년까지 울안의 모든 주요 가옥이 제자리를 잡아갔다.[88]

두 번째 지표는 김씨가의 관직 경력이다. 이 기간 동안 김씨가는 경제적으로 부유해진 덕분에 관직에도 진출할 수 있었던 것 같다. 전통적인 과거시험은 1894년에 폐지되기까지 대부분 소수의 양반가가 지배했지만, 진정으로 관료가 되고 싶어 하는 사람이라면 가문 배경에 관계없이 반드시 거쳐야 할 관문이었다. 특히 요직은 대개 문과[89]급제자들에게만 주어졌다. 1894년 이후에도 일본이 1905년에 보호국을 세울 때까지 이 기본 유형에는 근본적인 변화가 없었다. 전통적인 시험에서의 성공이 고위직에 오르는 데 중요한 전제조건으로 계속 작용했던 것이다.[90]

실권이 있는 최고위직은 끝까지 주로 문과급제자가 차지한 것이 사실이다. 그렇지만 김씨가의 사례를 보면 중하위 관직의 경우 과거제도가 정식으로 폐지되기 전부터 관리등용체제에 균열이 일어났다는 것을 알 수 있다. 1894년 이전에 김씨가의 세 명의 성인 남자 중 단지 기중만이 진사과에 합격하여 진사등급을 받았는데, 정상적인 경우라면 이것으로는 정규관직이 아니라 단지 성균관 입교 자격을 얻었을 것이다. 그의 아버지나 동생은 진사과에 응시하기라도 했는지 알 수 없는데, 여하튼 그들은 진사등급조차 받지 못했다.[91]

그러나 이 세 사람은 모두 조선왕조 말기에 수완 좋게도 많은 관직에 올랐고, 그중 일부는 상당히 고위직이었다.[92] 예컨대 세 사람은 모두 한때 4품 등급이 수행하는 자리인 군수로 임명되었다. 요협은 또한 의금부義禁府와 중추원中樞院 및 비서원秘書院의 하위직들[2*]을 맡았다.

단정할 수는 없지만 김씨가가 그러한 관직들을 돈으로 사들였을 가능성이 있다. 당시에도 비난받던 관행이지만 고위직까지 매매되곤 했다.[93] 게다가 요협이 오른 의금부의 관직(1885)과 군수(1888)를 포함하여 김씨가가 차지했던 많은 관직들은 1894년 과거제도가 공식 폐지되기 이전에 얻은 것들이었다. 그리고 그들이 정규적인 관료 승진 방식을 따르지 않았던 것 또한 매관매직으로 관직에 오른 것일 수 있음을 시사해준다. 예컨대 요협은 1872년에 비교적 높은 등급인 2품의 선공감 감역繕工監 監役으로 관직 생활을 시작했다. 그는 1885년에 6품과 8품 사이의 등급을 소지한 의금부 도사 관직을 받았고, 이듬해(1886)에는 관료기구의 최하층(9품)인 참봉으로 떨어졌다. 그리고 2년 후인 1888년에 전라남도 화순군수로 격상되었다. 이처럼 기이한 경력은 아마도 미곡거래로 올린 수입이 집안의 돈궤로 유입됨에 따라 김씨가가 그때그때 시장에 나와 있는 관직을 매입한 것으로 설명할 수 있다. 그리고 관직임명에 관한 한 김씨가들의 황금시대는 확실히 1876년 이후의 기간이었다. 요협은 1876년에 이미 43세였지만 겨우 4년 전에 관직에 처음 올랐다. 그리고 그가 다른 관직에 오른 것은 1885년 이후의 일이었다.

그러한 건축상의, 또 정치적인 이력은 19세기 말 김씨가의 경제적 지위가 향상되었다는 사실을 말해 준다. 요협은 1909년 사망할 무렵 두 아들에게 상당한 유산을 남겨줄 수 있었다. 장남인 기중은 연간 거의 쌀 1천 석을 생산하는 토지를 받았다. 경중은 단지 그 5분의 1정도만을 받았다.[94] 그렇지만 1919년경 본래의 유산은 각자 몇 배씩 늘어나 있었고, 두 형제의 경제적 지위는 역전되어 경중이 형보다 더 많은 토지를 소유하게 되었다.

그들 두 사람은 대단히 부유했다. 당시의 기준으로 보아 1919년에 두 형제가 소유한 토지의 규모는 막대한 것이었다. 당시 조선 농촌

인구의 약 80퍼센트가 소작농이나 자소작농이었다.[95] 그리고 한국인 토지 소유자의 대다수는 1단보(1단보=300평)에서 2.5정보(1정보=3,000평) 사이의 토지를 갖고 있었다.[96] 그러나 기중과 그의 아들들의 도조부賭租簿는 1918년에 기중가가 약 750정보를 소유했고 그 90퍼센트 이상이 논이었음을 보여준다. 그해 소작료는 쌀로 약 7,200석[97]으로, 몇몇 일본인 소작농을 포함한 1천명 이상의 소작농들에게서 거두어들인 것이다.[98] 경중의 실제 토지장부는 남아 있지 않지만, 사람들에 의하면 1,300정보 정도로 그중 900정보가 논이었다고 한다.[99] 이렇게 1919년경 김씨가는 조선에서 가장 부유한 가문 중 하나가 되어 있었다. 다른 많은 한국인 지주들 경우처럼, 1876년 이후 일본 제국주의 40년은 그들에게는 말로 다 표현할 수 없는 기회의 시간이었다.

김기중(1859~1933)과 김경중(1863~1945)
개혁적 관료의 전통을 따른 김씨가는 기본적으로 일본을 성공적인 근대화 국가이자 개화의 상징으로 받아들였다. 그리고 1930년대 말에 이르기 전에는, 아직은 한국인이 신흥자본가이면서 동시에 민족주의자임을 상당히 자신 있게 주장할 수 있었다. 그래서 기중과 경중은 대한제국 정부의 관료로 봉직했고, 일본의 간섭과 오만함이 참을 수 없을 정도가 되자 관직에서 물러났다(경중은 1905년, 기중은 1907년). 관직을 떠난 후 그들은 다른 호남의 지주들과 함께 보호국화를 뒤따라서 조선을 휩쓴 애국계몽운동에 참여하여 그를 이끌었다. 1908년에 기중은 가문의 새로운 정착지에서 신학문을 전파하기 위해 줄포에 영신학교를 설립했다. 경중은 월간지 《호남학보》를 발행했던 호남학회의 평의원과 중요한 재정 후원자가 되었다.

2. 산업자본가 |An Industrial Bourgeoisie: Transition and Emergence, 1919~1945
이행과 출현, 1919~1945

1919년은 여러 가지 면에서 한국 근대사의 분수령이었다. 오늘날 사람들은 그것을 주로 정치적 사건, 즉 민족의 이상과 단합을 상징하는 3·1운동으로 기억하고 있다. 그것은 모든 계급의 한국인들이 단결하여 일제의 지배에 대한 거족적인 저항에 참가했다는 점에서 그렇다. 물론 그 후 일제 권력의 실재와 식민지 산업화에 따른 가혹한 계급분화로 인해 3·1운동의 순수한 신념과 단결은 한 줌의 재가 되었다.

그러나 돌이켜보면, 1919년은 한국의 사회경제적 발전에서도 중요한 전환점이었다. 1919년 이전에 상당액의 자본을 축적한 상인과 지주들이 근대 공업에 진지한 관심을 갖기 시작했기 때문이다. 그 후 한국은 공업화의 첫 번째 큰 파도를 경험했다. 비록 그 발전과정에서 주연을 맡은 것은 일본인 자본이었지만, 한국인 자본도 조역을 할당받았다. 그 결과 1919년과 1945년 사이에 이 나라 최초의 산업자본가가 출현했고, 그 가장 탁월한 사례가 고창 김씨가였다.

이전의 공업화 노력

물론 그 전에도 이 나라에는 근대 공업을 발전시키려는 노력이 정부와 민간 양측에서 행해졌다. 초기 메이지정부와 마찬가지로 19세기 조선왕조는 개화파 관리의 부추김을 받아 관료기구 안에 여러 산업부서를 설치했고, 심지어는 메이지시대 일본의 방식대로 몇몇 모범 공장들을 설립하기까지 했다. 그래서 1880년대 중엽에는 유럽의 설비와 중국인 기술자들을 갖춘 정부직물관서 직조국과 직물모범공장이 생겼다.[100]

그러나 이러한 프로그램들은 메이지 일본에서처럼 확고하고 포괄적인 국가산업발전계획에 따른 것이 아니라, 개혁에 대한 국내외의 압력을 누그러뜨리려는, 별로 성의 없이 졸렬하게 구상된 시도에 불과했다. 그리고 의지의 결여만이 문제가 아니었다. 정부가 그러한 공장들을 세울 수는 있었지만, 정부가 실제로 보인 것보다 더 큰 열의가 있었다 해도 그것만으로는 공장들을 계속 운영하는 데 충분치 않았을 것이다. 충분한 운영자본을 공급할 안정적인 국가금융체제가 없었고, 산업개발에 참여할 의지와 능력을 가진 한국인 경영자와 민간기업가가 전반적으로 부족했다. 그 때문에 이러한 시설들은 결국 무용지물이 되었다.

1894년의 갑오개혁과 더불어 정부는 마침내 산업개발에 더 적극적인 태도를 취하기 시작했다. 정부는 농업과 상업을 관할하는 농상아문農商衙門을 설치했고, 최고위직을 비롯한 퇴직관리들이 상업 활동에 참여하는 것을 처음으로 허용하고 권장하였다.[101] 그러한 정부의 장려는 경제 활동을 통한 민족 '자강'의 이념을 표방하는 학회 · 신문 · 잡지 등의 점진적 확산과 더불어 공업발전에 대한 민간의 관심을 자극하는 데 일조했다. 그래서 20세기에 접어들 무렵부터는 민병석閔丙奭과 같은 고위급 인사를 비롯하여 몇몇 상인과 지주들이 소규모 민간 혹은 반관반민半官半民 직물공장을 설립하는 데 열중했다. 그러나 지주의 이러한 농외 분야 투자는 1920년대 이전에는 비교적 제한적이었다. 그리고 그것마저도 대개 제조업보다는 은행업에 투자되었다.[102]

이 기간 중 한국인의 직물공업 투자는 근대적 방직기업을 건설하는데까지 전혀 이르지 못했다. 예컨대 1920년대 이전 한국인 직물공업 발전의 최고봉은 경성직뉴주식회사였다. 이 회사는 1910년에 합명회사로 설립되어 1911년에 공칭자본금 10만 엔의 주식회사로 바뀌었다.[103] 이 회사의 실제 설립자가 누구인지는 확실히 알려져 있지 않으나, 윤치호尹致昊와 윤보선尹潽善을 배출한 명문 지주 양반가가 처음부터 이 회사의 사업에서 주요한 역할을 했던 것으로 보인다.[104]

이 회사는 1919년 김씨가가 경성방직을 세우기 전에 한국인이 설립한 가장 큰 공업회사 중의 하나이자, 실제 기업 활동의 증거가 있는 최초의 주식회사 형태의 직물회사였다. 비록 공칭자본금 전액이 납입되지는 않았지만, 그 납입자본금이 1917년까지는 7만 5천 엔에 달했고, 직공 규모도 상당했던 것으로 보인다. 《조선총독부 통계년보》에 의하면, 이 회사의 직공은 1910년과 1917년 사이에 32명에서 75명으로 증가했다. 그러나 《매일신보每日申報》는 1915년에 이 공장에서의 파업을 보도하면서 적어도 150명을 고용하고 있었다고 전했다.[105]

경성직뉴는 규모는 컸지만 근대적 공장으로 보기 어렵다. 처음부터 약간의 동력기계를 사용했던 것으로 보이지만, 회사 자산 대부분은 공장이나 설비보다는 생산된 제품이었다.[6] 이 회사는 기계에 못지않게, 아니 그 이상으로 구식의 수공업노동에 의존했고, 실제로도 기계 사용은 감소하고 있었다.[106]

경성직뉴는 주로 소멸 직전이라고도 할 제한된 전통적인 시장을 겨냥하고 있었다. 이 시장에는 사실 표준화된 기계제 제품이 필요 없었다. 이 회사는 조선에서 점점 인기를 얻어가던 서구 광폭직물을 생산하려는 시도는 거의 하지 않았고, 대신 그 이름이 말해주는 것처럼 직뉴織紐의 생산에 집중했다. 이것은 면사로 짠 '코드(끈)'나 '벨트(허리띠)'를 말한다. 이 끈이나 허리띠는 조선 남성들이 바짓가랑이를 발목에 맬 때 사용하는 대님과 같이 주로 전통 의복의 부속물로 사용되었다. 회사는 또 양말과 장갑, 약간의 다른 의복을 생산했지만, 의복 생산액은 직뉴 생산의 10퍼센트에도 못 미쳤다.[107]

따라서 경성직뉴는 조선의 공업생산에서 낡은 것과 새로운 것 사이에 있던 일종의 과도적 존재였다. 경성직뉴는 형식상 1876년 이래 조선에 쏟아져 들어오던 새로운 산업자본주의 문명에 속하는 것으로 나타났지만, 그 내용은 주로 전통적인 것이었다. 따라서 이 회사는 전통 의복의 수요가 감소 추세에 있으며 성장하는 새로운 시장은 더 대규모의 기계제 생산을 요구하던 사회에서 발전 전망을 가질 수 없었다.[108] 돌이켜보면 이 회사가 결국 원래 소유자보다 더 근대적이고, 결정적으로 더 패기만만한 생각을 가진 김씨가와 같은 집안의 수중에 들어간 것은 거의 불가피한 일이었다.

산업자본주의로의 이행

1919년경 조선에서는 세 가지 요인이 합세하여 지주자본의 공업으로의 이전을 촉진했다. 첫째, 새로운 한국인 세대의 출현이다. 이들은 경제발전이라는 민족적·진보적 사상으로 무장했을 뿐만 아니라 그를 실행할 자금력(그들의 부모로부터 물려받은 것)과 기술(주로 일본에서 배운 것)을 갖추었다. 둘째는 경제적 조건이 바뀌어 과거 어느 때보다도 많은 잉여자본을 갖게 된 지주계급이 토지 투자보다 공업 분야에 매력을 더 크게 느끼게 된 것이다. 셋째로 이것이야말로 가장 중요한 축인데, 다름아닌 식민지 개발정책(경제적이고 정치적인 이중적 성격을 가진 것)의 전환이었다.

이제 이 요인들을 차례로 검토해 보자. 먼저 첫 번째 요인부터 살펴보자. 고창 김씨가는 이 새로운 한국인 세대의 선두에 있었다.

1) 신세대의 등장 : 고창 김씨가

김씨가에서 새로운 한국인 세대의 대표는 김성수(1891~1955)와 그의 동생 연수(1896~1979)였다. 두 사람 모두 김경중의 친아들이었는데, 아들이 없었던 큰아버지 김기중이 성수를 아주 어렸을 적에 양자로 삼았다. 양가가 모두 인촌리뿐 아니라 줄포에서 한 울타리 안에 살았기 때문에 두 소년은 함께 자라면서 긴밀한 형제애를 키웠고, 이러한 관계는 그들이 성년이 되어 광범위한 사업 활동에서 상부상조하기 시작할 때까지 변함없이 지속되었다.[109] 성수가 양자로 입적함에 따라 두 사람은 각기 양가 유산의 주主 상속자가 되었기 때문에, 이미 상당했던 그들의 자금력은 더욱 커졌다.

두 형제 중 동생 연수가 더 활동적인 공업 기업가로 두각을 나타냈다. 형 성수는 1955년에 죽을 때까지 언론과 출판·교육·정치에 관심을 두었고, 이 각 분야에서 오늘날 한국에서 여전히 살아 있는 유산을 남겼다.[110] 게다가 20세기 초 조선에서 일어난 거대한 사회경제적 변화를 처음으로 포착해 김씨가를 공업 투자로 이끈 것도 성수였다. 그리고 이 책에서 볼 것처럼, 두 사람의 다양한 관심사는 일제하 그들의 황금시대 동안 종종 일치하여 유용한 결과를 가져왔다.

이 두 사람을 포함한 한국인 신세대가 태어나고 자란 시기는 1876년 개항 이후 한일합방까지 일본 세력이 날로 강해지던 때였다. 그들의 부모나 조부모는 뿌리와 정체성이 거의 500년 전으로 소급되는 19세기 전반의 매우 안정적인 사회에서 태어나 자랐다.[111] 이와 달리 1890년대에 태어나 1910년대에 20대가 된 성수와 연수는 그들 부모의 낡은 세계가 외부의 압력 때문에 붕괴되고 새로운 20세기 한국이 태어나는 고통을 함께 겪으며 성장했다.

이 시대의 한국인들에게 일본 제국주의는 격렬하고 뜨거운 관심사였다. 1905년 이후에는 한반도를 놓고 일본과 겨룰 열강은 없었다. 그 해에 대한제국은 일본의 보호국으로 전락했고, 1907년 대한제국의 제위가 연약한 순종에게 강제로 양위됨과 동시에 조선은 완전히 일본의 정치적 지배를 받게 되었다. 조선을 향한 일본의 경제적 진출은 1876년 이후 착착 진행되었고, 1890년대부터는 일본인 상인과 일본 상품이 조선 경제에서 지배적 지위를 차지하기 시작했다. 1905년 조선 문제에 관해 일본이 사실상 정치적 통제권을 장악하자 일본의 경제적 진출은 더욱 빨라졌다.

일본 제국주의가 한국인들을 망국의 위기로 몰아넣자 1876년 이후 조선 사회에서 발전해 온 민족주의가 거세졌다. 많은 한국인들은 이 위협에 대응하여 의병과 같은 무장저항의 길을 택했다. 그러나 상층계급은 일반적으로 '애국계몽운동'이라는 온건한 저항 방식을 택했다. 그것은 한국인 상공업의 발전을 포함한 경제성장과 교육을 통해 민족적 '자강自强'을 꾀하는 것이었다. 이 사상은 1880년대에 개화파 인사들이 처음 제창했다.[112] 1890년대 이후 특히 1905년의 보호국화 이후 조선에서는 가족제도·국가형성·정부·법·농학 등 근대문화(곧 서구문화)의 여러 측면에서 한국인을 '계몽'하려는 학회와 잡지가 급증했다.[113] 그러한 교육 활동이 이 나라의 부와 힘을 증진해 국권國權을 다시 회복하는 것을 도우리라는 주장이었다(그 구체적 방법이 설명되지는 않았다). 《상업계》와 《산업계》 같은 잡지와 학회들도 상공업의 발전을 장려했다. 이 잡지들은 일반적으로 신학문이나 신사상이라고 부르던 것의 여러 가지 면모들을 강조했다.[114] 이 기간 동안 진보적이고 민족주의적인 지주─관료들이 신학문을 가르치는 많은 사립학교들을 설립하여, 서당에서의 전통적인 유교 중심의 아동 교육을 보충했다.[115]

김성수와 김연수는 민족주의와 경제개혁이 불가분하게 결합된 환경에서 자라났다. 그것은 고향의 특징적인 분위기였다. 새로운 문명이 국제무역과 일본 상인의 형태로 먼저 전라도에 도래했고, 1907년 김씨가가 줄포로 이주하면서 16세의 김성수와 11세의 김연수는 어린시절부터 맛보기로나마 그것을 체험할 기회를 얻었다.[116] 더 중요한 것은 소년들이 자라났던 환경, 곧 상층계급의 민족주의와 진보사상이었다. 예컨대 기중과 경중은 여러 가지 면에서 메이지 일본을 조선의 발전 모델로 간주한 개화파의 목표에 대체로 공감했던 것으로 보인다. 따라서 1894년 일본의 지지로 권력을 잡게 된 갑오개혁 정권에 김씨가는 적극 참여하였다.

개혁적 관료의 전통을 따른 김씨가는 기본적으로 일본을 성공적인 근대화 국가이자 개화의 상징으로 받아들였다. 그렇지만 처음부터 개화파가 일본의 경제적·정치적 조선 병합을 용인했던 것은 아니다. 한국사의 비극 중 하나는 훗날 일제가 이 한국인 엘리트들에게 계급적 이익과 민족의식 중 선택할 것을 요구했을 때, 다수가 전자를 택했다는 것이다(이것은 8장에서 상세히 다룰 것이다). 그러나 1930년대 말에 이르기 전에는, 아직은 한국인이 신흥자본가이면서 동시에 민족주의자임을 상당히 자신 있게 주장할 수 있었다. 그래서 기중과 경중은 대한제국 정부의 관료로 봉직했고, 일본의 간섭과 오만함이 참을 수 없을 정도가 되자 관직에서 물러났다(경중은 1905년, 기중은 1907년). 관직을 떠난 후 그들은 다른 호남의 지주들과 함께 보호국화를 뒤따라서 조선을 휩쓴 애국계몽운동에 참여하여 그를 이끌었다. 1908년에 기중은 가문의 새로운 정착지에서 신학문을 전파하기 위해 줄포에 영신학교(오늘의 줄포초등학교)를 설립했다.[117] 경중은 월간지 《호남학보》를 발행했던 호남학회의 평의원과 중요한 재정 후원자가 되었다.[118]

성수는 부친의 개방적 자세 덕분에 당시로서는 진보적인 교육을 받을 수 있었다. 여기서 그의 처가가 상당히 중요한 역할을 했다. 성수는 조선의 전통적인 조혼 관습을 따라 1903년에 12세의 나이로 전라남도 담양군의 부유한 지주이자 또 다른 민족주의적·진보적 양반관료인 고정주高鼎柱의 딸과 결혼했다.[119] 고정주는 1891년에 문과에 급제하여 서울에서 권위 있는 규장각 관리(직각直閣)가 되었다. 그러나 그는 기중과 경중처럼 관직에서 물러나 고향인 창평으로 돌아가서 신학문을 위한 사립학교(오늘의 창평초등학교)를 세웠다. 그리고 1907년 호남학회의 발기인으로 참여했고, 설립 후 곧 학회의 회장이 되었다. 성수는 몇 년간의 서당 교육을 마친 후 1906년에 창평으로 가서 장인의 학교에서 영어·일본어·수학 등의 과목을 공부했다. 후에 기중은 또 그가 군산의 금호학교에서 공부하는 것을 허락했는데, 이 학교는 조선어·수학·역사·지리·영어·화학·체육·음악 등의 정규과목과 더불어 야간학과로 일본어와 직포를 개설했다.[120]

그러나 구세대의 진보적 입장에는 한계가 있었다. 교육과 학문은 오랫동안 조선 사회에서 양반이 추구해 온 것이었다. 새로운 자본주의 문명 자체에 적극 참여하는 것에 비하면, 중국 고전에서 서구의 신학문으로 학습의 주안점을 바꾸는 것은 그다지 급진적인 일이 아니었다. 이미 본 바와 같이 일부 왕족을 포함하여 몇몇 양반들은 이미 자본주의 문명에 참가하는 움직임을 보이고 있었고, 다른 사람들도 조만간 사업에 뛰어들 것을 자녀들로부터 종용받았을 것이다. 그러나 일반적으로 구세대는 특히 이 시기에 행동보다는 공부를 강조하고 싶어 했던 것으로 보인다. 예컨대 성수의 조부인 요협은 상업 활동이 유교윤리에 위배된다고 보았다고 한다.[121] 그러한 도덕주의 때문에 그가 쌀 무역을 이용한 돈벌이를 안 한 것은 아니지만, 그는 정식으로 회사를 설립하거나 자신을 사업가로 부르는 것은 심히 꺼렸던 것 같다.

　오랫동안 지주생활을 해오면서, 요협과 그의 아들들은 기본적으로 상공업보다는 농업에 더 관심을 가졌다. 예컨대 《호남학보》에는 비非농업적 경제 발전에 관해 지나가는 언급조차 거의 없는 반면, 매호 정기적으로 농업에 관한 긴 논설들이 등장한다. 같은 시기에 더 젊은 한국인 세대가 이미 자신의 학회를 결성하여 국가 발전에서 상공업의 결정적 중요성을 강조한 잡지를 발간하고 있었던 것을 고려하면, 두 구세대의 기본적 관심이 농업에 있다는 것은 더욱 분명해진다. 예컨대 도쿄에서는 훗날 성수와 연수가 경성방직회사를 세우고 경영하는 데 도움을 준 윤정하尹定夏와 문상우文尙宇를 중심으로 일단의 조선 학생들이 모여 대한흥학회大韓興學會[3*]라는 단체를 조직했다. 이 단체는 한글로 《상업계》라는 월간지를 발행했는데, 이 잡지는 한국어와 일본어, 영어에서 자주 쓰이는 상업 용어들의 의미와 적절한 용법을 비롯하여 은행업과 여타 상업 문제들을 상세히 다룬 글들을 실었다. 이 잡지는 기업 활동을 멸시한 상층 한국인들의 전통적인 사고방식을 비판하고 조선의 상업 발전을 국가의 경제적 독립의 전제조건으로 삼았다.[122]

　1920년대에 일부 가산家産을 근대공업에 투자한 새로운 부유한 지주 세대에게 일본은 천혜의 훈련장이었다. 1876~1919년 사이에 한국인들이 '근대적'이라 여긴 것의 대부분은 실제로는 대개 일본에 기원을 두고 있었다. 그것은 메이지나 다이쇼大正의 프리즘을 통해 걸러진 서구문명이었다. 1876년 조선을 강제로 개항케 한 것은 서구의 함포艦砲가 아니라 일본의 함포였다. 그리고 1881년에 고종이 신문명의 성격과 조건에 관해 연구·보고할 신사유람단을 만들었을 때, 그는 그 단체를 유럽이나 미국이 아닌 일본에 보냈다.[123] 19세기 영국 귀족이 유럽대륙여행Grand tour[4*]을 통해 자제를 교육시킨 것처럼, 이미 1910년대 조선의 부유층은 자제를 해외, 특히 일본으로 유학 보내고 있었다.[124]

김기중은 본래 성수의 이러한 유학에 반대했다. 그 이유는 어떤 원칙의 문제가 아니라, 자신의 귀한 맏아들을 곁에 두고 싶어 했기 때문이었다. 그러나 김성수의 결심은 확고했다. 그는 창평학교 시절의 절친한 친우로 훗날 사업과 정치에서 막역한 친구요, 분신이 된 송진우宋鎭禹와 함께 1908년 도쿄로 떠났다.[125] 결국 김씨가는 성수가 저지른 일을 받아들여, 아들 친구의 학비와 생활비, 그리고 승마 등 결코 싸지 않은 취미 비용까지 충당할 정도로 넉넉한 일본 체재비를 대 주었다.[126] 훗날 연수가 일본에 가고 싶다는 의사를 강력히 피력했을 때, 김씨가는 반대하지 않았다. 단지 그가 조선에서 결혼을 하고 유학을 떠날 것을 요구했을 뿐이다.[127]

두 소년이 일본에서 보낸 시간의 중요성은 아무리 강조해도 지나치지 않다. 모두 유학 기간이 길었을 뿐 아니라, 그 시기가 청소년기 후반과 성년 초기의 인격 형성기에 해당한다는 점에서 결정적이었다. 성수는 17세에 도쿄로 가서 6년 후인 23세에 돌아왔다. 연수에게 외국 유학은 더 큰 영향을 미쳤음에 틀림없다. 그는 15세인 1911년에 일본으로 가서 10년 만인 1921년에 돌아왔다.[128]

일본에서 보낸 기간이 중요한 이유는 다른 데에도 있었다. 우선

도쿄 유학 시절의 김성수(왼쪽)와 김연수

김성수는 17세에 도쿄로 가서 6년 후인 23세에 돌아왔다. 김연수는 15세인 1911년에 일본으로 가서 10년 만인 1921년에 돌아왔다. 이 기간 동안 두 소년은 새로운 자본주의 문명을 처음으로 직접 대면했고, 그들의 근대화 이념은 그 후 뚜렷하게 일본풍을 띠게 되었다. 그들은 중학교부터 대학까지의 전체 고등교육을 일본에서 일본어로 받았다(성수는 와세다대학에서 정치경제학을 전공했고, 연수는 교토제국대학에서 경제학을 전공했다). 그러한 훈련을 통해 일본어와 일본문화에 익숙해진 그들은 훗날 식민지 재계와 정계를 지배하는 일본인들과 자연스럽게 교제할 수 있었다.

이 기간 동안 두 소년은 새로운 자본주의 문명을 처음으로 직접 대면했고, 그들의 근대화 이념은 그 후 뚜렷하게 일본풍을 띠게 되었다. 그들은 중학교부터 대학까지의 전체 고등교육을 일본에서 일본어로 받았다(성수는 와세다대학에서 정치경제학을 전공했고, 연수는 교토제국대학에서 경제학을 전공했다).[129] 그러한 훈련을 통해 일본어와 일본문화에 익숙해진 그들은 훗날 식민지 재계와 정계를 지배하는 일본인들과 자연스럽게 교제할 수 있었다. 끝으로 가장 중요한 것은 그들에게 일본은 영감을 주는 근대성의 상징이자 장래 조국의 발전 모델이었다는 것이다.

그들의 부모와 마찬가지로 성수와 연수는 스스로 조선의 민족주의자로 자처하고, 일본에서 배운 지식이 적어도 부분적으로는 장래 조선의 국가 발전을 위한 귀중한 수단으로 쓰이리라고 보았다. 그들은 교육받은 엘리트의 일원으로서 국가 발전에 주요한 역할을 하리라고 자부했다. 그들의 민족의식이란 기본적으로 자신의 계급이익을 별 생각 없이 국가이익으로 간주하는 것이어서, 훗날 어려운 시험에 직

김성수(1891~1955)
성수는 1955년에 죽을 때까지 언론과 출판·교육·정치에 관심을 두었고, 이 각 분야에서 오늘날 한국에서 여전히 살아 있는 유산을 남겼다. 게다가 20세기 초 조선에서 일어난 거대한 사회경제적 변화를 처음으로 포착해 김씨가를 공업 투자로 이끈 것도 성수였다.

면해서는 산산이 부서졌다. 그렇지만 이 기간 동안에는 그들과 그 집안을 공공연히 한일합방운동을 벌인 송병준이나 여타 일진회 회원과 같은 친일파로 분류하기는 어렵다.[130]

그러나 그러한 민족주의를 김씨가의 심리적 요소 중 하나로 인정한다고 하더라도, 그들에게 일본이 성공적인 발전 모델로서 중요했다는 것을 잊어서는 안 된다. 그들의 이념적 선배인 개화파와 마찬가지로, 김씨 형제는 일본적인 신문명 개념에 심취했다. 그들은 이 성장 환경 속에서 일본이 결국 서양 문명의 정수를 체득했음을 깨달았다. 실로 일본이 갈수록 번영하고 강해진다는 증거는 도처에서 찾을 수 있었고, 특히 청국과 러시아에 대한 일본의 놀라운 승리가

만주 시찰에 나선 김연수
경방의 주주 대다수가 한국인이었던 것은 사실이다. 경방이 가급적 한국인 기술자를 사용했다는 것도 사실이다. 그리고 이 회사를 연구한 누구라도 김연수와 그 부하들의 경영 수완을 부정하지 않을 것이다. 그렇지만 경방만한 규모와 자금력을 자랑하는 회사가 식민당국과 일본 민간자본과의 긴밀한 협력 없이 발전하여 살아남았다고 주장하는 것은 이성과 상식에 어긋난다.

그러했다. 김씨 형제가 일본에서 받은 광범위한 교육과 경험은 그러한 인상을 강화하여 근대 사회의 구체적인 이미지를 제공해 주었다. 그들은 향후 자신의 개인적 역할에 관한 모델조차도 조선이 아니라 일본에서 찾았다. 예컨대 김성수는 과거나 당대 조선의 영웅들이 아니라 메이지시대의 유명한 '애국자이자 정치가'(성수의 말이다)인 오쿠마 시게노부大隈重信[5*]를 귀감으로 삼았다. 그런데 이 사람은 그가 알았건 몰랐건 간에 처음에는 1873년의 정한론征韓論에서 조선에 대한 군사정벌을 주장하면서 사이고 다카모리西鄕隆盛와 이다가키 다이스케板垣退助와 손잡았던 인물이었다.[131]

그렇다면 이들이 그렇게 숭배한 국가발전모델이란 무엇인가? 이들 중 한 사람이라도 일본에 체류했던 1908~1921년은 일본에게 중요한 이행기였다. 메이지유신 이래로 일본은 공업국으로 점차 발전하고 있었고, 그에 따라 국내순생산에서 농업의 비중은 축소되고 있었다. 1885년에 농업은 전체 국내순생산의 45퍼센트 가량 되었고 공업은 단지 15퍼센트에 불과했다. 1910년까지 각 수치는 32.5퍼센트와 26퍼센트가 되었다. 제1차 세계대전의 결과 일본에는 새로운 공업화 물결이 밀려왔다. 전쟁 기간 중 공업성장률은 그 어느 때보다도 훨씬 높은 연 9.3퍼센트에 달했다. 200만 명이나 감소한 농업인구의 대부분은 도시공업 부문에 흡수되었다. 전쟁이 끝날 무렵에는 농업 중심의 경제정책으로 돌아간다는 어떠한 구상도 이미 불가능했다. 그 후 일본의 공업생산은 1920년대에 약간 쇠퇴한 것을 제외하고는 계속 증가하여 1940년에는 국내순생산의 약 50퍼센트에 달한 반면, 농업의 비중은 19퍼센트가 되었다. 따라서 김성수 형제가 직접 관찰할 수

있었던 자본주의 모델은 경제 발전과정에서 공업이 점차 지배적인 지위를 차지하는 것이었다.[132]

당시에는 모든 공업 중에서 섬유공업이 가장 중요하였다. 일본의 공업화는 메이지유신 후 금융제도의 발전과 더불어 시작되어, 점차 해운, 철도, 사회간접자본(우편·전신·도로 등), 광업, 그리고 끝으로 제조업을 포괄하게 되었다. 제1차 세계대전 중 중화학공업이 크게 확장되었지만, 1930년대 이전에는 제조업 부문에서 주요한 산업은 수출 섬유산업이었다. 생사가 섬유산업을 선도했지만 면제품도 점점 중요해졌다.[133] 1890년대에 일본은 이미 자국산 면제품을 조선에 수출하고 있었다. 러일전쟁 후 면직물시장은 만주와 중국 본토로 확장되었다. 면공업은 세계대전 발발 직전 몇 년간 정체했지만 전쟁으로 상황이 일변했다. 전쟁 동원, 해상 수송의 불확실성, 선복량 부족으로 수에즈운하 동쪽 지역으로의 유럽산 면제품의 수출이 급감했고, 일본은 중국과 아시아 기타 지역(당시까지 서구가 독점했던 인도, 이란, 그리고 멀리 떨어진 아프리카 지역)의 시장에 진출할 수 있었다.[134]

김성수가 조선에 돌아온 1914년, 제1차 세계대전의 붐은 아직 시작되지 않았지만, 일본의 발전 유형에서 섬유공업의 중요성은 이미 명백해졌다. 조선 내에는 1876년 이래 외국산 섬유가 범람했고, 1890년대 이후에는 그중 많은 부분이 일본에서 생산되고 있었다.[135] 그는 관심을 곧바로 공업에 돌리지 않고 그의 양부처럼, 그리고 그가 존경한 와세다대학의 설립자 오쿠마 시게노부를 모방하여 중앙학교를 인수했다. 도쿄 시절 이래 쭉 알고 지낸 이강현이 이 학교의 교사 자리를 얻었다.

만약 그가 섬유공업에 투자하는 데 설득이 필요했다면, 이강현이 그것을 실행한 인물이었다. 김성수와 마찬가지로 그는 신세대의 일원이었고(1888년생), 일본에서 교육받았다. 그러나 그는 도쿄고등공업학교에서 방직을 전공했고, 1911년 서울로 돌아온 후 지칠 줄 모르는 조선 공업화의 주창자가 되었다. 그는 경성상업회의소의 기관지인 《상공월보》에 이 주제에 관해 많은 논설을 썼다. 거기서 그는 일본에서의 공업화 경향에 주목하여 공업이야말로 한 국가라는 건축물에서 초석임을 주장했다. 조선에 근대적 섬유공장을 세우는 것이 그의 꿈이었지만, 그에게는 모험적 사업에 투자할 자금이 없었던 것 같다. 그렇지만 그는 김성수라는 동조적인 후원자를 발견했다. 어느 정도 비슷한 조국의 미래상을 공유한 두 사람의 관계는 1919년에 경방을 설립하게 한 중요한 요소였다.[136]

2) 경제적 이행

수십 년간 한국의 연구자들이 김씨가가 종사한 여러 기업과 교육에서 민족주의적 면모를 강조해 왔고, 앞서 언급한 민족주의가 1919년 김씨가의 경방 설립의 배후에 있는 복합적 동기들 중 하나였다는 것은 부정할 수 없다. 그러나 그것이 결정적 요소였는지는 논의해 볼 여지가 있다. 확실히 1919년 이전이든 이후이든 김씨가가 보인 탄탄하고 빈틈없는 경제적 감각을 보면, 경방의 창립 발기인 중 누구도 단지 고귀한 대의大義를 향한 열정 때문에 자신의 재산을 썼을 것이라고는 믿기 어렵다. 그리고 1919년에는 적어도 부분적이나마 공업 투자로 옮겨갈 매우 확실하고 빈틈없는 경제적 이유들이 있었다.

1919년에 조선의 부유한 상인과 지주들은 지난 40년 간의 상대적 번영을 돌이켜볼 수 있었다. 특히 제1차 세계대전은 전례 없는 이윤의 호황기였다. 일본의 쌀값은 전쟁 동안 거의 세 배가 뛰었고, 그러한 인플레이션은 조선으로도 파급되었다(제1장의 주석 62 참고). 그러나 제1차 세계대전 후 상황은 극적으로 바뀌었는데, 이것은 다시 한 번 일본과의 경제적 연관관계에서 기인했다.

제1차 세계대전 동안 물가가 치솟아 일본의 지주·상인·공업가들은 이득을 얻었지만, 노동자의 임금은 인플레이션을 따라가지 못했으며 소농민과 소작농들도 고물가로 인해 큰 고통을 겪었다. 그 결과 1918년에 일본의 농촌과 도시 빈민들의 불만이 전국적으로 폭발했으니, 바로 '쌀 소동'이었다. 이에 놀란 일본 정부는 즉각 쌀값을 반으로 내렸고, 국내와 식민지에서 쌀 생산을 북돋우는 데 착수했다. 그러한 농업 장려의 목표는 본질적으로 쌀값을 되도록 낮게 유지하여 늘어나는 공업 노동력을 달래려는 것이었지만, 이러한 정책은 일본과 조선에서 모두 심각한 전후 농업 불황에 일조했다.[137] 조선에서 쌀값은 제1차 세계대전 후 급격히 하락했다가 1920년대에 약간 회복되고는 1930년대에 계속 하락했다.[138] 예컨대 김씨가의 추수기(도조부賭租簿)를 보면, 김기중은 1919년에 쌀 1석 당 26엔을 받았으나, 1920년에는 최고 가격이라도 48퍼센트나 하락한 13.6엔을 받았다. 1924년 경에 김씨가는 15.7~20엔을 받았고, 그 가격은 다시 하락하기 시작했다. 1931년경에 받을 수 있던 1석 당 최고 가격은 단지 7엔에 불과했고, 니시무라 켄기치西村健吉와 같은

식민지 농업전문가들은 쌀값의 하락을 '조선 농촌경제의 암'이라고 평했다.[139]

쌀값 하락으로 인한 손실을 메우기 위해 지주는 이 기간 동안 기본적으로 네 가지 선택을 할 수 있었는데, 그들은 그 일부 혹은 전부를 결합해서 활용했다. 첫 번째 확실한 선택안은 소작권을 옮기고 지대를 인상함으로써 그 짐을 소작인에게 전가하는 것이었다. 김씨가를 포함한 대부분의 지주가 그렇게 했다.[140] 그러나 그러한 압박이 경영의 효율성을 위협하지 않고 적용되는 데는 한계가 있었다. 공포와 절망을 느낀 많은 소작농들이 탈진과 기아에 허덕이다 결국은 한 조각 땅마저 포기하고 임시 노동자나 이민자로서 다른 살 길을 찾아 나서기 직전까지 지주의 요구에 순응한 반면, 다른 많은 소작농들은 법정에서, 혹은 더 직접적으로 '소작쟁의'나 폭력을 써서 억압자들에게 도전했다.[141]

지주들의 두 번째 방안은 토지 개량계획(개간이나 관개)과 자본 투자 증가(농장 건물·농기계 기구·비료 등)를 통해 소유지의 생산성을 높이는 것이었다. 이것은 총독부가 선도했다. 일본에서의 쌀 소동에 대응하여, 총독부는 일본의 노동자들에게 값싼 쌀의 안정적 공급을 보장하기 위해 조선에서 쌀의 생산성을 높일 포괄적인 계획을 세웠다. 이 계획은 앞서 언급한 토지 개량과 자본 투자를 필요로 했고, 총독부는 지주들에게 상당액의 보조금과 장기저리대출을 제공할 것을 약속했다.[142] 그러나 쌀값이 대폭 하락했기 때문에 그러한 공식적 유인은 단지 김씨가와 같은 대지주들에게만 매력적이었고, 또 이 경우에도 지주들이 이제껏 흩어져 있던 소유지들을 개량과 투자가 가장 효과적일 대규모의 인접 농장으로 스스로 통합하는 데는 상당한 시간과 노력이 필요했다.

쌀값 하락의 효과를 상쇄할 지주들의 세 번째 방안은 더 많은 토지를 구입하여 보유 규모를 늘리는 것이었다. 지가는 거기서 재배되는 농산물의 가격에 비례하는 경향이 있었고, 그래서 1919년 이후 쌀값의 급락은 논 가격을 하락시켰다.[143] 더 많은 토지를 살 때까지 그 수입을 예금하고 지가가 떨어지기를 기다릴 만큼 영리한, 김경중과 같은 지주들은 전쟁 후에 소유지를 상당히 늘릴 수 있었다. 김씨가의 추수기는 1918년과 1924년 사이에 성수의 양아버지인 기중이 약 121정보의 토지를 사들였음을 알려준다.

전시 호황의 이윤이 매우 컸기 때문에, 싸게 사들인 토지의 투자액은 축적된 총잉여의 일부에 불과했다. 제1차 세계대전 전에도 몇몇 대지주는 그 수입의 일부로 조선의 청소년들을 신문명 속에서 교육할 사립학교와 함께 은행이나 다른 기업을 설립할 수 있다는 것을 알았다. 김씨가의 구세대도 그 방향으로 나아가 1907년 줄포에 영신학교를 설립했다. 물론 1919년까지는 김씨가 역시 다른 지주들과 마찬가지로 전시 쌀 수출로 더욱 부유해졌다.

그러한 잉여자본을 가진 지주들이 선택한 네 번째 방안은 공업 등 농외 부문에 투자하는 것이었는데, 공업은 전과 달리 그들을 고수익으로 유혹하고 있었다. 제1차 세계대전으로 일본은 완전히 공업국가로 탈바꿈했고 공업 투자, 특히 면방직 공업에 투자하는 것이 유리하다는 것이 일본의 경우를 통해 명백해졌다. 경방이 설립되기 직전의 전시 몇 년간 유럽이 아시아 시장에서 철수한 덕분에 일본의 면방직 공업은 미증유의 호황을 맞았다. 수출 수요가 너무나 커서 새 설비를 급속히 확장해도 보조를 맞출 수 없었다. 이 공업의 납입자 본은 1913~1919년 사이에 200퍼센트나 증가했다. 방추 수는 50퍼 센트 가량 증가했고, 직기 수는 거의 두 배가 되었다. 전쟁 중 회사 배당금이 50퍼센트나 증가했지만, 그렇게 하고도 1914~1920년 사 이에 회사 유보금이 세 배로 커졌다.[144] 이 기간 동안에는 약간의 잉 여자본을 가진 사람에게는 방직공업이 매우 매력적으로 보였음에 틀 림없다.

그러나 한 가지 근본적인 문제가 있었다. 1910년에 설치된 조선 총독부는 조선을 단순한 농업 식민지와 일반 면직물을 포함한 일본 공업 제품의 시장으로 유지하는 정책을 택했다. 일반적으로 철도 · 정미소 등처럼 농업의 요구에 부응하는 산업들만 발전이 허용되었 고, 그 경우에도 총독부가 일본인 사업가들을 편애하여 한국인 기업 가들은 고통을 받았다. 매력적인 경제적 조건에도 불구하고, 식민정 책이 크게 바뀌지 않는 한 지주의 공업 투자는 불가능했다. 그러한 변화가 1919년에 일어났다.

3) 식민정책의 전환

1919년 식민정책의 전환은 경제적이고 정치적이었다. 경제적 측 면에서는 더 다양해지고 공업화된 경제가 개막되는 길이 열렸다. 정 치적 측면에서는 일본인뿐 아니라 한국인들도 총독부의 경제개발계 획에 참여할 수 있도록 보장받았다.

1910년에 반도의 지배권을 장악한 총독부의 관심사는 조선을 값싼 농업 원료, 특히 쌀의 공급지로 유지하는 데 필요한 초보적 수준까지만 개발하는 것이었다. 1910~1919년 사이에 이루어진 공업화란 다소간 도로·항만·철도·통신 등 최소한의 사회간접자본 설치와 정미소처럼 어떤 식으로든 농업과 관련된 공업에 국한되었다. 이 의도적인 저발전정책의 다른 측면은 조선을 일본 공산품의 확실한 시장으로 유지하는 것이었다.

이 기간 동안 한국인이든 일본인이든 민간투자를 널리 추구하거나 장려하지 않았다. 아니, 1910년에 공포된 회사령으로 모든 회사가 설립 전 총독부의 공식 허가를 받아야 했기 때문에, 그러한 투자는 엄격히 제한되었다. 심지어 일본인을 포함하여 외국인 회사가 조선에 지점을 내거나 자회사를 두려 할 때에도 총독부의 공식 허가를 받아야 했다. 그리고 이 법은 거짓 신고서를 제출하거나 법조항을 위반한 회사는 폐쇄되거나 해산될 것이라고 경고하였다.[145]

조선의 식민통치자가 민간기업을 위축시키고 엄격히 통제하려는 데 대해 많은 일본 자본가들이 즉각 강력히 반발했다. 이것은 훗날 1930년대에 만주의 反자본주의적 발전을 택하려는 관동군의 시도에 많은 일본 자본가들이 반대했던 것과 마찬가지였다. 일본의 저명한 기업가 시부자와 에이치渋澤榮一는 1911년 《도쿄아사히東京朝日신문》과의 인터뷰에서 회사령이 '입헌국가' 인 일본의 입장에 어긋나는 총독부의 '군국주의' 가 반영된 것뿐이라고 비난했다. 시부자와는 그러한 법이 정부의 특권상인 보호로 귀결될 것이고, 결국 조선에서 상공업을 '절멸' 시킬 것이라고 예견했다.[146]

이 문제에 관한 공개적 논의는 점점 확산되어, 도대체 총독부에게 그러한 법을 만들 실제 권한이 있는지를 일본 언론이 문제 삼기 시작하는 데까지 이르렀다. 이 문제는 제국의회에서 논란거리가 되었고, 결국 제국의회는 총독부가 조선에서 최종적인 입법자 역할을 한다고 추인했다. 하지만 조선에 지점을 둔 일본인 회사의 경우처럼 일본 법과 조선 법이 충돌하는 경우에 어떻게 처리할 것인가라는 문제는 남아 있었다. 그러한 모순을 해결하기 위해 회사령은 1911~1920년 사이에 두 번이나 개정되었지만, 회사 설립시 정부의 허가를 받아야 한다는 핵심 조항은 1920년 폐지될 때까지 유효했다.[147]

그런데 제1차 세계대전으로 인해 일본의 경제 상황은 중대하게 변했고, 회사령의 존속은 불가능해졌다. 우선 수에즈운하 동쪽의 세계 시장에서 유럽 열강이 철수한 결과 주로 서양의 상업권역이었던 지역뿐 아니라 일본의 식민지에서도 일본 공업 제품에 대한 수요가 엄청나게 증가했다. 앞서 본 것처럼 일본의 제조업자들은 설비를 확장하고 생산을 늘렸음에도 불구하고 갑작스럽게 늘어난 막대한 수요를 충족시킬 수 없었고, 그 결과 총독부는 조선 내 공업 부문을 상당히 발전시킬 필요성을 처음으로 고려하지 않을 수 없었다. 면방직 공업은 자연스레 그 후보가 되었다. 식민지에서 기계제 면직물에 대한 수요가 꾸준히 증가했고, 조선이 상당량의 원면을 스스로 생산할 능력이 있었기 때문이다. 그 결과 1917년 부산에서 일본인 소유의 조선방직주식회사의 설립이 발표되었다. 이것은 당시 대규모 공장제 생산이 조선에 도래했으며 식민지의 밝은 공업적 미래를 상징한다고 널리 광고된 사건이었다.[148]

둘째로, 일본은 세계대전으로 단숨에 채무국에서 채권국으로 변신했고, 배출구를 찾는 거액의 과잉 공업자본이 창출되었다. 전쟁 동안과 그 후 일본 본토에서 경기 침체와 생산 감축으로 인해 과잉자본의 대규모 국내 재투자가 심히 곤란해지자, 일본의 제조업자들은 식민지를 포함한 해외에서 자본시장을 찾았다. 그래서 자본 투자자들에게 설득된 식민당국자들은 본국 내 수출산업과의 잠재적인 마찰을 우려하면서도, 식민지 공업의 개발에 대한 제약을 완화하기로 했다. 1917년경부터 일본의 민간공업 투자는 조선과 대만에서 모두 늘어났다. 나카무라 다카후사中村隆英가 말한 것처럼 "제1차 세계대전이 불러일으킨 공업화와 회사 설립의 물결은 또한 이제껏 억압되었던 식민지 공업화의 시작이기도 했다."[149]

일본 경제의 변화에 따라 조선에서도 1920년 회사령이 완전히 폐지되고 일본에서와 같은 통상적인 회사등록제가 시행되었다. 조선과 일본 사이의 이입세 장벽도 대부분 제거되어, 근대적 기계제공장의 설치에 필수적인 일본의 자본재가 조선으로 자유롭게 유입될 수 있었다.[150] 한마디로 조선은 경제적으로 일본 자본주의체제에 완전히 통합되었다. 게다가 일본에서 공장법이 점차 시행됨에 따라서, 일본 경제체제 내에 있으면서도 그러한 사회법이 적용되지 않는 조선의 특수한 지위 덕분에, 조선은 일본의 과잉자본 투자에 더 매력적인 피난처가 되었다.[151]

이 무렵 총독부가 조선에서 약간의 공업화를 장려하기 시작한 셋째 이유는, 아시아 대륙에 대한 제국주의적 야심을 나날이 키워가며 호전적이 된 일본이 조선을 더욱더 경제적 발판으로 여기게 되었기 때문이다.

일본이 공식적으로 영토 획득을 시작한 것은 1890년대 청일전쟁에서 승리한 후 1895년 시모노세키조약을 통해 중국으로부터 대만과 펑후澎湖열도, 랴오둥반도를 할양받게 되었을 때였다. 조약이 체결된 지 일주일만에 러시아·프랑스·독일의 간섭 때문에 일본은 랴오둥반도를 반환할 수밖에 없었지만, 다른 영토들은 새로운 일본 제국의 일부로서 국제적 승인을 받았다. 더욱이 러일전쟁에 이은 1905년의 포츠머스조약에서 일본은 사할린의 남쪽 절반을 할양받았고, 랴오둥과 남만주철도를 포함한 만주에서의 러시아 조차지를 획득하여 마침내 대륙 진출을 위한 확고한 발판을 갖추었다. 또한 조선을 정식으로 정치적으로 지배하고 훗날 병합할 길도 마련했다. 제1차 세계대전의 발발과 더불어 일본은 재빨리 산둥의 독립 조차지를 점령했고, 1915년 악명 높은 21개조 요구안을 내걸어 대륙에서의 특권을 한층 더 확장하려 했다. 그 후 1918년 러시아혁명 후에 일본은 유럽 열강 및 미국과 제휴하여 시베리아에서 반혁명세력을 지원했다. 총 7만 명 이상의 일본군이 파견되어 블라디보스토크 등의 주요 항구를 점령했고, 결국 일본은 동러시아 점령지를 사할린의 북부로까지 확장했다. 일본은 국제적 압력 때문에 1925년까지 그 대부분의 지역에서 철수하게 되었지만, 1919~1921년에 조선총독부가 한창 새로운 경제정책을 수립할 때, 해당 관리들은 종전에 취득한 대륙 영토와 더불어 새로 획득한 이 영토의 이용 방안을 무척 고민하고 있었다.[152]

사실 조선총독부가 북부와의 경제적 유대를 강화하기 시작한 것은 오래된 일이었다. 예컨대 조선은행은 일본의 대륙 진출을 위한 핵심 기구로서 이미 효율적으로 기능하고 있었다. 1917년의 제국법령은 조선은행권을 관동주 조차지에서 유일한 법화로 삼았고, 1920년대 초까지 조선은행은 실제로 조선보다도 만주에서 더 많은 사업을 하고 있었다.[153] 1914년 일본의 산둥 점령과 더불어 조선총독부는 화북 및 화중 지방에 깊은 관심을 갖기 시작했고, 1917년에 한성은행의 후원 아래 반관半官의 경제실태조사단이 그곳에(그리고 만주에) 가서, 조선과 중국 간의 경제적 연계의 가능성을 탐방했다(조사단은 보고서를 통해 일본과 아시아 대륙의 경제적 연결 거점으로서 조선의 특유한 지리적 위치의 중요성을 강조했다).

같은 주제가 1921년 조선총독부의 산업조사위원회에서 다루어졌다. 위원회는 제1차 세계대전이 초래한 경제적 변화의 궤적을 따라 식민당국의 전반적 장기 개발 목표를 설정했다. 이 위원회의 의사록으로 보아 조선총독부가 아시아 대륙으로 일본이 경제적으로 진출하는 데 조선의 공업화를 필수적 요소 중 하나로 간주한 것이 분명하다. 예컨대 조선의 새 방직공업은 조선 내 수요를 충족시키는 만큼이나(아니 그 이상으로) 새 대륙시장으로 수출하는 공업으로 예정되어 있었다.

수출을 위한 개발을 강조한 것은, 어느 정도까지는 조선을 자신의 특별한 영역으로 간주하던 일본 방직업자와의 마찰을 피하려 한 조선총독부 측 희망의 불가피한 결과였다. 그러나 그것은 조선의 식민지 관리들이 가진, 그리고 조선총독부의 승인을 받은 특별한 기업가들이 가진 제국주의적 세계관의 요체였다. 예컨대 부산 조선방직(주)의 주요 발기인 중의 한 사람은 바로 일본의 가장 열렬하고 적극적인 상업제국 건설자로서 과거 미쓰이물산의 사장을 맡고 훗날 남만주철도(주)의 총재가 된 야마모토 조타로山本條太郎였다.[154] 1921년 산업조사위원회에서 의장인 미즈노水野 정무총감은 조선(과 그의 경제발전)이 중요한 것은 일본과 아시아 대륙 사이의 중심에 있는 지리적 위치 때문이라는 조선총독부 측 주장을 되풀이했다. 이 주장은 점점 세를 얻어가고 있었다. 그는 나아가 중국과 극동러시아에서 새 시장을 개척하는 일이 중요함을 강조했다. 위원회의 최종보고서에서 공업 발전을 다룬 부분은 수출무역에도 각별한 주의를 기울였다.[155] 따라서 조선의 공업화란 처음부터 아시아 대륙으로 일본이 경제적으로 팽창한다는 제국주의적 전망과 불가분하게 결부되어 있었다.

정치면에서의 식민정책의 변화는 1919년의 3·1독립운동에서 발단했다. 3·1운동은 수많은 신진 일본인 관료들의 기반을 무너뜨리고 조선총독부를 뿌리째 뒤흔들었다. 훗날 일본이 중국에서 깨달은 것처럼 민족주의는 잔혹한 무력으로 통제할 수 있는 것이 아니었다. 무력은 제국주의 침략자에 대한 민족주의 감정을 격화시킬 뿐이었다.

1905~1918년 사이 조선에서는 민족주의가 꾸준히 성장가도를 달리고 있었다. 1919년까지 연이은 두 군사주의적 식민정부(데라우치寺內 총독과 하세가와長谷川 총독)가 실제로 모든 한국인 분파들을 억압적이고 민족차별적으로 지배하여 소외시켜 왔다. 처음부터 일본인과 협력할 용의가 있었던 일부 신생 한국인 자본가조차도 식민정책에, 특히 회사령에 불만을 품고 있었다. 회사령은 일반적인 공업 발전을 가로막았을 뿐 아니라, 식민당국이 일본인 기업가들을 위해 토착 기업가를 봉쇄하는 데 쓰이고 있었다.[156] 그러나 보호국화 이후 13년간

일본은 거리낌 없이 잔인하게 무력을 휘둘러 한국인들의 입에 재갈을 물렸고, 식민지 지배의 은택恩澤을 선전하다가 스스로 세뇌된 일본인들은 그러한 침묵을 복종으로 오인했다.

그러므로 1919년 3월 1일 조선독립만세운동의 폭발은 완전한 충격이었다. 이 운동은 당초 민족주의 의식의 평화적 표현으로 출발했지만, 자신이 직면한 사태의 심각성을 인식한 일본인들은 그에 과잉 반응하여 폭력으로 대응했다. 가혹한 대응은 자연히 한국 민족주의의 불길에 기름을 부어 전국적으로 많은 한국인들의 자기희생적 저항을 불러일으켰다. 3·1운동이 끝날 때까지 전체 1,600만 인구 중 100만 명 가까이가 전국 각지의 시위에 참여했다. 이중 5만 명 가까이 살상되었고, 약 2만 명이 체포되었다. 조선 총독은 불명예 퇴진을 했고, 일본은 식민지 정책을 재검토하지 않을 수 없었다.[157]

퇴역 해군 제독 사이토 마코토齋藤 實가 이끄는 새 식민정부 아래서, 낡은 전제적 '무단통치' 정책은 새로운 '문화적' 유화정책에 공식

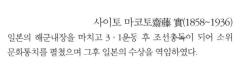

사이토 마코토齋藤 實(1858~1936)
일본의 해군내장을 마치고 3·1운동 후 조선총독이 되어 소위 문화통치를 펼쳤으며 그후 일본의 수상을 역임하였다.

적으로 자리를 내주었고 많은 개혁이 발표되었다. 총독 직위는 원칙적으로 군인뿐 아니라 문관에게도 개방되었고, 헌병대는 정규 보통경찰로 대체되었다. 더 많은 한국인들이 관료기구로 채용되었고, 한국인들은 자신 소유의 신문과 잡지를 발간하는 것이 허용되었다.[158]

'문화정치'로 전환했다고 해서 일본의 목표가 바뀐 것은 아니었다. 일본의 국가 목표를 위해 조선을 지배한다는 제국주의의 근본 목표는 바뀌지 않았다. 새로운 정부는 조선의 여론과 분노를 누그러뜨리려 했지만, 3·1운동의 증표였던 정치적 독립에 대한 한국인들의 기본적 요구는 거부했다.[159] 또한 사이토 총독부의 새로운 정책은 강압적 책략을 완전히 포기했다는 것을 뜻하지도 않았다. 사이토 정부 아래서 치안유지 조치들은 늘어났고, 정부는 국가권력을 공공연히 거부한 한국인들을 잔혹하게 다루었다. 물론 노골적인 무력의 위협이 뒤로 물러나긴 했다. 상징적으로 경찰이 공중 앞에서 총검을 휴대하는 것이 금지되고 정부 관료들은 더 이상 제복을 착용하지 않았다. 그렇지만 무력의 위협은 항상 곁에 있었고, 한국인들도 그것을 알고 있었다.[160]

그러나 사이토 총독부는 한국의 식민지사에서 결정적 전환점을 나타냈으니, 이 정책 변화의 중요성을 과소평가해서는 안 된다. 1919년 이후 총독부는 다른 설득 수단이 실패했을 때에는 언제나 주저 없이 무력을 사용했지만, 적어도 자본가에 관한 한 기본적 지배방법은 강압에서 더 교묘한 포섭전략으로 바뀌었다. 공격적인 몽둥이는 감추어졌고, 주의를 흩트리고 유혹하는 당근이 전면에 등장했다. 이 새로운 책략 중 가장 분명한 것은 앞서 논한 더 다양한 경제개발 프로그램에 한국인들을 끌어들이려는 사이토 총독부의 노력이었다.

일본은 3·1운동에 충격을 받고 혼비백산했다. 3·1운동은 한국인들이 일본의 지배에 반대하여 정신과 행동 면에서 단합한 전례 없는 장관을 보여주었다. 1919년 이전에는 안정을 유지하는 일이 비교적 쉬웠다. 일본은 개별 운동가들을 쉽사리 일망타진했고, 조선의 지형적 특성으로 유격대 활동은 그다지 효과가 없었다. 그러나 적대감으로 뭉친 전체 민족을 지배하는 것은 별개의 문제였다. 만세운동으로 투옥된 한국인들을 심문한 헌병대의 3·1운동 공식 보고서는 3·1독립운동이 조선 사회의 모든 계급에 걸쳐서 일어났고, 한일합방에 찬성했던 귀족의 일부도 참가했다는 것을 분명히 밝혔다. 조선의 '사업가와 부인들' 그리고 다양한 상인과 수공업자가 일본 경찰에 체포된 전체 한국인의 약 13퍼센트 가량을 차지했고, 시위가 벌어지는 동안 많은 상인들이 공감의 표시로 상점 문을 닫았다.[161]

더욱이 유산계급 중 소상인들만 참가한 것이 아니었다. 김씨가 및 그 동료와 같은 좀더 유력한 유산계급 인사들이 직간접으로 지지를 보냈고,[162] 그 후 수그러들지 않는 반일감정을 배경으로 일본 제품 불매와 토착 기업가에 의한 한국인 공업의 발달을 요구함으로써 상황을 자신에게 유리하게 이끌었다.[163] 일본의 입장에서 보면 이 사람들이 특히 위험했다. 가문과 교육 배경을 볼 때 그들은 대중적 기반을 갖춘 민족주의운동을 이끌 권위와 자금력을 갖고 있었기 때문이었다. 여러 계급 세력이 강력하게 단결한 것이 3·1운동이었기에, 일본은 다시는 그러한 연합을 이루지 못하게 하기로 결정했다.

민족운동에 대한 사이토 총독부의 최종 전략은 유서 깊은 '분할통치' 전략이었다. 그것은 분명히 20세기에 맞게 변형된 것이었다. 메이지유신 이후 수십 년간 일본에서는 방어적이고 국가통합적인 민족주의가 청국과 러시아와의 전쟁에서 형성되어 가다가, 공업화에 따라 점점 심각한 내부 계급분화와 투쟁에 자리를 내주었다. 조선에서도 경제발전이 진행됨에 따라 동일한 현상이 일어나리라고 그들이 생각한 것은 아주 논리적인 일이었다. 그렇지만 조선의 경우는 한 가지 결정적인 측면에서 일본과 달랐다. 외부 열강인 일본, 일본 자본주의가 조선에서 공업화를 시작했다는 것이다. 만약 그 발전과정에 어떻게든 한국인 자본가계급을 일종의 하위 파트너로 포섭할 수만 있다면, 일본에 유리하게 조선 사회의 계급분화가 일어날 수도 있었다. 그러한 계급적 이익을 기초로 한 일본인과 한국인의 협력은 이중으로 유용할 터였다. 첫째로, 토착인의 도움을 받아서 일본 제국의 목표에 부합하는 경제를 건설할 수 있었다. 둘째로, 조선 사회 내의 계급분화와 계급갈등을 조장하여 가공할 민족운동의 단결을 깨트릴 수 있었다.

부임한 지 몇 달 만에, 사이토 총독부는 한국의 민족주의운동을 어떻게 다룰 것인가라는 문제에 관해 종합적 정책 문건을 편찬했다. 민족주의가 폭력적인 (그리고 잠재적으로 혁명적인) 대중적 민족주의로 발전하자, 적어도 조선의 부유한 일부 엘리트가 동요하고 있다는 얼마간 고무적인 징후도 있었다. 그래서 그 문건 중의 한 논설 제목은 '일日·선鮮 자본가의 연계'였다. 그것은 바로 앞서 언급한 목표를 설정했다.

최근 조선인 부호의 민심은 과격화를 심히 두려워하기 때문에, 한편으로는 그들의 자위의 길을 강구함과 동시에 일선융화日鮮融和의 열매를 거두는 한 방법으로서 민간심복자로서 한 기관을 설치하고, 이제 내선자본가 사이를 분주하게 하여, 조선인 측에 대해서는 장래 자본가 대 노동자, 지주 대 소작인 관계의 전망을 이야기하고, 내지 측에 대해서는 내선자본가의 제휴가 조선의 개발과 조선 문제의 해결에 극히 긴요하다는 것을 설파함으로써 그 실현을 꾀해야 한다.[164]

이 협력적 자본주의 개발이라는 새 정책은 그 후 1920년 회사령 철폐[165]에 반영되었을 뿐 아니라, 또 고위관료와 사업가들이 향후 10년간의 개발 의제를 수립한 포괄적 회의인 1921년 가을의 총독부 산업조사위원회에도 반영되었다. 회의의 중심 주제는 조선반도 개발에서의 일본인과 한국인의 조화와 협력이었다. 한국인 기업가들은 공식 참가자로서 초청받았고, 총독부는 그들에게 자유롭게 발언하고 청원을 제출하며 총독부안에 대한 수정 의견을 낼 수 있게 허용했다.[166]

"높고 낮은 모든 일본인과 조선인, 정부와 민간을 아우른 국민적 단합의 위대한 백년대계"를 통한 공업 발전을 강조한다든가, 일본인과 한국인 간의 '공존', '공영', '공동의 복리'를 빈번히 언급한 것과 같은[167] 융화와 협력의 많은 언사들이 토론 내내 반복되고, 위원회의 최종보고서에도 여러 번 들어갔다. 물론 이 말들은 훗날 대동아공영권에 관한 발언과 마찬가지로 속빈 강정이었다. 그러나 1921년 이후 계급에 입각한 협력이 실제로 이루어진 점에 비추어볼 때,

협력적 발전에 관한 이 모든 언급들을 단순한 수사修辭로 치부해 버리는 것은 잘못일 것이다.

일본은 물론 한국인 자본가에게 원하는 만큼의 역할을 줄 생각은 없었지만, 개발과정에 몇몇 한국인들이 참여하기를 바랐다는 것은 의심의 여지가 없다. 경제적 효율성을 따져보더라도 그러한 참가가 바람직했고, 정치적 상황은 그것을 요구했다. 1919년 9월 서울에 도착한 사이토는 폭탄 공격의 환영을 받아 하마터면 아내와 함께 죽을 뻔 했고,[168] 2년 후 산업조사위원회의 개막 전야에는 회의 위원들이 회합할 총독부 건물에서 또 한 번의 폭탄투척사건이 있었다.[169] 조선 총독부는 수사를 구사하면서도, 불안한 정치적 상황을 타개하는 데는 말만으로는 불충분하다는 것을 분명히 알고 있었다. 따라서 1921년 산업조사위원회에 한국인들을 포함시킨 것은 민족주의운동을 억제하겠다는 분명한 의지에서 나온 일본의 첫 조치였다. 그리고 그것은 한국인의 산업자본주의가 제한적이나마 실제로 개화하도록 문을 열어주었다.

산업자본가의 출현

1919년 이후 조선에서 일어난 공업화의 속도와 범위를 과장해서는 안 된다. 1930년대 이전에는 조선총독부의 주된 경제적 관심은 농업 개발에 있었다. 그런 의미에서 공업화에 대한 사이토 총독부의 관심은 무엇보다도 제1차 세계대전 후 일본 본국 경제의 변화에 맞추어 과거의 '농업 제일' 정책을 수정한 것뿐이었고, 식민당국이 제국주의적 대륙 진출 야망을 위한 경제적 발판으로서 조선의 효용성을 점점 더 인식하게 된 것은 그 다음 요인이었다. 새로운 정책 자체는 단지 공업경제의 방향으로 나아가는 첫걸음에 불과했다. 총독부가 본격적으로 공업화에 나선 것은 조금 지나서였으니, 첫 번째는 1932년 만주국의 설립 후였고, 두 번째는 1937년 중일전쟁 발발 후 의도적으로 급속히 진행한 것이었다. 그때조차도 브루스 커밍스가 지적한 바와 같이 1945년까지 조선의 공업화는 결코 완결되지 않았다.[170]

반면, 그러한 공업화는 불완전하나마 인상적이었다. 거기에는 고전적인 식민지 지배에서의 단순한 원료 수탈 차원을 훨씬 넘어서는 정교한 착취 방법이 드러나 있다. 1930년대에 조선은 부분적으로 공업화된 식민지로서 제국 내에서 만주국이나 북중국과 같이 새로 획득한, 비교적 개발이 덜 된 주변부에 비해 더 높은 지위를 차지할 수 있었다.[171] 성장의 통계는 공업화 추세가 매우 분명함을 보여준다. 1910년 순 재화생산에서 제조업의 비중은 단지 3.3퍼센트였고, 1914년에는 '회사령'의 효과와 더불어 제조업 부문이 2.9퍼센트로 위축되었다. 그러나 1929년에는 이 수치가 12퍼센트로 상승했고, 1940년에는 거의 22퍼센트에 달했다. 만약 제조업 외의 다른 공업 부문을 포함시킨다면 총생산 중 공업의 비중은 1940년에는 40퍼센트에 가깝다. 더욱이 1930년대에 군수산업이 급팽창한 결과, 1940년경 총공업생산의 약 절반을 중화학 부문이 차지했다.[172] 일본 제국주의를 너그럽게 봐주지 않더라도, 40년간의 일제강점기가 전후의 남북한 모두에게 공업 발전을 위한 상당한 물질적 기반을 남겨주었다고 할 수 있다.

그러나 이 통계는 상당히 간단명료할 뿐, 그다지 새롭지 않다. 사실 일본 지배의 물적 유산을 평가하기는 비교적 쉽다. 어려운 것은 식민지 산업 개발에 한국인 자본가가 어느 정도까지 참여했다고 할 수 있는가의 문제다. 이 문제에 관해 한국인이든 아니든 거의 모든 논자는 일본 제국주의의 수탈성을 폭로하기 위해 한국인 참여의 제한성을 강조해 왔고, 이용 가능한 수치를 가장 부정적인 시각에서 해석해 왔다.

일본 제국주의든 미국 제국주의든 제국주의의 본질을 알고 상기하는 것은 확실히 중요한 일이다. 그렇지만 한 가지 문제는 일본의 수탈이라는 주제 자체가 오랜 세월에 걸쳐, 특히 한국의 학계에서 좀 진부해졌다는 것이다. 예컨대 일본 제국주의가 조선에서 혹은 다른 곳에서 기본적으로 수탈적이었다는 것을 오늘날 누가 진정으로 부정하겠는가? 제국주의의 국적이 어떠하든 그것은 제국주의의 속성이 아니던가? 일본은 조선 민족을 위해서가 아니라 자신의 이익을 증진하기 위해 조선을 식민지로 경영했다.

1944년에 그란젠제브Andrew Grajdanzev는 일본의 조선 통치 실상을 폭로하는 책을 냈다. 현재는 고전이 된 그의 책은 식민지배의 유익함을 수십 년간 열렬히 선전한 일본 측 보고서들을 새롭게 잘 바로잡은 것이었다. 그러나 약 40년이 지난 오늘날에도 식민지기를 연구하는 많은 한국 학자들은 수십 년 전 그란젠제브가 설정한 주제들을 좀처럼 벗어나지 못하고 그대로 되풀이하고 있다. 실로 한국 학자들의 많은 저작들은 일종의 초현실성을 띠고 있다. 우선 일본이 한국을 식민지로 만든 것을 비난하고, 한국의 필요에서가 아니라 일본의 필요에 따라 식민지를 개발한 것 때문에 다시 한 번 비난한다. 그렇지만 그러한 저작에서는 논리보다 일본의 행동을 비난하는 데서 얻는 감정적 만족이 더 중요한 것 같다.

그러한 학설이 변함없이 낳는 지루함 너머에는 더 심각한 문제가 놓여 있다. 오로지 착취에 초점을 맞춰 좁게 보기 때문에 일본 제국주의의 성격과 유산에 관한 더 복합적이고 어려운 문제를 종종 회피하거나 무시하게 되는 것이다. 이 기간 동안의 한국인 자본가에 관한 전통적인 논법이 바로 그러하다. 한민족 전체에 대한 착취를 강조하면, 일본이 한국인을 계급에 따라 차별했다는 것은 보통 은폐된다. 따라서 한국인 자본가는 일본의 지배로 고통을 겪은 또 하나의 집단이 될 뿐이고, 한국인 자본가라는 주제에는 성장과 발전이라는 관점보다도 장애와 제한이라는 관점에서 소극적으로 접근하게 된다.

1) 한국인 자본가에 대한 장애

한국인이 자본가로 성장하는 데 장애물이 있었다는 것은 부인할 수 없다. 결국 조선은 일본의 식민지였기 때문이다. 그렇지만 이미 지적한 바와 같이 그러한 장애는 전혀 극복할 수 없었던 것이 아니다. 가장 중요한 장애물인 정치적 장애물은 1919년 이후에 일본 당국이 소수의 한국인 자본가계급을 동맹자요, 안전판으로 육성하기로 했을 때 상당히 축소되었다. 많은 중소기업들이 대기업에 합병된 1938년 이후의 전시동원과 기업정비 동안에도 독립적인 한국인 회사들이 생존할 작은 틈새를 남기도록 주의가 기울여졌다. 1940년대에 이미 이 현상을 발견한 그란젠제브는 그것을 설명해 줄 공식적 자료에 접근할 수는 없었지만, 다음과 같이 그 핵심을 파악할 수 있었다.

일본이 쉽사리 할 수 있었음에도 불구하고, 한국인들을 공업으로부터 완전히 몰아내지 않았다는 사실은 정치적 고려에 기인한 것이다.[173]

한국인 자본가의 형성을 막는 경제적 장애물도 있었지만, 그 중요성은 상당히 과대평가되어 왔다. 예컨대 서상철은 식민지 경제 연구서에서 "토착 공업들이 금융기구로부터 금융 지원을 받지 못했고, 한국인 대지주는 토착 공업에 자금을 댈 아무런 유인이 없었다"[174]고 말했다. 그는 첫 번째 언급에 대해 아무런 증거를 제시하지 않았다. 다음 장에서 보는 것처럼 그러한 증거를 대기는 어려웠을 것인데, 이는 금융에 관한 그의 언급이 틀렸기 때문이다.

서상철의 두 번째 언급, 즉 한국인 지주들이 공업에 투자할 아무런 유인이 없었다는 것은 부분적으로만 옳은 말이다. 이 주장의 증거로서 그는 토지(논과 밭 모두) 투자와 주식 투자의 상대적 수익률을 인용했는데, 이것은 그가 1931년과 1937년에 조선식산은행이 시행한 조사를 토대로 계산한 것이다. 모든 경우에서 주식 수익률이 낮았다. 하지만 그 차이는 그의 진술이 시사하는 바처럼 크지 않다. 그 차이는 기껏해야 2퍼센트를 넘지 않으며 대개는 훨씬 더 작다. 예컨대 그의 수치에 따르면, 1931년 주식 수익률은 논의 수익률보다 단지 0.8퍼센트 더 낮았을 뿐이다.[175]

그렇지만 이 수치들조차 오해를 낳는다. 서상철의 주식 수익률 수치는 식산은행이 '산업별로' 제시한 주식 배당률의 평균치를 나타낸다. 그것은 다른 평균치들의 평균이며, 특정한 산업이나 기업의 수익률에 관해서는 아무것도 말해주지 않는다. 원자료인 식산은행이 수집한 매우 포괄적인 통계를 검토해 보면, 지주가 어떤 비농업 부문에 투자하는 데는 상당한 유인이 있었던 것이 분명하다. 예컨대 1937년에 양조업 및 전기업뿐 아니라 상업회사의 평균 배당률은 모두 그가 제시한 논의 수익률 8퍼센트보다 조금 더 높았다. 요업과 목재업에서는 평균 배당률이 각각 10퍼센트와 10.6퍼센트였다.[176]

더욱이 많은 개별 기업들은 최고 배당 업종의 평균치와 같거나 그보다 높은 배당을 하고 있었다. 예컨대 1937년 말 목록에 나오는 49개 상업회사의 거의 절반이 10퍼센트나 그 이상, 그중 몇몇은 18~20퍼센트의 주식 배당률을 보였다. 양조업에서의 기업 배당은 22퍼센트나 되었다. 평균 배당률이 토지 수익률보다 낮은 산업들도 그 내부에는 배당률이 토지 수익률과 맞먹거나 더 높은 회사들이 있었다.[177]

또 배당률만이 비농업 부문으로의 투자 유인에 관해 전부를 설명하지 않는다는 것을 상기해야 한다. 식산은행은 배당률과 더불어 산업별로 납입자본에 대한 평균 이윤율을 제시했다. 1937년 하반기 식산은행이 조사한 30개 투자 범주(318개 회사를 포괄함) 중에는 단지 부동산업 회사만이 10퍼센트 이하의 이윤율을 보였다. 대부분은 그보다 훨씬 더 높았다. 예컨대 방직업의 이윤율은 평균 19퍼센트였지만, 그보다 높은 업종도 여럿 있었다. 중일전쟁의 결과로 공업경제의 호황이 막 시작되고 많은 기업들이 재투자를 위해 거액의 자본을 비축하고 있었기 때문에 배당률은 일시적으로 낮은 경향이 있었다. 1937년에 방직공업 이윤의 36퍼센트 가량이 사내 유보되었다. 당시 가장 급속히 발전하던 공업 중의 하나였던 화학공업은 단지 3.7퍼센트의 평균 배당률을 보였으나, 그 이윤율은 거의 30퍼센트였다. 이윤의 90퍼센트 이상이 화학공업 내 여러 회사의 확장을 위해 유보되었다.[178]

따라서 1937년 이후의 시기는 공업 투자를 망설일 때가 전혀 아니었고, 아직 비교적 저가였던 성장주를 사들일 절호의 시기였다. 이것이 바로 김연수와 그의 가족이 조선과 만주에서 한 일이었다. 안전성에 대한 선호나 순전히 굼뜬 습관 등의 이유 때문에 많은 한국인 지주들은 재산을 토지에 계속 묶어놓았다. 그러나 김씨가를 포함한 많은 다른 지주들에게는 더 다양해진 투자 포트폴리오의 전망이 매력적으로 보였다. 여하튼 한국인 지주들에게 공업 투자에 대한 경제적 유인이 없었다는 주장에는 별 근거가 없다.

2) 한국인의 비중

식민지기에 관한 종래의 연구들은 한국인 지주들의 공업 투자에 장애물이 있었다는 것을 강조하면서, 일본인이 식민지기 끝까지 조선 내 공업회사 총납입자본의 90퍼센트 가량을 차지하고 있었다는 통계를 변함없이 덧붙인다.[179] 물론 여기서 요점은 일본인이 경제를 지배했으며, 한국인들에게는 단지 일부만 남겨졌다는 것이다.

90퍼센트라는 매우 높은 수치는 일본의 압도적인 지배력을 보여준다. 그러나 통계에는 양면성이 있다. 일본의 착취에 대한 단순한 비판으로부터 1910~1945년간 한국인 자본가의 성장이라는 문제로 초점을 옮긴다면, 우리는 식민지기 끝 무렵에는 조선 내 공업회사 납입자본의 10퍼센트가 한국인 소유였다는 것을 더 긍정적인 의미로 말할 수 있다. 이렇게 보면 같은 통계도 훨씬 더 흥미로워진다. 일본인이 경제를 지배해서 한국인 자본의 발전을 억압했다는 것은 식민지라는 환경 속에서는 그다지 놀랄 일이 아니다. 반면 그란젠제브가 관찰했듯이, 일본이 한국인을 완전히 쥐어짜지는 않았다는 것, 그리고 식민지시대 말기에 한국인 자본가가 전체 공업회사 납입자본의 10퍼센트 가량을 차지하고 있었다는 것은 사이토 총독의 협력적 자본주의 개발전략이 실행되었고, 다음 총독도 그 전략을 계속 유지했음을 시사한다.

사실 흔히 인용되는 약 10퍼센트라는 수치는 식민지 경제에 대한 한국인의 실제 자본 참여도를 과소평가한 것이다. 실제로 이용 가능한 정보는 단지 회사와 그 납입자본금에 관한 것인 반면, 많은 한국인 업체들은 회사가 아니라 개인업체의 형태를 취했고, 또 회사들은 높은 부채비율을 보이곤 했다. 예컨대 1945년에 경방의 차입금은 그 납입자본금의 두 배를 넘었다.[180]

더 중요한 것은 10퍼센트라는 수치에는 조일朝日합동회사가 포함되지 않았다는 것이다.[6*] 아마도 조일합동회사는 한국인 자본 중 가장 큰 몫을 차지하고 있었을 것이다. 이 혼성 회사들은 총독부 및 관련된 한국인 기업가 양쪽에게 협력적 자본주의의 이상적 형태였다. 총독부에게 그러한 회사들이란 정부가 공공연히 개입하지 않고도 일본인의 면밀한 감독과 지도 아래서, 식민지의 개발을 목표로 한국인 자본가들을 적극 참여케 하는 것을 의미했다. 반면 한국인들에게 그러한 회사는 최소한의 위험과 노력만으로, 성장하는 공업 경제의 큰 이윤을 얻게 해주는 것이었다.

이렇기 때문에 1919년 후 10년간 전체 식민지 납입자본 중 조일합동회사의 비중이 세 배로 커진 것도 당연한 일이다.[181] 그 후 식민지의 대규모 공업 계획상 일본 본국에서 막대한 양의 재벌 자본이 유입되어야 했을 때에도, 총독부는 이 재벌 프로젝트에 한국인들을 주주로 참여시키고 새 회사의 이사 자리에도 앉힐 것을 주장하곤 했다.[182] 식민지 신문이나 상공인명록에서 볼 때, 분명히 이 조일합동회사들이 1945년까지 계속 조선 경제의 한 축을 이루고 있었지만, 불행히도 1929년 이후에는 그에 관한 공식 통계를 얻을 수 없다. 그러나 1929년의 수치는 시사하는 바가 크다. 그해 한국인 경영 회사들의 수치와는 별도로 전체 회사 납입자본의 30퍼센트 이상이 조일합동회사에 속하는 것으로 나와 있다.[183]

이 통계 수치들 중 어느 것도 식민지 공업 경제에 한국인 기업가가 참여한 정도를 제대로 나타내주지 못한다. 근대 한국인 자본가의 형성에 관한 한, 한국인이 기여한 실제 자본액보다 더 중요한 것은, 부분적으로든 전체적으로든 이 기간에 산업자본주의로 이행하고 있던 수많은 한국인 상인과 지주의 수였다. 많은 식민지 재계 잡지와 상공인명록 중 어느 것을 보더라도, 사업계에는 일본인뿐 아니라 한국인들이 빽빽이 들어차 있다. 1920년의 회사령 폐지를 따라서, 많은 지주들과 부유한 상인들이 면방·편직·고무·양조·정미·제혁 부문 등의 소규모 공장에 투자하기 시작했다.[184] 1937년까지는 공업 부문에 2,300개 이상의 한국인 경영 공장들이 있었고, 그중 160개 이상이 50명 이상의 종업원을 고용하고 있었다. 다른 많은 한국인들

의 이름이 한국인 공업회사와 일본인 공업회사의 주주 명부에 모두 올라 있었다.[185]

같은 분야에서 일본인의 투자액보다는 대개 적지만, 그것은 많은 한국인들에게 근대 상공업 세계로의 결정적인 첫걸음이었다. 예컨대 오늘날 한국인들에게 거부巨富의 전설적 상징으로서 한국의 록펠러라 할 인물인 삼성그룹의 설립자 이병철은 본래 경상남도 지주의 아들이었다. 그는 1930년대 마산에서 다른 두 지주와 더불어 상속재산의 일부를 소규모 정미소에 투자했고, 그 후 대구에서 무역업과 양조업에 진출했다.[186] 경남의 또 다른 소지주의 아들로 훗날 럭키금성그룹의 설립자가 된 구인회는 같은 기간 중 직물업에 관여하고 있었고, 진주상공회의소의 활동 회원이었다. 또 현대그룹의 설립자 정주영은 식민지기 말에는 작지만 번창하는 자동차정비업체를 갖고 있었다.[187] 식민지 경제에 대한 이들 각각의 자본 기여도라는 측면만 본다면, 이들 중 누구도 중요하지 않았다. 예컨대 이병철의 마산정미소 납입자본은 겨우 3만 엔이었고, 그는 거기서도 3분의 1만을 출자했다. 구인회의 첫 번째 상회사는 더욱 수수하여, 단지 자본금 3,800엔으로 동생과 동업한 것이었으며, 정주영의 최초 투자액은 2,000엔도 안되었다.[188] 그러나 한국의 사회경제사 관점에서 이러한 사람들의 출현은 토착 부르주아계급의 성장을 보여주는 것이었다. 돌이켜 보건대 그들에게 식민지 조선은 훈련장이요, 도가니였다.

사실 이병철이나 구인회, 정주영과 같은 한국인 소기업가들은 하나의 피라미드와 같은 한국인 자본가집단에서 넓은 저변을 이루고 있었다. 물론 우리의 관심을 끄는 것은 식민지 재계 피라미드의 최상단이다. 그 수준에 있는 한국인 기업가들은 식민지기 동안 나타난 한국인-일본인 간 협력적 발전의 최고 전개 형태일 뿐 아니라 1945년 이전의, 아니 1960년 이전의 한국 자본주의의 최고의 발전을 의미한다. 고창 김씨가는 가장 유능한 사업가 중의 하나였고, 경성방직을 중심으로 한 김씨가의 기업 활동은 한국 자본주의가 식민지 환경에서 도달할 수 있었던 놀랍도록 복잡하고 정교한 형태를 잘 보여준다.[189]

3) 경방 재벌

1914년에 도쿄에서 돌아온 김성수는 일본에서 목격한 근대 자본주의사회를 조선에 재현하겠다는 생각을 품고 있었다. 아버지와 숙부처럼 그의 주요 관심은 산업보다는 교육에 있었고, 1915년 그의 첫 투자처는 학교였다.[190] 그러나 앞서 언급한 것처럼 방직기술자이자 공업 발전의 강력한 제창자였던 이강현과 사귀면서 공업에도 관심을 갖게 되었다.

이강현은 경성직뉴회사에 눈을 돌렸다. 경성직뉴는 침체된 좁은 시장, 심각한 내부 경영 문제로 인해 곤란을 겪어왔고, 중국으로 수출을 늘림으로써 상황을 타개하려는 시도에도 불구하고 파산 직전에 있었다.[191] 소유자들이 더 이상의 손실을 피하려 했기 때문에, 좋은 가격에 인수하여 더 근대적인 면공업 시설로 전환할 수 있었다.

자금 면에서 위험이 낮고 기존 공장을 인수했다는 이점에 더하여 사업 착수의 시점도 유리했다. 조선에서 기계제 면제품에 대한 수요는 전쟁으로 인해 전보다 더 커졌고, 총독부는 이미 제한적인 회사령을 완화하는 신호를 보이기 시작했다. 1917년에 조선방직주식회사가 500만 엔의 자본금으로 부산에서 정식으로 설립되었고, 자금이 별로 없던 이강현은 같은 해 김성수를 설득하여 파산 직전의 경성직뉴를 인수하게 했다.[192]

처음에 김성수와 이강현은 새 기계를 도입하여 직물 생산을 늘리는 데 힘썼다. 그러나 점점 인기를 더해 가는 광폭직물을 생산하는 데는 부산의 조선방직과 비슷한 완전한 규모의 별도 설비가 필요했다. 따라서 머잖은 회사령의 폐지와 협력적 발전의 제안으로 한국인 엘리트를 회유하기를 요망하는 새 총독의 부임과 더불어, 기계제 면사와 면직물의 생산에 전념할 새로운 회사를 설립한다는 최종 결정이 1919년 8월에 내려졌다. 회사령이 공식 폐지되기 전인 1919년 10월에 새 회사의 설립에 대한 당국의 허가가 나왔고,[193] 창립 주주총회가 130명의 주주들(혹은 대리인들)의 출석하에 서울의 명월관에서 10월 5일(일요일) 오후 1시에 열렸다.[194]

첫 총회 기록을 보면 학자들의 판에 박은 주장과는 반대로, 주로 한국인들이 소유했던 이 새 회사에는 처음부터 일본인 주주들도 있었다. 따라서 경방은 신임 총독이 펼친 협력적 자본주의 개발정책의 최초의 중요한 구현물이라는 것이 분명하다.[195]

또 그 후 경방은 공식적인 식민지 개발정책과 대체로 부합하는 경로를 따라 성장했다. 다음 장들에서 상세히 검토할 것이지만, 여기서는 단지 다음의 일반적 유형을 언급하기로 한다. 처음부터 경방은 조선에 수출하고 있던 일본 면방직업체와의 마찰을 피하기 위해 대륙 수출무역에 많은 관심을 쏟았고, 그 회사의 최고 팽창기는 총독부가 만주와 중국에서 일본의 경제적·군사적 세력을 강화하려고 1930년대에 조선을 병참기지로 전면 개발한 것과 더불어 도래했다.

그리고 그 확장은 인상적이었다. 그것은 경방이 일본 제국주의의 희생물이었다는 생각에 동조한다면 믿을 수 없을 정도였다. 1919~1945년간에 회사의 납입자본은 25만 엔에서 1,050만 엔이 되었다. 직기 수는 100대에서 1,080대로 늘었으며, 방추 수는 1935년의 2만 1,600추에서 일제 말에는 3만 200추가 되었다. 그러나 이 수치들은 단지 조선 내 설비만을 지칭하는 것이었다. 경방은 만주에도 비슷한 규모의 별개의 방적방직공장을 소유해 운영했으며, 오사카와 베이징, 중국 중앙의 내륙 깊숙한 곳에도 사무소를 운영했다.

더욱이 1945년까지 경방은 단순한 면직포공장에서 완전한 수직통합 면방직 사업체로 발전했다. 여기에는 별도로 세 개의 조면繰綿[7*]공장(두 개는 황해도에, 하나는 평양에)과, 이미 언급한 바 있는 서울(영등포)의 방적방직설비, 시흥의 대규모 표백 및 염색공장, 그리고 서울(쌍림동)의 피복공장이 포함되어 있었다. 그 밖에도 양평동의 일급 고무공장(옛 경성직뉴회사)과 의정부의 견사견직공장이 합병되어 있었다.

이것은 쭉쭉 뻗어나가는 사업복합체에서 가장 잘 보이는 일부일 뿐이었다. 김성수의 실제 관심은 교육과 언론에 있었다. 동생 김연수가 교토제국대학에서 경제학사 학위를 받고 조선에 돌아오자, 그는 방직회사의 실제 경영권을 점차 동생에게 넘겨주었다.[196] 결국 연수와 그의 가족이 소유권을 행사하여 경방을 지배하게 되었고, 연수는 1935년에 사장이 되었다. 개인적으로든, 회사를 통해서든 연수는 결국 사업을 직간접으로 조선·만주·중국을 아우르는 매우 다양한 영역으로 확장했다. 이미 언급한 영역들 외에도 여기에는 볼 베어링, 철도차량, 어망 제조, 가스와 수력전기의 생산, 대마의 방적과 직포, 양조, 금광업, 은행업, 국제무역, 부동산 및 개발, 운송, 조선, 항공기공업, 금속정련, 석유정제, 중화학공업, 철도 등이 포함되어 있었다. 더욱이 성수는 재정적으로, 또 고문으로 경방을 계속 지원했고,[197] 그가 조선의 주요 신문사 중 하나와 사립대학의 소유자라는 것은 동생의 사업체의 힘과 위신을 증진시켰다. 식민지 지배가 제공해 준 경제적 기회를 김씨가가 눈부시게 이용했다는 것은 해방 훨씬 전에도 분명했다. 사실 그들은 한국 최초의 거대 기업집단, 곧 재벌을 만들어냈는데, 이 재벌이란 용어는 조선의 기자들이 1932년경 김씨가의 급성장하는 사업체에 붙인 이름이었다.[198]

2부 성장의 유형

PART Ⅱ : THE PATTERNS OF GROWTH

경성방직주식회사의 성장은 1945년 이전 한국 자본주의 발전의 최고봉이었다. 이 회사의 업적은 17~18세기에 처음 발견된 자본주의 성장의 맹아가 1876년 후 일본 제국주의에 의해 거의 박멸되었으며 1945년 후에야 다시 나타났을 뿐이라는 통설이 틀렸다는 것을 보여준다. 한국 자본주의의 뿌리가 1876년 이전으로 소급될 수 있다는 것은 이미 언급한 바와 같이, 그러했기를 바라는 학자들의 사고의 산물일 뿐이다. 그러나 공업에 관심을 둔 토착 기업가계급이 1876년 이후부터 출현했다는 것은 의심할 바가 없다. 식민지 지배는 자본주의 성장을 질식시킨 것이 아니라 전진시켰다. 이미 언급한 경제적·정치적 이유 때문에 일본은 토착 자본가계급의 발전을 허용하고 부추겼다.

이렇게 말하는 것은 일본 제국주의를 변호하기 위해서가 아니라 많은 한국 학자들의 사고를 형성하고 있는 식민지기를 둘러싼

여러 가지 신화 중 하나를 제거하기 위해서다. 한국인들이 자신의 의지대로 할 수 있었다면 전적으로 자기 힘으로 자본가계급을 낳았으리라는 것은 가능한 일이고 실로 그럴듯하다. 그러나 이것은 실제로 일어난 일이 아니다. 식민지라는 배경 속에서 한국 자본주의는 그 최초의 실질적인 성장의 파도를 경험했다. 비록 이것이 확실히 불행한 일이었고 아마도 많은 한국인들이 받아들이기에 당혹스럽거나 싫겠지만, 그것이 사실이다.

식민지기 동안의 한국 자본주의 발전을 인정하고 그 성장의 정도를 검토했다고 하면, 이제는 그 현상의 성격을 탐구하는 것이 필요하다. 지금까지 필자는 '자본주의'라는 용어를 시장경제와 사적 소유권을 특징으로 하는 공업 사회 혹은 공업화 도상의 사회를 가리키는 것으로 사용하였다. 이 정의는 한국 신흥 자본가의 기원과 발전을 일반적 용어로 밝히고 기술하는 데는 유용하지만, 한국에서 발전한 자본주의의 독특한 모습에 관해서는 거의 아무것도 말해 주지 못한다. 한국 자본주의의 성장에 특유한 경제 패턴은 무엇이었는가? 더 구체적으로, 그러한 발전에서 국가의 역할은 무엇이었는가? 또 새로 성장하는 식민지 자본주의와 일본의 중심부 자본주의 간의 관계는 어떠한 것이었는가?

우리가 식민지 자본주의의 유산을 완전히 이해하려 한다면, 반드시 이 문제들을 검토해야 한다. 그러나 그러한 연구를 하면 식민지기에 관해 뿌리 깊게 남아 있는 또 다른 신화와 맞닥뜨리게 되는데, 1945년 이전 한국의 자본주의 발전이 '민족자본'의 성격으로 규정될 수 있다는 주장이 그것이다.

필자는 이미 제1장에서 조기준과 같은 한국의 전통적 학자들이 일본의 후견 아래서 한국에 의미 있는 사회경제적 발전이 있었다는 생각을 배척한다고 지적했다. 그러나 그렇게 명백히 일어났던 토착 자본가의 발전—경방이 그 전형이다—은 어떠한가? 식민지배의 영향을 인정하지 않는다면, 그러한 성장을 어떻게 설명할 수 있는가?

이 명백한 모순에 대한 교묘한 해결책으로서 조기준을 비롯한 여러 연구자들은 '민족자본'의 개념을 활용했다. 이 표현은 오늘날 한국에서 사용되는 많은 역사 용어들과 마찬가지로 마르크스·레닌주의에 뿌리를 두고 있다. 엄격한 의미에서, 그것은 중심부의 지배적인 제국주의 자본가 및 제국주의와 제휴한 토착 대자본가('매판' 자본

가)와 경쟁하고 대립하는 식민지하의 토착 소자본가를 가리킨다.[1]

북한의 학자들은 '민족' 자본과 '매판' 자본을 구별하는 논법을 계속 사용하고 다듬어왔다. 그래서 식민지기의 자본주의 발전에 관한 그들의 저작에는 김일성에 대한 지루한 찬사가 있음에도 불구하고 분석에 명확성과 깊이가 있었다. 한국의 학자들은 최근에야 이를 따라가기 시작했을 뿐, 1980년대 이전에는 민족자본과 매판자본이 거의 구별되지 않았다. 통상적으로 모든 한국인 자본은 일률적으로 민족자본으로 불렸다.[2]

바로 여기서 우리는 신화의 핵심에 도달한다. 이 해묵은 견해에 따르면 식민지기의 모든 한국인 자본이 민족자본이었기 때문에, 그것은 정의상 반일적이고 식민지 권력구조와 일본의 자본주의체제에 모두 대립하는 존재였다. 아마도 한국의 자본주의 발전에 관한 한 한국에서 가장 추앙받는 권위자인 조기준은 식민지기 민족자본의 으뜸가는 사례인 경방의 업적을 서술하면서 다음과 같이 썼다.

경방은 순수한 민족자본과 민족기술에 의존하여 운영되었다. 식민지 지배하의 민족기업체는 지배국의 재정적인 후원이나 지배국 인민의 민간자본과의 결탁 없이는 존속하기 어려웠으나, 경방은 민족자본으로만 창립 운영된 소수의 민족기업의 하나이며…… 또 후진국의 민족기업체는 기술진이나 경영진에도 외국인을 참가시키는 것이 상례였

으나, 경방은 의식적으로 이를 기피했다.[3]

그러나 문제는 이 비상한 위업이 어떻게 달성되었는가 하는 것이다. 경방이 전적인 고립 속에서, 혹은 일본 자본주의체제와 식민지 권력 구조에 구애받지 않고 어떻게 그렇게 할 수 있었는가? 즉 필요한 자금을 조달하고 필요한 원료와 기술을 확보하며, 조선뿐 아니라 만주와 중국까지 뻗은 시장 네트워크를 어떻게 만들어낼 수 있었는가? 이는 상상력이 가장 뛰어난 학자들에게도 분명 어려운 질문이다. 그러나 이 문제가 제기된 적은 한 번도 없었다. 예컨대 조기준은 단지 일본의 식민지 지배 아래서 "일본의 대자본과 경쟁하면서 회사를 성공으로 이끄는 것은 분명히 쉬운 일이 아니었"지만, 경방의 훌륭한 업적은 그 경영자의 '합리적인 경영 기술'의 결과였다고 언급할 뿐이다.[4]

모든 신화와 마찬가지로, 이 신화도 일말의 진실을 담고 있다. 경방의 주주 대다수가 한국인이었던 것은 사실이다. 경방이 가급적 한국인 기술자를 사용했다는 것도 사실이다. 그리고 이 회사를 연구한 누구라도 김연수와 그 부하들의 경영 수완을 부정하지 않을 것이다. 그렇지만 경방만한 규모와 자금력을 자랑하는 회사가 식민당국과 일본 민간자본과의 긴밀한 협력 없이 발전하여 살아남았다고 주장하는 것은 이성과 상식에 어긋난다. 과연 한국인 민족자본이라고 할 만한 무언가가 일본의 정치경제 지배체제 속에서 얼마 동안이라도 실재했

는가(혹은 존재할 수 있었을까)는 중대한 의문거리다.[5]

　신화에서 사실로 눈을 돌리면, 경방의 이야기는 신비함을 벗고 더 흥미롭고 의미 있는 것이 된다. 경방은 식민지 권력구조로부터 독립하거나 일본 자본주의와 대립하기는커녕 양자와의 긴밀한 관계 속에서 발전하였고, 1945년까지는 일본에서 조선을 가로질러 아시아 대륙까지 뻗었던 제국의 경제적 연계망의 중요한 일부가 되었다. 제3장과 제4장에서 경방의 재정과 경영의 연구를 통해 식민지 환경 속에서의 정부와 기업의 관계를 고찰할 것이다. 제5장과 제6장에서는 일본의 중심부 자본주의와 전체 제국체제에 대한 한국 자본주의의 관계를 검토할 것이다.

3. 자본가계급과 국가 Class and State : The Financial Nexus
금융면의 연계망

제3장과 제4장은 한국인 자본가계급과 식민지 국가의 관계에 초점을 맞춘다. 그러나 이 관계의 기본 조건을 정한 것은 자본가가 아니라 국가이기에, 우리는 국가에서부터 논의를 시작하기로 한다.

만약 칼 비트포겔[8*]이 중국 대신에 한국을 연구했다면, 그는 '동양적 전제주의'라는 용어가 한국에서는 부적절하다는 것을 확실히 알았을 것이다. 전통시대 한국의 왕은 매우 약했기에, 확고한 양반지주 및 완강한 관료와 권력을 공유하면서 일종의 균형을 이루어왔다. 양반은 과거제도와 고위관직을 독점함으로써, 또 왕비를 배출하는 등의 정략결혼을 통해서 권력을 강화했다. 명이나 청의 전형적인 전제군주와는 대조적으로 조선왕조의 왕은 기껏해야 조금 더 지위가 높은 또 하나의 귀족이었으며, 이것은 본질적으로 동등한 사람들 중의 제1인자일 뿐이었다. 간혹 영리한 국왕은 왕실과 관료조직 내의 여러 권력 당파들을 서로 싸움붙임으로써 권력을 얼마간 행사하기를 바랄 수 있었다. 그러나 가장 약체일 때 조선의 왕은 권력을 다투는 여러 당파들의 애처로운 볼모였다. 518년 조선왕조사에서 일찍이 어떤 왕은 왕궁에 국한된 권력의 암묵적 한계를 벗어나려 시도했다. 그는 결국 폐위되었고, 나라를 다스린 군주였음에도 불구하고 역사 기록에서는 영구히 '군'이라는 이름으로 강등되었다. 이것은 후대의 왕들에게 왕의 한계를 벗어나지 말라는 강력한 계율이 되었다.[6]

그러나 이처럼 전통적 국가에서 전제주의에 대한 일종의 긍정적 억제력이던 것이, 19세기 후반 조선이 일본 제국주의에 의해 강제로 근대적 국제교역 세계에 개항하게 되었을 때에는 장애물이 되었다. 조선의 후진 경제에는 성장을 지향하는 강력한 중앙집권 국가가 필요했다. 왜냐하면 개발의 위험과 부담을 짊어진 이 국가가 매우 경쟁적인 세계경제에서 조선이 독립국으로서 살아남을 수 있게 할 것이기 때문이었다.[7] 그렇게 하기 위해서는 16세기 이래 계속된 왕조의 특징이었던 권력균형을 완전히 무너뜨리고, 이제껏 조선왕조 사회에서 원리상으로도 실제적으로도 불가능했던 왕권을 행사해야 했다. 그러나 조선왕조 국가는 그러한 과업에 대처할 능력이 없었다.

고창 김씨가와 같은 신흥자본가 가문이 1920년경 토지에서 공업으로 첫 걸음을 떼었을 때, 조선왕조는 이미 사라졌고 그 자리에는 전혀 다른 정부, 곧 식민정부가 있었다. 새로운 식민정부에는 조선왕조에는 없던, 조선에 근대 경제를 가져다 줄 모든 것이 있었다. 즉 전통과 양반관료의 속박에 에워싸인 연약한 왕 대신에 강력한 총독이 있었고, 당파 싸움이나 일삼는 조선 관료무리 대신에 명령을 실행할 효율적이고 충성스런 관료기구가 있었으며, 무엇보다도 경제개발 지향성, 더 정확히는 착취 지향성이 있었다.

일본은 식민지 경제개발을 추진하면서, 정부−기업의 긴밀한 상호작용 방식 등 일본에서 성공을 거둔 갖가지 발전 유형과 기법을 조선에 가져왔다. 그러나 조선은 일본이 아니었고, 정부와 기업의 관계는 약간 다른 모습을 띠었다.

조선총독부는 기본적으로 거대 관료기구를 통해 통치하는 독재정부였다. 부령府令이나 제령制令이라는 형태의 총독 명령은 문자 그대로 법이었다.[8] 1919년까지는 총독 위에는 단지 천황만 있었고, 합방 후 제국의회는 총독부가 독자적으로 법을 제정할 권리를 승인하였다. 1942년이 되어서야 도쿄는 공식적으로 총독을 내무성内務省 아래 둠으로써 식민지 조선을 본국 정부의 법적 관할권 내로 끌어들일 수 있었다. 그러나 이 조처는 총독의 권한을 축소하기 위함이 아니라 전시하에서 식민지와 본국 간의 심리적 통합을 증진시키기 위해 취한 것이라서, 실제로는 아무것도 달라지지 않았다.[9]

이 식민정부는 단순한 독재가 아니라 일본이 19세기 후반 이래 조선에 부여한 전략적 중요성을 반영한 군사독재였다. 1919년 이전에는 오직 현역 장군만이 총독 직위에 올랐고, 1919년 3·1운동이 일어나면서부터 조선의 여론을 고려하지 않을 수 없어 그 자리에 문관도 임명하도록 개정되었으나 실제로는 아무런 변화도 없었다. 1919년부터 1945년까지 임명된 모든 총독은 평복을 입었을 뿐인 최고위 군인이었고, 단 한 사람을 빼고는 모두 육군대장이었다.[10] 식민지는 군대의 봉토처럼 취급되었으니, 마치 군대 지휘 계통의 최상층에서 각 장군이 진급함에 따라 상위 장군에게서 식민지를 물려받는 식이었다. 예컨대 1931년에 총독이 된 우가키 가즈시게宇垣一成 장군은 조선에 오기 전 육군대신이었다. 그의 후임인 미나미 지로南 次郞 장군은 몇 년 후 우가키의 뒤를 이어 총독이 되었다. 다시 미나미의 뒤를 이은 고이소 구니아키小磯國昭장군은 만주군 참모장과 조선군 사령관을 역임한, 우가키와 미나미 두 사람의 후배 군인이었다.[11]

일본의 복잡한 관료체제의 다른 요소들처럼, 일본군은 전혀 단일 색조가 아니었고 민간기업에 대한 군장교들의 태도도 다양했다. 군부의 많은 극단주의자들은 기타 이키北一輝[9]의 사상에 강한 영향을 받았다. 그들은 자본주의를 국가의 암적 존재로 보고, 상공업의 광범위한 국유화라는 형태로, 사실상 민간기업이 들어설 여지가 없이 전적으로 관료화된 통제경제를 창설하는 근본적인 외과수술이 필요하다고 생각했다.[12]

그러나 일본 내에서는 군부가 결코 그러한 계획을 실행에 옮길 수 없었다. 재계는 사회에서 너무나 굳건히 자리 잡았고, 또 군의 발전계획을 위해서도 참으로 중요한 존재였기 때문에, 고압적으로 대할 수 없었다. 재벌은 자신의 특권들을 고집했다. 그중 하나가 경제를 전반적으로 관리할 때 강력한 발언권을 갖는 것이었다. 전시동원과 통제가 한창일 때에도, 도조東條 수상은 금융계와 산업계의 거물들로 채워진 내각 자문회를 구성하고 재계를 달래기 위해 개각을 할 수밖에 없었다. 전쟁 직후 비슨T.A. Bisson이 말한 것처럼, 일본에서는 "기간산업들과 거대 기업독점체에 대해서는 철저한 국가편제계획이 별로 적용되지 않았다."[13]

그러나 제국의 주변부이자, 군부가 자신의 특별 영토라고 간주한 만주에서는 기타 이키의 국가사회주의적 견해가 완전히 만개할 수 있었다. 만철滿鐵 이외에는 관동군 당국을 저지할 수 있는 확고한 기성 기업집단이 없었고, 만철조차도 결국 관동군의 총체적인 관료통제 시도에 순응할 수밖에 없었다.[14] 1932년 만주국 괴뢰정부의 수립과 더불어 관동군은 그 경제계획을 실행할 완벽한 수단을 얻었고, 만주는 국영체제의 이념에 매력을 느낀 민군 양측의 전도유망한 관료들을 끌어들여 훈련하는 터전이 되었다.[15] 훗날 만주국의 웅대한 발전계획이 비틀거리는 징후를 보이기 시작하자, 관동군은 처음의 극단적인 반反자본주의 입장에서 후퇴하여 민간기업에 약간 양보했다. 그러나 만주국 경제는 1945년 붕괴될 때까지 국가가 계속 계획하고 통제하였다.[16]

반면 조선의 군사 지배자들은 국가의 경제 통제라는 문제에 대해 더 온건하게 혹은 더 현실적으로 접근하는 경향이 있었다. 일반적으로 그들은 군의 이른바 통제파統制派의 일부이거나 그와 긴밀한 특별관계가 있었다. 통제파란 육군성陸軍省을 장악하고 있던 파벌로서, "자본가 및 정치가들과의 협력이 현명하다고 믿었다."[17] 예컨대 우가키 총독하의 조선에는 노구치 준野口 遵이 경영한 일본질소비료주식회사를 중심으로 거대 사업복합체가 확장한 것을 필두로 일본 민간자본이 최초로 대규모로 유입되었다. 재벌과 긴밀한 특별관계였던 도요東洋방적, 가네가후치鐘淵방적과 같은 일본 방적 대자본이 대륙시장을 목표로 한반도에 대규모 공장을 설립한 것도 이와 같은 시기의 일이었다.[18]

우가키의 뒤를 이은 미나미 총독도 식민지 산업을 개발하기 위해 일본 자본을 조선에 끌어들이기를 갈망했다. 전임자들이 시장가격을 올리고 조선 내 기업을 보호하기 위해 관세·부가세·보조금으로 민간투자를 장려했던 것과 마찬가지로, 미나미도 저리 금융, 회사채 발행 한도의 확대, 공업용 토지수용의 지원, 관대한 조세율 등 다양한 경제적 유인을 민간투자자에게 제공하였다.[19]

이처럼 조선의 군사 지배자들은 자본주의를 적대시하지 않았지만, 만주국의 동료들과 마찬가지로 공익이 사익에 우선한다는 '국체國體의 본의本義'로 발표된 기본적 교의를 확고히 신봉했다.

우리의 국민경제는 황국의 무궁한 발전을 위한 천황의 마음에 기초한 대업大業이자 민복民福이 의지하는 바, 서양 경제학이 말하는 것처럼 개인의 물질적 욕망을 충족하기 위한 활동의 집결체가 아니다. 그것은 국민을 모두 '결結'의 길로 이끌고, 각인 각분에 따라서 각자의 노력을 다하는 것이다. …… '결'의 정신에 입각해 공선사후公先私後하고 분分을 지켜 노력을 다하고 화和로써 뜻을 삼는 마음이야말로 우리나라 고유의 산업정신이다. 이것이 산업계에 강한 힘을 낳고, 창의를 장려하고, 협력하고, 뚜렷이 능률을 높이고, 산업 전체의 융성을 가져와 마침내 국부를 증진시키는 원동력이다. 장래 우리 국민의 경제활동에 이 고유한 산업정신을 충분히 자각하고 이것에 기초하여 경제 발전을 꾀하지 않으면 안 된다. 이렇게 경제는 도덕과 일치하고 이욕利欲의 산업이 아니라 도道에 기초한 산업이 되며, 국체의 정화精華를 경제에 잘 발양發揚할 수 있게 될 것이다.[20]

이런 견해는 1936년 미나미 총독의 식민지 기업인에 대한 훈계에 반영되었다. 미나미는 '자본주의적 이윤과 상업적 자기이익'을 삼가고 '국가경제'의 관점에서 조선의 경제적 '사명'을 고려하라고 말했다.[21] 그의 말은 국체의 본의 자체와 마찬가지로 자본주의 자체를 부정한 것이 아니라, 기본적으로 국가적 요구의 우위성과 우선성을 선언한 것이었다. 고이소 총독도 1947년 전범재판에서 국가에 대해 비슷한 태도를 보였다.

일본의 길이란 우리의 개인적 의견과 주장이 어떠하든 간에, 일단 국가정책이 결정되면 정책의 실행을 위하여 모든 노력을 기울이는 것이 우리의 의무라는 것이다. 이것이 우리나라의 전통적인 관습이었다.[22]

이러한 정서를 가진 조선의 식민지배자들은 처음부터 자본주의를 본질적으로 국가정책의 수단으로 여겼다. 이러한 종속관계를 확실히 하기 위해, 총독부는 식민지 금융구조를 완전히 장악했고, 경방과 같이 야심 있는 회사들은 대개 직·간접적으로 얽힌 정부와의 복잡한 금융적 결속에서 벗어날 수 없었다. 기업경영도 마찬가지로 총독부의 지배를 받았으니, 총독부는 식민지 산업정책을 수립하여 간접적으로 기업경영 방침의 윤곽을 정했다.

국가의 지배는 복잡하고 종종 매우 교묘하여, 공적 영역과 사적 영역이 상당히 중첩하고 상호작용했다. '국체의 본의'는 국가에 대한 자본가들의 종속을 설교하는 것이지만, 또한 '結結'(기본적으로 '연결' 혹은 '결합'을 뜻하는 매우 불명확한 용어)의 정신을 고취하여 양자의 조화를 증진시키는 것도 옹호했기 때문이다. 기업가들이 국가에 복속한다는 것은 그들이 거대하고 엄격한 가부장제의 필수 일원으로서 국가에 통합되는 것이기도 했다. 실로 국체의 본의는 '아버지'로서의 지배자와 더불어 큰 가족으로서의 정책이란 이미지를 담고 있어서, 그 조합주의적 정치경제관은 뚜렷한 유교적 색조를 띠었다.[23]

기업가들이 그러한 사고에서 자신에게 부여된 열등한 지위를 전적으로 승복하지 않았을 수도 있다. 하지만 그들은 일반적으로 한국인이든 일본인이든 공통적으로 유교 이데올로기의 유산을 그들의 지배자와 공유했기 때문에, 기업가들은 열등한 지위를 참을 수 있었고 정부와의 상호작용은 자연스러운 기업 활동 양식이 되었다. 예컨대 한국인과 일본인 기업가들은 총독을 공공연히 '인자한 아버지慈父'라고 불렀다. 가네가후치방적주식회사의 사장 츠다 신고津田信吾는 1936년의 조선산업경제조사회에서 "일본의 정치경제는 '가족주의' 형식을 취해 왔고 그 역사발전은 서양의 그것과는 전혀 다릅니다. 이른바 서양 자본주의는 대체로 개인주의로부터 발전해 왔기 때문에 난국을 초래하는 것은 말할 것도 없습니다"라고 우쭐거리기도 했다.[24]

이념뿐 아니라 이해관계도 기업가와 관료들을 서로 결속시켰다. 기업금융의 필요성 때문에 경방과 같은 회사들이 총독부에 얽매인 것이기는 하지만, 그것은 기업가와 관료 등 모든 관련 당사자에게 유익한 협정이었다. 기업경영에서의 공공 영역과 사적 영역의 융합 또한 양측에게 모두 유익하였다. 정부가 기업가들을 공식·비공식 차원에서 모두 정책 결정과정에 끌어들임으로써, 그렇게 하지 않았을 때보다 경제가 더 순조롭게 운행될 수 있었다. 그리고 기업가들은 국가로부터 자율적인 경영을 할 수는 없었지만, 이것을 기업 이윤으로 기분좋게 만회하였다.

이러한 식민지 국가상을 염두에 두고, 이제 경방의 금융구조를 고찰함으로써 정부–기업 관계를 분석해 보자. 이윤을 논외로 하면, 기본적으로 자금은 회사 주식의 공모, 보조금, 은행 대출이라는 세 가지 경로를 통해 회사로 유입되었다. '민족자본'으로서의 경방이라는 주장에도 불구하고, 총독부는 직·간접으로 이 세 경로에 모두 관여하고 있었다.

주식자본

경방이 설립된 1919년경이면 '주식회사'의 개념은 한국인들에게 이미 상당히 익숙했다. 일찍이 유길준은 1882년 《상회규칙》에서 이 개념을 독자들에게 소개하였고, 또 이듬해 10월 《한성순보》의 '회사설會社說'에서는 한 국가를 부강하게 하는 데 회사의 중요성을 강조하고, 회사의 여러 가지 정관들의 의미를 설명하였다.[25] 1880년대 이전에도 1876년의 개항 및 일본 상인, 청국 상인, 서구 상인의 점진적인 침투에 따라 분명히 한국인들은 조선 내에서 직접 새로운 기업 형태를 관찰할 약간의 기회를 가졌다고 볼 수 있다.

갑오개혁을 통한 공식적인 독점특권의 폐지 및 새 정부의 민간공업 장려와 더불어, 1890년대 후반부터 한국인 기업은 근대적이고 서구화된 새 모습을 띠기 시작했다. 객주와 같은 전통적 유형의 상업

조직은 합자회사나 합명회사, 주식회사와 같은 여러 서구적 기업 형태에 점차 자리를 내주었다.[26] 김성수가 1917년에 인수하여 2년 뒤 경방 창립의 가교가 된 경성직뉴(주)는 본래 1910년에 합명회사로서 설립되었다가 바로 1년 후 주식회사로 전환되었다.[27]

따라서 1919년에 회사 투자의 개념은 한국인들에게 낯선 것이 아니었다. 그러나 대개 지주나 도시(특히 항구도시) 상인처럼 투자 여력이 있는 이들은 자금을 토지에 투자하는 쪽을 선호하였고, 이것은 언제나 한국인의 대표적인 투자 방식이었다. 합방 후 일본의 정책은 기존의 조선 지주제를 추인하여, 토지를 안전한 투자 수단으로 유지시켰다. 반면 1911년부터 시행된 회사령 때문에 특히 한국인의 경우 비농업 부문에 대한 투자는 어렵고 불안정해졌다.

또한 토지는 수익성도 매우 높았다. 1876년 강화도조약은 조선을 국제교역에 개방한 것으로 간주되곤 한다. 동시에 이 조약은 일본을 조선 곡물(특히 쌀)의 거대한 새 시장으로 개방한 것이기도 했다. 기업심이 있는 한국인 지주들과 상인들은 1876년과 1919년 사이에 쌀 무역으로 돈을 모아, 다시 소유지를 한층 더 늘리는 데 그 돈을 썼다. 이미 살펴 본 것처럼 줄포와 군산항 배후의 거대한 호남평야에 자리 잡고 있던 김성수 일가는 새로운 시장경제가 상업적 농업에 제공해 준 획기적 변화와 기회를 관찰하고 포착한 첫 번째 한국인 지주들 중 하나였다. 김성수의 조부는 1876년에 재산보다는 학식으로 더 알려진 가난한 소지주가의 셋째 아들이었다. 그런데 1924년까지 김씨가는 조선 3위의 부자가 되었다. 소유지는 8배 이상 늘어나 약 2천 정보가 되었고, 그 대부분이 논이었다. 조선을 농업 식민지로 개발한다는 총독부의 당초 정책과 제1차 세계대전기의 높은 미가(그리고 그 결과인 높은 지가)는 한국인의 자금을 토지에 묶어두게 했다.[28]

또 우리는 토지 투자가 상당히 편했다는 것에 주목해야 한다. 기업심이 거의 없는 지주라도 단지 소작료 수취로 충분한 이윤을 기대할 수 있었고, 소작료를 걷는 일조차 대개는 마름에게 맡겼다. 그 소작료율은 수확의 30~90퍼센트로, 평균 50퍼센트를 넘는 높은 것이었다. 토지는 한정되어 있었지만 소작농은 흔했다. 만약 어떤 이유로 소작농이 의무를 다하지 못하면, 그는 곧 교체될 수 있었다(실제로 자주 교체되었다). 법적으로는 지주가 부담해야 할 지세도 대개 소작농이 물었다. 소작농은 지주가 부과한 다양한 다른 금액들을 부담해야 했고, 지주의 창고로 쌀을 운반하는 비용까지 내야 했다.[29] 이러한 조건 아래서 많은 부유한 한국인들이 토지를 손쉽고 안정적인 수익원으로 선택한 것은 아주 당연한 일이었다.

이러한 상황은 1919년에도 여전했다. 김성수는 경방 주식의 제1차 공모에 충분한 응모자를 얻기 위해서 전국을 돌아다녀야 했다. 회사의 공칭자본금은 100만 엔으로 정해졌는데, 제1차 주식대금은 4분의 1만 납입되었다. 제2차 납입은 1922년 1월에 이루어졌는데, 이때 주당 납입금은 12.5엔에서 7.5엔으로 줄었으나 반응은 신통치 않았다. 1925년까지는 전체 주주 수가 거의 2분의 1로 줄었다. 그 후의 납입은 1928, 1931, 1933년에 다시 이루어졌다.[30] 이렇게 공칭자본금 전액이 납입되는 데 꼬박 14년이 걸렸다. 이 기간 동안에 주식자본 조달의 어려움은 회사 중역회의에서 반복되는 토론과 관심의 주제였다.[31]

김씨가조차도 토지에서 산업자본으로 옮겨가는 데 신중했다. 회사사가會社史家와 공식적 전기작가들은 김성수가 경방을 가족기업이 아니라 다수의 한국인들이 참여할 수 있는 주식회사로 창립했다는 데서 그의 '민족주의'를 강조한다.[32] 그러나 그렇게 함으로써 김씨 가가 개인적 위험을 최소화하고 있었다는 점도 지적해야 한다.

김씨가나 김성수 1인이 이용할 수 있었던 거대한 자산을 고려하면, 그 최초의 지분은 극히 조심스러운 것으로 보인다. 1919년에 김성수 개인의 소작료 수입은 3,000석을 넘어 금액으로 약 5~7만 엔에 달했지만, 그는 처음에 단지 200주만 투자하였다. 이것은 기껏해야 연간 토지 수입의 약 5퍼센트에 불과하였다.[33] 회사 창립 시의 최대 가족 주주는 그의 부친(양부)과 숙부(생부)였지만, 각각의 투자액은 재산에 비해서도 적었다. 남아 있는 자료에 의하면, 1919년 김씨가의 총소작료 수입은 45만 엔을 넘었다. 김성수 일가는 2만 주 중 3천 주를 취득하였는데, 이는 3만 7,500엔의 투자액으로 그해 가족 수입의 약 8.2퍼센트에 불과한 것이었다.[34] 1919년에도 여전히 토지가 최고의 투자 대상이었던 것이다.

그렇지만 시대는 변화하고 있었다. 전쟁 후 미가와 지가의 하락, 그리고 농업에 더해 약간의 경제발전을 지원한다는 새 총독의 정책으로 공업 투자는 전보다 더 매력적인 것이 되었다. 경방이 바로 그 무렵 창립된 것은 우연이 아니었다. 식민지기가 경과함에 따라, 특히 1930년대에 일본이 만주를 침략하고 조선이 '전진병참기지'로 개발되면서 공업은 더욱더 안전하고 수익성 있는 투자처가 되었다. 1937년에 논의 수익률이 8퍼센트였던 반면, 방직공업 전체의 이윤율은 19퍼센트로 더욱 상승하고 있었다.[35] 1938년경 경방은 약 30퍼센트의 이윤율과 12퍼센트 정도의 배당률을 기록하였고, 그 후 회사의 배당률은 8퍼센트 이하였던 적이 없고 대개 그보다 높았다.[36]

이런 조건하에서 경방은 전보다 더 쉽게 주식자본을 모집할 수 있었다. 경방은 1935년에 공칭자본을 100만 엔에서 300만 엔으로 증자하였는데, 그중 100만 엔은 1년 내에 납입되고, 나머지도 1940년 말까지는 납입되었다. 이것은 구주舊株를 전액 납입하는 데 소요된 시간의 약 3분의 1이었다. 1942년에 회사는 다시 공칭자본을 500만 엔이나 늘렸고, 식민지기 끝까지 절반이 납입되었다. 1919년부터 1945년까지 총납입자본은 1,050만 엔으로 약 40배 증가하였다.[37] 그리고 주주 수도 1919년에 비해 2배 이상으로 늘어났고, 김씨가(특히 1935년에 경방 사장이 된 김연수의 일가)는 회사 지분을 계속 늘렸다. 김씨가의 지분은 1919년에 15퍼센트였던 것이,[38] 1944년에는 30퍼센트 이상으로 높아졌다.[39] 초기와 달리 김씨가는 갈수록 공업 투자를 더 신뢰하게 되었다.

한국인들만 경방의 전망을 유망하게 본 것은 아니었다. 일본인도 더욱더 회사 주식을 구입하였다. 경방을 식민지기 동안의 민족자본의 최고 사례로 보는 많은 한국의 역사가들은 회사 자금 조달에서의 '순수한' 민족적 성격을 늘 강조하였다. 이 견해는 미국에서 교육받은 한국인 학자가 미국에서 발간한 영문 연구서에서도 나타난다. 다니엘 전D.S. Juhn은 〈민족주의와 한국인 기업가〉라는 제목의 논문에서 다음과 같이 썼다.

경성방직회사와 그 설립자들은 공업회사를 통해 민족주의 감정을 표출한 전형적인 예다. 그 기본적인 동기는 조선의 경제적 독립을 증진시키기 위해 한국인이 소유하고 운영하는 공업회사를 설립하려는 것이었다. 그러한 민족주의 감정은 일본인을 종업원이나 주주에서 배제하는 것과 같은 경영 방침으로 나타났다.[40]

경방이 한국인 투자자를 선호했을지는 모르나, 일본인을 주주집단에서 배제하지는 않았다. 한국의 옛 속담처럼, "돈이 싫다는 사람은 없"으며,[41] 실로 그 출처가 어디든 돈은 경방에서 가장 환영받았다. 1945년에 일본인은 전 주주 수의 13.6퍼센트, 지분 합계는 전체 26만 주 중 5.6퍼센트였다.[42]

한편으로 그러한 일본인의 관심은 1945년까지 경방이 유망한 투자처로서 얼마나 인기 있었는지를 보여준다. 한국인들 중에는 민족주의 기업이라는 것을 지원하기 위해 회사 주식을 인수한 자도 있었을지도 모르지만, 일본인들은 회사 대차대조표의 당기순이익란에 더 큰 관심을 두고 있었다. 뒤집어 생각해 보면, 일본인 투자가의 존재는 경방이 순전히 한국인에게서 조달할 수 있는 주식 자금의 한계를 의미하기도 한다. 어느 경우든 경방의 발전에 있어 주식자본의 중요성을 지나치게 강조해서는 안 된다. 초기에 회사의 존속을 위해 자본의 정규 유입이 절실히 필요했던 시절에는 충분한 주식자본을 끌어들이지 못하는 것이 주요 문제였다. 그 후 경방이 번영하고 확장하면서 더욱더 많은 자금이 필요했는데, 이를 주식자본만으로는 충족할 수 없었다. 이 문제를 극복하기 위해서 회사는 점점 더 정부와 은행의 지원을 바라게 되었다.

보조금

초기의 경방에는 많은 어려움이 있었다. 적어도 부분적으로는 경험 부족과 그저 순전한 불운 탓이었다. 우선 경방의 최고기술자이자 공장장인 이강현의 실책이 있다. 그는 김성수에게 방직공업에 투자하라고 권고한 인물인데, 뛰어난 기술자이기는 해도 뛰어난 경영자는 아니었다. 1919년 설립 직후, 회사는 새 공장에 쓸 도요타豊田직기를 구입하기 위해 그를 나고야에 보냈다. 그는 임무를 마친 후 면사를 조달하기 위해 오사카로 갔고, 거기서 잘만 하면 삼품三品, 즉 면화·면사·면직물의 거래로 큰 이익을 올릴 수 있다는 것을 알게 되었다. 상품 거래에 대한 사전 경험이 없었는 데다 제1차 세계대전 후의 시장조건의 변화를 전혀 몰랐던 그는 선물 투기로 회사 예비자금의 대부분을 날렸다. 그 결과 경방은 공장 건설을 늦추고 기계 구입을 연기해야 했다.[43]

두 번째 주요한 재난은 1925년, 회사가 이강현의 실수로부터 회복되기 시작했을 무렵 찾아왔다. 그러나 이번에는 아무도 책임질 수 없는 일이었다. 그해 7월 폭우로 홍수가 나서 수백 명이 사망하고 많은 사람이 부상당했으며, 30만 명 가까운 이재민이 생겨 고통을 겪었다. 보통 때 잔잔했던 한강이 격류가 되어 영등포까지 범람하여 경방의 사무실과 기숙사, 공장을 침수시켰다. 그 결과 회사의 설비, 원료(면사), 제품이 물에 젖고 진흙투성이가 되었다.[44]

그러나 이러한 실수와 재난은 초기 경방의 어려움 중에서는 사소한 것이었다. 훨씬 더 심각한 것은 일본 수입품이 이미 지배하고 있는 시장에서 살아남을 수 있는 면방직 기업을 세우는 문제였다.

통계 수치는 1919년에 경방이 직면한 상황을 여실히 보여준다. 1876년 이후 기계제 외국산 면제품이 조선으로 들어와 토포를 몰아내기 시작했다. 그러나 그 과정은 매우 점진적이었고, 1895년과 1904년 사이의 어느 때에서야 비로소 외국 직물이 조선 시장에서 중요한 자리를 차지하게 되었다. 그 후 외국산 수입품은 계속 증가하였다. 한국인들 사이에서 가장 인기 있는 직물이자, 경방이 1920년대에 생산하기 시작할 품목인 미표백 시팅의 경우, 1893~1919년간 수입량이 50만 반反에서 200만 반으로 4배 증가하였다.[45]

처음에 주로 팔린 외국 제품은 서구(특히 영국산) 직물이었다. 청일전쟁이 일어났을 때, 조선 내의 대다수 일본 상인은 서구 면제품을 판매하고 있었다. 일본이 청국 및 러시아와 싸워 이기자(각기 1895년, 1904~1905년), 상황이 급속히 바뀌어 일본이 조선의 정치경제를 더 확고하게 장악하게 되었다. 물론 일본은 1910년 합방으로 조선을 완전히 장악했지만, 기존의 조선 이입세를 10년간 유지시킬 것을 요구한 서구 열강과의 묵계 때문에 일본산 면직물 수입품은 1920년대까지는 서구 제품과 경쟁을 계속하였다.

1893년에 서구 면직물은 조선 미표백 시팅 수입의 100퍼센트를 차지하였다. 그러나 이듬해 일본 직물이 조선 시장에 들어오기 시작하여 시팅 전체 수입의 2.5퍼센트를 차지하였다.[46] 청일전쟁 후인 1896년에는 거의 8퍼센트로 뛰었고, 러일전쟁 첫 해인 1904년까지는 33퍼센트로 다시 4배 이상 증가하였다. 그리고 조선의 보호국화 후 1년 만인 1906년, 일본제 시팅 수입량은 처음으로 서구 수입품을 능가하여 전체의 53퍼센트에 달했다. 그 후 일본제 시팅은 시장에서 서구 경쟁품을 몰아냈다. 1910년에 그것은 전체의 63퍼센트에 달했고, 1915년경에는 97퍼센트를 넘었으며, 경방이 창립된 1919년에 일본 수입품은 미표백 시팅 총수입량의 99.6퍼센트에 달해, 사실상 서구 제품을 거의 다 몰아냈다.

일본 직물의 총수입량이 이렇게 증가한 데에는 한국인 소비자들의 일본제 직물에 대한 선호도 영향을 미쳤다. 조선에서 경방 등이 유사한 기계제 시팅을 좀더 싼 가격에 생산하기 시작한 이후에도, 한국인 소비자들은 유명 상표명과 품질 때문에 한동안 일본제 수입품을 더 선호하였던 것이다.[47]

경방의 이 암담한 상황은 제1차 세계대전 이후의 전반적 경제 불황으로 더 악화되었다. 전쟁 기간 동안 물가는 전반적으로 높았고 서구 열강이 유럽 대륙 내 싸움에 몰두해 있었기 때문에, 일본 방직업자는 서구 제국이 차지했던 중국과 동남아시아 시장에 진출할 수 있었다. 일본에서 면직물 수출은 활황을 맞았고, 새 방직공장이 속속 건설되었다. 그러나 전쟁 후 물가가 급락하고 서구 열강이 종전 시장에 복귀하여 제품을 쏟아내자, 일본 방직회사들은 생산을 대폭 감축하고 과잉 재고를 처분할 수밖에 없었다. 그들은 유사한 조선산 제품과 엇비슷한 가격으로 고급 제품을 판매하였다. 따라서 경방과 같은 조선의 생산자들은 불황으로 이중의 타격을 입었다. 우선 불황으로 가격이 낮은 수준에 머물러 성장을 위한 충분한 이윤을 얻기가 곤란했다. 다른 한편으로 불황은 조선 시장에서 인기 있는 직물을 덤핑한 일본 방직회사와의 경쟁 위협을 격화시켰다.[48]

1919년 사이토 제독의 새 총독부는 반도의 풋내기 공업을 어떻게든 특별히 보호하지 않는다면, 일본 수입품과의 경쟁에서 살아남을 수 없음을 알고 있었다. 일본과 조선 사이의 이입세가 폐지되면서 일본의 공업 제품이 조선 내 생산 제품을 명백히 압도할 하나의 자유 경제권이 창출될 때였기 때문에 이 문제는 더욱 긴급했다. 이미 그 전에 보조금이 평양의 제당회사와 부산의 조선방직주식회사에게 주어졌다. 사실 조방은 총독부에게서 7퍼센트의 배당을 보장받았다. 신임 총독은 1921년에 장래의 식민지 경제정책을 토의하고 수립하기 위해 산업조사위원회를 열었는데, 거기서 관리들은 추가적인 공업보조계획이 이미 결정되었음을 밝혔다.[49]

그렇지만 누가 보조금의 수혜자가 될 것인가, 더 정확히 말해 한국인 기업가도 그러한 정부의 특별 보호를 받게 될 것인가가 문제로 남았다. 우리가 제2장에서 보았듯이 적어도 1920년 초 사이토 총독부는 1919년에 돌발한 '조선 문제'의 해결을 모색하여, 일본인 자본가와 한국인 자본가 간의 새로운 협력관계를 구축하고자 했다. 일본은 1년 후 한국인 기업가들을 산업조사위원회에 참가시켜 이 방향으로 중요한 일보를 내디뎠다. 한국인들은 거기서 총독부와 일본 본국의 고위 관리들 및 조선에 관심이 있는 일본인 기업가들과 5일간 자유토론을 함으로써, 장래 조선 산업발전의 모든 측면에 관해 청원을 제출하고 의견을 개진할 수 있었다.

한국인들은 회의의 수동적인 관찰자가 아니었다. 그들은 새로운 경제발전계획을 토의할 때, 자신의 역할과 입장을 저돌적으로 밝혔고 자신을 동등한 파트너로 대우할 것과 일본인 기업가와 같은 권리와 특혜를 줄 것을 요구했다. 한국인의 관점에서 보면, 그러한 평등을 위해서는 조선방직과 같이 조선에서 사업을 하고 있는 몇몇 핵심적 일본인 소유 회사들에게 이미 시행하고 있는 것처럼 토착 한국인 공업에 대한 보호정책을 당연히 취해야 했다. 회의 마지막 날에 위원들의 전체회의에서 큰 소리로 낭독된 청원에서, 한국인들은 한국인의 기술을 향상시킬 산업교육 시설의 확장과 한국인이 경영하는 공업회사에 대한 보조와 보호를 요구하였다.[50]

이 위원회의 일본인 대표들은 대개 한국인의 입장을 원칙적으로 지지하였다. 그것은 일본인 자본과 한국인 자본을 제휴하게 하려는 총독부의 기본정책과 부합하였다. 그러나 회의는 평등의 문제를 모호하게 남겨두었다. 한국인들은 자신의 회사에 대한 금융적 지원과 보호를 포함하여 대등한 파트너십을 원했다. 그러나 몇몇 일본인 대표들은 파트너십과 정부 지원이 좋긴 하지만 한국인들은 필시 수공업이나 농업과 같이 '그들에게 가장 적합한' 산업들에만 전념해야 한다고 느꼈다. 1921년 가을에는 경방과 같은 주요 한국인 제조업에 대한 정부 보조의 문제가 아직 완전히 결론이 나지 않았다.[51]

그러나 9개월 후 결말이 지어졌다. 1922년 6월 11일자 《동아일보》는 다음 기사를 실었다.

공업회사는 사업의 성질상…… 조선의 산업상 경제상 중대한 관계가 있는 사업이므로 정부에서 특별한 보호를 주는 것이 당연한 것이다. 따라서 일본인 자본가의 손으로 부산에 설립한 조선방직회사에 대하여 총독부로부터 주주 배당 연 7퍼센트에 달하기까지 보급금을 교부하게 되었으므로, 동일 성질의 사업을 경영하는 경성방직회사에서도 조선방직의 예에 의하여 보급금의 교부를 희망하여 회사 당국자는 그간 총독부 당국과 누차 교섭한 결과 관계 당국의 양해하에 정식으로 청원서를 제출하여 이미 접수되었는데, 사업개시와 함께 보급금 교부를 받게 되면, 이 회사의 기초는 점차 견실하게 되리라더라.[52]

어떻게 된 일인가? 우선 일본의 새 정책이 처음부터 한국인 기업가 엘리트와의 일종의 타협을 목표로 하고 있었음을 강조하는 것이 중요하다. 정부 보호를 경방에게까지 확대키로 한 결정은 결국 이러한 구상의 논리적 산물이었다. 그리고 경방과 똑 같은 종류의 회사인 조방이라는 눈에 띄는 전례가 있었다. 총독부가 일본인 회사만을 편애하는 한, 총독부 스스로 공언한 협력적 개발정책을 준수한다는 것을 한국인 기업가에게 납득시키기는 어려웠다.

그리고 가장 중요한 것은, 당시의 조선이 극도의 긴장 상태에 있었던 것을 잊지 말아야 한다. 식민지 정책을 크게 전환시킨 3·1운동의 강렬한 민족주의가 여전히 조선 사회의 표면 아래서 끓어오르고 있었다. 예컨대 1921년 산업조사위원회가 열리기 3일 전에 폭탄 두 개가 총독부 청사에 투척되었다.[53] 김성수 및 경방의 동료와도 같은 한국인 기업가들은 조선 내의 여전히 격렬한 반일감정을 최대한 이용하여, 토착기업을 더 관대한 자세로 대한다는 1921년의 약속을 이행하라고 총독부에 압력을 가했다. 경방은 물론, 1920년 7월에 조만식 등이 평양에서 처음 시작한 조선물산장려운동의 주요한 지지자— 그리고 수혜자— 였다. 또 1920년에 창립된 김성수의 신문 《동아일보》는 총독부가 경제의 통제권을 일본인에게 주는 경제정책을 통하

여 조선 민족을 절멸시키려 한다고 계속 비판하였다.[54]

이런 상황에서 경방을 감싸는 것은 분명히 총독부에게 이로웠다. 총독부가 경방을 정식으로 보호하면, 일본인 자본과 한국인 자본 간의 새로운 제휴가 굳건해질 것이었다. 한국인 기업가들에게 그것은 일본이 협력 약속을 지킨다는 신호일 것이었다. 그리고 무엇보다도 그것은 민족주의운동 지도부의 부유하고 영향력 있는 분파를 흡수함으로써 일촉즉발의 위험성이 있는 민족주의운동을 약화시킬 것이었다. 만약 바로 그러한 정책이 개인적 기업 활동을 돕는다면, 김성수와 같은 사람들이 경제정책 때문에 정부를 공격하기는 좀더 어려워질 것이었다.

1924년 2월에 받은 최초의 보조금은 당시 경방 납입자본의 4퍼센트에 해당하는 금액으로 전 회계연도의 손실을 보전하는 데 쓰였다. 이것은 물론 조선방직이 받고 있던 보조금보다는 적었으나, 조선방직은 공칭자본금이 경방의 5배나 되는 큰 회사였다. 그 후 보조금은 1932~1933년을 제외하곤 1934~1935년까지 매 회계연도마다 계속 지급되었다. 총지급액은 1935년 당시 납입자본의 4분의 1에 달하였다.[55]

그렇지만 이러한 수치들은 인상적이긴 하나 보조금이 당시 경방에게 얼마나 중요했는지를 충분히 말해 주지 않는다. 경방이 초기의 존속 기간에 정부의 정례적인 지원이 없었더라면 아마도 살아남지 못했을 것이라고 해도 지나치지 않다. 공식적 도움을 받고서도 경방은 1925년까지 손실을 보았다. 경방이 1927년에 발표한 첫 배당은 그해에 정부 보조금을 받은 덕분에 가능하였다.[56] 1930년대가 되어

서야 회사의 재무 상태가 마침내 안정되고 보조금이 더는 불필요해 졌다. 여하튼 그 무렵 경방은 보조금을 통해 얻을 수 있었던 것보다 더 많은 자금이 필요했다. 1930년대 중엽부터 회사는 중요한 확장으 로 인해 새로이 거액의 자금 공급이 필요했다. 오직 은행만이 그것 을 제공할 수 있었다.

대출

1919∼1935년, 설립 초기에 회사의 존속과 시장 개척에 분투한 경 방은 느리지만— 처음에는 정지 상태였다— 꾸준히 성장하고 있었 다. 이 기간 동안 회사는 거액의 대출보다는 주식자본의 점진적 축적 과 정기적인 정부 보조금에 더 의존하였는데, 자금의 25퍼센트 정도 만을 대출을 받아 조달하였다.[57]

그렇지만 이 대출금은 보조금처럼 유년기의 신생 회사에 결정적이 었다. 보조금은 1924년이 되어서야 회사 금고로 유입되기 시작했지 만, 경방은 이미 오래전부터 대출을 받고 있었다. 경방은 처음부터 채무를 지고 있었다. 경영진은 당초 노량진에 공장을 세울 계획으로 부지를 은행에 저당을 잡히고 1만 6,000엔에 사들였다가 공장 건립 지를 영등포로 변경하였다.[58]

1920년에 공장장 이강현의 오사카 투기가 막대한 손실을 내자, 회 사는 심각한 자금난에 빠졌다. 납입자본의 절반 이상이 삼품 투기로 없어졌다. 새 영등포 공장 설립은 중지해야 했고, 나고야에서 주문 한 기계 대금도 지불할 수 없었다. 회사에는 사실상 운영 자금이 없었다. 다시 한 번 은행 대출이 필요했다. 김성수는 부친의 토지 증서를 담보로 조선식산은행에서 8만 엔을 대출받았다.[59] 1923년부터 회사가 마침내 본궤도에 올라 조선 시장을 위한 제품을 생산한 후에도 충분치 못한 운영 자금은 계속 걱정거리였다.

판매는 어려웠지만(특히 초기에), 시장은 있었다. 회사는 조선과 만주에서 새로운 시장을 발견해 냈고, 마침내 얼마간 판매 수익을 거두기 시작했다. 시간이 약간 지나고 경험이 쌓인 결과, 경방은 마침내 일본제 도요東洋방적 수입품에 필적하는 품질의 제품을 경쟁적 가격으로 생산하기에 이르렀다.

그러나 경방은 모종의 곤경에 처해 있었다. 비용을 지불하기 위해서는 판매를 계속 늘려야 했지만, 더 많이 판매하려면 더 많이 생산해야 했다. 더 많이 생산하기 위해서는 설비·원료·노동 등에 대한 투자를 늘려야 했는데, 이것은 다시 자본에 대한 요구가 계속 커진다는 것을 의미하였다. 1923년과 1935년 사이에 경방은 그 직기 수를 100대에서 거의 900대로 늘렸고, 1931년에는 새로운 기계를 들여오기 위해 공장을 확장하였다. 1919년에 회사는 40명의 노동자를 고용했으나,[60] 1932년경 이 숫자는 500명으로 늘어났다.[61]

확장에 필요한 자금은 은행 대출로 충당했다. 이 기간 내내 경방은 주식자본의 모집에 계속 어려움을 겪었다. 정부 보조금은 고마운 것이었지만, 그것으로는 회사를 성장하게 할 수 없었고 단지 근근이 유지할 수 있을 뿐이었다. 1929년에 이사회는 새로운 건설비 및 직기 대금을 지불하기 위해 식산은행에서 만기 10년으로 25만 엔을 대출받기로 결정하였다. 1931년 가을에 공장 증설이 완결되고 직기가 설치되었지만, 회사가 이 프로젝트의 자금 조달에 도움이 되리라 기대했던 주식 공모는 매우 실망스러웠다. 따라서 이사회는 이듬해 9월 식산은행에서 다시 50만 엔짜리 장기대출을 받기로 결정하였다.[62]

이처럼 초기에도 경방의 은행 의존도는 높아지고 있었다. 그러나 경방은 1935년 이후에야 비로소 대기업으로 발전하기 시작하였다. 이 기간에 경방은 조면-방적-직포-표백-염색-봉제의 전 공정을 수행하여 원료 면화를 완제품으로 만들 능력이 있는 완전히 통합된 방직업체가 되었다. 또한 면방직뿐 아니라 견직과 마직도 포함하도록 방직사업을 확장하였고, 방직외 부문에도 진출하기 시작하였다. 그리고 자본금 1천만 엔의 거대한 만주 자회사를 설립했다.

이 모든 활동에는 대규모의 자금이 필요했다. 보조금은 1935년에 끊겼지만 주식 발행에 의한 자금 조달은 전보다 훨씬 더 순조로워 1945년경 회사의 납입자본은 1,050만 엔에 달했다. 그러나 확장 자금의 대부분은 은행에서 받은 대출이었다. 대규모의 장기대부는 이제 정례적인 것이 되었다. 1935년 3월에 경방의 이사들은 식산은행에서 100만 엔을 차입하기로 결정했다. 그 후 1년도 채 안 지나서 그들은 회사의 새로운 방적설비 자금을 위해 식산은행에서 69만 5,000엔을 다시 차입하기로 의결했다. 1937년에 회사는 또 다른 150만 엔짜리 장기대출을 받았다. 이런 추세가 계속되어 1945년 5월 말경 경방의 장기차입금은 총납입자본의 2배인 2,200만 엔 정도로 늘었다.[63]

또한 시간이 갈수록 일상적인 사업 활동을 뒷받침하기 위한 단기 대부도 더욱 중요해지고 빈번해졌다. 특히 경방이 많은 자회사를 거느린 복합기업이 되고 사업 영역을 넓힘에 따라 더욱 그러하였다. 단기금융에 대한 수요가 특히 긴박해진 것은 1937년 중일전쟁의 발발과 더불어, 또 그 후 태평양전쟁 동안에 전체 식민지 경제가 최고조에 달하고 경방과 그 자회사가 점점 더 군수물자의 생산에 종사하게 되었을 때였다. 회사들과 재단들의 전체 그룹의 금융은 매우 복잡해지고 뒤얽혔다. 중앙상공 · 동광제사 · 삼양사 등의 각 계열사가 은행에서 차입하고 다시 서로 대부하고 차입하는 등 얽히고 설킨 내부금융을 보인 것인데, 이 때문에 회계 담당 직원들만 성가셨다.

이러한 은행 대부는 항상 소액만은 아니었고, 수백만 엔에 달하는 거액일 수도 있었다. 그 다음에 이 회사들이 소액으로 1만 6천 엔, 3만 엔, 4만 엔, 9만 3천 엔 등을 전체 자회사에 대부하였으므로 이것은 놀라운 일이 아니다. 은행 대부 기간은 대개 60일 정도였지만, 대부분은 되풀이해 연장했기 때문에 사실상 장기대부가 되었다. 그러한 연장은 자회사에 대한 내부 대출에 충당하기 위해 필요했는데, 그 기간은 짧게는 6일부터 길게는 거의 1년까지 걸쳐 있었다.[64]

따라서 경방은 해가 갈수록 점점 더 복잡한 사업을 유지하기 위해 은행 대출에 더욱 의존하게 되었다. 1945년경 그러한 대부는 바로 회사의 원동력이 되었다. 그러나 이 사실 자체는 식민지 정치구조에 회사가 편입되는 기저에서 작용한 동학動學을 별로 말해 주지 못한다. 이 문제에 답하기 위해 우리는 대출의 다양한 원천과 그 계약조건들을 더 면밀히 관찰해야 한다.

1) 대출의 원천

전쟁 전 일본의 대기업 집단, 곧 재벌의 힘과 권력은 상당 부분 전국의 금융 및 신용제도를 장악한 데서 나왔다.[65] 그러나 식민지 조선에서는 총독부가 선도적 은행 및 금융기관들을 소유하고 감독하면서 신용시장을 지배하였다. 따라서 경방과 같은 민간회사들이 대출을 받기 위해서는 총독부에 의지해야 했다.

조선은행과 조선식산은행은 두 개의 주요한 정부금융기관이었다. 식민지 경제개발에서 중심 역할을 한 것은 공식 산업정책을 실행하기 위한 정부의 핵심적 금융기관으로서 특별한 역할을 한 식산은행이었다. 1918년 2천만 엔의 공칭자본금으로 출발한 식산은행의 주요한 사업은, 옛 농공은행에서 인계받은 농업개발이었다. 식산은행은 1945년까지 특히 조선금융조합연합회와의 긴밀한 관계를 통하여 농업개발에서 계속 가장 중요한 역할을 했다.[66]

총독부의 정책이 더 다양화된 경제로 점차 옮겨가자 식산은행도 다양한 다른 영역으로 확장하였다. 1940년대에 식산은행의 납입자본은 5,200만 엔을 넘었고(조선은행보다 1,200만 엔 더 많았다), 잠견蠶繭으로부터 방직, 중공업에 이르기까지 조선의 상공업 발전의 전 영역에 직접 투자를 통해서, 혹은 간접적으로(융자를 통해서) 관여하였다.

식산은행은 사실상 일종의 재벌이었다. 당시 사람들은 일본 회사들이 미쓰이三井나 미쓰비시三菱 계열이라고 말하는 것처럼 경춘철도주식회사나 한강수력전기주식회사와 같은 회사들을 식산은행 계열이라고 여겼다. 이른바 식산은행 계열은 1942년에 조선 총회사 자본의 7.5퍼센트를 차지하였다. 그러나 식산은행이 대출을 통해 많

1930년대 서울 도심, 남대문로. 왼쪽과 오른쪽 끝에 조선은행과 서울 우체국이 보인다.

전쟁 전 일본의 대기업 집단, 곧 재벌의 힘과 권력은 상당 부분 전국의 금융 및 신용제도를 장악한 데서 나왔다. 그러나 식민지 조선에서는 총독부가 선도적 은행 및 금융기관들을 소유하고 감독하면서 신용시장을 지배하였다. 따라서 경방과 같은 민간회사들이 대출을 받기 위해서는 총독부에 의지해야 했다. 조선은행과 조선식산은행은 두 개의 주요한 정부금융기관이었다.

은 다른 회사들에 미친 간접적 통제나 영향력은 이 수치보다 훨씬 더 클 것이다.[67]

식산은행은 미쓰이나 미쓰비시와 같은 의미의 민간은행이 아니었다. 왜냐하면 그것은 "조선의 산업개발에 관한 금융상의 사명을 수행케 하려는" 명시적 목적으로 총독부가 설립했기 때문이다. 또 총독부는 은행 경영에 대한 '엄격한 감독을 행사' 할 뿐 아니라 '지원, 보호, 특별 배려'를 제공하기로 되어 있었다.[68] 다른 식민지 관리와 마찬가지로 식산은행장(두취頭取)도 총독이 임명했다.[69] 1919~1945년에 두 사람이 은행장을 역임했는데, 모두 식민지 관료조직 내에서 성장해 온 문관이었다. 예컨대 1937년에 아루가 미쓰토요有賀光豊로부터 총재 자리를 이어받은 하야시 시게조林繁藏는 1912년에 고등문관시험에 합격하여 1914년에 조선총독부로 발령받았다. 그는 식산은행의 관리관管理官(식산은행과 총독부 간의 공식적 연락 직위)을 포함한 여러 자리에서 근무한 후 총독부의 재무국장이 되었다가 1937년에 식산은행 두취가 되었다.[70] 비록 은행의 운영방식상 정부가 확실히 장악하도록 직접 소유할 필요가 없었지만, 총독부는 은행의 대주주이기도 했다.[71]

물론 식민지기 거의 전 기간 동안 한국인들이 소유하고 경영한 민간은행도 있었다. 한성은행이나 동일은행과 같은 몇몇 은행들은 1900년을 전후하여 한국인들이 설립했다. 이때는 합병과 회사령 발포로 새로운 한국인 회사의 설립이 더 어려워지기 전이었다. 해동은행이나 호남은행 등은 훗날 1919년 3·1운동과 뒤이은 1920년의 회사령 폐지 후에 한국인의 기업활동이 만발하는 가운데 설립되었다.[72] 1933년경 전국에 지점을 가진 그러한 은행이 7개 있었는데, 이들은 전체 식민지 예금의 약 19퍼센트와 대출의 16퍼센트 정도를 차지했다.[73]

그렇지만 개별 은행으로서 이것들은 조선은행이나 식산은행에 비해 극히 미약하였다. 7개 은행 중 최대 규모였던 동일은행의 납입자본금은 식산은행의 약 14퍼센트에 불과했고, 예금은 10퍼센트에도 못 미쳤다. 반면 식산은행은 필요하다면 일본에서 채권을 발행하여 추가 자본을 쉽게 끌어올 수 있었다.[74] 따라서 한국인 은행들은 정규 예금을 놓고 상호간에, 또 식산은행과 조선은행(중앙은행 업무만이 아니라 일반은행 업무도 했다)과 경쟁할 뿐,[75] 식산은행의 전공 분야인 사업 확장을 위한 거액의 장기금융을 제공할 길은 없었다.

이런 상황에서, 처음부터 경방이 식산은행에게서 금융 지원을 구했던 것은 전혀 놀라운 일이 아니다. 정확한 숫자나 비율을 보여주는 것은 불가능하다. 그러나 다음의 사실은 분명하다. 즉 회사 주식을 공모하거나 약속어음을 할인받는 것,[76] 무엇보다도 1930년대에 새로운 방적·방직 설비의 자금을 조달하거나 1940년대 만주의 거대 자회사의 자금을 대는 것과 같이 회사의 발전과 직결된 대출을 받는 것 등 온갖 금융 거래에 식산은행의 서비스를 충실히 계속 사용했다는 것이다.[77] 식산은행은 경방의 확장에 기여한 자신의 역할을 자랑스러운 업적 중의 하나로 간주해 1938년에 간행한 《식산은행20년지》의 화보 한 면을 은행의 가장 성공적인 공업 프로젝트의 하나로서 경방에 할애하였다.[78]

경방이 자신의 은행을 갖고 있었음을 상기하면, 경방의 발전에서 식산은행의 중요성은 더욱 두드러진다. 1927년에 김연수는 서울의 해동은행을 인수하였다. 이 은행은 1920년에 민철훈閔哲勳, 윤덕영尹德榮, 심상익沈相翊 등의 한국인 귀족집단에 의해 창립된 것이었다. 이사들 사이의 내부 분쟁과 제1차 세계대전 후의 경제침체 때문에 은행은 위태로운 상황에 처했지만, 1934년경에 김연수가 경영을 호전시키는 데 성공했고, 그해에는 해주에 지점도 개설하였다.[79]

이 은행은 본질적으로 김연수, 그의 부친, 부인, 자녀가 주식의 대부분을 소유한 가족 소유 기업이었는데,[80] 마치 미쓰이은행이 일본 및 세계에서 뻗어나가는 미쓰이 재벌의 이익에 봉사한 것처럼, 김씨 형제와 그들의 여러 기업을 위한 금융적 버팀목과 발판이 될 것으로 기대한 것도 당연하다.[81] 확실히 당시 많은 한국인들은 김씨가의 은행 투자가 그 방향으로의 일보라고 보고, 어떠한 일이 일어날지 주목했다. 예컨대 1932년 당시의 가장 인기 있는 한글 잡지 중 하나로 기업가와 전문 엘리트를 겨냥한 《삼천리三千里》는 한국인 금융에 관한 기사에서, 김성수의 사업을 포함한 조선의 가장 유력한 두 사업집단이 발전하는 데 은행이 한 역할을 강조하였다.

동일은행과 해동은행은 여러 가지 의미에서 좋은 적수다. ……이 두 은행이 경쟁한다는 것은 다시 말하면 반도 재벌의 두 거두 민영휘 계통과 김성수 계통이 쟁패전을 치르는 것으로 볼 수 있어서, 이 두 재벌의 중심 역량이 모두 그 은행에 모여 있으므로 금후의 성쇠우열盛衰優劣은 일반 세인에게 비상한 흥미를 갖게 한다.[82]

그렇지만 김씨가의 자금력이 해동은행에 집중되어 있었다는 것은 사실이 아니며, 아무래도 해동은행은 경방의 기업 활동에 부적합한 것으로 드러났다. 1933년에 그 납입자본은 80만 엔에 지나지 않았고, 예금은 조선식산은행 예금의 2퍼센트도 채 안 되었다. 사실 그 총자산은 300만 엔을 약간 넘었을 뿐이었다.[83] 반면 김연수가 해동은행을 경영하는 동안 경방은 중요한 확장을 하고 있었고, 식산은행이 장기대부로 수백만 엔을 공급해 주었다. 김연수의 매부이자 식민지기 동안 사업 동료였던 김용완[84]이 1984년 필자에게 말했던 것처럼, "해동은행은 작은 은행이었다. 고객이 많지 않았고, 다만 소액의 예금만을 갖고 있었다. 그래서 경방은 해동은행만 이용해서는 운영될 수 없었다. 그것은 너무 작았다. 그래서 우리는 식산은행과 거래할 수밖에 없었다."[85]

경방은 거래처에서 받은 약속어음의 할인과 같은 일상적인 금융거래에도 해동은행을 자주 이용하지 않았다. 예컨대 해동은행의 미래가 밝아 보였던 1934년의 2월과 9월 사이에도, 경방은 일상 거래의 52퍼센트만을 이 은행과 거래하고 있었다. 나머지 대부분은 식산은행을 통해 거래했으며, 1936년 5월경에는 회사 정례 거래의 90퍼센트 이상을 식산은행에 맡겼다.[86] 자본의 부족은 계속 해동은행의 중요한 문제였고, 김연수가 1927년 당시 이 은행에 걸었던 큰 기대는 1930년대 후반에는 이미 사라진 상태였다. 해동은행은 실로 귀찮은 것이 되었고, 1938년에 김연수는 기꺼이 안도의 한숨을 내쉬며 그것을 한성은행에 양도하였다.[87]

따라서 식산은행은 1930년대와 40년대 경방의 급팽창기에 그 주요한 금융 거래 상대였을 뿐 아니라 주요 자금원이었다. 이미 본 것처럼 경방은 처음부터, 적어도 김성수가 이강현의 삼품 투기 손실을 메우기 위해 8만 엔을 대출받았던 1920년부터 식산은행과 관계를 맺었다.

　그러나 회사가 식산은행에게서 받은 수많은 대출의 조건에 관한 문제는 남는다. 왜냐하면 우리는 경방이 수년 동안 지불한 여러 이자율을 고찰해야만 대출의 진정한 중요성을 파악할 수 있기 때문이다. 대략적으로 경방의 대출 역사는 식민지 정치구조로 회사가 점점 깊이 편입되어 가는 역사이기도 했다. 일반적으로 경방이 은행 및 식민당국과의 관계를 점진적으로 굳힌 초기는 시행착오의 시기로 볼 수 있다. 1930년대 중엽에 경방은 식민지 경제에서 널리 인정받는 적극적 참여자가 되어 있었다. 이 변화는 회사가 대출에서 요구받은 이자율에 반영되었다.

　2) 대출의 조건
　초기의 대출에 관한 믿을 만한 정보는 별로 없다. 역사가들에게는 불행한 일이지만 시간과 전쟁으로 인해 이미 인용한 정보와 별도로 1930년대 이전의 상세한 대부 기록은 없는 것 같다.[10*] 그렇지만 1924년 9월에 개최된 중역회의록에는 1920년대 엄청나게 비싼 경방의 대출 비용이 보인다. 이미 언급한 것처럼 경방은 본래 노량진에 공장 부지를 매입했지만 후에 영등포에 건설하기로 결정했다. 당초의 부지는 거의 1만 6,000엔으로서(평당 1엔 정도) 매우 비쌌고, 1924년경에는 그 은행저당금을 지불하느라 회사 재정이 고갈될 정도였다. 이강현은 토지를 1만 4,500엔 정도의 가격에 살 의향이 있는 사람을 알고 있다고 이사회에 보고하고 손해를 보더라도 팔 것을 권고하였다. 그리고 이사회는 이에 동의하였다.[88]

경방이 1,500엔의 순손실을 보면서도 한시라도 빨리 토지를 처분하고 싶어 한 이유는 저당금에 지불해야 했던 높은 이자 때문이었다. 이강현이 지적한 것처럼 토지에서의 수입은 고작 연간 700엔 가량이었다. 반면 저당 이자는 그 3배 가까운 연간 12퍼센트 정도였다.[89] 회의록에는 저당 은행이 어디인지 정확히 나와 있지 않으나, 삼품 위기에서 경방을 구하기 위해 김성수가 식산은행에서 대출받은 것과 동시에 저당이 설정된 것으로 보아, 그것이 필시 식산은행이었을 것이라고 추측할 수 있다. 여하튼 식산은행은 식민지기의 가장 적극적인 투자은행이었고, 다른 은행도 비슷한 이자율정책을 따랐다고 추측해도 무리 없을 것이다. 1919년에 식은의 이자율은 고객에 따라 7퍼센트와 12퍼센트 사이에 걸쳐 있었다.[90] 따라서 경방이 지불한 저당이자율 12퍼센트는 최고 금리였다. 이사회가 구매자를 발견하자마자 손해를 보고서라도 토지를 처분하는 데 동의한 것은 당연한 일이었다.

1930년대 중엽까지는, 아니 필시 그전에 이자율과 관련된 경방의 지위는 완전히 달라졌다. 이것은 적어도 부분적으로는 1932년부터 조선과 일본에서 새로운 저금리정책이 시행된 데 기인한다. 식산은행에 반영된 조선 내 이자율은 1920년대 이래 1921년의 13퍼센트를 최고로 1937년의 7퍼센트 이하까지 꾸준히 하락했다.[91]

그러나 이 인하된 이자율 아래서도, 우대고객을 특별히 배려할 여지는 여전히 많았다. 앞서 인용된 이자율은 식산은행 대출의 최고 금리였다. 식산은행은 종전과 달리 '특별저리대부' 정책을 취하였다. 예컨대 1937년에 이 특별 대출의 이자율은 5퍼센트와 6.8퍼센트 사이였다.[92] 더욱이 은행은 편리한 장기 상환에 동의해 주거나 원금의 이자 지불 기한이 되었을 때 1년이나 그 이상의 유예기간을 허용함으로써, 특별 고객의 부담을 더욱 경감시켜 줄 수 있었다.

그렇다면 경방은 1930, 1940년대에 식산은행에게서 어떤 대우를 받았는가? 여기에는 다행히 이야기를 이어 맞출 더 많은 자료가 남아 있는데, 이 자료들은 모두 경방이 식산은행의 '특별' 고객이었음을 단적으로 보여준다.

《경비내역장》을 보면, 1938년 5월~1939년 5월에 경방은 식산은행 차입금에 대해 매달 6,875엔의 정규이자를 지불했다. 또 이어지는 원장을 보면, 1939년 말경 그 지불액은 6,690엔으로 줄었고 1940년 여름에는 다시 6,501엔으로 줄었다.[93] 그리고 1944~1945년의 《차입금원장》에는 당시 경방의 차입금 잔액이 더 상세하게 기록되어 있는데, 이 원장을 보면 대출을 받은 시점이나 원금 액수, 상환과 이자의 정확한 조건을 알 수 있다. 상기 대출의 경우, 모든 관련 조건과 더불어 전체 대출 기간에 걸친 원금과 이자의 완전한 상환 일정 계획이 기록되어 있다. 이 장부를 보면 그 차입금은 본래 1937년 6월 13일에 식산은행에서 받은 150만 엔이었다.[94] 《차입금원장》은 차입금이 쓰인 용도에 관해서는 말해 주지 않으며, 그 무렵의 어떤 경방 중역회의록에도 그에 관한 언급은 없다. 그러나 경방이 새 방적공장에 4,000추를 추가하고 황해도에 조면공장을 설치한 것이 바로 그 무렵이었으므로, 이 자금은 새로운 설비의 지불 대금으로 쓰였던 것 같다.[95]

대출 조건은 식산은행이 최우량 고객에게 제공하는 특별 저리대출의 범주에 속하는 좋은 것이었다. 이자율은 연간 5.5퍼센트로 고정되었고, 원금은 13년 동안 상환하도록 되어 있었다. 또 식산은행은 경방에게 2년 반의 거치 기간이라는 부가 혜택을 주었고, 그래서 첫 반년간의 원금 및 이자 지불 기한은 1939년 12월에야 돌아왔다.[96]

경방은 식산은행에서 좋은 조건으로 단기대출도 받았다. 당초 대출 기한은 대개 2개월이었지만, 연장이 다반사여서 대출은 사실상 일종의 암묵적인 장기금융이었다. 단기대출의 이자는 1일 이율에 따라 계산되었는데, 1940년대 초에는 대략 100엔당 1.4전이었다.[97] 이것은 좋은 이자율이었으니, 예컨대 1941년 식산은행의 단기대출의 평균 1일 금리는 100엔당 1.7전이었다.[98] 이 금리는 매우 낮아서 경방은 계열사와의 내부 금융거래에서도 그렇게 할 수 없었다. 경방이 삼양사와 같은 계열사에서 차입하거나 동광제사와 같은 다른 계열사에 대부할 때에는 언제나 일관되게 자신이 식산은행에 지불하고 있었던 것보다 약간 높은 금리를 지불하거나 요구했다.[99]

3) 대출의 진상

어떻게 해서 경방은 식산은행에서 그러한 금융 특혜를 받았는가? 하나는 대출이 총독부가 강력하게 권장하는 프로젝트를 위한 것이었기 때문이다. 이에 관해서는 다음 장에서 상세히 검토할 것이다. 또 다른 이유들도 있다. 식산은행이 한국인-일본인의 협력적 발전에 대한 일반 방침과 경방에 대한 특별한 방침을 갖고 있었기 때문이다.

첫째, 1919년 사이토 총독의 취임과 더불어 일본의 식민지 정책이 크게 바뀌었다는 것을 상기하자. 더 효율적인 경제개발을 위해서 뿐 아니라 정치적 이유 때문에, 1919년 이후 식민당국은 일본 제국의 목표에 부합하는 계급적 이해를 가진 한국인 기업가 엘리트를 양성하기를 열망하였다. 이를 위해서는 한국인 기업에 대한 금융지원이 꼭 필요했다. 1921년의 산업조사위원회에 참석한 한국인 기업가들은 은행들이 과거에 그들을 차별대우했음을 불평하고 한국인 회사에 대한 금융을 촉진하라고 일본인들에게 요청하는 청원서를 제출하였다.[100]

물론 곧바로 바뀌지는 않았다. 앞서 본 것처럼 경방은 1924년 토지담보 대출에 대해 매우 높은 이자를 요구받았다. 하지만 이자를 부담할 여력이 있는 한국인들에게는 금융이 더 용이해졌다. 일본인들은 점차 조심스럽게 한국인들을 식민지 경제의 상층부 속에 받아들이고 있었다.

조선식산은행이 이 과정에서 결정적인 역할을 했다. 1920년에 경방이 도산 위기에 처했을 때 김성수가 식산은행에 도움을 청한 것은 우연이 아니었다. 단지 식산은행이 식민지의 가장 적극적인 투자은행이었기 때문은 아니었다. 식산은행과 경방 간에 형성된 긴밀한 관계는 은행의 일반적인 한국인 정책과 깊이 관련되어 있었고, 이것은 다시 식민정책에서의 변화와 새 은행장 아루가 미쓰토요有賀光豊의 태도가 반영된 것이었다.

아루가는 총독부의 새로운 협력적 발전정책을 실행하는 데 결정적 역할을 한 인물인데, 보호국기 동안 세무감독국의 관료로 조선에서의 생활을 시작해서 관세과장으로 승진하였고 후에 총독부 재무국의 금융과장이 되었다. 1918년에는 공직을 떠나 새로 설립된 식산은행에 이사로 참여하였으며 이듬해에는 식산은행장 미시마 타로三島太郞의 후임으로 뽑혔다. 그 후 17년간 은행 업무를 관장하였고, 은퇴후에도 계속하여 적극적으로 조선 개발에 공헌하였다. 은행장 재직기간 중, 그리고 그 후에도 그는 흔히 조선 사업계의 '아버지'로 일컬어진 식민지 경제의 걸출한 인물이었다.[101] 널리 보급된 1940년의한 조선만주재계인명사전에 실린 그에 대한 인물 스케치는 동시대인들 사이에서의 엄청난 위광을 보여준다.

아루가 씨가 오늘의 조선 재계에서 이룬 공적은 일반이 주지하는 바와 같이 측량할 길이 없다. …… 공을 세우고 이름을 빛내 1936년 조선식산은행장을 후진에게 물려주고 일본으로 돌아왔지만, 최근 발흥한 반도 사업계의 아버지로서 그가 조선에 남긴 공로는 그를 다시 조선 사업계에 돌아오지 않을 수 없게끔 했다.[102]

이 유력한 식민지 관료 겸 금융가는 한국인 기업가들의 친구가 되었다. 그는 총독부의 동료들과 마찬가지로, 확실히 제국주의자였다. 그의 관심은 한국인들을 돕는 것 자체에 있던 것이 아니라 그가 지시받은 대로 경제를 개발하는 데 있었다. 그렇지만 동시에 그는 한국인-일본인 간 경제적 협력의 효능을 진실로 신봉한 자였다. 김용완과 인터뷰한 내용을 보자.

식산은행의 총재로서 아루가의 목적은 조선 경제를 개발하는 것이었

아루가 미쓰토요有賀光豊
아루가는 보호국기 동안 세무감독국의 관료로 조선에서의 생활
을 시작해서 관세과장으로 승진하였고 후에 총독부 재무국의 금
융과장이 되었다. 1918년에는 새로 설립된 식산은행에 이사로 참
여하였으며 이듬해에는 식산은행장 미시마 타로三島太郞의 후
임으로 뽑혔다. 그 후 17년간 은행 업무를 관장하였고, 은퇴 후에
도 계속하여 적극적으로 조선 개발에 공헌하였다. 은행장 재직
기간 중, 그리고 그 후에도 그는 흔히 조선 사업계의 '아버지'로
일컬어진 식민지 경제의 걸출한 인물이었다.

고, 그래서 결국 그는 한국인들 사이의 경제활동을 장려해야 했다.
…… 그것이 그의 철학이었다. 그는 만약 한국인들과 일본인들이 함
께 일하기만 하면 곧바로 경제가 개발될 수 있다고 믿었다. …… 그리
고 아루가는 비록 조선이 식민지이지만, 억압적 통제에 의존하는 것보
다는 한국인들을 평등하게 대우하고 조선을 더불어 발전시키는 것이
일본에게 더 이롭다고 믿었다. 그것이 그의 사고방식이었다.[103]

김용완이 지적한 것처럼, 아루가는 '한국인을 평등하게 대우하는'
것이 일본에게 가치 있다는 것을 알고 있었다. 그는 총독부 경제개
발의 가장 중요한 금융기관장으로서 이 정책을 실천하려 하였다. 그
는 우선, 은행 내에서 한국인 직원과 일본인 직원 간의 급여, 경비
계산, 승진 등에서 차별을 줄이려 노력하였다. 김용완에 따르면,

당시에 한국인에 대한 많은 차별이 있었다. …… 급여가 그 예다. 일
본인들이 100엔을 받으면, 한국인들은 단지 60엔을 받았다. 이것은

모든 정부기관에서 행하는 차별이었다. 아루가는 이 모든 것을 철폐했다. 직원이 한국인인지 일본인인지 불문하고 각자 100엔을 받았다. 이것은 업무 출장비, 숙박 등에서도 마찬가지였다. 총독부에서는 일본인들이 더 후하게 경비를 지급받았다. 아루가는 한국인 경비 계산을 일본인 수준으로 높여 평등하게 만들었다.[104]

특히 대부와 같은 은행의 서비스를 필요로 하는 한국인 기업가에게도 같은 정책이 점차 적용되었다. 예컨대 1934년에 아루가는 전국적인 연쇄점 사업에 자금이 필요했던 박흥식朴興植이 요청한 거액의 대출을 직접 승인하였다. 경방과 관련해서는 그가 김씨가의 인물을 개인적으로 알기 전에도, 식산은행이 행한 한국인 자산 연구를 통해 김씨가의 배경과 재무 상황을 잘 알고 있었다. 따라서 그는 처음부터 경방을 건전한 투자처로 간주하려 하였고, 김용완이 말하는 바 "그는 마치 우리가 일본인 회사인 것처럼 도와주었다."[105]

경방이 융자를 받을 수 있었던 첫 번째 핵심 요인은 아루가가 시작한 은행정책이었다. 어떤 의미로 그것은 뒤이어 올 다른 모든 것에 문을 열어주었다. 그렇지만 이 과정이 점진적이었음을 상기해야 한다. 1920년대에 식민정책의 변화 및 아루가의 개인적 태도와 더불어 경방은 식민지 경제에 파고들어가 계속 전진할 수 있었다. 1945년까지 이 문은 활짝 열렸고 경방은 확실한 일원이 되었다. 경방은 이 25년 사이에 기존 정치경제 구조로 깊이 편입되었다.

경방이 은행 대출을 받을 수 있었던 두 번째 요인은 1945년에 결국 식민지 정치경제를 완성하기에 이른, 점점 복잡해진 개인 간 및 기업

간의 연계망에 있었다. 즉 1945년까지 경방은 이른바 식산은행 왕국을 이루는 은행과 회사들 집단의 일원이 되어 있었다는 것이다.[106]

우리는 여기서 경방과 식산은행 간의 관계를 그 적절한 맥락 속에 놓고서 논의를 해야 한다. 이 관계의 중심부에서 사람들과 회사들이 얽히고설킨 것을 이해하기 위해서는 당시의 일본에는 이 '반反독점'이라는 개념이 없었다는 것을 상기해야 한다. 1945년에 일본 재벌로부터 압수한 서류 더미를 분석한 미국 점령군 당국자는 "일본인들은 겸임중역제나 기업 간 상호 출자가 위험한 것이라고 생각하지 않는다"[107]고 간략히 언급했다. 조선 내 일본인 자본가들의 관념도, 그들과 협력하는 한국인들의 생각도 마찬가지였다. 우리는 일본이 1929년에 국제면방직공업자연맹의 피어스Pearse 사무총장에게 환기한 '하나의 트러스트'의 이미지를 염두에 두면 좋을 것이다.[108] 일본의 경우보다 국가의 힘이 더 큰 식민지 조선에서는 그러한 은유가 더 잘 들어맞았다.

경방을 식산은행에, 그리고 거꾸로 식산은행을 경방에 결속시킨 많은 인적 및 회사 간의 연망連網을 기술하는 데에는 그 출발점을 잡기가 쉽지 않다. 그렇지만 양자 간의 연계가 박영효朴泳孝(1861~1939)라는 인물에서 출발했다는 것은 확실하다. 따라서 이 한국 근대사의 유명한 인물을 새로 관찰하면서 논의를 시작하는 것이 좋을 것이다.

박영효가 유명해진 것은 메이지 일본의 모델을 본떠 한국의 전통국가를 개혁하려 시도했던 1884년 갑신정변의 지도자 중 한 명으로서 한 역할 때문이었다. 그는 정변이 실패한 후 일본으로 망명했다가 1894년에 다시 돌아와 일본의 지원을 받아 성립한 갑오개혁의 새 내각에서 잠시 봉직하였다. 1895년에 일본이 외국(특히 러시아)의 압력 때문에 갑오개혁 정부를 지탱하지 못하게 되자, 그는 다시 일본으로 도피하였다. 러일전쟁으로 조선이 확고하게 일본의 세력권 아래 들어온 후에, 그는 다시 고국으로 돌아와 이완용 내각에서 궁내부 장관으로 봉직하였다. 1910년 일본이 조선을 병합하자, 철종의 사위였던 그는 후작 작위를 받았고 일본 귀족원의 일원이 되었다.[109]

대부분의 한국사 책에서 박영효의 이야기는 이렇게 끝난다. 그렇지만 그는 1910년에 단지 48세였고, 1939년에 죽을 때까지 30년 가까이 조선에서 활동적인 삶을 살았다. 그중 상당한 기간인 1919년에서 1935년까지 그는 경방의 초대 사장이었다.

박영효는 1919년에 새 회사의 사장으로서 최적임자였다. 첫째, 그는 김씨가와 간접적인 인척관계에 있었다. 김씨가처럼 그도 전라도 출신이었다.[110] 김성수, 아니 그의 아버지가 박영효에게 호남의

박영효(1861~1939)
경방의 초대 사장에 취임한 박영효는 구한말의 중신重臣이었다. 그가 1935년까지 지분도 없이 사장 자리에 머물러 있었던 것은, 당시의 허가 및 운영의 어려움을 타개하는 데 크게 도움을 준 때문이라 할 수 있다. 중역회의에 나오지 않았음은 물론, 회사 운영에 조금도 개입치 않은 사람을 사장직에 오래 두도록 하였다는 것은, 총독부 당국의 여러 가지 규제를 완화하려는 의도에서였다.

동향의식을 상기시키면서 회사의 사장을 맡아줄 것을 권유했으리라고 상상할 수 있다. 그리고 제2장에서 언급한 것처럼 일찍부터 김씨가는 개화파가 제시한 국가발전의 이상에 강한 영향을 받고 또 그에 공감했는데, 박영효는 개화파의 핵심 인물이었다.

그러나 경방의 존속과 성장에 더 중요한 것은 제국의 사회정치 구조 내에서의 박영효의 지위였다. 1919년에 김성수는 단지 28세여서, '장년층'이 지배하고 '청년층'은 경청하고 복종하는 사회에서는 존중받을 나이가 아니었다. 그는 대학을 나온 지 4년밖에 안 되었고, 젊은 나이에 걸맞지 않는 중책을 맡고 있었다. 그러나 박영효는 가끔은 일본인과 기꺼이 협력해 온 중요한 정치적 인물로서 길고 유명한 개인적 이력을 갖고 있었다. 그러한 정치적 고려는 그를 회사 사장으로 선출한 경방 주주들의 뇌리에 가장 먼저 떠올랐다. 공식 경방사사가 말하는 것처럼,

초대 사장에 취임한 박영효는 구한말의 중신重臣이었다. 그가 1935년까지 자본도 투입하지 않고 사장 자리에 머물러 있었던 것은, 당시의 허가 및 운영의 어려움을 타개하는 데 크게 도움을 준 때문이라 할 수 있다. 중역회의에 나오지 않았음은 물론, 회사 운영에 조금도 개입치 않은 사람을 사장직에 오래 두도록 하였다는 것은, 총독부 당국의 여러 가지 규제를 완화하려는 의도에서였다.[111]

그러나 박영효는 '정부규제를 완화하는' 것 이상을 할 수 있었다. 1919년에 경방의 사장이 되기 전에 그는 이미 조선식산은행에 긴밀

히 관여하고 있었다. 조기준은 《한국 자본주의성립사론》에서 "식산
은행은 처음부터 한국인의 경영진에의 참여가 철저하게 배제되고
있었다"라고 썼다.[112] 그러나 이것은 사실이 아니다. 1918년에 처
음부터 식산은행에 참여하고 그 직후 두취가 된 아루가와 더불어,
박영효는 식산은행 이사회의 창립 일원이었다. 아루가처럼 그는
1918년 10월 1일 이사로 임명되었고, 아루가가 은행장이 된 후
1930년 말까지 그 자리에 있었다. 그는 이사직에서 공식 은퇴한 후
에도 1939년에 죽을 때까지 고문으로서 은행 업무에서 역할을 계속
하였다.[113]

식산은행이 경방에 준 어떤 특정한 대출에 박영효가 관련되어 있
다는 증거는 없지만, 1918년 은행 창립 때부터 또 경방 사장으로서
재직한 기간 내내 그의 은행과의 긴밀한 관계는 확실히 경방의 식산
은행과의 관계에 불리한 영향을 주지는 않았다. 반대로 경방이 초기
수년간에도 식산은행의 대출을 받은 데 성공한 것을 보면, 박영효의
은행 이사직이 실로 매우 유용했으리라고 추정할 수 있다. 그의 나
이와 지위라면, 박영효는 아루가(그는 박영효보다 12년 연하였고 1934
년에야 작위를 받았다)를 포함한 은행 고위 임원들과 비교적 대등하게
교섭할 만한 지위에 있었다.[114] 여하튼 경방은 박영효의 효용을 전혀
의심하지 않았고, 그는 16년간 사장으로 계속 고용되었다.

그렇지만 1930년대에는 김씨 형제, 특히 김연수는 점차 확고하게
식민지 재계의 유명인사로서의 입지를 굳히고 있었다. 이제 그들에
게는 식민당국 및 은행들과의 교섭을 도와줄 거물이 더 이상 필요하
지 않았다. 김연수는 식산은행의 많은 금융 활동에 직접 관여하였

다. 그는 한상룡, 박영철, 민대식 등 다른 저명한 한국인 기업가들과 함께 식산은행의 주요 자회사인 조선신탁주식회사에 감사로서 참여하였다.[115] 1943년에는 식산은행의 또 다른 계열사로서 식산은행이 최대 주주였던 조선저축은행의 감사이기도 했다.[116] 게다가 그는 식산은행이 1928년 설립 10주년 기념으로 조선산 제품의 증식 개량을 위한 표창, 지도, 고안사업에 자금을 원조하기 위해 설립한 조선식산조성재단朝鮮殖産助成財團의 평의원이었다.[117]

이 회사들에서 김연수가 차지한 지위는 갈수록 좋아지던 경방과 식산은행의 관계를 반영한 것이었다. 예컨대 은행과 회사의 지분에 관련된 상황을 들어보자. 모두 김연수가 지배하고 있던 경방사우회, 중앙상공사우회, 혹은 훗날의 삼양동제회와 같은 다양한 상호부조 조직의 이름으로, 경방은 매우 많은 식민지 기업들의 주식을 다량 보유하였다. 그 재단 재산 중에는 식산은행과 그 주요 금융 자회사인 조선저축은행의 주식이 모두 포함되어 있었다.[118] 거꾸로 식산은행과 조선신탁, 조선저축, 조선저축사우회 등의 여러 자회사 및 단체들은 식민지기 말에 경방 총주식의 약 6.4퍼센트를 보유하였다.[119] 이것은 김씨가가 보유한 경방 주식을 제외하고는 단일 지분으로는 최대였다. 김연수가 은행이 가장 신뢰하던 직원 중 하나인 나카토미 게이타中富計太(그 자신 경방의 주주였다)를 1939년 말부터 1945년 8월까지 경방의 감사로 임명한 것은 그리 놀라운 일이 아니었다.[120]

경방 주주와 식산은행 직원을 겸한 것은 나카토미만이 아니었다. 경방의 일본인 주주를 더 면밀히 살펴보면, 그들 중 다수가 어떤 식으로든 식산은행과 관련되어 있었다. 물론 그들의 이름은 잊혀진 지

오래고 어떤 역사책에서도 발견되지 않지만, 당시 그들은 조선의 은행계에서 가장 유명하고 영향력 있는 인물들이었다. 예컨대 시라이시 진키치白石甚吉, 다네가시마 시게루種子島蕃, 데라다 가즈이치寺田數一, 하야시 유타가林 豊 등은 각기 부산, 대구, 원주, 신의주 등지의 식산은행 주요 지점장이었다.[121]

경방 주식을 보유한 다른 은행 직원들은 나카토미와 같이 서울의 본점에서 근무하면서 경방의 은행 대출을 담당한 상업금융과나 공업금융과와 같은 식산은행의 핵심 금융부서를 관장하였다.[122] 와타나베 도요히코渡邊豊日子와 같은 몇몇은 업무상 은행과 접촉하게 된 총독부의 관리였다. 예컨대 와타나베는 총독부의 조선임업개발주식회사의 이사를 겸임하였고, 김연수와 같이 은행의 조선식산조성재단의 평의원이었다.[123]

식산은행 내 고위직에 있던 경방 주주들을 보면, 경방이 실로 식산은행이 애호한 기업들 그룹의 일원이었다는 것을 알 수 있다. 지점장과 본점 부서장들은 사실 경방의 주주 명단상으로는 가장 낮은 등급의 은행원이었다. 그들 위에 많은 전현직 은행 이사, 감사들이 있었다. 예컨대 노다 신고野田新吾는 은행의 지점장직을 거쳐 본점으로 옮겨서 상업금융과 및 공업금융과 등 여러 핵심 부서들을 관장하였다. 그는 계속하여 가장 중요한 오사카 지점에서 은행을 대표하였고, 1934년에 조선에 돌아와 은행 이사회의 일원이 되었다. 그리고 그 후 해동은행과 합병한 한성은행의 은행장이 되었고, 식산은행의 많은 고위 직원들처럼 그도 조선식산조성재단의 평의원직을 맡았다.[124]

또 한 명의 경방 주주는 하야시 시게키林 茂樹였다. 입행하기 전에 그는 조선총독부의 재무국, 전매국, 철도국의 여러 과에서 근무하면서 조선에서 공직생활을 시작했다. 그는 1929년에 지방직으로 옮겨 김씨가의 고향인 전라북도의 도지사가 되었다. 같은 해 말에 그는 경상북도 도지사로 임명되었다가, 서울로 돌아와 총독부 학무국장으로 봉직했다. 1933년에는 식산은행으로 옮겨 이사회 일원으로 고위층에서 은행원직을 시작했다. 그리고 1937년에는 한성은행장을 잠시 맡아서, 김연수가 소유했던 해동은행과의 합병을 성사시켰다. 그 후에는 식산은행의 양대 자회사인 한강수력전기주식회사의 전무와 경춘철도주식회사 사장을 맡았다.[125]

끝으로 이모리 메이지伊森明治와 하야시 시게조林 繁藏가 있었다. 이모리는 본래 1918년에 식산은행으로 통합되기 전의 옛 농공은행에 근무했다. 그는 식산은행에 남아서, 목포와 평양의 지점장을 포함한 많은 요직을 역임했다. 그 후 본점으로 돌아와 처음에는 상업금융과장이 되었다가 다음에는 공업금융과장을 맡았고 1930년에는 은행 이사가 되었다. 그러다 1934년에 최고의 성취를 이루었으니, 조선저축은행장으로 임명된 것이다. 이 은행은 식산은행의 가장 중요한 관계사로서 식산은행의 제1대 주주였다. 그는 식민지기가 끝날 때까지 10년 넘게 이 자리를 계속 지켰다.[126]

만약 경방과 식산은행 간의 긴밀한 인적 연계의 증거가 더 필요하다면, 하야시 시게조가 더할 나위 없이 적당할 것이다. 1,200주를 가진 하야시는 경방에 큰 지분을 가진 일본인 개인 투자자 중 한 명이었다. 그러나 그의 진짜 중요성은 다른 데 있었다. 그는 아루가 미쓰토요의 후임자로서 식산은행의 최고위직인 두취가 되었다. 많은 식산은행 임직원처럼, 그는 일찍이 조선총독부 재무국에서 경력을 쌓아 재무국장으로까지 승진한 후 1937년에 아루가의 후임자로 임명되었다. 1945년 식민지 지배가 끝날 때까지 은행장으로 있었고, 그의 재임 기간 동안에 경방과 식산은행 간의 관계는 활짝 꽃피어 앞서 언급한 거액의 특별 저리대부를 낳았다.[127]

더욱이 하야시가 두취로 재임하는 동안 경방은 점점 더 식산은행의 금융 '왕국'의 중요한 일부가 되어, 그 풍부한 금융 자원을 마음껏 이용했을 뿐 아니라 은행의 수많은 자회사에 하위 파트너로서 갈수록 더 적극적인 역할을 했다. 김연수는 회사 자금을 다른 투자로 돌리는 기구로 다시 삼양동제회를 사용하여, 적어도 식산은행의 주요 공업 자회사 세 곳에서 수천 주의 주식을 인수했다. 그중 조선정련주식회사는 자본금 1,000만 엔으로 조선과 일본에서 13개(조선에서 11개)의 금은광을 소유하고 있었다. 경춘철도주식회사도 자본금 1,000만 엔으로 전 식산은행 이사이자 경방 주주인 하야시 시게키가 경영하고 있었다. 그리고 한강수력전기주식회사는 공칭자본금 2,500만 엔의 거대기업으로서 바로 아루가 미쓰토요가 사장이었는데, 그는 1936년에 식산은행 두취를 공식 사임한 후에도 은행 업무에 분주히 관여했다.[128] 경방은 또 거대한 조선비행기주식회사(1944년 설립, 자본금 5천만 엔)에도 직접 투자했는데,[129] 여기에도 식산은행이 관여했는지 모른다.[130]

이 모든 것을 보면, 경방은 인적 및 기업적 연줄 덕분에 조선식산은행의 세력권 내에 편안하게 자리 잡고서 식민지적으로 만개滿開한

회사로 규정할 수 있다. 그것은 사실 식산은행 '왕국'을 이룬 거대 독점체의 일부였다. 경방은 공식적으로는 이 독점체의 다른 성원들보다 덜 연계되었지만, 그 일원임은 틀림없었다. 그 일원이 된 것은 확실히 유리한 조건으로 대출을 받는 데 유익했다.

경방을 식산은행 왕국의 일원으로 보면, 우리는 또 국가의 품 안에 확고하게 안겨 있는 경방을 발견하게 된다. 왜냐하면 앞서 본 것처럼, 식산은행은 총독부의 식민지 개발계획에 자금을 공급하는 주요 금융기관이었기 때문이다. 경방과 식산은행의 관계는 정부―기업 관계가 1920년대와 1930년대 초의 보조금 지급이라는 간단한 유형을 훨씬 넘어서 발전한 것을 의미했다. 식산은행을 통해, 정부―기업 관계는 1945년까지 난마와 같이 얽힌 인적 및 기업적 이해관계로 확장되었다. 이 관계로 인해 경방은 실제로는 분명히 민간기업이면서도 금융구조를 통해서 국가에 긴밀하고 복잡하게 연계된 준準공기업이 되었다.

4. 자본가계급과 국가 | Class and State : Partners in Management
경영의 동업자

　우리가 경방의 금융구조에서 본 공공영역과 민간영역이 뒤섞인 모습은 경방의 실제 경영에서도 발견된다. 비록 사무소와 공장의 통상적인 업무는 이사회가 처리했지만, 더 넓은 의미에서 회사의 경영 방침은 식민지 관료체제의 최상부에서 수립되는 산업정책에 따라서 결정되었다. 그런 의미에서 기업 경영 방침은 주로 정부의 산업정책을 민간부문으로 확장한 것이었고, 총독부가 경방을 포함한 다른 모든 식민지 민간기업들의 최종 경영자였다고 할 수 있다.

　그렇지만 금융의 경우처럼 회사 경영은 교묘하고 복합적으로 국가에 종속해 있었다. 국가정책의 수립은 단순하고 일방적인 일이 결코 아니었으며, 국가정책의 결과가 총독부에만 이로운 것도 아니었다. 정책을 결정하는 과정에서 국가와 민간기업은 정식, 혹은 비공식적으로 교섭을 했고, 그렇게 결정된 정책은 양측 모두에게 이득이 되었다. 즉 경방은 국가에 봉사하는 것이 매우 유익할 수 있음을 발견했다.

정책의 입안과 실행

총독이 소집하여 가끔씩 열린 산업 관련 회의(위원회 혹은 조사회)는 정부와 재계가 협력하여 정책을 결정하는 가장 형식적인 회의였다. 그렇지만 이 회의는 매우 중요했다. 왜냐하면 산업정책을 결정하는 최고 수준의 회의였을 뿐 아니라 수십 년간 혹은 향후 10년간에 걸쳐 진행될 식민지 개발의 윤곽을 정한 것이기 때문이다. 적어도 그런 의미에서 산업회의는 한국 정부가 정기적으로 이른바 5개년 계획의 형태로 발표했던 것처럼 장기 경제전략을 고안하기 위해 오늘날 발전도상국에서 개최되는 회의와 유사했다. 식민지 산업회의는 정기적으로 개최되는 것이 아니라, 중대한 새로운 국내외 상황에 맞추어 식민정책을 재편하기 위한 특별회의로서 소집되었다.

1910년과 1945년 사이에 이러한 산업회의가 세 차례 열렸다. 첫 번째는 1921년에 제1차 세계대전 후의 경제 재조정과 3·1운동을 뒤따라서 열렸다. 두 번째는 15년 후인 1936년에 거세지는 국제무역 전쟁과 불안한 중국 정세에 대처하여 새로운 만주국과 견주어 조선의 역할을 재평가하기 위해 개최되었다. 세 번째는 1938년에 일본에서 행하고 있던 집중적인 군사 동원에 조선이 완전히 보조를 맞추게 하기 위해 열렸다. 비록 이 회의들이 총독부의 지도와 후원 아래서 주로 특정한 조선 문제들을 대상으로 하여 서울에서 개최되었지만, 동시에 일본 제국 내에서 조선의 경제적 지위와 역할을 논의하고 정식화하는 토론장을 제공한 제국 차원의 회의였다. 이 취지에 부합하도록 한국인 위원들 외에도 제국 전역에서 참가자들이 합류하였다.[131]

한국인 기업가를 포함한 각계각층의 저명한 한국인들이 세 회의에 모두 참가하였다. 1921년에 한국인들의 입장은 아직 정해지지 않았다. 제한된 것이나마 한국인 자본가의 성장을 지원하는 신임 사이토 총독의 정책은 아직 수립 중이었고, 한국인 기업가들은 총독부가 어느 정도로 자신들의 입장을 지지하고 있는지 알지 못했다.

이 불확실성은 모두 총독부가 제시한 경제성장에서 공평한 몫을 차지하려고 한 그들의 청원과 토론에 반영되었다. 물론 김성수와 김연수는 아직 너무 젊고 그 비중이 미미하여 첫 번째 회의에 초청받지 못했지만, 거기서 제출된 한국인의 청원 중 하나는 경방의 명목상 사장 박영효朴泳孝가 조직한 단체인 조선인산업대회朝鮮人産業大會에서 기안한 것으로 총독부에 지원과 보호를 요구했다.[132]

제2차 및 제3차 회의가 열렸을 무렵에는 한국인들은 경제체제의 더 중요한 일부로 통합되어 있었다. 1921년의 첫 번째 회의가 단순한 구색 맞추기로 한국인들을 초청한 것이었다면, 1936년과 1938년에는 그렇지 않았다. 1936년의 두 번째 회의에서 김연수는 과도한 만주국 관세와 정부의 경제통제정책안을 거리낌 없이 비판했다. 이 것은 조선 내 모든 일본인 방적업자들이 공유하고 있던 감정을 표현한 것이었다.[133] 김연수의 말은 한국인으로서보다는 식민지의 대大방직업체 사장으로서 한 발언이었다. 그는 1938년 회의에 경방의 사장으로서만이 아니라 조선방적공업연합회의 회장으로서, 즉 조선면방직공업의 대표로서 초청받은 것이었다.[134]

산업회의에서 만들어진 개발 프로그램은 사실상 정치경제의 모든 측면— 물론 농업·상업·공업뿐 아니라 노동·교육·이데올로기 문제 등—을 포괄적으로 다룬 것이었다. 그 긴 의안을 보면 회의가 며칠씩 계속된 것도 당연하다. 회의의 개막부에는 총독과 정무총감 (회의의 의장을 맡았다)을 비롯한 식민지 관료 대표들이 전체 참석 위원들을 환영하고 훈계하는 연설이 있었다. 이어서 자유토의의 짧은 일반부회가 열렸고, 그 다음에는 위원들이 특정 영역과 문제들을 상세히 다루는 분과회가 나뉘어 열렸다. 회의 최종일에는 모든 위원들이 마지막 일반부회와 폐막연설회에 다시 모였다.

크고 작은 회의들이 열리는 가운데 기업가들은 그들만의 관심사에 관해서만 아니라 식민지 경제개발의 주요 문제들에 관해서도 발언할 수 있었다. 예컨대 1936년에 김연수는 일반부회와 더불어 '원료 및 공업' 위원회에 출석했다. 이 위원회는 직물 외에도 금속 정련, 금광 채굴, 조선, 비행기, 기계기구, 석탄액화 및 경제통제와 노동정책과 관련된 문제까지도 다루었다.[135] 총독부는 각 위원회에 특정 토의 주제와 관련된 상세한 연구, 보고서, 통계 자료를 제공했고, 매번 총독부의 고위 관료들이 토의 도중 제기되는 어떤 질문에도 답변해 주었다. 따라서 기업가들은 식민정부의 경제 자료들을 충분히 접할 수 있었고, 자신의 의견을 피력하도록 권고 받았다.

그러나 우리는 누가 진짜 실권자인지를 잊어서는 안 된다. "일단 국가정책이 결정되고 나면, 그 정책을 실행하는 데 전심전력하는 것이 우리의 의무입니다"라는 고이소 총독의 말[136]을 상기할 필요가 있다. 돌이켜 보면 서울에서 회의가 열렸을 무렵, 조선총독부는 이미 어느 정도 기본정책을 '결정해' 놓았던 것이 분명해 보인다. 총독부는 회의 대표들에게 토의의 기초 자료로 완성된 정부 원안을 제공했다. 물론 규정상으로는 대표들이 수정안을 제출하고 표결하여 그들이 원하는 대로 수정할 권한을 갖고 있었다.[137] 그러나 그들이 실제로 행한 수정이란 대개 정부 원안을 살짝 바꾼 것에 불과했다. 일반적으로 원안은 거의 수정되지 않았고, 기업가는 정부 원안에 있는 모호한 용어의 의미와 그 실행 방법을 질문하는 데 그쳤다. 예컨대 1936년에 김연수를 비롯한 기업가들이 차례로 정부의 생산통제 부과 계획에 심히 반발한 경우처럼 원안의 어떤 주요 정책에 분명히 반대했을 때에도, 결국 그들은 국가정책의 기본 방침에 따르는 것이 보통이었다.

그렇다고 회의의 중요성을 과소평가해서는 안 된다. 재계는 회의에서 작은 것이기는 하나 최고 수준의 국가정책 결정과정에서 할 역할을 맡았다. 정책이 항상 마음에 들지는 않았지만, 기업가들은 권력기구에 접근할 특권과 총독을 비롯한 담당 관료가 경청해야 할 발언권을 갖고 있었기에, 자신이 식민지 '가족'의 일원임을 확인할 수 있었다. '국체의 본의'가 뜻하는 완벽한 조화에는 못 미쳤을지 모르지만, 회의에서는 정부와 민간 사이에 아주 인상적인 결연이 이루어졌다. 이처럼 정부와 재계 지도자들 간의 협력 의식이 형성된 덕분에, 훗날 정책들이 쉽게 실행될 수 있었다.

공식 회의에서만 협력적인 정책 결정이 이루어진 것은 아니었다. 특정 회사나 특정 산업의 기업 경영자들과 해당 정부 관리들의 비공식적인 소규모 회합은 훨씬 더 흔했다. 예컨대 1936년의 산업경제조사회가 열리기 적어도 8개월 전에 김연수를 비롯한 식민지 방직업자들은 "일본 방직공업과의 조화를 유지하고 조선의 면방직공업을 통제"하는 데 관해 총독부 관료들과 원탁회의를 열었다.[138]

더욱이 산업경제조사회에서 개발 프로그램이 정식으로 작성된 후에도 정책 결정은 오랫동안 비공식적으로 이루어졌다. 조사회의 최종 보고서에는 대강의 정책 방향만 정해져 있었고, 정책을 실행할 시점 및 구체적 방법은 대개 총독부의 재량에 맡겨졌다. 정책을 수립하고 실행하는 이 진행 과정에서 식민관료는 다시 한 번 주의 깊게 재계를 끌어들였다. 재계 지도자들과 협의할 필요성은 1936년 조사회의 보고서에서 분명히 인정되었다. 이 보고서는 산업통제의 문제에 관해서 총독부에게 "조선의 모든 다양한 국내 조건들과 …… 조선의 국내 생산자 및 소비자의 이해관계를 고려할 것"을 요구했다.[139]

1930년대 말까지 총독부는 시장이나 회사 및 공장 차원에서 정부 정책이 구체적으로 시행되는 데는 거의 개입하지 않았다. 그 점에서 우리는 경방을 본질적으로 한국인이 경영하는 민간기업이라고 규정한 조기준의 견해에 동의할 수 있다. 경방의 임직원들은 총독부가 정한 넓은 정책의 틀 안에서, 자유롭게 원료를 구매하고 생산 목표를 정하며 설비를 확장하고 시장 수요에 맞추어 제품을 유통시킬 수 있었다.

그러나 1930년대 말부터 전시동원의 긴급성이 다른 모든 것에 우선하였고, 경제는 점차로 광범위한 정부 통제하에 놓이게 되었다. 그 대부분은 일본에서도 실행되고 있던 통제를 각색한 것으로, 부령府令 및 부고시府告示만이 아니라 일련의 칙령이 잇따라 공표되면서 조선은 앞서 언급한 '관료적 명령 경제'와 매우 흡사하게 바뀌어 갔다.[140] 당시의 경제잡지들은 식민지 경제가 자본주의제도에서 '관료적으로 통제되는 산업구조'로 재편되는 것을 언급했는데, 이 경제에

서는 정부가 정한 군사적 우선권에 맞추어 모든 생산과정이 조직되었다.[141]

1) 전시통제

통제 조치들은 광범위하게 실시되었다. 공업 원료는 군수생산에 우선적으로 할당되었다. 예컨대 인도 면棉 및 미국 면과 같은 수입품들은 허가제를 통해 주의 깊게 통제되었다. 그 목적은 군수용 및 민수용에게 모두 충분하고 적절한 수량을 보장하기 위해서가 아니라 귀중한 외환의 유출을 규제하기 위해서였다. 기본 군수물자를 해외에서 구입할 때 쓸 외환은 제국의 생명줄과 같았다. 그리고 수출도 허가제도에 따라야 했으니, 그 목적은 제국 내 무역을 통제하고 조정하며, 더 많은 외환을 가져다 줄 엔 블록 외부 국가로 수출을 증진시키기 위해서였다. 자본은 전시 목적을 위해 동원되었고, 금융도 전략적 산업들에 투자가 이루어지도록 엄격히 통제되었다. 또 이 노력의 일환으로서 전반적인 전시 생산과정을 조정하기 위해 시설 확장에도 제약을 가했다. 결국 원료의 구입에서부터 생산 제품의 최종 분배 단계까지 회사 경영의 전 영역에 걸쳐 공정가격에 따른 배급제도를 확장했다. 또 모든 다양한 통제들이 확실히 실행되도록 경무국 내에 '경제경찰'도 창설했다.

'재편성'된 새 통제체제는 1936년의 산업경제조사회의 결과로서 총독부가 만든 카르텔과 준카르텔의 네트워크를 통해서 운영되었다. 이 조직들(대개 각 업종별 연합회, 혹은 조합)을 통해 총독부는 특정한 산업이나 업종 내의 모든 회사들을 한 단체로 규합했다. 예컨대 직포 및 가공공정의 전체 범위를 아우른 전체 방직공업계는 결국 하나의 통합된 통제 조직인 조선섬유산업회 휘하로 규합되었다.[142]

이러한 카르텔을 조직한 표면상의 이유는 중소기업들의 자원과 설비를 더 큰 기업과 협력적으로 합판함으로써 중소기업들에 편익을 준다는 것이었다.[143] 그러나 그 결과는 일본에서와 같이 대기업에 의한 소기업의 흡수 및 지배였다. 경제가 과점화되자 실제로 부족한 자원을 더 효율적으로 활용할 수 있었고, 총독부가 더 효과적으로 산업구조 전반을 통제할 수 있었다. 총독부가 전체 체제의 응집력과 힘을 기르기 위해 일본에서처럼 '기업 정비'를 통해 적극적으로 회사합병을 조장한 것은 그리 놀라운 일이 아니다. 경방이 1944년에 동광제사주식회사를 합병하여 견제품의 생산까지 그 업무를 확장한 것은 그러한 조치의 결과였다.[144]

총독부는 다양한 통제 조직에 대개 매월 혹은 반년마다 지령을 내림으로써 경제를 운영하였다. 위에서 말한 것처럼 관료들은 세세한 생산과정 하나하나까지 개입하는 극단적인 관료주의로 나아갔다.

예컨대 1943년의 면방직공업에서 원면의 할당에서 완성된 면의류 배급까지의 정부 역할을 생각해 보자.[145] 우선 조선에서 재배된 원면을 배급하는 과정이다. 면사 생산 할당량과 그 밖의 지시(면사 생산시 순면과 혼합될 인조견사의 양 같은 것)가 조선방적공업조합에 하달되고, 거기서 다시 각 회원사마다 생산 할당량을 결정한다. 총독부는 또 조선면화동업조합에 명령을 내리고 이 조합에서는 다시 회원사에게 할당량을 알려주는데, 그 후에야 방적공업조합은 필요한 원면을 입수하게 된다.

일단 면화가 면사로 방적되면, 그것은 도매상통제조합인 면사포상동맹회에 정부가 정한 가격(공정가격)으로 판매된다. 그리고 면사포상동맹회는 면사를 각 회원에게 분배하고, 회원은 마찬가지로 정부가 정해 준 이윤을 붙여서 제품을 중간도매상의 통제조합(면사포상연합회)에 판매한다. 면사포상연합회는 면사를 그 회원들에게 분배하고, 이 회원들은 공정가격으로 소비자인 여러 공업조합들(예컨대 조선염색조합, 조선타올조합)의 회원들에게, 조선전선朝鮮電線 같은 개별 회사들이나 정부기관(예컨대 철도국)에게, 그리고 다른 공업 소비자들에게 판매했다. 이들은 모두 정부로부터 각기 구입 할당량을 통지받은 터였다.

다음 단계는 면사로 직물을 짜는 것이었다. 주요 면방적 회사들이 동시에 주요 방직업자였으므로, 그들이 직물을 생산하기 위해 면사를 도매상으로부터 얻을 필요는 없었다. 그들이 해야 하는 일이란 총독부의 지시를 받는 것이었다. 총독부는 각 회계기간(6개월)마다 각종 직물에 대해 생산수량과 분배수량을 지정한 생산정책을 수립하였다. 이 계획은 여러 생산자 조합과 소비자 조합을 통해 실행되었는데, 물론 언제나 각 소비자 조합은 공정가격으로 구입할 수 있는 직물의 양을 각기 통지받았다. 생산되는 직물의 품질 기준 역시 총독부가 정했다.

여기서 특히 흥미로운 점은 전쟁 동안 의식적으로 관료주의 경제를 수립하려는 이 모든 압도적인 노력에도 불구하고 총독부가 전처럼 기업들에게 정책을 결정하고 실행하는 데 약간의 재량권을 주었다는 것이다. 이것은 특히 면방직공업의 경우에 그러하다. 도요방적이나 가네가후치방적과 같은 선도적 일본 기업이 조선에 투자한 막대한 자본 자원과 일찍이 1920년에 형성된 효율적인 전국적 분배 카르텔 덕분에, 면방직공업은 모든 전시 통제의 한가운데서도 상당한 정도의 자율성을 유지할 수 있었다.[146]

예컨대, 조선의 7대 면방직회사로 구성되고 경방의 김연수가 이끄는 조선방적공업조합은 태평양전쟁이 한창일 때에도 상당한 자치권을 누리고 있었다. 총독부의 지시가 있었지만, 주요 기업별로 생산 할당량을 배정하고 실행하는 것은 조합이 위임맡았다. 그리고 총독부는 전시기 내내 "조선 내 생산자와 소비자의 이익을 고려한다"는 1936년 산업경제조사회 보고서의 훈령을 준수하였다. 면직물의 통제는 총독부에 의해서만이 아니라 25명의 "총독부 관계관 및 생산자, 도매상, 대량소비자 대표들"로 구성된 면포통제위원회綿布統制委員會와 공동으로 결정하고 실행했다.[147]

2) 사회적 연계

정부와 기업이 함께 정책을 결정하고 실행하는 아마도 가장 효과적인 방식은 업무를 유흥과 겸하는 비공식적인 상호교류[11*]였다. 불행히도 이 개인적 교류의 많은 부분은 은밀할 수밖에 없기 때문에, 역사가는 그 범위나 실체에 관해 추측하는 것 이상을 할 수 없다. 그렇다고 이것을 전혀 언급하지 않는다면 그것은 지나친 생략일 것이다. 이러한 교류가 오늘날에도 행해진다는 것을 단서로 삼는다면, 기업가와 관료가 고급 주점이나 요정의 느슨하고 얼큰한 분위기에서 술을 마시며 많은 식민지 사업 거래를 매듭지었을 것이 분명하기 때문이다.

예컨대 김연수를 잘 아는 직원들의 말에 의하면, 그는 상당한 애주가였다.[148] 또 김연수의 공식 전기에 의하면, 그는 사업 활동과 관련하여 빈번히 식민지 고위 관료와 식사하고 술을 마셨다. 이 전기는 1939년 7월 희락喜樂이라는 요리점에서 있었던 두 번의 저녁 식사를 상세히 묘사하고 있다. 이 식사는 김연수가 총독부 관방과 官房課의 마쓰자와 다쓰오松澤龍雄 외사부장과 만주에서 벌이는 방직사업을 논의하는 자리였는데, 여기서 두 사람은 당시 펑톈奉天 근처에 건설하고 있던 경방의 새 공장을 총독부가 지원한다는 데 합의했다.[149]

이런 일이 있을 때 역사의식이 있는 양심적인 서기가 항상 배석해서 맨 정신으로 자세히 기록을 남겼더라면 좋았을 것이다. 그렇지만 그러한 사안들은 보통 아주 조심해야 했고, 거의 기록을 남기지 않았다. 1972년에 미국 ITT사의 로비스트 비어드는 "나는 어떤 것도 기록하지 않는다. 정말로 중요한 일이라면 당신은 기록해서는 안 된다. 그리고 별로 중요하지 않은 일이라면 굳이 기록을 남길 필요가 없다"[150]고 말했다.

요컨대 정부와 기업 간의 밀담은 국가와 기업이 정책을 수립하고 실행하는 전체 과정에서 당시 그러한 사적 만남이 오늘날처럼 중요한 요소였다는 것을 시사한다.

정례적으로 관료와 기업가가 사업과 유흥을 겸해서 어울린 자리의 기록이 잘 남아 있는 경우가 있다. 상공회의소商工會議所나 조선실업구락부朝鮮實業俱樂部와 같은 사업가 단체들이 그러하다. 이 두 조직은 많은 점에서 비슷했다. 우선 양측은 모두 일본인만이 아니라 한국인도 회원으로 받았고, 비슷한 활동들을 후원했다. 그 활동이란, 총독부 관리나 제국의 다른 지역에서 방문한 관리와 같은 다양한 초청 연사를 주빈으로 하는 오찬이나 만찬 자리를 만들고, 현안이나 관심 주제에 관한 토론회를 개최하며, 정부 관리나 기업가, 학자들의 갖가지 관련 논설과 연설들을 포함해 유용한 경제 정보와 통계를 실은 월간지를 발간하는 것 등이었다.

또 양자는 모두 상당히 공적인 조직이었고, 따라서 그것들은 처음부터 기업가와 관료의 유착을 의미하였다. 상공회의소는 한국인들과 일본인들이 각기 설립하고 운영하던 기존의 유사한 기업가 단체들을 흡수·대체하여 1915년에 총독부가 법으로 설립한 것인데, 거기서는 이 점이 좀더 뚜렷했다.[151] 실업구락부의 설립을 추진한 것은 재계의 한 분파였지만, 조선은행장인 미노베 순키치美濃部俊吉, 총독부 식산국 상공과의 이쿠타生田 과장, 심지어 미즈노 정무총감 등이 그 창립 오찬에 초청 인사와 연사로 출석했다.[152]

또 주요 은행과 회사의 기업가만이 아니라 고위 식민지 정부 관료, 군 장교, 교육자 등도 점차로 구락부의 회원이 되었다. 1936년 7월의 회원명부는 식민지 조선의 명사록 같이 보이고, 그해의 산업경제조사회 및 1938년의 시국대책조사회의 한국인 참석자들 대부분이 회원명부에 들어 있다. 경무국을 비롯한 총독부의 거의 모든 주요 부처의 고위 관리들도 구락부 회원이었다. 그리고 1936년에는 1920년처럼 정무총감이 구락부의 고문직을 수락했다.[153]

그렇지만 가장 흥미로운 점은, 일본인들이 아니라 한국인들이 조선실업구락부를 설립하고 운영했다는 것이다. 원래 구락부의 후원자와 간부들은 모두 한국인이었는데, 그중에서 구락부가 활동했던 대부분의 기간 동안 회장이었던 한상룡韓相龍이 가장 중요하였다.[154] 시간이 지나면서 점점 더 많은 일본인이 회원으로 가입했지만, 당초 구락부의 회원은 주로 한국인이었고, 그 후에도 한국인들이 계속 회원으로 가입하였다. 1929년에는 회원이 169명이었는데, 그중 127명이 한국인이었다.[155] 1936년 말에는 회원은 거의 700명으로 4배 이상 증가하였고, 그중 절반 가량이 한국인이었다.[156] 김연수는 경방의 사장 및 해동은행의 은행장으로서 식민지의 주요 사업가로 등장할 무렵인 1936년에 가입하였다.[157]

구락부가 표방한 목적은 회원들 간의 친목이었다. 회원이었던 김용완에 의하면 구락부는 법으로 설립된 공적인 상공회의소와는 달리 회원들이 비공식적으로 우의를 다질 목적으로 어울리는 사적 '친목단체' 였다.[158] 1929년 구락부 창립 10주년 기념 연설에서 한상룡 역시 똑같은 말을 했다. 즉 구락부가 "회원 상호의 친목을 꾀하고 지식을 넓혀 복리를 증진하고, 또 실업계에서 내선內鮮의 융화를 도모하기 위해서" 조직되었다는 것이다.[159]

구락부의 시설은 넓었고 '친목단체' 라는 목적에 맞게 설계되었다. 총독부 청사 근처의 서울 중심가에 자리 잡은 구락부에는 강연장, 회의실, 사교실, 특별좌담회실, 도서실, 그리고 당구, 바둑, 장기, 음악, 미술, 한시 및 일본 시 등의 레크리에이션 목적을 위한 공간 등이 갖추어져 있었다. 또 구락부 토론, 사업 토론, 그리고 여러 종류의 소모임을 위한 방들이 있었다. 회원들은 적어도 한 달에 한 번은 조선의 인사들(이들은 종종 구락부의 회원이었다)만이 아니라 일본 및 제국의 다른 지역에서 온 저명한 초청연사를 주빈으로 한 정례 저녁모임을 가졌다. 또 구락부는 '조선-만주 경제와 산업'과 같이 관심있는 시사 주제에 관한 특별 토론회를 후원했고, 회원들에게 구락부와 개별 회원의 최근 활동을 알리고 근래의 경제발전과 반도 및 여타 지역에서의 사업 기회를 소개하는 일어판 월간지를 발간하였다.[160]

상공회의소와 달리 실업구락부는 서울 바깥에 지부가 없었다. 이것은 '구락부club'라는 이름에 걸맞게 엘리트 성향을 띠고 있는, 매우 배타적인 중심부 지향의 조직이었다. 구락부는 일본인이든 한국인이든 보통의 은행 출납계원이나 상인, 관리에게 편안한 장소는 아니었다. 또한 그들은 가입을 권유받지도 못했을 것이다. 비록 몇몇 회원은 지방 및 일본에 거주하고 있었지만, 본질적으로 실업구락부는 식민지를 실제로 경영하고 있는 서울의 유력 인사들— 은행장, 도지사, 대기업의 사장, 주요 신문사 사주, 군 참모장과 경무국장 등의 고위 군인, 그리고 물론 총독부의 고위 관료들— 을 위한 것이었다.

구락부의 엘리트주의와 '클럽적 성격'은 신임 혹은 퇴임 식민관료를 위한, 그리고 조선을 재방문하는 전임 총독 등의 전직 식민관료를 위한 회원들만의 오찬이나 간친회懇親會와 같은 구락부의 사교행사에 반영되었다. 예컨대 1935년에 전임 총독 사이토 마코토—전 수상(1932~1934)일 뿐 아니라 당시는 백작이요, 무임소 대신—가 일본의 조선 통치 25주년을 기념하기 위해 서울에 다시 왔을 때, 실업구락부는 그와 여러 측근들을 위해 총독부의 많은 전임 관료들을 초청하여 '환영 대오찬회'를 열었다. 한상룡 회장은 구락부를 대표해 연설하면서 노 제독이 '집'에 '돌아온' 것을 환영했다. "각하를 영접함에 있어 우리의 심정은 먼 나라로부터 온 빈객을 맞는 것이 결코 아닙니다. 마치 긴 여행을 마치고 귀가하는 자부慈父를 맞는 느낌입니다."[161]

한국인들이 주도적으로 설립한 실업단체가 있었다는 사실은 한국인 자본가계급이 1930년대에 식민지체제 속에 얼마나 잘 편입되어 있었는지를 다시 한 번 보여준다. 정책의 결정과 실행과정에서 정부와 기업 사이에 있었던 갖가지 교류를 논할 때 일본인보다는 한국인이 우리의 관심사지만, 공식적인 것이든 비공식적인 것이든 그러한 상호작용에서 두 집단 간에 별 차이가 없었다는 것은 놀라운 일이다. 두 집단의 상층은 최고의 공식 채널을 통해 정책 결정에 참여하였고, 총독을 비롯한 고위 관리들도 사적으로 만날 수 있었는데, 이것은 일본인이든 한국인이든 보통의 식민지 주민들은 상상할 수 없는 일이었다. 한상룡은 단지 아부하느라고 사이토를 '인자한 아버지'로 부른 것이 아니었다. 그가 선택한 이 특별한 단어는 자신과 다른 한국인 기업가들의 개인적 경험 및 총독부 관리와의 교류에서 나온 것이었고, 거기에는 유교적 색채가 농후한 관료 자본주의 국가에서의 정부-기업 관계의 실상이 반영되어 있었다.

이익이 우선

결국 정부-기업관계를 실제로 결속시킨 것은 이데올로기나 개인적 친분보다는 물질적 이해관계였다. 정부와 기업이 협력하여 정부 정책을 수립하고 실행하는 것이 양측에게 모두 이익이었다. 총독부는 재계를 정책 결정과정에서의 하위 파트너로 대우함으로써, 자본주의를 국가정책의 효과적인 확장 수단으로 활용했다.

반면 재계는 국익에 기여하면 회사의 확장과 이윤이 보증된다는 것을 알았다. 경방은 바로 그 전형이었다. 경방이 최대로 확장한 때는 총독부 전시정책의 충실하고 효과적인 수단으로서 역할을 한 1937~1945년이었다. 식민지기를 통해서 국가에 대한 봉사가 그때만큼 이익을 가져다준 적은 없었다.

1) 경방 : 전시하 기업경영과 국가정책의 융합

1919년 영등포에 설립된 경방은 1930년대 중엽부터 김연수의 지휘 아래서 단순한 직포업체를 훨씬 넘어 사업을 확장하기 시작했고, 이것은 1945년까지 계속되었다. 당시 일본은 조선을 대륙 진출을 위한 '전진병참기지'로 만들려는 중요한 공업적 변환을 급속히 진행하고 있었다.

조선이 일본과 아시아 대륙 간의 산업상 연결고리 역할을 한다는 구상은 새로운 것이 아니었다. 종전의 정책에는 적어도 초기에는 군사적 목적만큼이나 경제적 의도도 있었다. 일본은 청국 및 러시아와 전쟁을 벌이고, 제1차 세계대전에서 전승국 측에 가담하여, 대만과 조선만이 아니라 만주·중국·러시아의 일부 영토까지 얻었다. 1919

년에 일본은 공인된 제국주의 열강으로서 베르사유 강화회의에 참석했다. 2년 후 총독부는 조선을 새로운 제국의 중요한 일부분으로 개발하여 지리적 의미에서만이 아니라 경제적 의미에서도 아시아 대륙으로 뻗어나가는 일본의 대동맥으로 만들 방안을 적극 모색하고 있었다. 예컨대 1921년의 산업조사위원회에서 위원들에게 제출된 '조선 산업에 관한 일반 방침'은 조선의 제국 내 지위를 소리 높여 선언하는 것으로 시작하였다. 즉 "조선이 제국 영토의 일부이므로, 조선의 산업계획은 제국 산업정책의 방침에 순응해야 한다. 그러한 정책은 일본·중국·극동러시아의 중간에 위치한 지리적 관계에 기초하여, 이들 인접 지방의 경제적 사정을 대상으로 하여 그 대책을 강구할 필요가 있다."[162]

1931년 관동군의 만주 침략 및 만주국 수립과 더불어, 조선을 그 북부 인접지와 경제적으로 통합한다는 총독부의 정책은 재확인되고 더 확고해졌다. 또 도쿄에서 수립되고 있던 포괄적인 제국정책의 중심 요소로서 조선이 부여받은 중요성도 커졌다. 국제무역(특히 섬유제품무역)에서 일본의 힘이 커지자, 외국은 관세장벽을 높여 공세를 취했다. 주요 제국주의 열강은 각기 봉쇄적 경제 세력권을 형성하여 자신의 무역 이익을 보호하려 하고 있었다. 물론 일본도 예외가 아니어서, 일만日滿블록의 구상을 고취하기 시작하였다. 이 개념은 1936년의 총독부 산업경제조사회의 주요 주제 중 하나가 되어, 일본이 "세계경제전에서 승리할 수 있도록 일본과 만주 경제의 더 밀접한 통합" 방향으로 조선의 공업을 개발해야 한다고 제안되었다.[163]

하지만 국제경제 경쟁은 1930년대 후반에 그러한 지역 경제통합을 추진하고 있던 총독부 관리들의 주요한 관심사가 아니었다. 취임 직후 전임자와 만난 미나미 총독은 해부학적 비유를 들어, 자신이 염두에 둔 종류의 통합을 묘사했다. 일본이 '몸통', 조선이 '팔', 만주가 '주먹'이라는 것이었는데,[164] 미나미의 비유는 평화시의 경제적 경쟁보다는 군사 침략 목적으로 편제된 역내 산업구조에 더 잘 들어맞았다.

식민지 조선의 경제성장을 관동군 병참기지로서의 발전으로부터 연대기상 명확하게 구분하는 것은 매우 어렵다. '전진병참기지'라는 말은 1930년대까지 총독부의 공식 시정방침에 실제로 쓰이지는 않았지만, 역대 조선 총독들은 대륙에 있는 일본군의 요구와 열망에 민감하였다. 모든 총독들이 현역 혹은 퇴역 고위 장군이었고, 한 명을 제외하곤 모두 육군 대장이었다. 그들은 대개 전진병참기지화를 지지했다. 이미 1926년에 사이토 총독은 일본질소비료주식회사가 조선의 수력 자원을 개발하기 시작한 것을 격려했는데,[165] 이것은 고바야시 히데오小林英夫가 지적하듯이 처음부터 대륙 일본군의 요구에 밀접히 관련되어 있던 투자사업이었다. 군부 내에서는 온건파라는 평가를 받던 우가키 장군조차도 지역 경제통합을 주로 군사적 측면에서 보았다. 그가 노구치 준과 협력하여 수력 발전시설을 확충하고 조선 북부에 중공업 산업 기반을 건설한 것은 새로운 국가인 만주국의 공업 발전계획과 보조를 맞춘 것이었고, 훗날 전기화학공업에 입각한 조선 경제 군사화의 핵심이 되었다.[166]

노구교 사건이 일어나 중일전쟁으로 번지기 8개월 전인 1936년 10월에 총독부의 산업경제조사회는 이미 '국가정책과 특히 국방의 관점에서 핵심 산업들의 급속하고 적극적인 발전'을 요구하였다.[167] 조선면사포상연합회 이사인 미야바야시 타이지宮林泰司가 이 회의에서 역설했듯이, 일본은 '준전시경제'로 이행하는 획기적 변화의 한가운데에 있었다. 만약 '국가비상사태'가 일어나면, 조선과 그 방직공업은 군의 '병참부'로서 핵심적 역할을 할 것이었다.[168]

미야바야시의 예상은 들어맞았다. 1937년 7월 중일전쟁이 발발한 후, 조선이 일본의 군사적 대륙 지배를 위한 공업병참기지가 된다는 발상은 공식정책이 되어 1945년 8월 15일까지 실행되었고, 따라서 1938년 총독부 시국대책조사회에서 공업정책은 군사공업의 확장이라는 항목으로 논의되었다. 조사회가 군수 공급자라는 조선의 새로운 지위와 관련하여 개발하기로 결정한 공업생산물 중에는 경금속(알루미늄, 마그네슘), 석탄액화와 그 부산물, 암모니아, 황산, 폭약, 기계도구, 자동차, 철도차량, 선박, 항공기, 피혁, 광산설비, 마사 및 마직물 등이 있었다. 총독부는 공장 용지의 수용을 지원하기로 동의했고 전쟁 수행을 위해 금융상의 편의를 제공하기로 약속했다.[169]

경방은 다방면에 걸쳐 전시정책을 실행하는 데 기여했다. 첫째로, 다양한 국방헌금을 냈다. 이는 경방 이사회에서 조선방공연맹, 군인원호회 조선본부, 일본 육군 및 해군 등과 같은 조직에 주기적으로 기부한 1만 엔에서 10만 엔에 걸쳐 낸 거액의 헌금을 가리킨다.[170]

둘째로, 전쟁이 계속된 수년간 정기적으로 상당액의 전시채권을 인수하였다. 경방의 투자 총액은 알 수 없지만, 현존 장부들을 보면 상당한 액수인 것으로 확인된다. 약 60건의 매입 기록은 대부분

1940년대의 것인데, 그것은 액면 금액이 1엔에서 1만 엔까지 이르는 막대한 수의 채권 중 일부로 판단된다. 그러한 투자로는 지나사변 대장성채권, 대동아전쟁채권, 대동아전쟁 대장성채권, 대동아전쟁 대장성 특별채권, 대동아전쟁 대장성 할인채권 등이 있었다. 경방이 구입한 다른 발행 공채들로는 특별보국채권, 전시저축채권, 전시보국채권 등이 있었다.[171]

경방이 보유한 실제 채권 수는 필시 이 장부에 나타난 것보다 훨씬 많았을 것이다. 위에 언급한 채권들은 모두 경방이 직접 혹은 삼양동제회의 이름으로 보유한 것이었다. 비록 기록이 소실되었지만, 남만南滿방적주식회사 등 경방의 여러 자회사도 채권을 구입했을 것으로 추정된다.

또한 경방이나 김연수 개인은 총독부가 조선에서 장려하던 군수산업에도 상당한 투자를 했다. 앞서 언급한 것처럼 이 산업 중의 하나가 마직물 제조였다. 전쟁이 일어나자 조선과 일본에서 섬유 원료로서 대마大麻의 중요성이 크게 높아졌다. 1937년 이전에 조선은 대량의 미국 면과 인도 면을 수입하고 있었지만, 중일전쟁의 발발과 더불어 외환 유출을 최소화하기 위해 원면 수입을 급격히 감축하였다. 중일전쟁이 격화되고 태평양전쟁으로 확대됨에 따라 면화는 군수용에 우선권을 두어 엄격히 할당했고, 방적업자에게는 가용 원면을 최대한 효율적으로 사용하도록 인견사를 30퍼센트 넣은 혼방사를 생산하라고 지시했다.[172]

총독부는 원면 부족을 완화할 한 방편으로 대마로 방향을 돌렸다. 대마는 조선에서 생육할 수 있었고, 총독부는 식량보다 대마를 더 많이 재배하도록 조선 농민을 압박하는 이면에서 종자 개량과 재배법 개선에 노력을 기울였다. 또한 모든 공업 생산 설비의 증설을 엄격히 통제하고 있었던 총독부는 마사麻絲와 마직물의 제조를 위한 새 공장의 설치와 확장도 전심전력으로 지원해 주었는데, 이러한 내용은 1938년의 시국대책조사회 보고서에 잘 나타나 있다.[173]

뒤에 일본 중심부와 경방의 경제적 유대를 고찰할 때 보겠지만, 경방은 일본 구레하吳羽방적주식회사의 설립자이자 소유자인 이토추伊藤忠상사주식회사와 다년간 긴밀한 관계를 맺고 있었다. 구레하는 다른 일본 방직회사처럼 원료 부족으로 인해 많은 섬유설비를 놀리고 있었고, 또 일본 본토에 대한 미국의 공습 증가로 갑작스런 파괴 위험에 처해 있었다. 공습 위험을 피하면서 설비를 활용한다는 이중 과제의 해법은 설비를 조선이나 만주와 같은 일본의 해외 영토로 옮기는 것이었다. 그리고 조선이나 만주는 공업의 자급자족도를 높이기 위해서 이를 몹시 원하고 있었다.

그래서 구레하는 1942년에 상공성과 총독부 양쪽의 승인을 받고 잉여 설비를 조선으로 옮기기 시작했다. 마사와 마직물 제조를 위한 새로운 회사— 조선구레하방적주식회사— 가 대전에 방추 2만 추와 직기 500대를 갖추어 설립되었다. 그 자본금은 500만 엔(125만 엔 납입)이었고, 그중 70퍼센트를 구레하가 냈다. 나머지 30퍼센트는 다른 세 투자회사에 똑같이 10퍼센트씩 할당되었는데, 그중 하나가 구레하의 오랜 사업 동반자인 경방이었다.[174]

경방의 군수산업 투자는 결코 섬유업에 국한되지 않았다. 경방은 정유공업과 조선공업 같은 중공업에도 투자했는데, 김연수는 개인적으로 자신과 종종 그 자녀 명의로도 가네가후치鐘淵공업이나 가와사키川崎중공업과 같은 회사들에 투자했다.[175]

정유와 선박 건조는 모두 전쟁 수행에 매우 중요하였고, 훗날 일본이 미국과의 태평양전쟁에서 석유 생산 영토와 함대를 잃으면서 더욱 그 중요성이 커졌다. 조선에는 물론 석유가 없었으나 석유 및 파라핀, 피치, 아스팔트 등 많은 중요 부산물로 전환될 수 있는 막대한 석탄이 북부에 매장되어 있었다.

1935년에 설립되어 전쟁 동안 확대된 조선석유주식회사(원산 소재)에 대한 경방의 지분(혹은 우리가 알고 있는 지분)은 2,250만 엔에 이르는 조선석유주식회사의 거대한 납입자본(대부분 일본질소비료주식회사와 일본석유주식회사가 조달)의 1퍼센트를 약간 넘었다. 이것은 금액으로는 적은 것이 아니어서 1919년 경방의 첫 자본금 납입액과 거의 같았다. 그렇지만 더 중요한 것은, 경방이 매우 중대한 군수 생산 부문에 투자했다는 사실이다. 1943년 이후의 연감은 조선석유회사를 '반도 석유계의 왕일 뿐 아니라, 사실상 일본 석유공업계에서 1, 2위를 다투는 경쟁자'로 서술하고 있다. 전시경제에 대한 정유업의 최대 공헌 중 하나는 일본이 미국에서 수입했던 고급 윤활유를 공급하는 능력이었다.[176]

경방이 군수생산에 직접 관련된 중공업을 후원한 또 하나의 예는 조선중공업주식회사(이하 조선중공업(주))에 대한 투자다. 훗날 1970년대 한국의 주요한 조선회사인 대한조선공사[12*]가 될 조선중공업(주)는 1937년에 납입자본금 150만 엔으로 설립되었다. 납입자본금은 1943년에 700만 엔으로 늘어났는데, 그 대부분은 미쓰비시중공업과 동양척식회사가 냈다.

조선중공업(주)는 새로운 '준전시경제' 및 그 후의 전시경제에서 개발할 핵심적 공업으로서 선박 건조를 선정한 1936년과 1938년의 총독부 산업회의의 직접적 소산이었다. 부산항에 자리 잡은 조선소에는 두 개의 도크dock가 있었고, 각기 4,500톤과 7,000톤 급의 상선이나 함선을 수용하여 건조·수리할 수 있었다. 또한 바다에서 파손된 선박에 대한 구조 작업에도 관여하였다(전쟁이 진행됨에 따라 이 기능이 점점 더 중요해졌다).

처음부터 이 회사는 단순한 조선소가 아니었다. 본래 사이토철공소와 조선전기제강소라는 두 회사가 합병해 출범한 이 회사는 광범위한 구색의 철강 제품을 계속 제작하였다. 즉 강 주물, 주형 철, 기타 합금들만이 아니라 다리, 수문, 철탑과 빔, 컨테이너 등이 그것이었다. 이 회사는 전기 및 가스 용접 시설에 더하여 목공소도 갖추고 있었고, 모든 종류의 증기기관, 보일러 및 광산 장비를 건조하고 수리할 수 있었다. 이 모든 활동들은 1938년의 총독부 시국대책조사회에서 수립된 정책과 일치하였다.

남아 있는 장부들을 보면 경방이 이 회사에 투자한 액수(1천 주)는 미쓰비시의 근 3만 주에 비하면 보잘것 없다. 그러나 거듭 말하건대 투자 금액보다는 주요 군수산업에 대한 지원 사실이 더 중요하다. 조선중공업(주)은 식민지의 최대 조선소였고, 그 최대 고객은 일본 제국 해군이었다. 1940년 후 사실상 회사는 해군의 직접적 감독을 받으면서 1945년까지 다수의 소규모 함선들을 건조하였다.[177]

김연수는 경방의 이윤 중 일부를 정유와 조선업에 투자한 것 말고도, 전쟁 말기의 수개월 간 박흥식 및 많은 다른 한국인, 일본인 기업가들과 힘을 합쳐 가장 중요한 군수품인 비행기를 생산할 회사를 설립하였다. 그러한 공장의 중요성을 평가하기 위해서는 1944년 말 일본이 처한 어려운 상황을 상기할 필요가 있다.

1942년 말에 과달카날[13*]에서 패전한 일본은 수세에 몰렸고, 더 많은 선박과 비행기가 긴급히 조달되어야 했다. 1943년에 상공성은 전시경제의 동원 극대화를 위해 군수성으로 개편되었고, 비슨Bisson이 말한 것처럼 이 새 부처는 곧 비행기 생산 담당 부처가 되었다.[178] 1944년 6월 15일 중국에서 발진한 연합국 측의 B-29폭격기가 야하타八幡제철소[14*]에 대한 역사적 폭격을 했고, 그해 말에는 마리아나 제20공군의 B-29기들이 도쿄, 나고야, 오사카 일대의 일본 공업 심장부를 유린하기 시작했다. 그해 초에 계획한 대로 전 일본 및 제국(조선을 포함) 각지로 비행기공장을 곧바로 분산해야 했다.[179]

조선은 항공기 제작의 최적지였다. 조선은 일본의 지배 아래 안전하게 있었고, 일본의 모든 주요 해외 점령지 중 일본 본토의 제조업 중심지에 가장 가까웠다. 그리고 가장 중요한 것은 조선이 연합국 측 폭격의 목표 속에 포함되지 않았다는 점이다. 완전한 장비를 갖춘 비행기를 생산할 포괄적이고 통합적인 기술력이 조선에 없던 것은 장애물이 아니었다. 조선의 공장은 인근 일본으로 선적될 수 있는 동체와 기본 부품들을 생산하는 데 집중할 수 있었다. 그리고 전쟁이 끝날 무렵에는 항공기 생산에서 선진 기술은 거의 고려되지 않았다. 전체 산업은 무서운 최후의 일전에 주력했다. 즉 반숙련 노동력이 제작할 수 있는 단순한 훈련기를 생산하는 것이었다. 이 비행

기는 일본 본국으로 접근하는 연합군에 대한 자살 공격에 단 한 번 사용될 것이었다.[180]

이미 1942년에 미쓰이는 쇼와昭和비행기(주)의 생산을 평양으로 확장하였다. 만주와 소련 점령하의 북한에 있던 일본의 산업 재산을 조사하기 위해 파견된 전후 미국의 대통령 사절단의 보고서에 따르면, 미쓰이 공장은 미군을 공격하는 데 쓸 가미카제神風 특공기를 적어도 한 달에 50대씩 생산하고 있었다.[181] 1944년 10월에는 일본군의 지지로 박흥식이 조직한 조선비행기공업주식회사가 미쓰이의 필사적인 노력에 힘을 보탰다. 서울 근교의 안양에 자리 잡은 이 공장은 첫 생산을 1945년 6월로 예정하였다.[182]

경방은 우리가 곧 볼 것처럼, 전쟁이 진행되는 동안 일본군과 긴밀한 관계를 구축하였고, 김연수는 이미 일본의 4대 항공기회사 중 하나인 가와사키중공업(주)의 주식을 구입하여 항공기공업에 얼마간 투자한 상태였다. 비록 명백히 총독부가 강권한 것이기는 하나 비행기를 제조하자는 주동자들이 토착 한국인 기업가들이었기 때문에, 조선비행기공업(주)에 그가 적극 참여한 것은 전혀 이상한 일이 아니었다. 1944년 10월 1일 열린 설립총회에서 박흥식은 새 회사의 사장으로 선임되었고, 김연수는 이사회의 한 자리를 얻었다. 회사의 자본금은 5천만 엔이라는 막대한 액수였다. 경방이 이 회사에 투자한 금액이 얼마였는지는 알 수 없으나, 1945년 6월 23일에 20만 엔으로 8천 주를 인수했다는 기록이 남아 있다.[183]

그러한 재정적 기여와 투자는 한상룡이나 기타 기업가들이 공공연히 '성전聖戰'이라 부른 전쟁[184]을 위해 경방이 이미 공장에서 하고 있던 생산 활동을 확장한 것일 뿐이었다. 1937년과 1945년 사이에 경방의 방추와 직기는 전례 없는 수량의 군수용 면사와 직물, 특히 일본군 군복용 직물을 생산했다. 전쟁이 끝날 무렵 경방은 미표백 '회색 제품'을 생산하여 다른 완성업체에 넘기는 단순한 방적방직업체 이상의 것이 되었다. 1945년 8월까지 경방은 설비를 확장하여 조선 내 최대의 표백 및 염색공장까지 갖추었고, 거기서 신나무 잎 염료를 사용하여 군복용 카키 복지를 생산하였다. 그 무렵 경방은 공식적으로 '군지정 공장'이 된 의류공장도 이미 확보한 상태였다. 거기서 경방 직공들은 회사에서 조면, 방적, 방직, 표백, 염색한 면직물을 사용하여 실제 군복을 재단하고 재봉질하였다.[185]

그러나 군복은 단지 빙산의 일각이었다. 1944년 말 조선비행기공업(주)에 경방이 지분 투자를 한 것은 일본군을 위한 경방 자신의 생산 활동과 밀접히 관련되어 있었다. 일본군은 군복만이 아니라 날개판의 조종익면操縦翼面용 비행기 구조물, 비행기 생산과 관련된 다른 많은 섬유, 고무 및 화학 제품도 필요로 했는데, 경방과 그 자회사들이 이것들을 생산할 수 있었다. 경방은 1944년 5월의 정례 반년간의 영업보고서에 "[우리가] 비행기 생산을 늘리는 중대한 과업에 직접 공헌하기를 희망하고 있던 바로 그때에, [우리는] 항공조병창의 협력 공장으로 지정되는 영광을 부여받았다"고 썼다. 같은 해 10월 조선비행기공업(주)의 공식 출범 며칠 후, 경방의 이사회는 방탄유리와 비행기 도료의 생산을 포함하도록 회사의 정관을 개정하는 결정을 내렸다.[186] 이렇게 새로 움트는 조선비행기공업에서 경방은 비행기 회사의 주식을 보유하는 것 이상의 역할을 했다. 경방은 비행기

제작 자체에도 직접 관여했던 것이다.

2) 전시 봉사로 얻은 보수

총독부의 정책을 수행하면서, 경방은 단지 정부에 봉사만 한 것이 아니라 돈도 벌었다. 그리고 이것이 실로 양자의 관계를 결속시킨 아교였다. 1942년 5월 31일에 끝난 제30기의 영업보고서에서, 경방은 지난 6개월간 "우리가 생산을 통해서 전심전력 애국 의무에 헌신하여 상당한 성과를 달성했다"고 주주들에게 보고했다.[187] 이것은 회사의 일반적인 영업보고서에서 흔히 발견되는 자화자찬이 아니었다. 실제로 전쟁이 경방에게 막대한 수익을 가져다 주었던 것이다. 1938년과 1945년 사이에 경방은 그 이전 19년간의 영업에서는 전례가 없던 호경기를 누렸다.

판매는 과거 어느 때보다도 호조를 보였다. 1937년 중일전쟁이 발발하기 직전의 결산기 6개월간의 매출총이익은 대략 30만 엔이었고, 이것은 1919년 이래 두 번째로 높은 것이었다. 그 1년 후 중국에서 일본의 군사작전이 치열하게 전개되던 무렵 경방의 회계직원들은 전에 결코 접하지 못한 수치를 다루고 있었다. 1938년 5월에 결산한 6개월간의 매출총이익은 2배가 되어 60만 엔을 넘었다. 6개월 후에는 거의 150만 엔으로 높이 치솟았는데, 이것이 전쟁 기간 동안 얼마간 표준이 되었다.[188]

김연수와 여타 기업가들이 1936년의 산업경제조사회에서 불평했던 통제조치들은 실상 환영해야 할 것이었다. 경방이 품질과 가격 경쟁 등을 염려해야 했던 어려운 시절은 지나갔다. 카르텔이 경쟁을 협력으로 대체했다. 총독부는 전쟁 기간 내내 섬유제품의 최저 품질 기준을 계속 낮추면서 동시에 가격을 충분히 높게 유지해, 증가하는 전시 생산비를 대고도 기업 이윤을 얻도록 해주었다.[189] 그리고 제품의 부족은 공급자 우위의 시장을 만들어냈다. 김용완이 1984년에 필자에게 말했듯이, "일본이 전쟁을 계속함에 따라서 제품 공급은 부족해졌고, 품질이 좋냐 나쁘냐는 문제가 안 되었다. 생산한 것은 얼마든지 판매할 수 있었다."[190]

일본 제국 군대도 경방과 같은 제조업자에게는 이상적인 고객이었다. 별로 까다롭지 않았을 뿐 아니라 막대한 자금과 무한한 수요를 가진 고정 고객이었다. 경방의 전시 영업보고서는 정기적으로 '뚜렷하게 증가한 군수품 수요' 라는 말이나 회사가 '특별군수품' 주문에 성공적으로 응했다는 언급으로 점철되어 있었다.[191] 가장 우선적인 수요권을 가진 군대에게 경방이 중요했기 때문에, 경방은 정부가 자금 조달과 건설을 엄격히 제한하던 시대에 시설을 확장하고 일관직물공장을 건설할 수 있었다. 경방은 식민지 전쟁 '병참부' 의 중요한 일부로서 식산은행에서 금융을 받거나 총독부로부터 건축 허가를 받는 데 아무런 어려움이 없었다. 1933년과 1945년 사이에 부동산, 건물, 설비라는 형태의 회사 고정자산은 50배 이상 증가하였다.[192]

전쟁으로 얻은 회사의 순이익은 상당했다. 다시 한 번 1938년이 핵심 연도였다. 전년에 중일전쟁이 발발하고 조선이 대륙병참기지로 재편되었다. 1936년과 1937년의 순이익은 6개월당 6~7만 엔을 오르내렸다. 그리고 1938년 전반기에 22만 엔으로 극적으로 도약했다. 6개월 후 1938년 11월에 기록된 순이익은 거의 3배로 치솟아 약

60만 엔이 되었다. 1939년에도 계속 상승하여 1940년 후반기에는 70만 엔을 넘었다. 6개월 후 1941년 5월 결산기에는 80만 엔 고지를 넘었고 전쟁 기간 내내 이 수준을 유지했다.[193]

이 모든 이윤은 어디에 쓰였는가? 물론 이 돈의 일부는 400명이 넘는 회사의 주주들에게 지불되었다. 그러나 총독부는 전쟁 기간 동안 공칭자본이 20만 엔 이상인 회사의 경우 주주 배당률이 연간 6퍼센트를 넘지 못하도록 법령으로 제한했는데, 경방의 납입자본 순이익률은 32퍼센트나 되었다.[194] 경방이 식산은행에 금융 통로를 갖고 있었기 때문에, 주식자본만으로 감당할 수 없는 확장 자금은 대부분 회사 이윤에 손대기보다는 손쉬운 대출을 통해 조달했다. 따라서 회사는 1945년에 2,200만 엔이라는 어마어마한 채무를 지고 있었다.[195] 그러한 대부는 상환해야 했고, 그동안에는 정기적으로 이자도 지불해야 했다. 그런데도 이미 언급한 것처럼 경방의 대부는 특혜성 이자율과 조건으로 제공되었다. 이 특별 대우 덕분에 이자 지불액은 비교적 적었고 대부분의 경우 이자 지불과 원금 상환은 10년이나 그 이상으로 분산되었으며, 넉넉한 유예기간은 부담을 더욱 경감시켰다.

그렇다면 돈은 어디로 갔는가? 정답은 대부분 회사의 금고 속으로 들어갔다는 것이다. 이렇게 회사 내에 묵혀 두는 것은 전쟁 동안 총독부 당국이 의도적으로 조장했다. 예컨대 배당금 지불에 대한 법적 제한은 회사들이 채무를 상환하는 데 이윤을 사용하도록 압력을 넣는 것이라기보다는, 내부 적립금의 축적을 통해 자금의 유연한 운용을 보증하는 것을 뜻했는데, 당국은 여기에 아무런 제한을 두지 않았다.[196] 그러한 적립금은 대개 은행예금으로 예치되어 필요한 곳에 다시 대부될 수 있었고, 혹은 우리가 본 것처럼 회사가 직접 국채나 중대한 군수공업에 투자할 수 있었다. 따라서 대개 연간 10퍼센트 (결코 8퍼센트 이하인 적은 없었다)라는 특별히 승인된 주주 배당금을 지불하면서도,[197] 또 2,200만 엔의 채무에 대해 정례의 이자를 지불하고 원금을 상환하면서도, 경방은 1945년까지 납입자본의 약 40퍼센트에 달하는 적립금을 축적할 수 있었다.[15*] 1933년에 적립금은 4,462엔뿐이었지만, 1945년 5월 31일에는 회사의 법정 적립금만도 85만 엔이 되었고 회사가 임의로 쓸 수 있는 '별도 적립금'은 놀랍게도 300만 엔에 달했다.[198]

비록 경방을 살찌운 전체 사회경제 구조가 석 달도 채 안 되어 붕괴할 것이었지만, 1945년 봄 조선의 하늘에는 연합국의 폭격은 없었고 경방의 모든 소유물은 여전히 온전했다. 경방은 조선식산은행이 공급한 자금으로 세운 새로운 표백 및 염색공장을 시흥에 막 열었고, 양평동의 다른 새 공장(고무제품공장)의 작업도 순조로웠다. 군이 고무호스를 전보다 많이 발주했기 때문이다. 불과 몇 달 전에 총독부는 면제품 가격을 '상당히 인상'했고 비록 이것이 경방이 바라던 '근본적인' 가격 개정에는 못 미쳤지만, 고무호스의 경우 또 한 번의 가격 인상이 곧 있을 것으로 기대되었다.[199] 순이익은 1944년 말과 비교해 조금 감소했으나, 1941년에 처음 경험한 80만 엔이라는 마술과 같은 수치를 여전히 기분 좋게 상회하고 있었고,[200] 경방의 금고는 회사 역사상 어느 때보다도 풍족했다. 해방 전야에 김연수와 중역들은 근 8년간 계속된 전례 없는 번영을 돌아볼 수 있었다. 방적회사들 간에 경쟁이 벌어지고 고품질의 면직물이 요구된 평화시대는 경방의 발전에 무언가 장애물이었지만 전쟁은 뜻밖의 횡재였다.

3) 요약

식민지 조선에서 정부-기업 관계의 주요 특징은 국가의 압도적 우위였다. 총독부는 산업정책을 수립하여 경제개발의 기본 방향과 우선순위를 결정했고, 주로 식민지 금융구조를 통제하여 그 계획이 민간부문에서 확실히 실행되도록 만들었다. 총독부가 공급하는 자금에 어떤 식으로든 의존한 경방과 같은 회사들은, 정부의 개발계획과 부합하게 그들의 사업을 경영하는 수밖에 없었다. 왜냐하면 단지 정부가 실행하고자 한 사업에만 자금이 제공되었기 때문이다.

그러나 그러한 종속은 단순히 국가권력과 통제의 기계적인 결과가 아니었다. 오직 강제라는 요인에만 주목하면, 이 관계의 엄청난 복잡성과 교묘함을 보지 못한다. 어떤 의미로는 기업가들은 정치구조에 예속되었다기보다는 그에 통합되었다고 볼 수 있다. 그리고 때로는 어디서 국가의 지배가 끝나고 자본주의가 시작되는지를 알기도 어렵다. 이데올로기, 개인 간·회사 간 교류, 구체적인 물질적 이익 등의 많은 요소들이 공공영역과 민간영역 간의 구별을 흐리고, 국가와 자본주의를 하나의 복합체로 융합하는 데 일조했다.

비록 이 모든 요인들이 중요하고 어떤 의미로는 분리가 불가능하지만, 궁극적인 응집력으로서 기능한 것은 양측이 한 단위로서 함께 일할 때 갖고 있던 물질적 이해관계였다. 주로 총독으로 체현되는 식민지 국가의 목표는 단순한 경제적 이익이라기보다는 국력(즉 일본의 국력)의 증강— 물론 이와 동시에 관련된 사람들의 개인적 힘도 커진다— 이었다. 그리고 모든 조선 총독들은 자신의 군사적 배경과 경험 때문에 다소간 국력을 군사 제국주의와 동일시하는 데 익숙했다. 그래서 조선의 식민지 지배자(그리고 그 하급자들)는 군사적 시각에서, 그리고 주로 군부의 만주와 중국 정복 및 개척과 관련하여 조선의 경제개발을 고찰하는 경향이 있었다.

한국인이든 일본인이든 식민지 기업가들의 이해관계는 덜 복잡하였다. 그들의 최고 관심사는 회사와 자신들의 이윤이었다. 그들이 회사 경영에 대한 정부의 지도와 간섭을 꺼렸을지도 모르지만, 경방이 어려운 시절에 정부 보조금 등 정부의 지원과 보호를 집요하게 요구한 사례에서 볼 수 있듯 그들은 정부의 지도와 간섭을 받아들였다(아니 요구하였다).

총독부가 경제에서 행한 역할은 전쟁기간 중 크게 확장되었지만, 그 때문에 경제체제에 혼란이 오지는 않았다. 왜냐하면 첫째로 단순히 권력의 횡포가 아니었기 때문이다. 정부만이 아니라 기업도 전쟁수행을 위한 자원과 생산의 공식적 동원의 필요성을 인식했다. 둘째로 광범위한 관료 통제가 가해졌음에도 불구하고 정부는 계속하여 기업에게 정책 결정과 실행에서 얼마간의 역할을 허락하였다. 셋째로 가장 중요한 것으로, 정부 통제가 궁극적으로 기업 이윤에 역효과를 내지 않았기 때문에 이 체제는 전쟁 동안 계속 작동하였다. 우리가 경방의 사례에서 본 것처럼, 그러한 통제는 예기치 않은 혜택인 것으로 판명되었다. 끝까지 식민지 정부–기업 관계는 상호 유익한 동맹인 것으로 드러났다.

5. 식민본국과 변방 사이에서
원료와 기술의 획득

식민지기 한국 자본주의의 한 가지 눈에 띄는 특징은 국가와의 유착이었다. 그에 못잖게 두드러진 또 하나의 특징은 한국 자본주의가 일본 본토의 더 크며 더 확고한 자본주의 기업과, 일본군이 아시아 대륙을 점령한 결과 창출된 특수한 제국 사회경제체제에 전적으로 의존했다는 것이다.

이러한 조선 경제의 대일 의존성은 본질적으로 정치적인 조건, 즉 조선이 일본 식민지로 예속된 것에서 기인했다. 총독부는 조선을 정치적 독립국으로 세우려 하지 않은 것과 마찬가지로, 경제적으로 독립한 조선의 발전을 의도하지 않았기 때문이다.[201]

식민당국은 제1차 세계대전 후 조선 개발정책의 대체적인 윤곽을 토의하기 위해 1921년에 소집한 산업조사위원회에서 이 점을 분명히 했다. 회의에서 일본 본국에서 온 위원들은 총독부의 산업개발계획이 일본 본토의 산업과 수출에 가할 잠재적 위협을 우려하여 미즈노 정무총감과 니시무라西村 식산국장에게 반복하여 질문했다. 머뭇거림은 없었다.

첫날의 전체 회의에서 한 위원은 새 정책의 목표가 실제로 '일본의 공업 제품을 거부하는 것' 은 아닌지 총독부 관리에게 직설적으로 물었다.

공업 장려에 관한 방침은 제출받은 설명서로 거의 이해했습니다. 다만 언급해 두고 싶은 것은, 원료 및 생산의 소지가 있다는 것을 토대로 장려한다는 방침입니다. 설명서로 보면, 훗날 이입세를 철폐할 때를 상상하면 더욱 그러할 것입니다. 원료 및 생산의 소지가 있는 것이라면, 그 제조품이 본국에서 만들어지더라도 거절한다는 방침인 것으로 생각합니다만, 이것이 맞습니까?[202]

니시무라는 즉각 답변했다. 총독부의 조선 산업개발정책의 의도는 결코 조선의 경제적 독립을 촉진하려는 것이 아니라, 그와 반대로 조선의 경제를 일본 제국에 더 체계적이고 밀접하게 통합하는 것이라고 말했다.

총독부는 산업에 관한 경영의 전체를 통틀어, 본국에 대해 조선이 일종의 구별주의를 택한다는 생각은 조금도 없으며, 내선일가內鮮一家의 공존공영이라는 것을 주안점으로 해 편성했습니다. 그리고 이입세 등 어느 제도에서도 본국의 이입을 거절하고 스스로 제조한다고 하는 것은 생각한 바 없습니다. 오직 자유경쟁의 결과에 따른다고 하면 오늘날 조선의 진보는 미진하기 때문에 상당한 보호가 필요합니다. 장래 농업 방면에서 노력한다고 해도 그것만으로는 경제의 발달을 꾀할 수 없는 것이고, 따라서 조선에서도 점차 공업의 진보를 필요로 하고 또 그 발달을 꾀하지 않으면 안됩니다. 우선 어떤 산업의 발달을 꾀할 것인가 하면, 조선에서 현재 경험이 있다든가 혹은 장래 쉽게 원료를 얻을 수 있는 것 등에 한해서입니다. 그런 의미에서 해두고 싶은 말은 감히 본국의 이입을 거절한다든가 한 국가가 되어 경쟁한다든가 하는 것은 결코 아니라는 것입니다.[203]

우리가 본 것처럼 그러한 통합을 위해서는 개발과정에서 일본인 자본과 한국인 자본의 협력이 필요했다. 불평등하나마 양자가 합의한 이 협력은 반도의 정치 상황을 안정시키고 신흥 한국인 자본가가 식민지 정책에 협력하게 하는 데 일조할 것이었다. 일본인 당국자가 예견한 것처럼, 확실히 이 협력적 개발과정에서는 일본인 자본가가 결정하고 지휘하는 역할을 하며, 그 필연적 결과로 한국인 자본가는 자본을 조달하고 원료와 기술을 확보하며 주요 시장을 통제하고 이용하는 등의 핵심 경영 사항에서 일본인 자본가에 의존하게 되었다. 한국인 자본가가 살아남고 성장하기 위해서는 일본 자본주의체제와 더불어 또 그를 통하여 움직여야만 했다.

조선의 자본주의는 일본 자본주의에만이 아니라 구조적으로 일본 제국에도 의존했다. 이것은 총독부가 조선을 일본과 아시아 대륙 간의 경제적 연결고리로 전망한 데서 기인하였다. 총독부는 1921년에 처음 그러한 정책을 수립하기 시작했는데, 이것은 10년 뒤 일본의 만주 점령 후 명확한 실체를 갖추었다. 즉 그것은 일본의 요구와 목표에 입각해 3층 위계구조의 상호보완적인 경제 관계의 일부로서 조선의 산업을 개발한다는 구상이었다.

중국 본토와 직접 국경을 맞댄 새로운 만주국이 일본의 지배하에 수립되자, 일본 제국의 변경은 실제적으로, 그리고 잠재적으로도 대폭 확장되었다. 이에 따라서 조선이 제국체제 내의 신흥 준準공업국으로서 수행해야 할 역할이 재확인되고 강조되었다. 한국인 기업가가 점점 더 주변의 원료와 시장에 의존하게 되고 심지어 스스로 경제적 제국주의자가 됨에 따라서, 개발 기회가 무르익은 새로운 제국 영토는 결국 자본가의 성장에 중요하고 결정적인 역할을 하게 되었다. 1945년 무렵 김연수와 같은 한국인들은 당시의 제국체제를 만들어낸 일본인 군국주의자들과 마찬가지로 이 체제의 존속 여부에 큰 이해관계를 갖고 있었다.

우리는 다른 맥락에서이긴 하나 이미 제2장과 제3장에서, 식민지기 동안 일본인 자본이 어떻게 조선의 공업화를 지배했는지, 그리고 경방과 같은 한국인 회사들이 그 확장을 위해 얼마나 광범위하게 일본인 자본에 의존했는지를 보았다. 본장과 제6장에서는 생산과 판매의 필요로 인해 경방이 일본 본토의 중심부 자본주의와 전체 제국체제에 단단히 결속해 있던 다양한 경로들을 고찰할 것이다.

원료

공업의 생산공정에는 자본과 노동의 투입과는 별도로, 당해 생산물을 만드는 데 필요한 원료와 기술을 확보해야 한다. 어떤 의미로 전체 공정은 원료의 획득과 더불어 출발하기 때문에, 여기서 우리의 연구를 시작하는 것이 적절하겠다. 경방의 원료는 단지 직포회사였던 경방 초기에는 면사였다. 경방은 방적·방직 겸영업체로 확장한 1930년대에 스스로 면사를 생산할 수 있게 되었는데, 그를 위해서는 저렴한 원면의 안정적인 공급이 필요했다.

1) 면사

1880년대 초에 출발한 일본 면방직공업의 특징은 방적과 방직의 겸영, 곧 면사와 면포의 생산을 겸하는 것이었다. 비록 처음에는 약간의 면사를 수입해야 했지만, 불과 10년도 안 되어 면사를 수출하게 되었다. 이에 따라 20세기가 되기 전에 이미 면화는 일본 방직공업에 필요한 주요 원료가 되었다.[204]

이와 대조적으로 경방은 회사 설립 후 17년이 지난 1936년에야 면사를 생산하기 시작하였다. 1919년의 창립취지서를 보면 회사 창립자들이 처음부터 방적을 최종 목표로 삼았다는 것이 분명하지만,[205] 초기에는 자본이 부족하고 기술 수준이 낮아 목표에 도달하지 못했다. 1917년에 일본인 투자자들이 방적·방직 겸영업체로 설립한 부산의 조선방직주식회사조차도 처음에는 어느 정도까지 수입 면사에 의존해야 했다.[206]

경방은 면사 대부분을 일본에서 수입하였다. 우리가 보았듯이 1920년경 일본 섬유 제품은 대부분 서구 제품을 대체하였고, 조선 시장을 지배하는 지위에 있었다. 따라서 경방은 면사를 얻기 위하여 동해 건너편으로 눈을 돌려야 했다. 예컨대 1932년에 경방 지배인이었던 이상우李常雨는 조선실업구락부 기자와의 인터뷰에서, 원료를 주로 일본에서 구입한다고 말했다.[207] 이러한 의존 때문에 경방은 도요방적, 가네가후치방적처럼 조선에 수출하는 일본의 방적·방직 겸영회사에 비해 분명히 불리한 지위에 처하게 되었다.

첫째로 면사 자체의 비용이 있었고 거기에 중개 수수료, 관세, 일본으로부터의 운송비가 더해져야 했다. 운송에 2~3주가 걸렸기 때문에 그 과정에서 여러 가지 문제가 발생했는데, 지연 가능성이 그 중 하나였다. 그리고 열차와 선박에 싣고 내리는 일이 반복되면서 면사는 종종 손상을 입었다. 회사는 인천에 지점을 둔 오자키尾崎기선을 이용하여, 운송 시간을 줄이고 비용과 손상 위험을 최소화하려 했고, 어느 정도는 성공을 거두었다. 새로운 계약으로 인천까지 운반하는 데 단지 3일이 걸렸고 선적료는 약 절반이나 줄었다.[208]

그러나 면사가 손상 없이 도착하리라는 보장은 없었고, 게다가 면사의 품질 문제가 있었다. 경방이 먼 일본의 공장에서 방적된 면사를 계속 사용하는 한, 양질의 면사 획득 여부는 품질관리에 대한 공급자의 선의와 주의에 달려 있었다. 이 문제는 경방이 1936년에 방적공장을 세울 때까지 계속 고민거리였다. 그것이 중요한 관심사가 되어, 결국 경방은 만족스러운 품질의 면사를 구입하도록 아카시明石의 다이닛폰大日本방적주식회사 공장에 직원을 파견하였다.[209]

1936년에 경방이 면사를 본격적으로 생산하기 시작함에 따라 이 문제는 점차 해소되었다. 그러나 이제 회사의 새로운 원면 수요가 계속 증가하면서 다른 문제가 생겼고, 또 하나의 더 복합적인 형태의 대일 의존을 낳았다. 그러나 경방이 원면을 의존할 수밖에 없는 다양한 요소들을 고찰하기 앞서, 어떻게 조달과정 자체가 경방을 일본 중

1930년대 경방의 면방직 설비
경방은 회사 설립 후 17년이 지난 1936년에야 면사를 생산하기 시작하였다. 경방은 면사 대부분을 일본에서 수입하였다. 1920년경 일본 섬유 제품은 대부분 서구 제품을 대체하였고, 조선 시장을 지배하는 지위에 있었다. 따라서 경방은 면사를 얻기 위하여 동해 건너편으로 눈을 돌려야 했다. 예컨대 1932년에 경방 지배인이었던 이상우李常雨는 조선실업구락부 기자와의 인터뷰에서, 원료를 주로 일본에서 구입한다고 말했다. 이러한 의존 때문에 경방은 도요방적, 가네가후치방적처럼 조선에 수출하는 일본의 방적ㆍ방직 겸영회사에 비해 분명히 불리한 지위에 처하게 되었다.

심부의 경제구조에 결합하도록 작용했는지를 먼저 보기로 하자.

2) 원료의 조달 과정

면사든 면화든 간에, 경방은 원료 대부분을 일본 무역회사를 통해 조달하였다. 물론 경방이 반드시 그렇게 해야 할 필요는 없었다. 회사는 방적회사나 그 대리점과 직접 거래하는 쪽을 택할 수 있었고 또 종종 그렇게 했다. 그렇지만 일반적으로 경방이 일본의 거대 무역회사를 통해 원료를 조달한 데에는 뚜렷한 경제적 이유가 있었다.

한 가지 이유는 그렇게 하면 관련된 위험이 최소화된다는 것이었다. 순조롭고 규칙적으로 계속 공장을 가동하기 위해, 경방은 인도 시점이나 수령 원료의 손상 가능성과 같은 요인들을 감안하여 수중에 항상 원료 재고를 확보해 두어야 했다. 따라서 회사가 특정한 장래에 넘겨받기로 하고 현재 가격으로 일정량의 제품을 구입하는 상품의 선물거래는 면방직공업에서 매우 흔한 일이었다. 그러나 원면의 (그에 따른 면사의) 시장 가격은 악명 높게 불안정하여, 보통 연중 30퍼센트 정도나 등락하였다.[210] 선물거래에 성공하기 위해서는 해당 상품 시장에 관한 포괄적이고 상세한 지식뿐 아니라, 예측할 수 없는 갑작스런 가격 하락에 대한 방벽으로서 막대한 현금 잔고가 필요했다. 한정된 자금을 갖고서 경솔히 투기거래를 하면, 회사는 선물거래 와중에서 쉽게 파산 위기를 맞을 수도 있었다. 이것은 우리가 본 것처럼, 바로 경방이 오사카 삼품 시장에서 직접 면사를 구입하도록 이강현을 파견했던 운영 첫해에 일어난 일이었다.

한편 일본의 거대 무역회사들은 섬유제품 무역을 지배하고 있었다. 경방이 설립될 무렵, 그들은 수십 년간 쌓은 경험을 바탕으로 큰 사업 이윤을 올리고 있었다. 예컨대 1920년에 미쓰이가 정식으로 별도 회사로 설립한 도요면화주식회사는 1880년 이래 미쓰이물산 내의 섬유사업부로서 기능해 왔다.[211] 1929년에 맨체스터에서 온 피어스Arno S. Pearse는 닛폰면화주식회사, 도요면화주식회사, 고쇼江商주식회사 등의 상위 3사가 일본 면화 수입의 80퍼센트를, 그리고 역시 그 만큼의 일본산 면제품의 거래를 장악하고 있다고 말했다. 각 회사는 수천만 엔의 공칭자본금과 마찬가지로 막대한 적립금을 갖고 세계의 모든 면화 집산지에 지점을 두고 있었다.[212] 경방이 독자적인 국제 조달망을 갖추는 것은 사실 경제적 타당성이 별로 없었다. 경방의 구매 담당자가 할 일이란 도요면화 서울지점 사무소로 조금 걸어가서[213] 뜨거운 녹차 한 잔을 기분 좋게 대접받은 후 주문을 내는 일이었다.

경방이 일본 무역회사들을 통해 원료를 조달한 또 다른 이유는 특히 경방 설립 후 판매가 부진했던 초기 수년간 현금 흐름이 중대한 문제였기 때문이다. 조선에서는 포목상들이 제품을 받은 후 최대 40일까지 지불을 미루는 것이 관습이었기 때문에,[214] 판매가 개선될 때에도 여전히 자금관리에 어려움이 있었다. 이에 대비하여 경방은 원료 자체의 흐름을 교란하지 않으면서 수입 원료 대금의 지불을 늦출 방법을 찾아야 했다. 거대한 자금력과 대규모 매출액을 가진 일본 무역회사들은 고객, 특히 1920년대의 경방과 같은 약소 기업에 좋은 조건을 제공할 수 있었다. 경방에게 그러한 신용의 제공은 기업의 존망을 좌우할 수도 있는 것이었다. 1984년에 필자와 인터뷰한 김용완은 식민지기 동안 경방의 주요 면사 공급자 중 하나인 오사카의 야기八木상점에 존경과 감사의 뜻을 표했다. 그는 야기의 경영자들이 경방의 경영자들과 매우 비슷했다고 말했다. 둘 다 명문가 출신으로서 정직하고 적극적이며, 이윤만이 아니라 그들이 거래할 사람들에도 관심을 가졌다는 것이다. 가장 중요한 것으로 그들은 경방에게 신용 한도를 기꺼이 제공하려 했다고 한다.

그래서 만약 경방에 돈이 떨어지면 그들은 우리에게 외상으로 물품을 인도하곤 했다. 우리에게 문제가 생겼을 때에는 언제나 우리를 도와주곤 했다. 그 회사의 주인은 우리에게 매우 친절했다.[215]

또 야기와 맺은 관계 덕분에 경방은 원료를 유리한 가격에 구입할 수 있었다. 일본의 거대 무역회사들은 좋은 신용 조건을 제공할 수 있었을 뿐 아니라, 또한 우량 고객들에게 선물시장에서의 투기 이익도 나누어줄 수 있었다.[216] 그러한 배려는 초기 경방에게는 편리함 이상의 것으로서 경방이 일본산 수입품과의 경쟁에서 살아남기 위한 필수조건이었다. 1932년에 한 기자는 경방의 지배인 이상우에게 경방이 일본산 수입품의 공세에 어떻게 대처할 수 있었는지 질문했다. 그는 원료를 저렴한 가격에 조달하는 경방의 능력이 결정적 요인이라고 대답하였다.[217]

경방으로서는 얻을 것이 그토록 많은 일본 무역회사를 마다할 이유가 없었다. 식민지기 내내 경방과 야기상점은 긴밀한 관계를 유지하였다. 야기는 1933년에 서울에 지점 사무소를 열었는데, 지점장이케다 도라조우池田寅造는 경방의 주주였다.[218] 경방은 또한 닛폰면화와 도요면화 등의 다른 많은 일본인 회사들을 통해서도 원료를 구입하였다.[219] 이 무역회사들은 경방의 원료 조달 뿐 아니라 그 판매대리점 역할(이에 관해서는 뒤에서 좀더 자세히 볼 것이다)도 하면서 경방과의 연계를 강화했다.

이렇게 경방은 일본 자본주의의 중심핵으로 연결되는 긴밀한 상업적 유대망 속으로 능란하게 얽혀 들어갔다. 그런 의미에서 경방은 조선이나 일본 본토에서 사업을 벌인 어떤 일본인 직물업체와도 다르지 않았다. 그들도 모두 원료를 위해 하나 혹은 그 이상의 일본 거대 무역회사들에 의존했던 것이다.

3) 면화

1936년에 경방이 방적공장을 건설한 후, 관심을 쏟아야 할 원료는 면사에서 면화로 바뀌었다. 이에 따라서 경방은 일본인과 점차 더 깊은 경제적 관계를 맺고, 결국 제국경제체제를 유지해야만 존속·발전할 수 있게 되었다.

경방과 제국이 맺은 이 관계가 어디서 생겨났고 어떻게 작동했는지를 이해하기 위해, 조선의 면공업에 관해 몇 가지 사실을 알 필요가 있다. 조선의 토지와 기후는 면화 재배에 잘 들어맞았고, 식민지기에는 조선 내에서 쓸 원면의 대부분을 자급할 수 있었다. 예컨대 1941년에 《대일본방적연합회월보》는 1930년대 이래의 조선 섬유공업의 급속한 발전에 관해 다음과 같이 언급했다.

지난 수년간 조선의 방적공업이 급속히 발전할 수 있었던 것은, 조선이 기본 원료인 면화를 대부분 자급자족했기 때문이라는 것은 두말할 나위가 없다.[220]

조선은 전체 13도 중 함경북도를 제외하고는 어디서나 재래면을 재배할 수 있었고, 수세기 동안 그렇게 해왔다. 면화의 대부분은 조선의 남부 지방, 특히 전라남도에서 생산되었다. 조선왕조 말에는 면화 거래망이 전국에 걸쳐 확립되었고, 그를 통해 면화 재배가 가장 왕성한 지역이 다른 생산물에 특화한 지역과 생산물을 교환할 수 있었다.[221]

일제 지배 하에서도 조선의 면화 생산은 개선되고 확대되었다. 한국인들처럼 일본인들도 무로마치室町시대(1338~1573) 말 이래 수세기 동안 재래면을 재배해 왔고, 미국은 남북전쟁 동안에 1만 5,000곤[16*]의 면화를 수출하기도 했다. 그러나 일반적으로 일본의 기후는 면화를 재배하기에 조선보다 부적합했고, 메이지 지도자들은 일단 공업화를 시작하자 해외에서 면화를 수입하는 것이 더 값이 싸다는 것을 깨달았다. 따라서 면화에 대한 수입관세는 일찍이 1896년에 폐지되었다.[222]

최초의 수입 면화는 중국에서 왔지만, 1910년 병합 이전에 일본인들은 면화 공급지로서 조선에도 상당히 관심을 가졌다. 1904년에 목포의 일본인 영사는 조선에 처음으로 미국 육지면[223]을 도입하였고, 1905년에 대일본방적연합회는 조선에서 이 작물의 재배를 장려할 조직인 면화재배협회에 자금을 지원해 주었다. 이 조직은 우수한 미국 육지면 종자를 조선 농가에게 무상으로 나누어주고 수확을 증가시킬 선진 재배법을 가르쳤다.

또 일본 방적업자들은 1906년 오사카에 조선면화주식회사를 설립하고 목포에 지점을 두었다. 이 회사는 면화작물을 저당잡고 조선 농민에게 대출해 주었으며, 이를 통해 일본 방적업자들은 조선 남부의 면화지대에서 생산된 많은 면화를 통제할 수 있었다. 작물을 저당 잡히지 않은 농민들의 경우에는 대리인을 목포에 보내 지역 브로커들을 통해 면화를 구입하게 했다. 1918년에 간행된 《목포부사木浦府史》에 의하면, 일본인 대리인과 함께 업무에 종사한 지역 면화 중개업자가 약 80명이었다. 조선 면화의 획득을 몹시 갈망한 회사는 대리인들을 면화를 생산하는 농촌의 작은 촌락까지 깊이 들여보내 개별 한국인 재배 농가로부터 직접 면화를 구입하도록 했다.[224]

1910년 후에는 총독부도 면화 재배를 장려하는 데 적극 참여하였다. 1912년에 총독부는 면화 재배지를 12만 정보(미국 육지면에 10만 정보, 재래면에 2만 정보)로 늘리는 것을 목표로 6개년계획을 시작하였다. 1918년이 되자 고무적인 결과가 나왔고, 총독부는 면화 생산이 더욱 늘기를 바랐다.

1933년에 우가키 총독은 '남면북양南緜北羊'이라 불린 두 번째 계획을 공표하였다. 면화 재배지 면적을 1953년까지 50만 정보로 늘리는 것이 목표였다. 이 계획은 1937년 중일전쟁 발발 이후 계속 커지는 면화 수요에 부응하여 2배로 상향 수정되었다. 그러나 결과는 총독부의 야심찬 목표에 크게 못미쳤다. 그렇지만 조선의 면화 생산 능력은 1904년 이래 상당히 확대되었다. 예컨대 1935년에 조선은 국내 소비량의 90퍼센트에 맞먹는 양의 면화를 생산할 수 있었다. 일본 자본이 유입되어 도요방적, 가네가후치방적 및 기타 거대 일본 회사가 조선에 대규모 방적·방직 겸영업체를 설립함과 더불어 조선의 방직공업이 급속히 확대되자, 이 수치는 1936년과 1937년에 60~64퍼센트로 낮아졌다. 그러나 1939년에 조선은 다시 한 번 국내 총소비의 90퍼센트에 맞먹는 양을 생산했다.[225]

여기서 '맞먹는'이라는 단어에 주의해야 한다. 비록 조선이 거의 자국 내 필요량만큼을 충분히 생산하고 있었지만, 그것을 모두 소비하지는 않았다. 조선의 생산량은 매년 소비되는 양보다 약간 적었지만, 이상하게도 매년 면화 수확량의 20~50퍼센트를 수출하고 있었다.

부족분을 메우기 위해, 조선은 해외에서 면화를 수입해야만 했다. 조선 내 면화 생산이 확대되어 절정에 달했을 때조차도 수입은 계속 증가했다. 어느 해의 수치를 들더라도 그 유형은 비슷했다. 예컨대 1935년에 조선의 면화 생산량은 그 국내 소비량의 86.5퍼센트였다. 이 생산량의 34.2퍼센트를 수출하고, 국내 수요량의 43퍼센트 정도를 수입했다. 1936년에는 단지 국내 수요의 60퍼센트 정도를 생산하였지만, 그해 생산량의 50퍼센트를 수출하였기 때문에 결국 총수요량의 70퍼센트를 수입했다.[226]

무슨 일이 일어나고 있었는가? 면화를 완전히 자급자족하지 못하는 조선이 왜 수확량의 50퍼센트까지 수출하고는, 그렇게 많이 수출하지 않았을 때 필요한 것보다 훨씬 더 많은 양의 면화를 수입했는가?

얼핏 보아 믿기지 않는 수치를 이해하기 위해서는 일본 제국의 분업체제에서 조선이 어떤 역할을 하고 있었는지를 고려해야 한다. 제국내 분업론대로 실제로 분업체계를 구축하려는 시도가 있었는데, 이 분업체제는 일반적으로 일본은 선진 기술이 필요한 정교한 제품을 생산하고, 만주와 훗날의 중국은 많은 공업 원료를 공급하며, 조선은 미숙련 혹은 반숙련 노동이면 되는 정교하지 않은 기초 공업에 특화하는 것이었다.[227]

이것이 섬유공업에 의미하는 바는, 일본이 서양의 고급 기호에 맞는 고급 면사와 직물을 생산하는 데 주력하고, 조선은 오늘날 우리가 제3세계라 부르는 지역을 위한 단순하고 거친 면사에 집중한다는 것이었다. 만주와 특히 중국은 면화와 양모를 공급하는 역할을 맡았다. 오랫동안 조선에 살면서 조선면사포상연합회의 회장을 맡았던 미야바야시 다이지는 1936년 산업경제조사회에서 다음과 같이 조선의 역할을 규정하였다.

본국의 방적업은 기계가 점점 정치하게 되어 고급품을 만드는 데만 몰두하고 있는데, 마치 영국 맨체스터와 같은 전철前轍을 밟으려 하는 상태로까지 나아가고 있습니다. 그렇다면 조포粗布 생산은 누구에게 분담시킬 것인가, 이것이 조선의 방적을 좌우하는 큰 문제입니다. 세계의 총인구가 23억이라 하지만 그중 아직 나체 생활인이 4억, 반半나체가 4억으로 이들은 우선 거칠고 가장 싼 것부터 착용합니다. 그러나 이들의 공급지로서 지금까지 우리의 고객이었던 인도의 방적공업이 영국 본국의 지도를 받고서 본국이 수출하려는 곳을 겨냥하여 수출을 도모하고 있습니다. 중국 역시 같은 취지 아래 방적업을 발달시키고 있는 상태이기 때문에, 이에 대항해 승리하기 위해서는 조선이 본국을 대신하여 조선산 제품을 수출한다는 중대한 역할을 하기에 이른 것입니다.

이러한 관계로 조선에서는 다시 공업을 육성하여 본국에서 생산하기 불가능한 다량의 값싼 제품을 생산하여, 본국에서 그만둔 것을 조선에서 만들게 하는 것이 국가적 차원에서 필요하다는 것을 나는 사명감을 갖고 생각하고 있습니다.[228]

그가 묘사한 제국 섬유공업 내 조선의 지위는 조선에서 생산되던 면사와 직물의 유형에 잘 나타나 있었다. 미야바야시의 발언 직후 김연수도 발언에 나섰는데, 그는 1936년에 조선 면공업이 제조하고 있던 특정한 생산물들을 상세히 설명했다. 그의 발언에 의하면 기본적으로 두 종류의 직물이 생산되었는데, 조포粗布와 세포細布가 그것이다. 조포 혹은 시팅sheeting은 굵은 14수手로 직조되었다. 그리고 김연수가 '세포'라 부른 것은 조선산 조포에 비해서만 섬세하였다. 그에 따르면 조선의 '세포'는 20~25수로 직조되었는데, 오늘날 섬유기술자들은 보통 '조야粗野'하다거나 '중간급'으로 분류한다. 따라서 조선은 매우 단순하고 두꺼운 직물(전전戰前 서울과 펑톈, 베이징 등에서 가장 인기 있었으나, 지금처럼 당시에도 뉴욕이나 시드니로는 수출될 수 없었던 저렴하고 질긴 종류의 직물)을 생산하고 있었다.[229]

조선 생산품의 낮은 품질은 일본과 비교하면 더욱 뚜렷했다. 1936년에 일본은 전전 섬유 생산의 황금시대에 들어섰다. 면사와 면직물의 생산량이 영국을 추월해 미국에 이어 세계 2위에 올랐다.[230] 게다가 미야바야시가 지적했듯이, 일본은 고급품의 생산에 점점 더 치중하고 있었다. 1929년에 맨체스터의 피어스가 일본과 중국의 공장들을 순방하였을 때, 일본의 공장들은 이미 120수까지의 매우 다양한 면사를 방적하고 있었다.[231]

그리고 1936년 산업경제조사회가 열릴 무렵 일본은 미국, 오스트레일리아, 기타 선진공업국들과 섬유 수출을 둘러싸고 점점 격렬한 분쟁에 빠져들고 있었다. 미야바야시와 김연수가 서울의 회의에 출석한 지 두 달쯤 지나서 미국면방직연구소의 소장인 머치슨Claudis T. Murchison은 뉴욕의 섬유클럽Textile Square Club 연설에서 "또 한 해가 가기 전에 일본산 수입품이 미국의 업계에 진짜 위협이 될 것이다"라고 주장했다. 같은 날 로드아일랜드주 워윅에 있는 크럼프턴회사Crompton Company의 회계 담당자인 리치맨은 워싱턴의 관세위원회에서 일본과 경쟁하느라 미국의 면 비로드 및 코르덴 제조업자들이 파산 지경에 처했다고 증언하고, 각기 62.5퍼센트와 50퍼센트의 관세 인상을 요구하였다.[232] 일본은 옛날 자신에게 개항을 강요한 나라들에게 공업 제품의 주요 공급자가 되었던 것이다.

제국 공업구조 내에서 조선 섬유 생산의 저급한 성격은 식민지 면화 무역의 이상한 모습을 이해할 수 있게 해준다. 면방적업자들은 당연히 모든 등급의 섬유 제품에 같은 종류의 면화를 사용하지 않았다. 고급 섬유에는 고급 면화 혼합물이 필요했고, 반대의 경우도 마찬가지였다. 일본은 1904년 이래 한반도에서 고급 품질의 미국 육지면 재배를 장려해 왔지만, 이 면화의 대부분은 일본의 방적공장들로 저렴하게 이출되도록 계획되어 있었다. 조선은 이 조선산 면화의 일부를 자신의 공장에서 사용하였지만, 또한 이출분을 메우기 위해 미국에서 상당량의 고급 면화를 비싼 가격으로 수입하였다. 동시에 훨씬 많은 저급 인도 면화를 수입하여 미국 면화와 혼합하여 조선산 조포 생산에 적합한 혼합물을 만들어냈다.[233] 이처럼 얼핏 보아 수수께끼 같은 면화 수입-수출 유형은 조선이 제국의 섬유 생산에서 맡은 특수한 역할에 부합하게 면화를 배분한 결과였다.

조선이 일본 제국 내에서 종속적인 경제적 지위에 있었으므로, 이 유형은 전혀 이상한 것이 아니었고 식민지기 동안 다른 공업에서도 재현되었다. 예컨대 조선의 풍부한 고급 무연탄 수십만 톤이 매년 규슈九洲로 선적되었고, 조선은 다시 규슈에서 저급 역청탄을 수입하고 그 밖에 만주에서도 역청탄을 수입하였다. 1936년의 산업경제조사회에서 김연수는 석탄산업의 상황에 이의를 제기하고 비용을 줄이기 위해 '조선산 석탄을 조선에서 사용하는' 정책을 제안했다.[234] 그러나 일본 당국에게는 석탄이든 면화든 식민지 기업가들의 요구를 충족시키는 것보다 제국 내 위계적 분업을 유지하는 것이 더 중요하였다.

전쟁이 길어짐에 따라 적국들이 일본의 선박을 파괴하고 해상 운송로를 차단했기 때문에, 경제적으로 상호의존적이며 위계적인 엔 블록의 구상은 점점 더 비현실적인 것으로 되었고, 일본의 해외 점령지들은 각기 상당한 수준의 경제적 자급자족을 하지 않을 수 없었다. 그러나 그때에는 생산의 의존 및 배분 유형이 이미 형성되어 있었기에 조선의 자급자족은 불가능했다. 태평양전쟁이 한창일 때에도 조선은 여전히 일본이 재고로 갖고 있던 인도 면을 받는 대신 육

지면을 일본으로 이출하고 있었다.[235]

결국 조선 방직공업의 원료 의존은 일본에서 저급 인도 면을 공급받는 데만 국한된 것이 아니었다. 1945년까지 조선 방직공업의 명운은 제국주의 체제 전체를 유지하는 것, 특히 일본이 계속 중국을 지배하는 것에 달려 있었다.

일본의 영향력과 지배력이 아시아를 가로질러 확장함에 따라서, 계속 확대되는 일본의 방적공업에 쓸 면화의 편리한 대륙 공급원을 개발하는 데 관민의 관심이 높아졌다. 이미 우리는 이 관심이 조선에서 어떻게 표현되었는지 보았다. 만주와 중국에서도 유사한 노력이 이루어졌다.

만주에서는 남만주철도주식회사와 훗날의 만주국 정부가 면화 생산을 늘리려 애썼지만, 만주국의 대부분은 너무 북쪽에 위치하여 고급 면화의 재배에는 적합하지 않았다. 토착 만주 면은 미국 육지면과 혼합되어야 방적될 수 있었다. 그러나 일반적으로 만주 면은 겨울옷에 솜을 두는 데 쓰였고, 만주국은 외국에서 대량의 면화를 계속 수입하였다. 존스F. C. Jones는 1937년까지도 만주에서의 근대적 방직공업을 위한 면화 생산이 아직 시험 단계를 벗어나지 못했다고 지적하였다. 만주국 정부는 1945년까지 계속 '당근과 채찍'을 병용하여 면화 재배를 장려하였지만, 결과는 그다지 만족스럽지 않았다.[236] 만주를 일본 공업을 위한 면화 생산지로 바꾼다는 당초의 희망은 1937년 일본이 중국을 침략하면서 경제적 기회가 생기자 결국 중국을 대동아공영권을 위한 값싼 면화의 주요 공급원으로 선정하는 것으로 바뀌었다.

위에서 언급한 것처럼 메이지 일본의 첫 수입면화는 중국산이었다. 일본 방직공업이 성장하고 점점 더 정밀해져서 조야한 면사·면직물에서 중급품을 거쳐 섬세한 제품으로 옮겨감에 따라서, 점차로 더 고급의 면화를 요구하게 되었다. 처음에는 중국 면화에서 인도 면화로, 후에는 인도 면화에서 미국과 이집트 면화로 옮겨갔다.[237] 그러나 전쟁이 일어난 1937년 이후 미국 및 다른 나라에서 면화를 수입하는 데 따른 외환 유출을 막기 위해서, 일본은 다시 한 번 면화 공급지로서 새로 점령한 중국 대륙을 주목하게 되었다. 비록 중국 면화의 품질은 미국 면화에 못 미쳤지만, 조선의 경우처럼 더 나은 종자와 재배방법으로 개량될 수 있었고, 중국의 광대한 재배 지역은 면화에 굶주린 제국의 군국주의자들과 방직업계 거물들에게 매우 유망해 보였다.[238] 그리고 이미 본 것처럼 전시 통제하에서는 품질보다는 단순히 생산을 유지하는 것이 더 중요하였다.

1937년에 일본군이 중국 대륙에서 남진을 개시하기 이전에도 일본은 이미 연간 면화 필요량의 약 2.4퍼센트를 중국에서 수입하고 있었다.[239] 일단 전쟁으로 일본군이 중국의 광대한 지역을 장악하자, 일본 관리들은 곧바로 만리장성 이남의 광대한 토지를 면화 생산지로 바꾸는 계획을 세웠다.

조선이 중국과 지리적으로 가까웠기 때문에 조선의 관료와 기업가들은 이러한 개발계획을 열렬히 지지했다. 1938년 총독부 시국대책조사회의 보고서에는 특별히 "방적·방직공업에서의 북중국 면화의 사용"이라는 항목이 들어가 있었다. 보고서는 미국과 인도에서 수입하던 면화를 조선 면과 중국 면의 조합으로 대체할 것을 요구하였다.

미국 수입품은 조선 내에서 미국 육지면 재배를 늘려 대체한다는 것이었다.

그러나 조야한 면사와 면포를 생산하는 조선은 그 특수한 혼합물의 단지 40퍼센트에만 고급 미국 면을 사용하였다. 나머지 60퍼센트는 인도 면이었다. 시국대책조사회는 인도 면의 대체 방안도 내놓았다. 조사회는 북중국에서의 면화 생산이 1936년에 약 500만 피클[17*]이라는 데 주목하였다. 이것은 조선의 면화 총소비량의 6배가 넘었고, 이제 일본이 이 지역을 지배하고 있기 때문에 생산 증대의 전망은 "매우 밝았다." 따라서 조사회 대표들은 모든 인도 면 수입품을 북중국산 수입품으로 대체할 것을 주장하였고, 조선의 방직공업은 일본군이 중국 영토를 계속 지배해야만 대부분의 기본 원료를 조달할 수 있는 상황에 처했다.[240]

총독부와 식민지 방직업계가 중국과 중국 면화에 건 큰 기대는 너무나 낙관적인 것으로 판명되었다. 중국은 결코 제국의 모든 수요를 충족시킬 만큼 충분한 면화를 생산할 수 없었고, 전쟁이 계속됨에 따라 통상적인 수송은 점점 더 어려워졌다.

그럼에도 경방이 전쟁 동안 생산을 계속하기 위해 조선 면뿐 아니라 중국 면에 의존하고 있었다는 것은 그의 영업보고서로 보아 분명하다. 앞서 언급한 것처럼 조선의 면화증산계획은 예상 목표에 크게 미달했다. 생육 기간 중 예기치 않게 추운 날씨 탓에 면화 수확량이 줄어들기도 했다. 경방은 주주들을 위한 전시 영업보고서에서 이 문제를 언급하면서도, 한편으로는 '특별 용도', 즉 인가된 민수품 생산에 쓸 중국 면이 도착했음을 흥분한 어조로 보고했다.[241] 귀중한 고객인 일본군에 대한 경방의 관심과는 별도로 민수용 생산을 위한 면화의 공급원으로서 중국에 의존했기 때문에, 1945년까지 경방은 중국 대륙에서 일본 군국주의가 승리해야 큰 이익을 거둘 수 있었고, 전체 제국체제와의 연대는 강화되었다.

기술

앞서 언급한 한국인 '민족자본'의 신화는 경방이 식민지기 동안 전적으로 한국인 기술로 운영되고 발전했다고 주장한다. 상식적으로도 이것은 사실일 리가 없다는 것을 알 수 있다. 이러한 역사 왜곡은 불행한 일이다. 하지만 그 신화는 적어도 한 발전도상국이 일정한 경제적 자립을 달성할 수 있게 해주는 것만이 아니라 생산과정에서 기술이 필연적으로 맡는 중요한 역할을 강조해 준다. 그렇다면 식민지 조선의 기술 실태는 어떠했던가? 이를 검토하기에 앞서, 비교삼아 일본이 어떻게 초기의 외국 기술 의존성을 극복하고 독자적인 기술 기반을 구축할 수 있었는지를 고찰해 보자.

여기서 우리가 관심을 갖는 기술에는 두 가지 측면이 있다. 하나는 어떤 특정한 산업이 요구하는 실제의 기계와 설비이고, 다른 하나는 그러한 기계를 생산하고 작동하는 데 필요한 기술 지식과 숙련이다. 후발국들은 당시 얻을 수 있는 가장 선진적인 기술을 빌리거나 구입할 수 있다는 점에서, 선발국들에 비해 특별한 이점을 갖는다. 예컨대 영국을 모방해서 따라간 어떤 나라도 증기기관을 '재발명'할 필요는 없었다. 그러나 한 나라가 그 국경 내에서 산업기계를 생산하고 기술자를 훈련할 시설을 확립해낼 때까지는 다른 선진국의 산업 설비와 기술 지식에 계속 의존할 것이다. 해당 국가의 국민적 열망에 따라서는, 외국의 도움에 대한 그러한 의존이 굴욕적인 것으로 여겨질 수 있다. 그것은 확실히 비용이 많이 들고, 그 나라를 외부 세력에 취약하게 만든다.

모든 후발국들처럼 메이지 일본도 외국 기술에 의존하여 공업화를 시작하였다. 예컨대 면방직공업에서 일본은 자연히 영국을 모델로 삼았다. 1880년대에 메이지 일본의 선도적 방직회사인 오사카방적주식회사는 랭커셔Lancashire제 붉은 벽돌로 공장 건물을 지을 정도로 영국식 표준 디자인을 착실히 따랐다. 모든 기계류·부속품·부분품들을 영국에서 주문하였고, 가장 소소한 세부 사양에 이르기까지 모든 것이 영국 공장에서 사용되고 있던 설비와 동일하였다. 1909년 일본 총방추수의 90퍼센트 정도는 영국 올덤의 플랫 브러더스Platt Brothers사가 공급한 것이었다.[242]

영국인 기술자들도 일본의 근대 방직공업을 확립하는 데 큰 역할을 하였다. 한 학자는 "오사카방적회사가 생긴 지 적어도 7년간, 길게 잡으면 최장 35년간 영국인 기술자가 붙어 있었다"고 지적한다. 플랫 브러더스사가 일본 기업에 공장 설계와 기계류뿐 아니라 기술자까지 제공해 주었다는 것은 그리 놀라운 일이 아니다. 많은 신생 회사들은 공장을 건립하고 기계류를 설치한 후에도 플랫 브러더스사의 기술자들을 고문으로 계속 남겨두었다. 이처럼 제1차 세계대전 이전에는 플랫 브러더스사를 대표한 소그룹이 '섬유공업 전체를 맡고 있었다.'[243]

그러나 머잖아 일본의 회사들은 수입하던 방직기계류의 국산화에 성공했다. 이미 1870년대에 일본은 방적기를 제조할 능력이 있었고, 헌법도 제정되지 않았던 1880년대에 일본의 방직공업은 스스로 행콥 릴러hank-cop reeler를 만들 수 있었다.[244] 이렇듯 수입 대체 기계를 생산할 전문기술을 보유한 일본 회사들이 많이 있었는데도, 방직공업계는 제1차 세계대전까지 계속 외국 기계류를 선호하였다.[245]

세계대전은 방직공업 기술의 발전을 촉진했다. 유럽에서 싸우는 데 열중한 서구 열강이 아시아 시장을 일본에 넘겨주자, 일본 방직공업은 호황을 맞았다. 그러나 전쟁 기간 동안 일본의 방직공업자가 외국에서 설비와 부품들을 얻기는 매우 어려워졌고, 이 공업은 국내 생산자들에 의존하지 않을 수 없었다. 그 결과 방직공업과 기계공업 간의 협조체제가 생겨나 전쟁이 끝난 후에도 계속 큰 역할을 했다.[246]

나아가 일본은 전쟁 후에 정밀한 직물 기계를 생산하였는데, 1920년대 말에 그것은 영국이나 미국에서 생산될 수 있었던 어떤 기계에 못지않게 효율적이고 경쟁력이 있었다. 일본은 1926년 도요타자동직기의 발명과 더불어 직포 기술에 관한 한 사실상 서구 제국을 능가했다.

도요타의 새 직기와 그것을 만들어낸 기술 지식은 국제 방직업계에서 일종의 센세이션을 일으켰다. 경솔하게도 서구의 많은 방직업자들은 일본의 기술 능력을 과소평가해 왔다. 자동직기는 메이지유신 이래 일본이 공업 기술 분야에서 이룩한 엄청난 진보의 표상이었다. 이로써 직공 1인이 담당하는 평균 직기 수가 종전의 6대에서 60대로 훨씬 늘어났다. 나사를 포함한 모든 직기 부품은 도요타에서 제조되었고, 오사카에서의 시장 가격은 미국식 표준 자동직기보다 400엔 정도 더 쌌다.[247] 작동중인 새 직기와 그것을 생산한 공업을 일본에서 직접 본 피어스와 같은 서구의 업계전문가들은 자신이 목격한 것에 놀랐다. 피어스가 재빨리 간파했듯이, 도요타자동직기는 일본의 광범하고 창조적인 기술 기반의 가장 두드러진 일부에 불과하였다. 1929년에 도요타자동직기공장을 방문한 후, 피어스는 다음과 같이 적었다.

> 필자는 도요타자동직기 공장을 방문했을 때 많은 자동기계 도구들을 사용하는 것을 보고 놀랐다. 주물은 미국의 최신 방직기계를 모델로 한 것이었다. 그들은 최신 주조기계를 가진 것 외에도 모든 금속 부품이 녹슬지 않도록 매우 현대적인 크롬도금 설비를 사용하고 있는데, 이것은 극동 아시아의 다습한 직포장에 딱 들어맞는다.[248]

또 피어스는 일본인들이 도요타자동직기말고도 수많은 다른 직기들을 생산하고 있는 것을 지적했다. 피어스는 그 모든 것이 '그들 자신의 발명품'이라고 힘주어 덧붙였다. 사실 외국 직기가 당시 일본에서 거의 팔리지 않으며 중고 일본 직기가 동급의 중고 유럽산 기계보다 더 비싸게 팔리고 있는 것을 발견한 피어스는, 도요타자동직기의 완성이 일본 기술의 진보를 보여준다고 결론지었다. "오늘날에도 뮬 방적기(그것은 더 이상 필수적인 기계로 여겨지지 않는다)를 빼고는, 모든 다른 일본제 기계를 살 수 있다. …… 일본은 엔지니어링에서 큰 진보를 이룩하여 방직기계류는 수년 내 유럽에서 거의 수입하지 않을 것이다."[249]

1930년이 되면 일본은 방직 기술에 관한 한 서구에게서 배울 것이 거의 없었다. 아니, 상황은 이제 역전되었다. 서구인들이 일본의 성공 비결을 알아내기 위해 일본을 방문하게 된 것이다. 피어스는 1929년 보고서에서 유럽이 직포에서 일본으로부터 중요한 가르침을 얻을 수 있다고 주저없이 말했고,[250] 이듬해는 이 점에서 분수령이 되었다. 메이지 일본에 최초의 방직 기술을 많이 제공한 영국의 기계회사인 플랫 브러더스는 그해 12월 영국(아프리카와 아시아의 영국령 포함)과 유럽대륙에서 도요타직기를 독점적으로 제조하고 판매한다는 계약을 도요타와 맺었다. 1930년 1월에 도요타 기술자가 플랫의 기사에게 도요타 제조 공정을 교육하고 훈련시키기 위해 영국으로 떠났다.[251] 유능한 학생이 이제 스승을 가르치고 있었으니, 1945년 이전에 일본 방직 기술이 도달한 높은 수준과 명성을 잘 보여준다.

윌리암 록우드William Lockwood는 도요타직기의 성공과 영향력이 전전 일본 기술사에서 '예외적인' 사례라고 보았다. 다른 공업들, 특히 선진적 기계공학 기술을 필요로 하는 항공기 같은 공업에서 일본은 1945년 이전까지만 해도 서구에 뒤쳐져 있었다.[252] 그러나 방직공업에서는 일본이 서구에 대등함을, 그리고 몇 가지 점에서는 그보다 우월하다는 것을 당당히 주장할 수 있었다. 그리고 비록 전전의 일본 기술이 서구와 비교할 때 다소 손색이 있다 해도, 식민지 조선의 형편 없는 기술 수준에 비해서는 후지산처럼 우뚝 솟아 있었다.

1) 기계

일본이 1921년 후 조선에서 약간의 공업 발전을 허용하기로 결정했을 때, 그들은 물론 조선 자체 내에서 기술적 기반을 동시에 발전시키는 것은 전혀 생각하지 않았다.

그러한 일은 불필요했을 것이다. 첫째로 총독부 최초의 조선 산업 개발 구상은 극히 편협했다. 조선에서 광범위하고 정교한 기술적 하부구조를 갖추는 것은 낭비였을 것이다. 물론 총독부는 전적으로 일본의 필요에 초점을 맞추었다. 정무총감 미즈노는 일본이 조선에서 필요로 하는 것은 스스로 생산할 수 없는 생산물들, 특히 공업 원료라고 지적하였다. 조선 천연자원의 개발과 이용에 더하여 사이토 총독부는 경공업(특히 섬유공업)의 제한된 개발을 제안하였다. 왜냐하면 일본 산품의 수출을 과도하게 방해하지 않을 충분히 큰 시장이 조선과 아시아 대륙에 있기 때문이었다.

또 일본은 조선을 일본 본토의 연장으로 간주했고, 그래서 경쟁 상대가 될지도 모를 제2의 기술적 토대를 조선에 구축할 이유가 없었다. 조선은 필요한 모든 기술을 일본에서 얻을 수 있었다. 이 의존 관계는 1923년에 주류와 직물을 제외하고 조선과 일본 간에 모든 관세가 폐지됨으로써 더욱 조장되었다.

처음에는 일본의 목표와 조선의 낮은 기술 수준을 감안하면 이러한 정책은 합리적이고 적절한 것 같았다. 정책 결정 과정에 참여하게 된 한국인 자본가도 당시 일본 기술에 의존한다는 구상에 반대하지 않았다. 예컨대 한상룡은 1921년 산업조사위원회에서 여러번 발언하면서 일본 자본과 기술에 의존하는 것을 조선 산업 발전의 당연한 조건으로 받아들였고, 대신 발전과정에서의 한국인 기업가 엘리트의 역할을 보장받는 데 관심을 쏟았다.[253]

훗날 한반도에 대한 일본의 목표가 점점 더 군국주의적이 되고 조선이 대륙 진출을 위한 '전진병참기지'로 간주되면서 기술의존정책은 단견임이 드러났다. 그 후 1936년과 1938년의 산업관련회의에서 군사지향적 중공업 기반의 개발과 부합하도록 조선에서 기계기구공업을 급속히 확장하려는 계획이 수립되었다.[254]

약간의 진보가 이루어졌지만, 그것은 너무 미미하고 너무 늦었다. 수송기기를 비롯한 기계기구공업은 1938년에도 조선 총공업생산의 단지 2.3퍼센트에 불과하였고, 조선은 1945년까지 계속 모든 자본재를 일본에서 수입하였다.[255]

조선이 기계기구에서만이 아니라 부속품과 여분의 부분품에서도 일본 기술에 의존했기 때문에 문제는 복잡하였다. 공업기계류를 위한 너트와 볼트, 와셔들도 일본에서 수입해야 했다. 현대 생활의 필수품인 전구가 좋은 예다. 조선은 전구용 필라멘트에 필요한 텅스텐이 풍부하였고, 실제로 전구를 생산하고 있었다. 그러나 필라멘트는 일본에서 제조되었다. 일본은 조선에서 텅스텐을 수입하여 필라멘트로 만들어 조선으로 수출하였다.[256]

조선의 대일 기술 의존은 경방의 문서에도 잘 기록되어 있다. 1922년에 경방이 설치한 첫 역직기는 도요타에서 구입한 것이었고,[257] 도요타는 경방에게 직기 말고도 여러 방직기기와 부품을 공급했다.[258] 경방과 도요타의 관계는 식민지기 내내 계속 깊어졌다.

경방은 그 밖에도 다른 많은 일본의 공급업체들과 거래하였다. 1933년에 경방은 당시 구할 수 있었던 최신 최상의 장비인 노가미野上식 자동직기 224대를 수입했다.[259] 부속품과 부분품뿐 아니라 기

• 1930년대 경방의 면방직 공정
•• 1930년대 경성방직 영등포 공장

본 기계를 위해서 경방은 종종 특정 제조업자와 직접 거래했지만, 다카시마야高島屋의 오사카 지점이나 무라카미村上상점(오사카에서 도요타豊田의 대리점으로 활동했다)과 같은 일본 상사들을 통해서 설비를 구입한 예도 많이 있다. 경방이 정례 거래를 한 다른 일본 회사들로는 닛폰日本기계공업주식회사, 노사와能澤기계주식회사, 반다이萬代무역주식회사, 오니시大西상점주식회사 등이 있었다.[260]

예외적이지만 경방은 일본 이외 나라의 설비를 사용하기도 했다. 예컨대 1936년에 경방은 새 공장에 스위스제 방추 2만 1,600추를 설치하였다.[261] 그러나 일반적으로 경방은 일본 회사와 거래했고, 스위스 방추도 아마도 일본 무역업체를 통해서 조달되었을 것이다.

일본의 지리적 근접성, 그리고 식민본국과 식민지라는 특별한 관계를 고려한다면, 조선이 일본 기술에 전면적으로 의존한 것은 당연한 일이다. 그리고 일본 기업들은 경방에 좋은 조건들을 제공하였다. 대금 지불은 10년이나 그 이상으로 분할되었고, 연간 상환액은 대체로 7.4퍼센트 정도로 낮았다. 예컨대 1937년 5월에 경방은 방적 작업을 위한 30대의 연신기延伸機drawing frames를 도요타로부터 5만 7,000엔에 직접 구입하였다. 6개월마다 지불된 첫 할부금은 연간 7.4퍼센트였다. 채무가 점차 줄어듦에 따라 연간 할부상환율은 9퍼센트로, 그리고 후에 11.2퍼센트로 약간 올랐지만, 8년 후 식민지기가 갑자기 끝났을 때에도 경방은 도요타에게 원금의 40퍼센트가 넘는 채무를 지고 있었다.[262]

경방의 주문은 소액이더라도 일본의 공급자들에게서 좋은 대우를 받았다. 예컨대 1937년 5월에 경방은 마쓰이松井상점으로부터 단 1

개의 부품을 구입했다. 총가액은 70엔에 불과했지만, 이 주문도 2년 후부터 8.8퍼센트씩 지불되었다. 동시에 경방은 스기하라杉原상점에서 단지 120엔짜리 물품을 구입하였다. 8년간 6개월마다 3~5엔을 지불한 후에도 1945년 5월 당시 스기하라에 46엔의 빚이 남아 있었다.[263]

수천 페이지에 달하는 경방의 현존 장부들과 전표들에서 그러한 거래 내역을 얼마든지 발견할 수 있다. 이 서류들은 경방이 일본 기술에 거의 전적으로 의존하였음을 설득력 있게 확인시켜 준다. 경방이 앞서 지적한 여러 방면으로 확장하면서, 일본제 장비에 대한 수요는 자연히 급증하였다. 결국 1942년에 경방은 그러한 조달을 용이하게 하기 위해 오사카에 정식으로 출장소를 설치하기도 했다.[264]

그러나 경방이 일본 회사에 의존했다는 가장 뚜렷한 증거는 구입량보다는 주문 자체에 있다. 경방은 기본적인 기계류 뿐 아니라 거의 모든 부속품과 부분품도 일본에 의존하였다. 예컨대 방적공정에서 면사가 감기는 실패보다 더 간단하고 기본적인 부품도 없겠지만, 개당 4전 하는 실패조차도 오사카나 구와나桑名에서 주문하였다.[265] 그리고 실패는 경방이 일본에서 수입한 많은 부품 중의 하나에 불과했다. 1942년 6월 8일자 다카시마야 오사카지점에서 온 송장送狀에는 방적과 방직공정에서 사용되는 15가지 종류의 부속품이 기재되어 있다. 송장에는 볼트와 너트 고리쇠의 주문도 들어 있었다.[266] 사실상 경방은 나사 하나까지도 일본에서 들여왔다.

2) 전문 기술

식민지 조선은 기계와 부품에서만 일본 기술에 의존했던 것이 아니다. 일본의 전문 지식과 숙련에도 의존했다. 올바른 작동법이나 고장 시의 수리법을 모른다면, 나고야에서 최신 설비를 도입하더라도 아무런 쓸모가 없었다. 그러한 전문 지식을 습득하기 위해서는 방직부문에서의 일정 수준의 기술 연마와 훈련이 필요했는데, 조선에는 공업교육 훈련을 제공할 시설이 없었다.

다시 한 번 조선의 후진성을 발견할 수 있다. 처음부터 메이지 정부는 적극적으로 서구의 기술교육을 습득하고 일본 내 종합적인 공업교육제도를 개발하는 데 힘썼다. 기술 사절단과 개별 학생들을 서구에 파견하여 그들의 기술을 관찰하고 연구하도록 하고, 정부와 민간기업은 수백 명의 외국인 기술자들을 고용하여 서구 기술을 일본인에게 가르치고 훈련시키도록 하였다.

일본은 국민 교육에 더 큰 관심을 쏟아, 1871년에 문부성을 설치했고, 프랑스를 모델로 산업의 요구를 폭넓게 반영한 국민교육제도를 실시하였다. 20세기에 들어설 무렵에는 근 3만의 6년제 초등학교가 수백만의 일본 어린이들에게 어느 산업사회에서나 필수적인 기본 교육을 제공하고 있었다. 또 선진 과학과 공학 연구를 위한 광범위한 시설을 포함한, 고급 기술교육을 위한 구조가 점차 개발되었고, 결국 일본은 이로써 국제적 인정과 위신을 얻었다. 그러한 정책들의 조합은 매우 성공적이어서, 일본은 1920년대까지 대부분의 외국인 기술자들을 토착 일본인들로 대체할 수 있었다.[267] 심지어 1920년대 후반에 도요타는 자신의 일본인 기술자들을 영국에 파견하여 회사가 특허를 보유한 자동직기의 제작법을 영국인 기사들에게 가르치고 훈련시켰다.

그러나 일본은 조선에서는 매우 다른 산업교육정책을 실시했다. 그 목표는 포괄적인 기술교육체제를 개발하여 다양한 수준의 기술 작업을 다룰 필수 지식을 갖춘 숙련된 노동력을 배출하고, 또 현재의 기술 수준을 좀더 높일 일류급 과학자와 기술자를 양성해 내는 것이었다. 반면 조선총독부의 주 관심사는 공장 관리자(대부분 일본인)의 지시를 수행하는 데 필요한 초보적 교육을 받은 노동력을 공급하는 것이었다.

사실 일본인들 중 일부는 한국인 노동자가 너무 많은 교육을 받으면 잠재적으로 일본의 식민지 이익을 해칠 수도 있다고 염려했다. 식민지 조선의 최대 단일 민간 투자자이자 고용주였던 닛폰日本질소(주)의 노구치 준(당시 조선에서 그의 회사들은 공업 총납입자본의 40퍼센트 이상을 차지했다)[268]은 1936년의 산업경제조사회에서, 한국인들이 공산주의에 관심을 갖게 만들지도 모를 폭넓은 일반교육은 하지 말고 좀더 직업교육에 주력하도록 한국인 중등교육 제도가 재편되어야 한다고 제안하였다.

제가 조선에서 사업을 시작했을 때에는 조선인 직공에는 주로 고등보통학교 졸업생을 채용했습니다. 그러나 함경남북도에서는 러시아의 공산주의가 깊이 침투해 있고, 전후 수십 회의 검거가 행해지자 그때마다 저의 공장에서 많은 구속자가 나왔습니다. 그 체포된 무리들은 모두 고등보통학교 졸업생입니다. 그 이후 저의 공장에서는 고등보통학교 졸업생은 일절 채용하지 않게 되었습니다. 이제부터 조선에서 공사를 하려는 사람이라면 결국 마찬가지의 경험을 하지 않을까 생각합니다. 섣불리 속단해서는 안되지만(실제로 쓸모있는 일꾼이 현재의 교육체제로부터 나올 수도 있으므로), 고등보통학교는 많은 돈을 들이고도 실업에는 그다지 도움이 되지 않는 사람을 양성하고 있다고 여겨집니다. 따라서 제가 제안하고 싶은 것은, 오늘의 고등보통학교나 중학교 5년 중 처음 2년 정도는 보통교육을 하고 다음 3년간 공업과 상업이라는 전문교육을 하자는 것입니다.[269]

총독부가 처음으로 조선의 병참기지화계획을 세우기 시작한 1936년 이전에 일본은 한국인 공업교육을 가장 초보적인 수준 이상으로 발전시키는 데에는 거의 관심이 없었다. 노구치가 위와 같이 발언했을 때, 조선에는 단지 하나의 전문적 기술학교—경성고등공업학교—가 있었고, 그 교과과정은 개선할 여지가 많았다. 노구치는 제한된 교과목만 개설한 그것이 단지 '반쪽학교'에 불과하다고 말했다.[270]

대학 수준에서는 상황이 더욱 암담했다. 제국대학이 1925년 서울에 설립되었지만 1938년까지도 공학부가 없었다. 그리고 1936년의 산업경제조사회에서 한상룡은, 총독부에 비록 도지사나 장관이 된 한국인 관리가 있지만 기술 분야에는 단 한 명의 한국인 교수도 없음을 강조하였다.[271]

1930년대 후반 중일전쟁이 예견되자 조선의 중요한 역할이 갈수록 부각되었고, 총독부는 이 상황을 타개하려 했다. 1936년의 산업경제조사회는 중등 수준 이하의 도제 훈련을 촉진하고 모든 수준에서 직업 및 기술교육을 전반적으로 확장할 것을 요구하였다. 노구치 준은 조사회의 최종보고서에 만족했음에 틀림없다. 비록 조사회가 전문학교 및 고등공업학교의 확충과 더불어 대학 수준에서의 고급 공업 교과목의 설치를 제의했지만, 보고서의 핵심은 초등 및 중등 교육을 강화하고 개혁하는 데 있었다.[272] 이것이 총독부의 새로운 산업 목표에 부합하는 것이었기 때문이다.

바로 이것이 조사회의 계획이요 희망이었다. 이러한 목표들을 실현하는 데는 일본이 들였던 것보다 더 많은 시간과 자금이 필요했을 터였다. 아무도 하룻밤 사이에 전체 교육제도를 만들어 내거나 바꿀 수 없고, 학교에 나오는 것만으로 공업 전문지식을 얻을 수는 없다. 1936년 이후부터 일본의 지배가 끝난 1945년까지 9년간 새로운 교육시설이 개설되고, 과거 어느 때보다도 많은 한국인들이 어느 정도 기본적인 초등교육 및 직업교육을 받았다.[273] 그러나 1936년 이후에도 경방과 같은 한국인 회사들은 계속 일본의 기술 지식에 의존해야 했다.

경방은 되도록 한국인 기술자를 채용하는 것을 방침으로 삼았던 것으로 보인다. 경방이 오직 한국인 기술에 입각해서 운영되었다는 신화가 매우 뿌리 깊은 것은, 적어도 부분적으로는 경방의 광고와 공식 사사에서 여러 번 강조된, 이 공언된 목표 때문이었다. 1932년에도 경방의 지배인 이상우는 조선실업구락부 기자에게, 경방의 직원들은 전부 한국인이며 그들은 "일본인이나 다른 외국인 노동자, 기술자 못지 않다"[274]고 자랑스럽게 말했다.

경방의 기술자들이 유능한 방직 기술자였던 것은 틀림없지만, 모두 한국인이었던 것은 아니다. 몇몇 사람은 일본인이었다. 조선의 기술과 기술교육의 저개발 상태를 고려하면, 경방이 사업과정에서 일본인 기사를 전혀 사용하지 않을 수는 없었다.

사실 경방은 대대적으로 선전한 민족주의적 방침을 수없이 어겨야만 했다. 예컨대 경방의 새로운 설비가 건설된 후 김씨가가 옛 경성직뉴를 고무신공장으로 바꾸었을 때, 사전 설계에서 첫 생산까지의 전체 작업은 일본인 기사가 맡았다.[275] 경방이 특별히 밀접한 관계를 맺은 일본 섬유회사인 야기상점과 이토추상사는 경방이 요청할 때면 언제나 일본인 기술자들을 공급해 주었다.[276] 그리고 1930년대에 경방이 직포뿐 아니라 방적으로까지 사업을 확장하려 했을 때, 새 공장의 건설을 감독하기 위해 이강현이 처음 선택한 사람은 기리타桐田라는 이토추의 일본인 기사였다.[277]

경방이 일본인 기술자에 대한 의존을 완전히 벗어날 수는 없었지만, 분명히 경방은 처음부터 의식적으로 자기 사원들을 훈련시키려 시도했다. 이사회는 그러한 목적에서 자금을 정례적으로 비축했다. 이미 1919년 10월의 제2차 이사회는 2,400엔(당시 회사 납입자본의 거의 1퍼센트)의 '기술자 훈련비'를 책정하기로 결정했다.[278]

그러나 자신의 핵심 기술자들을 양성하려는 회사의 노력은 결국 일본에 대한 의존을 심화시켰을 뿐이다. 물론 경방의 기술자들은 조선에서 약간의 기본적인 기술교육을 받을 수 있었지만, 선진적 연구나 훈련은 일본에서 받아야 한다는 것은 변함없는 사실이었다. 회사의 첫 기술자이자 최고의 기술자인 이강현은 도쿄고등공업학교(훗날의 도쿄공업대학) 졸업생이었고, 김용완이 경방의 계열사인 중앙상공의 새 공장장으로 뽑은 윤주복은 규슈九州제국대학 출신이었다.[279] 일본 기술교육에서 배출된 직원이 그렇게 많았으므로, 1940년에 회사가 섬유기술연구의 지원금으로 교토제국대학 화학연구소에 1만 엔을 기부한 것도 이해가 간다.[280] 그러한 거액의 기부금은 일본의 공업기술에 대한 경방의 태도와 입장을 단적으로 보여준다.

경방이 신입 기술사원들을 일본에 훈련차 파견하는 것은 정례적인 회사 관행이었다.[281] 결과적으로, 신입 기술자에게 일본에서 받을 수 있는 최고의 훈련을 제공하겠다는 욕망이 일본 방직회사와의 유대를 굳건히 했고, 넓은 의미로 한국인 자본과 일본인 자본의 결합을 강화시키는데 영향을 주었다.

경방과 이토추의 관계가 바로 이에 해당한다. 현재 일본 최대의 종합상사 중 하나인 이토추는 본래 오사카의 섬유 도매상으로 출발했으나, 제1차 세계대전 전에 농산물·기계류·철강제품·자동차 등의 다양한 품목을 아우르는 주요한 국제섬유무역회사가 되었다. 1905년 조선이 일본의 보호국이 되면서 일본이 조선을 정치적으로 지배하는 것이 안정되자, 이토추는 발 빠르게 1907년에 한양지점을 개설하여 조선으로의 직수출 라인을 열었다. 비록 그 후 제품을 다양화하고 다른 많은 지역으로도 시장을 넓혔지만, 이토추는 계속 조선무역에서 중요한 역할을 했다.[282]

본래 경방과 이토추를 맺어준 사람은 박승직이었는데, 그는 조선왕조 말부터 포목상을 했으며 그 아들은 훗날 한국의 재벌그룹(두산)을 설립했다. 이 만남은 우호적이고 상호 유익한 관계의 시작으로 드러났고, 양측간의 인적 및 사적 연계는 오늘까지도 공고하게

이어지고 있다.[283]

이토추는 식민지기 동안 경방이 추진한 사업의 여러 중요한 면에 관여하게 되었다. 이토추는 경방에 원료와 기계류를 염가로 공급하는 것 말고도, 경방이 생산한 직물의 판매 대리인 역할을 했다. 또 1930년대 말 이토추는 경방이 남만주에 방적방직공장을 설립하는 데 도움을 주었고, 경방은 몇 년 후 이토추의 조선 내(대전) 새로운 섬유사업에 참여함으로써 보답했다.[284]

그러나 여기서 우리는 식민지기 동안 경방에 일본기술을 제공한 이토추의 역할에 관심을 가져야 한다. 이미 언급한 것처럼 경방은 필요할 때면 이토추 및 다른 회사들에게 일본인 기술자를 보내달라고 요청하곤 했다. 그러나 이 정도는 일부분에 지나지 않는 것이었다. 경방은 경성고등공업학교로부터 다수의 한국인 청년 기술자들을 채용했다(경성고공은 5년간의 중학교나 고등보통학교를 마쳐야 입학할 수 있었다).[285] 경성고공에서의 수학 과정은 3년이었고, 직물과의 학생들은 방적·직포·염색 등의 다양한 과목에서 초급·중급·고급 교과를 배울 수 있었다. 또 이 학교는 기계 디자인, 기계 원리, 공업 조직, 문직紋織, 원료의 원칙과 검사, 제조 분석과 디자인 등의 교과목을 가르쳤다. 이 학교의 인상적인 직물 교과과정에도 불구하고, 경방은 채용한 졸업생들을 일본으로 파견해 조선에서 받을 수 없었던 교육을 보충하도록 했다. 그들은 일본에서 이토추의 자회사인 구레하방적회사의 한 공장에서 1년간 현장 훈련을 받았다.[286]

이 제도는 두 회사 모두에게 유익했다. 이토추는 한국인 직원을 공짜로 장기간 사용할 수 있었고, 동시에 경방에서 직물 판매를 취급하는 데 대한 계약과 수수료뿐만 아니라 원료 및 설비의 주문이라는 정규 일거리를 받았다. 경방에게는 더 많은 이익을 가져다 주었다. 구레하에 체재하는 도중에 경방의 청년 기술자들은 지배국 중심부의 언어와 문화를 배울 수 있을 뿐만 아니라, 주요 중심지 중의 하나에서 국제직물무역을 맛보았다. 또 가장 중요한 것은 그들이 일본 방직공업이 제공할 수 있는 최상의 최신 기술을 실제 공장에서 접한 것이다.

경방 혼자서는 아마도 새로운 기술자들에게 그 정도 깊이의 교육과 경험을 제공하기 힘들었을 것이다. 그것은 확실히 많은 비용이 들 일이다. 구레하와의 관계 덕분에 경방은 무상으로 이 훈련을 받았다. 매달 경방은 구레하로부터 훈련생의 식비, 생활수당, 보너스에 대한 청구서를 받았다. 훈련생이 조선을 떠나지 않은 경우에도 경방은 이 비용의 상당 부분을 지불했을 것이다. 그러나 훈련 자체에 대해서는 비용이 청구되지 않았다.[287]

1984년에 김용완은 필자에게 구레하방적이 경방에게 '좋은 친구'였다고 말했다.[288] 어느 의미로는 옳았다. 구레하에게는 실로 경방에게 우호적이어야 할 이유가 충분히 있었다. 그러나 그 관계에는 우호 이상의 것이 훨씬 더 많았다. 중요한 이해관계가 양측에 걸려 있었다. 특히 이토추는 좋은 고객을 붙잡아두길 원했다. 경방에게 이 관계는 훨씬 더 심각하고 중요하였다. 구레하는 경방에게 조선 내에는 없는 핵심적 기술 지식을 얻을 수 있는 저렴한 직통로를 제공해 주었기 때문이다.

6. 식민본국과 변방 사이에서 시장을 찾아서

Between Metropole and Hinterland : The Quest for Markets

생산 자체는 비용을 발생시킬 뿐이다. 지출을 수입으로 바꾸기 위해서는 생산물이 판매되어야 한다. 판매에는 두 개의 서로 다른 관련 분야가 있다. 첫째는 회사가 생산물을 판매하는 판매 통로다. 둘째는 시장의 구조, 즉 회사가 누구에게, 왜, 무엇을 판매하는가와 관련된 회사의 특정 판매 유형이다.

경방에게 이 두 가지 의미에서의 판매는 원료와 기술의 확보에서 본 바와 같이, 일본 자본주의에 대한 의존관계가 심화됨을 의미하였다. 결국 제품의 판매를 위해 경방은 만주와 중국에서 일본 제국주의에 적극 협력하게 되었고, 일본 제국이 지속될수록 경방이 얻을 이익 역시 훨씬 더 커졌다.

판매 경로

경방이 면사와 직물의 판매를 전적으로 일본인 상회사에 맡겼다고 말한다면 잘못된 것이다. 실상은 훨씬 더 복잡하였다. 결국 경방이

6. 식민본국과 변방 사이에서 : 시장을 찾아서 231

일본인 회사로 돌아서기는 했지만, 그 전이나 후에도 경방은 다른 판매 방법을 이용하였다. 회사의 최대 관심사는 제품을 판매하는 것이었다. 이것은 초기 수년간 매우 절실한 문제였기에 회사는 유용하다고 여겨진 모든 수단을 썼다.

총독부는 여러 모로 도움이 되었다. 앞서 우리는 경방이 1920년대에 일본산 수입품과 경쟁할 때 생존할 수 있었던 핵심 요인이 총독부의 보조금이었음을 보았다. 또 식민당국은 조선의 생산품을 장려하는 정기적인 견본시見本市를 후원하였다.[289] 그리고 총독부는 직접적으로든 간접적으로든 경성상공회의소와 같은 반관적 조직을 통해서 잠재적 새 시장을 탐색할 시찰단을 조직하였다. 일례로 김연수는 1921년에 평양부가 후원한 만주 시찰단에 참가하였다.[290]

만주에 일본의 괴뢰국이 수립된 후 그러한 시찰은 더욱 빈번해졌다. 총독부는 일만 경제블록을 건설한다는 정책의 일환으로서, 만주시장에 관심을 가진 회사라면 대개 지원했다. 그래서 1932년의 만주국 건립 직후 경성상공회의소는 압록강을 건너는 시찰 여행을 마련했고 경방도 여기에 참가하였다.[291] 몇 년 후 총독부는 경방이 만주 내에 새로운 방적공장을 세우려 하자 금융 및 기타의 전폭적 지원을 제공하였다.

정부의 지원이 귀중한 것이기는 하나, 가끔씩 제한적으로 주어지는 것이었고, 기껏해야 경방의 정규 판매 활동에 대한 보완물로서 쓸모가 있을 뿐이었다. 초기 수년간 경방의 제품 판매는 대부분 회사가 직접 담당하였는데, 그 과정은 지난했다. 경방 제품은 일본에서 이입된 동종 제품보다 저렴한 만큼, 그 품질도 더 나빴다. 도요방적이 수출한 '3A'와 같은 유명한 일본 상품과 비교하면, 경방의 직물은 사실상 무명이었다.

이러한 이유 때문에 처음에는 한국인 상인들이 경방의 상품을 진열하는 것조차 거절하였다. 경방은 운영 비용의 거의 10퍼센트를 판매에 쏟아부었고, 서울 전역에 판매원을 보내 상인들에게 제품을 취급해 달라고 사실상 구걸하다시피 했지만 대개 거절당했다. 더 잘 팔리는 일본산 이입품을 진열할 공간을 인기 없는 경방 직물에게 내어줄 이유가 없었고 그래서 경방 제품을 위탁 방식으로라도 판매하려 하지 않았다. 서울 밖에서도 사정은 비슷하였다. 너무나 절망감을 느낀 회사는 결국 판매원을 지방 장시에까지 파견하였는데, 거기서 판매원들은 다수의 다른 행상들과 다투면서 회사의 상품을 소리치며 팔아야 했다.[292]

다행히 이러한 조치들은 어느 정도 효과가 있었는데, 적어도 경방 직물을 한국인 소비자에게 알리는 데는 도움이 되었다. 동시에 회사가 경험을 쌓아가면서 경방 직물의 품질도 개선되었다. 또 한국인 소비자들에게 민족주의적 감정에 호소했던 것은 매우 성공적이었는데, 특히 북부 지역에서 그러하였다.[293] 잠재적 고객에게 제품을 써보라고 권유하면서, 경방은 한국인이 소유·운영하는 대규모 방직공장이라는 독보적인 지위를 광고에서 부각시켰다. 물산장려회의 기관지인 《산업계産業界》 1924년 1월호에 실린 경방의 신년 광고는 회사의 이런 민족주의적 호소 전략을 잘 보여 준다. 광고의 첫 줄은 "조선을 사랑하는" 모든 한국인들은 오직 한국인 제품만 사용할 것— "조선인 자본과 기술로 처음 생산된 광목으로 시작할 것"—을 요청하는 것으로 시작하였다.[294]

마침내 경방은 한국인 상인들이 경방 제품을 취급하도록 할 수 있었고, 결국 '특약판매점'으로 선택된 한국인 상인들에게 정규적으로 제품을 위탁하기 시작했다. 1930년대까지 경방은 다수의 중소 도매상 및 소매점과 위탁계약을 맺었다.[295] 이 많은 거래 중 특히 두 경우가 경방의 역사에서 중요했고 오래 지속되었는데, 그 하나가 박승직과의 거래였다.

　박승직은 1864년에 경기도 광주군의 한 농가에서 5형제 중 셋째로 태어났다. 고향에서 집안의 농사일을 도우면서 청소년기를 보낸 그는 장사에 매력을 느끼고 인천을 통해 외국직물무역에 종사하던 경기 상인들에 가담하였다. 자본을 모으고 경험을 쌓은 그는 1898년 서울의 종로 4가에 포목점을 열었고, 몇 년 후에는 서울의 고위관료층이 주목할 정도로 명성을 얻었다. 1905년 후에 이 관료들을 지배하게 된 일본인들이 한국인 상인을 대개 시혜적이거나 심지어 경멸적으로 대했지만, 박승직에게서는 좋은 인상을 받았다. 예컨대 초대 조선통감인 이토 히로부미伊藤博文는 박승직과 몇몇 한국인들을 직물상계의 '실력 있고 유망한' 상인이라고 지목하고, 조선은행장에게 그들을 지원해 주라고 지시하였다.[296]

　박승직은 일본어를 배운 적이 없어서 통역이 필요했지만, 일본인들과 같이 사업하는 것을 주저하거나 불편해하지 않았다.[297] 1907년에 그와 여러 한국인들은 니시하라西原라는 일본인 기업가와 더불어 공익사共益社라는 새로운 합작 직물무역회사를 세웠는데, 이 회사는 일본 무역회사와의 직수입 통로를 최초로 개설하여 중국인 중개상들의 지배체제를 깨뜨렸다. 박승직은 식민지 조선에서 가장 중요하며 평판 좋은

기업가가 되었고, 그의 후손은 오늘날 한국의 거대 재벌이 되었다.[298]

경방이 1920년대에 막 첫 직물을 생산하기 시작했을 때, 박승직은 이미 조선 직물상계의 핵심 상인이었다. 1921년에 공익사는 자본금 약 21,000엔의 합명회사에서 자본금 100만 엔의 주식회사로 성장해 있었다. 이 회사는 점차 전국 각지에 지점을 설치하고, 만주의 주요 도시로도 활동을 확대해 갔다.[299]

박승직이 한국인과 일본인 직물상들 사이에서 지도자가 되자 그의 영향력은 더욱 커졌다. 그는 1918년에 서울 전역의 한국인 면포상들을 하나의 단체로 조직하고 그 회장이 되었다.[300] 동시에 공익사의 주주와 사장으로서의 역할 덕분에, 그는 서울에서 일본인 상인들이 지배하는 유사한 단체(이것은 나중에 조선면사포상연합회로 전환되었다)가 1920년에 창설될 때 중심적 역할을 했다. 이 단체가 설립될 때 미쓰이물산의 서울지점장이 회장을 맡았고, 박승직은 이사 자리를 얻었다. 조선면사포상연합회는 1929년 창립 10주년 전야에 조선 면사포 거래의 역사서를 발간하였는데, 박승직을 특별히 '조일합동 기업의 선구자'로 칭송했다.[301]

경방은 박승직을 통해 주요 일본인 상회사에 직접 접근하는 등 광범위한 유통 채널에 진입할 수 있었다. 예컨대 경방을 이토추상사에 공식적으로 소개한 것이 박승직이었다. 오사카에 있던 이토추상사가 1910년부터 공익사에 상당한 지분 투자를 했기 때문에 박승직은 이 회사와 특별히 가까웠다.[302] 경방의 사업이 상당히 확장되고 경방이 주요 일본인 상회사를 광범위하게 활용하기 시작한 이후에도 박승직과의 관계는 지속되었다. 경방은 서울의 한국인 상인들과 맺어

진 박승직의 연줄을 계속 이용할 수 있었다.[303]

　김씨가는 또 한 명의 한국인 상인과도 밀접하고 상호 유익한 관계를 맺었다. 그는 바로 박흥식이었다. 1926년에 경방이 박승직의 도움으로 시장에 발을 들여놓기 시작했을 때, 박흥식은 북부 지방 출신의 자신만만한 젊은 기업가로서 서울에 처음 등장하였다. 박승직처럼 평민가계 출신인 그는 고향에서 10대에 밑바닥에서 출발하여 자수성가한 상인이었다.[304] 박흥식은 진남포상공학교에 입학했다가 곧바로 그만두고 고향으로 돌아와 어머니를 돌보았다.[305] 박승직과 마찬가지로 고등교육을 받지 못한 것은 사업의 성공에 아무런 장애가 아니었다. 김씨 형제들이 집안의 엄청난 자원과 최상의 일본교육에 의지했던 반면, 박흥식은 결단력, 창의력, 투지, 허장성세를 효과적으로 결합하여 식민지 사업계의 정상에 올랐다.

　물론 일본인의 도움이 있었다. 막대한 재산 상속을 받은 김씨가라 하더라도 의식적으로 부지런히 식민지 권력구조 속으로 파고들지 않았더라면, 그렇게 성공할 수는 없었을 것이다. 그러나 박흥식은 1919년 이후 일제 식민권력이 의식적으로 조장한 협력적 자본주의 발전에 김씨가를 능가하는 이상적인 후보였다. 그는 창조적이면서 공격적인 천부적 기업가였다. 반면 김씨가는 근면하며 더 보수적이었다. 두 집안의 매우 상이한 배경을 감안하면, 그러한 현저한 차이는 당연한 것이다. 김씨가의 경우 이미 수중에 있는 거대한 재산을 지키고 치장하는 것이 목표였다. 반면 박흥식의 야망과 재능은 대부분 헝그리 정신의 산물이었고, 그의 기업에는 영리하나 가난한 스무 살 청년의 굶주림과 열정이 가득 차 있었다.

이러한 배경의 그는 식민지가 되기 전 독립국가 시절의 조선에 대해 아무런 연민의 정을 품지 않았다. 보잘것 없는 양반의 전통을 결코 잊지 못한 김씨가와 달리, 박흥식은 오로지 현재와 미래에서 자신의 정체성을 찾은 것으로 보인다. 조선왕조가 박씨 가문에 양지바른 자리를 주지 않은 것과 달리, 식민지체제는 영리하고 유능한 자에게 새로운 기회를 제공하였다. 김씨가를 협력자로 만들려면 일본은 어느 정도까지는 약속과 보조금으로 부추겨야 했다. 반면 박흥식은 처음부터 서슴없이 협력으로 뛰어 들었다. 그는 바로 일본이 찾던 종류의 사람이었다.

박흥식이 1926년 서울로 이주하자 기회가 왔다. 그는 혼자 힘으로 진남포와 고향 용강군에서 각기 미곡상과 지물상으로 명성을 얻었고 약간의 자본도 축적하였다. 남쪽으로 이사하기에 앞서 그는 용강에 금융, 면화를 비롯한 여러 생산물의 보관, 판매 및 운송을 제공하는 회사를 만들었고, 그 밖에 유치원과 농업학교를 세웠다. 서울에 온 후, 그의 사업은 솟구쳐 오르기 시작하였다. 지물회사를 시작한 그는 시장을 장악한 일본인 상인들과 좋은 관계를 맺는 데 주력했다. 1932년에는 연 판매액이 약 300만 엔에 달하는 주요 신문지 공급자가 되었고, 최대 고객 중에는 총독부도 있었다. 훗날 그의 시장은 만주와 중국까지 뻗었다.[306]

박흥식의 사업 활동은 매우 다양하고 광범위하여 그의 이력은 독립적 연구의 주제가 될 만했다. 그는 김씨가처럼 식민지의 경제·정치 구조 속으로 깊게 빠져 들어갔고 일본인 엘리트와의 친밀한 사업적·개인적 관계를 활용하였다. 그는 함경북도에 있는 오지王子제지주식회사의 거대한 펄프공장[307] 및 동양척식회사[308]를 비롯해 조선에서 활동하고 있던 많은 일본인 회사의 주식을 소유하고 이사직에 앉았다. 그의 수많은 일본인 친구와 지인 중에는 여러 사업에 많은 자금을 공급해 준 아루가 미쓰토요有賀光豊 조선식산은행장, 조선에 진출한 오지제지회사에 합류하도록 주선한 우가키 총독이 있었다.[309] 1942년의 신문 인터뷰에서 그는 총독 미나미 지로와 부인을 스스럼 없이 '친애하는 부모'라 불렀다. 그는 또 제국 내부의 성소聖所로 받아들여진 극소수의 한국인 평민 중 하나였다. 1942년 12월 공식적 사업 출장 차 일본에 간 그는 일본 천황을 알현할 수 있었다.[310]

여기서 우리가 주목해야 할 부분은 경방의 판매 활동에 박흥식이 관여했다는 것이다. 그는 1931년에 서울의 화신和信백화점을 설립자 신태화申泰和에게서 사들였다. 이 개인업체를 회사로 바꾼 그는 앞서 있던 다른 한국인 경쟁자를 축출하고 결국 화신을 서울의 5대 백화점 중 하나로 키웠다. 또 그는 몇 년 후 독립회사로 화신연쇄점을 설립했다. 여기에는 전국 350개 상점이 자발적으로 회원으로 가맹했으며, 그 물류센터가 서울·평양·원산·군산·부산에 세워졌다.[311] 경방의 직물은 화신이 판매한 상품 중 하나였다.[312]

그렇지만 이것은 단지 관계의 시작일 뿐이었다. 1938년에 그는 일본군이 중국에서 열고 있던 새로운 시장을 이용하기 위해 화신회사 내에 외국 무역부를 만들었다. 몇 달 후 이 부서는 새로운 독립적 무역회사로 분사되었고,[313] 1941년에 여러 다른 화신 계열사들과 함께 자본금 500만 엔의 화신상사로 합병되었다. 섬유제품은 이 회사가 취급한 주요 품목 중 하나였다. 경방은 이 회사의 주주였고, 김연

수는 이사였다.[314]

전쟁 동안 모든 섬유 제품이 총독부가 지정한 특별한 상업회사를 통해 배급되고 있었을 때, 김연수와 박흥식은 다시 한 번 협력하여 오직 섬유제품만을 취급하는 대동직물大同織物이라는 합작 상회사를 만들었다. 박흥식이 사장을, 김연수가 이사직을 맡았다.[315]

김연수의 직물을 취급한 다른 한국인 및 일본인 도매상들처럼, 박흥식도 또한 개인 명의와 회사 명의로 경방의 주식을 보유하였다. 1945년경 박흥식은 김씨가와 조선식산은행을 제외하고는 경방의 최대 주주 중 하나였고, 경방의 이사직을 맡았다.[316]

섬유공업 이외의 다른 사업 프로젝트에 김연수가 박흥식과 더불어 참여함으로써 경방과 박흥식의 특별한 판매관계는 더욱 돈독해졌다.[317] 박흥식이 사장이었던 조선비행기주식회사나 원산의 조선석유주식회사가 그 예다.

경방이 성장하는 데에는 박승직이나 박흥식과 같은 한국인 상인과 맺은 관계가 중요하기는 했지만, 그것은 예외적인 일이었다. 즉 경방은 계속 상당수의 한국인 포목상들과 거래를 계속했지만, 한국인과의 총거래량은 비교적 적었다. 경방 직물의 대부분은 더 큰 일본인 상업회사를 통해 분배되었다. 여기에는 야기八木, 이토추, 닛폰면화, 도요면화, 미쓰이물산, 고쇼江商 등의 잘 알려진 이름들이 포함되어 있었다. 경방이 정규적으로 이용한 다른 일본인 회사는 가토加藤, 마루미야丸宮, 타카세高瀨, 모토이치又一였다.[318]

예를 들어 1939년 6월 1일~11월 30일의 제25기 판매 기록을 보면, 총판매액은 약 4백만 엔에 달하였다. 총액의 약 61퍼센트가 일본인 상회사로 갔는데, 그중 미쓰이물산이 72만 3,000엔으로 선두였으며, 경방의 오랜 친구인 야기상점이 51만 9,000엔, 도요면화가 4만6,000엔, 이토추가 45만 엔으로 뒤를 이었다.[319]

경방이 당시 자신의 상회사(김연수가 박흥식과 함께 설립한 대동직물)를 갖고 있었으며 또 그 밖의 판매 기구로서 자회사(중앙상공회사)를 이용하고 있었음을 상기하면 이 수치는 더욱 인상적이다. 1939년 후반기에 집계된 판매액 400만 엔 중에서는 대동직물이 25퍼센트를 차지하였고, 중앙상공은 단지 10퍼센트 정도를 차지하였다. 김연수 자신이 사장으로서 또 하나의 상업회사를 세운 1941년 이후에도, 경방은 계속하여 앞서 거명한 일본인 상회사들에 주로 의존하였다.[320]

물론 그러한 의존은 경제적으로 매우 합리적이었다. 이 시기에는 일본의 대大방직회사라도 제품을 일본의 대大상업회사를 통해 판매하는 것이 관행이었다. 김연수가 한국인 회사들만을, 심지어 자신이 지배하는 회사들만을 사용하기를 고집하였다면, 경방의 사업은 재난을 맞았을 것이다. 경방은 물론 대개 총판매량에 비례한 리베이트의 형태로 그 서비스의 대가를 일본인 회사들에게 지불해야 했지만,[321] 일본인 대大상업회사가 제공할 수 있었던 이익은 그 비용을 능가했다. 예컨대 식민지기의 어떤 한국인 상업회사도 미쓰이물산과 같은 회사와는 자본·경험·판매망 면에서, 특히 미쓰이가 장악한 아시아 세력권 내에서 제대로 경쟁을 시도할 수조차 없었을 것이다.

그리고 넓은 판매망은 일본인 회사들이 제공한 전체 선물 꾸러미의 일부에 불과하였다. 경방과 야기상점 및 이토추의 관계에서 이미 보았듯이, 일본인 상업회사들은 원료와 기술의 확보에서 제조업자들에게 큰 도움을 줄 수 있는 지위에 있었다. 예를 들어 일본인이 경영한 부산의 조선방직은 경방과 마찬가지로 초기에 판매 문제로 많은 어려움을 겪었지만, 일단 제품의 판매를 도요면화주식회사에 맡기자 매출이 극적으로 증가했다. 그 주된 이유는 조선방직이 도요면화와의 관계 덕분에 수입원면을 신속하고 저렴하게 획득할 수 있었기 때문이다.[322] 이러한 배려의 대가로 일본인 상업회사들은 물론 그들이 돕고 있는 기업으로부터 정규판매계약이나 대리점계약 형태의 보수를 받기를 기대하였다. 만약 경방이 일본인 회사들을 통한 제품 판매를 거부했더라면, 전체 회사 경영이 위험에 빠졌을 것이다. 그러나 그렇게 비합리적인 일은 고려된 적도 없었다. 경방이 박승직과의 연줄 덕분에 이토추상사와 좋은 관계를 만들 기회가 왔을 때, 김씨가는 감사히 그리고 기꺼이 그를 이용하였다.

시장구조 : 만주와 그 너머로

헤밍웨이의 유명한 단편 《킬리만자로의 눈》은 킬리만자로 산에 관한 암시적 삽입구로 시작된다.

킬리만자로는 5,895미터 높이의 눈 덮인 산으로서 아프리카에서 가장 높다고 한다. 마사이족은 그 서쪽 정상을 신의 집이라 부른다. 서쪽 정상 가까운 곳에 말라 비틀어져 얼어붙은 표범 한 마리의 시체가 있다. 표범이 그 높은 곳에서 무엇을 찾고 있었는지는 아무도 설명하지 못한다.[323]

1946년 여름 미국 배상위원회 일반참모부의 경제학자인 에드윈 마틴Edwin M. Martin은 한국과 만주에 있는 옛 일본인 산업 재산을 조사하고 있었다. 그는 6월 13일에 펑톈 근처에서 까맣게 탄 녹슨 방적공장의 잔해 속을 천천히 걷고 있었다. 이 공장은 불과 열 달 전만 해도 3만 5,000추의 방추와 1,000대가 넘는 직기, 약 3,000명의 직공을 거느린 거대한 새 방적공장이었다. 중국 당국은 소련이 이 공장에서 약 4,500만 달러 상당의 물자를 빼내고 불을 질렀다고 보고한 바 있었다. 마틴은 아직 거기에 남아 있던 한국인 수위에게서 이 공장이 일본인이나 만주인 자본이 아니라 한국인 자본으로 건설되었다는 말을 듣고 약간 놀랐던 것 같다. 그는 보고서에 이 사실을 '확인할 수 없다'고 썼다.[324] 표범이 겉보기에 제자리를 완전히 벗어나 킬리만자로 산 정상에서 죽은 이유를 고민한 헤밍웨이처럼, 마틴이 일본 식민주의의 희생자가 만주에서 수천만 달러의 방직공장으로 무엇을 하고 있었는지를 의아하게 여긴 것도 당연하였다.

마틴이 1946년에 발견한 이 파괴된 잔해물은 경방의 자회사인 남만방적주식회사의 공장이었다. 한국인이 거기서 무엇을 하고 있었는지는 전혀 신비로운 일이 아니다. 헤밍웨이의 표범은 아마도 신을 찾고 있었겠지만, 이 한국인은 기업 이윤을 찾고 있었다. 그러나 이 회사가 어떻게, 왜 만주에 그렇게 깊이 얽혀 들어갔는가 라는 더 큰 이야기는 복잡하며 매력적이다. 대답은 경방의 독특한 시장구조에 있으며, 우리가 거기에서 발견하는 유형은 다시 일본 제국체제 내 조선의 경제적 지위의 산물이었다.

1) 부차적 요인들

물론 부차적 요인들도 있었다. 경방이 만주 시장에 얽혀들도록 이끈 일본 제국 내 조선이 맡은 역할의 구조적 특징을 검토하기에 앞서, 경방의 만주 진출에 영향을 준 다른 몇 가지 요인들을 고찰해 보자.

조선과 접경하고 있으며, 특히 1931년 이후 일본의 지배하에 들어온 만주의 지리적·정치적 특성 때문에, 만주는 식민지 조선의 기업가들에게 필연적인 이해관계 지역이 되었다.

또 만주는 한국인들에게 특별히 관심이 가는 지역이었다. 만주에는 1940년경 약 120만의 한국인들이 살고 있었는데,[325] 조선 내의 한국인 기업가들이 보기에 그들은 천혜의 시장이자 상업적 연줄의 원천이었다. 또한 그 역도 성립하였다. 만주의 한국인 주민들이 조선으로 사업을 확장하는 것도 드문 일이 아니었다. 일례로 경방은 강재후姜載厚라는 만주의 한국인 포목상과 거래하였다. 강재후의 용정龍井상회사는 간도間島에 근거를 두고 있었지만, 조선(청진)에 지점 사무소를 두었고 경방의 주주이기도 하였다.[326]

또한 만주에 대한 김연수의 관심에는 강력한 개인적 이유도 있었으니, 그것은 토지였다. 1931년의 만주 점령과 1932년의 만주국 수립 후 일본은 한국인 이민을 이용하여 정부 보조의 대규모 토지 개간을 장려하기 시작하였다. 이 정책은 한꺼번에 여러 문제를 해결하였다. 첫째로 엄청난 식민지 소작료를 지불할 수 없는 다수의 빈농들을 배출함으로써, 조선 내의 인구 압력과 그에 따르는 정치 문제들을 완화하였다. 결국 만주 당국과 조선총독부 사이에 매년 한국인 1만 호를 이주시킨다는 협정이 체결되었다.[327]

둘째로 이러한 정책은 최종적으로 일본인 식민을 위해 토지를 개간하면서, 동시에 만주에 대한 일본의 정치적·경제적 지배에 잠재적 위협을 가하는 중국인 주민의 확산을 손쉽게 방지할 수 있는 방법이었다.

셋째로 한국인의 북부 이주는 대륙에 주둔한 일본군만이 아니라 증가하는 일본인 인구를 위한 쌀의 생산에도 적지 않게 기여하였다. 쌀 재배를 하지 않는 만주의 중국인과 달리, 만주의 한국인들은 논 경작 기술이 좋아서 만주국의 우수한 쌀 생산자가 되었다. 예를 들어 1936년에 만주의 한국인들이 만주국 쌀 수확량의 근 90퍼센트를 담당하였다.[328]

김연수가 소유한 조선 내 광활한 토지를 지배·관리하고 있던 삼양사는 이 기간 중 압록강과 두만강 너머로 활동을 확장하여 정부나 민간(중국인과 일본인)으로부터 거대한 미간지를 획득하고, 그것들을 한국인 이주 농민이 거주하는 대규모 농장으로 바꾸었다. 삼양사는 1936년에 펑톈에 대표 사무소를 개설하였다. 1937년 2월부터 잉커우營口의 랴오 강 건너편에서 회사의 첫 번째 만주 농장인 천일天— 농장의 토지 개간이 시작되었다. 두 번째 농장인 반석盤石농장의 토지 개간도 펑톈 북쪽에서 비슷한 무렵에 시작되었다. 그 후 1945년까지 김연수는 그러한 농장을 계속 창설하였으니, 1938년에 교하咬河농장, 구대九臺농장, 1939년에 매하梅河농장, 1942년에 다붕茶朋농장이 창설되었다.[329]

관련 토지의 규모는 막대하였다. 김연수는 1939년에 남만방적회사를 세우기 전에도 만주에 수천 에이커의 토지를 소유하고 있었다. 천일농장 하나의 규모도 무척 컸다. 1937년에 그 규모는 약 700정보

였으나, 식민지기 말에는 1,785정보로 커져 있었다.[330]

다른 토지도 또한 막대하였다. 반석농장은 약 700정보로 시작하였고, 교하와 구대는 모두 약 400정보에 달하였으며, 매하는 380정보, 차봉은 가장 작아 약 177정보였다.[331] 그리고 1939년에 김연수는 김여백金汝伯이라는 다른 한국인 기업가로부터 100만 엔에 삼척기업三拓企業이라는 회사를 인수하였다. 그와 더불어 김여백이 정부에게서 받은 북간도의 3만 정보의 원시림에 대한 개간 및 정착권도 넘어왔다.[332] 1945년까지 김연수가 소유한 만주의 토지는 거의 4만 정보에 달하였다. 김연수가 만주에서 그러한 기득권익을 갖고 있는 한, 급속히 성장하는 그의 방직회사의 확장 지역으로서 북쪽에 눈을 돌린 것은 놀라운 일이 아니다.

2) 식민지 정책

그렇지만 경방이 만주에 진출하게 된 주된 까닭은 주로 일본의 제국정책이 창출한 시장구조에 있었다. 이 정책의 주목적은 대략 두 가지였다. 첫째는 소극적인 것으로 '내지', 즉 제국 중심부와의 경쟁을 피하면서 조선의 공업을 발전시키는 것이었다. 조선의 지배자들은 일본 영토로서의 조선의 가치를 높이기 위해 1921년에 조선을 공업 발전에 개방하기를 바랐지만, 그러한 발전은 일본 본토에 대한 조선의 종속적 지위에 부합하는 것이어야 했다. 예를 들어 조선이 일본으로 정밀 공업 제품을 수출한다는 것은 일본 식민지배자들이 상상할 수도 없는 일이어서, 1921년의 산업조사위원회에서는 진지하게 거론되지도 않았다.

그러나 많은 일본인 위원들은 조선 내에서 사업을 하는 일본인 회사나 한국인 회사가 결국 일본의 수익성 좋은 수출 시장을 빼앗을지 모른다는 가능성을 우려했다. 물론 직물이 논쟁의 초점이었다. 당시 총독부가 조선방직주식회사를 지원하고 보조금을 주자, 일본 내 면방직업자들은 조선 시장에 대한 위협이라 보고 거세게 항의했다.[333] 조선 내 방직공업 및 기타 공업을 추가로 지원하고 보조하겠다는 총독부의 제안은 1921년의 회의에서 주요한 쟁점이 되었다.

총독부의 견해는 조선방직과 같은 회사를 약간이라도 보호해야 하며 그렇지 않으면 그들이 일본의 이출품에 간단히 압도될 것이고 결코 자립할 수 없으리라는 것이었다. 1921년의 식민당국은 임박한 조선-일본 간 관세 폐지가 조선의 신생 공업에 미칠 효과를 특히 염려했다. 그들은 조선의 공업이 일본 제품의 범람 속에서 익사할 것을 두려워했다.

일본과 경합하지 않는 발전이라는 어려운 문제의 해결책은 만주에 있었다. 우선 대륙 시장의 거대한 잠재력이 있었으니, 그 규모는 일본과 조선 양측에서 동시에 공업이 발전할 때 생길 모순을 해결하는 데 이바지할 수 있었다. 이 견해의 뛰어난 옹호자 중 하나가 훗날 조선상공회의소의 회장이 된 관료 출신의 식민지 기업가 가다 나오지 賀田直治였다.[334] 그는 1921년 산업조사위원회에서 식민지의 산업적 기반을 개발한다는 총독부의 결정이 일본의 대조선 수출을 위협할 것이라는 많은 일본인 위원들의 생각을 반박하였다. 무엇보다도 가다는 만주 시장에 주목하였다. 그것은 식민지와 중심부를 모두 수용할 만큼 충분히 크다고 그는 생각하였다.

경쟁이라는 것은 생각할 필요가 없고, 공존 · 융합하여 나아가야 한다고 믿습니다. 그리고 한편 만주와 시베리아의 무역 상태를 보면, 공산품 공급의 여지는 상당히 있기 때문에 그들에 대한 무역에서도 본국과 조선, 즉 본국의 공업과 조선의 공업이 경쟁하지 않고 일치협력하여 건전한 발달에 힘쓸 때에 비로소 그들의 무역의 길도 열려 크게 나아갈 것이라고 생각합니다.[335]

만주시장은 규모 면에서만 매력적인 것이 아니었다. 시장의 성격도 중요하였다. 중심지와의 알력을 피하기 위하여 식민당국은 일본의 공업과 경쟁하기보다는 그를 보완하는 방향의 발전을 처음부터 주장하였다.

이것은 각 지역의 기술 수준에 따른 생산의 분업체제를 의미했다. 앞서 언급한 것처럼 제국 방직공업에서 조선의 역할은 소박한 시장을 위한 값싸고 조야한 직물을 생산하는 것이었고, 반면 일본의 회사들은 선진국 수출용의 고급 직물에 치중하는 것이었다. 일본 방직공업의 기술이 점차 고도화함에 따라, 조선은 '일본에서 생산할 수 없는 많은 값싼 제품'을 생산하는 과제를 떠맡아야 했다.

만주와 중국 내륙은 가난한 주민들이 주로 살고 있는 일본 제국의 변방이었기 때문에, 식민지 조선의 공업 제품, 특히 직물의 이상적 시장이었다. 조선의 시장 기호가 점점 고급화되어 일본산 고급품에 의존하게 됨에 따라서, 그리고 일본이 만주에서 확고한 정치적 통제력을 수립한 후, 만주와 중국은 식민지 수출 기업들에게 시장으로서 더 중요하고 매력적인 곳이 되었다.

이미 1921년에 총독부는 조선산품의 출구로서, 그리고 조선 내 시장을 둘러싼 조선과 일본 간 경쟁에 대한 안전판으로서 만주와 중국에 있는 시장의 효용성을 명확히 인식하였다. 예컨대 그해 산업조사위원회에서 미즈노 정무총감은 조선이 일본에 비해 기술적으로 열등하기 때문에 식민지와 중심부 간에 경쟁이 일어날 리 없고 조선은 주변 지역에 제품을 수출할 것이라고 지적하였다.

조선과 본토의 생산품이 중복하여 서로 경쟁하는 것은 좋은 것 같지만, 크게 보면 적당하지 않다고 생각합니다. 본토에서 상당히 발달하여 대량 생산할 수 있는 것을 조선에서도 장려하여 그 이상으로 공급할 필요는 없다고 생각합니다. 또한 본토도 조선에 아주 잘 들어맞는 특수한 산업들을 억누르거나 일부러 경쟁해서는 안 된다고 생각합니다. 우리의 입장은 도쿄의 농상무성과 가급적 맞추어 서로 저촉되지 않도록 하고 싶습니다. 본토에서 필요한 것이 본토에서는 얻을 수 없으나 조선에서 생산된다면 금후 크게 장려할 필요가 있다고 생각합니다. 공업 원료와 같이 일본에서 상당히 필요로 하지만 불행히도 본토에서 생산할 수 없고 조선에서 생산할 수 있는 종류의 것은, 조선에서 생산하여 본토에 공급하는 방법을 채택할 필요가 있습니다. 그리고 일본에서도, 조선에서도 이미 생산되고 있는 것은 생산을 포기할 필요 없이 앞서 말한 것처럼 중국과 극동러시아 등의 방면에 수출할 수 있는 것은 수출의 길을 연구하기를 바랍니다.[336]

제국 내 조선의 경제적 역할에 관한 일본 정책의 두 번째 목적은 좀더 적극적인 것이었다. 총독부는 식민지와 중심부가 경합을 벌이는 사태를 방지하고자 했지만, 또 팽창하는 대륙 제국과 일본 간의 결속을 강화하기 위해 조선과 만주 간의 상업적 유대를 증진시키기를 원하였다. 조선은 지리적 위치 때문에 일본과 만주·중국을 잇는 제국 경제 사슬의 자연스러운 연결고리로 간주되었다.

일만경제블록의 개념은 1936년에야 총독부의 정책에서 만개하기에 이르렀지만, 분명히 조선 지배자들은 수십 년 전에 그러한 경향의 생각을 품고 있었다. 예를 들어 1910년 합방 직후 조선은행은 '만주와 극동러시아, 중국에서 일본 세력 확장의 선봉' 이 되고자 만주로 경제적 진출을 시작하였다. 조선은행권은 1917년부터 1937년까지 관동주와 남만철도 연선 지역의 유일한 법화였으며, 만주 전역에서 광범위하게 유통되었다. 조선은행은 동아시아 대륙의 주요 상업 중심지마다 지점을 두었고 1921년의 만주 대출은 조선 내 대출을 상당히 능가하였다.[337]

또한 총독부는 조선과 만주 간의 민간상업적 접촉도 장려했다. 예컨대 한성은행은 1917년에 근 2개월이 걸린 만주와 중국 경제시찰단을 후원하였다. 시찰단은 대륙이 일본 제국과 경제적·정치적으로 점점 더 통합됨에 따라서 조선에 생기는 경제적 기회를 부각시킨다는 내용의 288쪽짜리 보고서를 작성했다.[338]

1921년에 총독부는 조선–만주 간의 경제적 유대를 공식적으로 훨씬 더 장려하였다. 그해 서울에서 열린 산업조사위원회의 최종보고서에서, 총독부는 조선의 산업개발계획을 일본만이 아니라 중국 (만주도 포함)과 극동러시아와도 분명히 연계시키면서 어떤 산업개발

계획도 "이 인접 지역들에서의 경제적 조건에 입각해야 한다"고 천명하였다.[339]

1932년 3월에 만주국이 수립되자 일본과 대륙을 잇는 산업적 연결 고리로서 조선의 지위는 확고해졌다. 만주가 이제 확실히 일본 지배 하에 놓임으로써, 가다 나오지와 총독부가 1921년에 기대했던 '거대한' 시장이 마침내 일본뿐 아니라 점점 산업화되는 압록강 이남의 식민지에게도 활짝 열렸다.

총독부는 재빨리 조선의 독특한 지리적 위치를 이용하는 쪽으로 움직였다. 만주국 건국이 정식으로 선포되기도 전에 포연이 사라지자마자, 총독부는 펑톈에서 다롄까지 만주국을 전반적으로 시찰하는 실태조사단을 파견하였다.[340] 몇 달 후 총독부는 '조선상공업의 만몽滿蒙 진출'을 촉진하기 위해 만주의 주요 도시마다 무역알선기관의 설치를 계획하기 시작하였다.[341] 만주 무역을 공식적으로 진흥시키는 중심 조직으로서 조선무역협회가 1933년 2월 정부 지원을 받아 출범하였다.[342] 총독부와 새 만주국 정부의 핵심 관리들은 조선 재계 잡지에 논설을 기고하고, 강연과 토론회에서 관심을 가진 기업가들을 만났다.[343] 1936년경 일만블록의 개념은 제국정책의 중심 주제가 되었다. 그해 총독부 산업경제조사회에서는 국제무역에서 일본의 지위를 향상시키고 일본군 전력을 증강하기 위해 조선 산업을 급속히 발전시키려는 연간 계획이 수립되었다. 일본과의 긴밀한 협력만이 아니라 '만주 산업과의 조정을 고려함'으로써 '만주와 관계를 가진 조선 산업을 중심으로 한' 긴밀한 협력 속에서 그러한 발전이 이루어지게 되었다.[344]

또 1936년의 조사회는 통과무역을 포함한 만주와의 무역 증대를 주장하였고, 여러 항만 시설의 조속한 완성과 청진·나진·웅기·진남포 등과 같은 주요 북부 통과 도시에 자유항제도를 수립할 것을 요청하였다. 총독부는 조선과 만주국 간 관세율의 상호 인하를 포함한 기존 관세제도의 재편을 위해 만주국 당국과 협의할 것을 요청받았다.[345] 1937년에 전쟁이 일어나고 대륙에서 일본군이 잇달아 영토를 점령함과 더불어, 총독부는 만주 및 기타 지역과의 무역을 증진시키려는 노력을 더욱 강화하고 확대했다.

식민지 민간기업들은 이러한 장려 조치를 열렬히 환영했다. 조선은행이 앞장선 가운데 조선에 기반을 둔 일본인 회사와 한국인 회사들은 이미 합방 직후에 만주에 지점을 설치하기 시작한 바 있었다. 예컨대 박승직의 공익사는 1919년경 펑톈, 장춘長春(훗날의 신징新京), 안둥安東, 하르빈에 지점을 갖고 있었다.[346]

식민지 재계가 1931년 일본의 만주 침략을 큰 열정과 관심으로 환영한 것은 놀라운 일이 아니다. 1932년 5월에 조선실업구락부는 서울의 조선호텔에서 '선만鮮滿무역의 증진'에 관한 중요한 좌담회를 개최했는데, 여기에는 지도적인 지위에 있는 식민지 내 한국인 및 일본인 기업가와 관리들이 30여 명 모였다.[347] 다음 달 경성상공회의소는 "현재 전조선 상공업 종사자들의 관심의 초점인 만주와의 수출무역에 관한 전문적 의견을 간청하기 위해" 총독부 식산국의 관리들을 일반회의에 초청하였다.[348]

이러한 좌담회와 회합들은 1932년 이후 줄곧 식민지 재계의 정례 행사가 되었다. 매년 9월 18일 서울에서는 만주사변 기념일의 공식

경축 행사가 열렸고, 한상룡과 같은 기업가들은 정례적으로 축하 연설을 하였는데, 이것이 나중에는 주요 재계 잡지에 실렸다. 이것은 식민지 재계가 만주 시장을 얼마나 중시했는가의 한 지표이다.[349]

특히 한국인 기업가들은 일본 지배하의 만주에 대한 기대로 흥분하였다. 만주 정복은 한국인들에게 새 시장이 주는 기회 말고도 모종의 심리적 만족을 주었다. 조선이 일본의 지배하에 있다는 고통을 덜어주었기 때문이다. 조선은 1921년 이래 공업의 성장이라는 면에서는 일본과 동등한 경제적 지위에 오르지 못했지만, 만주국과 비교해서는 1930년대에는 상대적으로 더 발전해 있었다. 예컨대 조선은 원료와 식량을 수입하는 대가로 직물과 기타 공업 제품을 만주로 수출할 수 있었다. 이것은 물론 일본이 수십 년간 조선에서 실행해 왔던 방식이었다. 한국인들은 일본인과 손잡고 착취할 수 있는 새로운 주변국이 생겼다는 생각에서, 만주 내 엄청난 수의 중국인 주민보다 자신들이 더 높은 지위에 있다는 새로운 자의식을 갖게 되었다. 여러 사업단체들과 조사단체들이 공동으로 개최한 1937년의 '선만鮮滿 경제산업좌담회'에서, 조선곡자주식회사 사장이자 훗날 경방 남만방적회사의 감사를 역임한 김사연金思演은 1931년 이래 뚜렷해지고 있는 새로운 한국인의 태도를 분명히 표현하였다. 그는 자랑스럽게 말했다.

조선은 최근 공업 방면과 경제 방면에서 뚜렷하게 진보하여, 오히려 약진하는 분위기가 농후해졌습니다. 어느 사업의 경우는 일본 이상으로 발달하였으며, 일본의 사업계를 능가할 정도의 시설도 상당히 있습니다. 그러나 만주는 아직 모든 제도, 특히 산업 문제에 관해서는 발아發芽 시기가 아닌가 생각합니다. 그래서 내가 가장 확고하게 생각하는 것은, 일본과 조선 모두 대부분 민족적·경제적 생활이 상균相均한 것이 많지만, 만주는 이 방면에서 조선과 전혀 다르다는 것입니다.[350]

주로 토지와 수리권을 둘러싼 만주의 한국인과 중국인 간의 마찰로 인해 많은 한국인들이 중국인들에 대해 오랫동안 품어온 증오심에 비추어보면, 새로운 우월감은 한층 더 기분 좋은 것이었다.[351] 예를 들어 만주국 수립이 공식 선포된 직후, 총독부를 대표한 만주시찰단에서 막 돌아온 한상룡은 일본의 새로운 제국 보호가 중국인 관리·마적·지주들의 속박 아래 신음하고 있는 만주의 한국인 주민들에게 '크나 큰 행복'을 기약한다고 보고했다.[352]

물론 이러한 감정은 일본인에게 이롭게 작용했다. 일본인들은 만주국에 대한 한국인의 열정을 재빨리 이용하여 한국인들을 제국주의와의 맹약에 더 깊이 끌어들였다. 따라서 일본은 경제적 이유만이 아니라 정치적 이유로도 만주국에 대한 한국인의 희망과 기대를 어느 정도 수용하는 것이 편리함을 알았다. 실로 한국인들은 만주에서는 적어도 중국인 주민에 비해서 약간의 특혜 대우를 받았다. 한국인 이주민들은 중국인들이 축출된 개간지나 종종 중국인 소유자에게서 부당하게 강탈한 토지에 정착하였다. 중국인 농민과 분쟁이 일어난 경우 한국인 이주민들은 일본 경찰의 지원에 기댈 수 있었다. 사실 일본은 만주국 경찰에 수많은 한국인들을 고용했고, 중국어를 구사하는 한국인들을 만주국 관료로, 특히 통역으로 폭넓게 기용하였다.[353]

마찬가지로 한국인 기업가들은 자신의 특별한 지위를 이용하여 일본인들과 함께 만주 경제개발에 참여할 수 있었다. 이것은 중국인 토착자본을 희생시킨 것이었다. 예컨대 김연수는 개인 명의로 잉커우방직회사에 투자한 바 있는데, 이 회사는 본래 1931년 이전에 일본 직물의 유입을 저지하기 위해 중국인 자본으로 설립되었으나 1933년부터 점차 부산의 조선방직회사에 인수된 회사였다.[354] 결국 한국인들은 1905년 이래 일본인이 자신에게 가했던 것처럼, 중국인에 대한 경제적 착취에 동참할 기회를 만주국에서 찾아냈다.

식민지 당국은 이러한 대리 제국주의를 조장하는 데 총력을 기울였다. '만주에 있는 조선의 고적'에 관해 쓴 논설들은, 일본이 만주에 대해 정치적 권리를 갖는 것은 본래의 조선 땅을 되찾는 것이어서 역사적으로 정당한 일이라고 그럴싸하게 포장했다. 뿐만 아니라 한국인들도 만주를 제국주의 용어로 조선의 미수복지[18*]로 여기게끔 부추겼다.[355] 자신을 위해 또 일본 식민주의자들을 위해 북쪽으로 보내져 삼림을 개간한 한국인 이주민들은 흔히 '만주 개척민'으로 불렸다. 만주로 사업을 확장하는 데 관심을 가진 한국인 기업가들은 총독부의 전폭적인 지지와 중재력을 확신하고 있었다.[356]

결국 만주 시장으로 조선의 산업을 이끌려는 총독부의 노력은 일본 중심부와의 경쟁을 최소화하면서 제국주의 목표를 추진하는 데서뿐 아니라 조선의 무역량을 크게 늘리는 데서도 성공적이었다. 일본의 만주 점령은 자연히 그러한 정책의 실현에 큰 도움이 되었다. 만주국 수립과 더불어 조선의 수출이 호황을 누렸기 때문에, 마침내 조선은 거의 전적인 대일 무역 의존에서 더 다변화된 무역구조로 옮겨갈 수 있었다. 1929년 조선이 일본 이외 외국과 거래한 총해외무역액은 3,500만 엔이었다. 만주국 수립 후 1년이 된 1933년에는 5,200만 엔으로 증가하였다. 1937년에는 1억 1,300만 엔으로 2배 이상이되었고, 1939년에는 다시 2배 이상 커져 2억 6,900만 엔이 되었다. 이것은 1929년 이후 거의 8배로 증가한 것이었다. 이 무역의 대부분은 만주 수출과 관련되어 있었다. 즉 1933년에는 총액의 77퍼센트, 1937년에는 63퍼센트, 1939년에는 76퍼센트가 그러하였다.[357]

물론 조선의 면방직공업은 만주 붐의 주요 참가자였다. 예컨대 1937년에 면직물 수출은 총외국무역액의 16퍼센트를 차지하였다. 이 공업에 대한 만주국 설립의 영향은 즉각적이고 극적이었다. 1931년에 조선은 일본 이외의 외국에 다만 약 700만 평방야드의 면직물을 수출하였다. 이듬해에 이 수치는 3,600만 평방야드로 도약하여 500퍼센트 이상 증가하였다. 1938년경에는 거의 9,300만 평방야드에 달하였다. 일본은 엔 블록 외부 국가를 대상으로 하는 면직물 수출을 통해 외환 수입을 늘릴 목적으로 1938년 여름에 엔 블록으로 면직물 수출을 제한하였고, 이에 조선 방직업의 만주 수출 붐은 종언을 고하였다.[358] 그러나 그 무렵 식민지 방적업자들은 이미 만주 내에 공장을 건설하고 있었다. 그중 하나가 경방이었다.

3) 경방과 만주

경방의 시장구조는 앞서 기술한 총독부정책과 거의 완전히 부합해 발전해 왔다. 예를 들어 식민지와 중심부 간의 경쟁 문제를 보자. 경방을 '민족자본'의 모델로 그리는 전통석인 한국 역사가들은 식민지기 동안 일본인 자본에 대항한 경방의 용감한 노력을 강조한다. 일단 경방이 그 직물을 조선 시장에 팔기 시작하자 어느 만큼의 경쟁은 불가피했지만, 경방이 어떤 식으로든 진정으로 한 번만이라도 일본의 중심적 방직 자본에 도전하거나 그를 막으려 했다는 증거는 전혀 없다. 실로 모든 증거는 정반대쪽을 가리킨다. 즉 처음부터 끝까지 경방은 대결보다는 더 안전한, 총독부가 지정한 조화와 협력의 길을 택했다는 것이다.

경방이 대결을 피한 것은 부분적으로는 조선 시장에서 초기 경방의 빈약한 입지 때문이었다. 초기에 경방은 도요방적의 정평 있고 인기 있는 '3A'표 이입 광폭직물과 경쟁하려다가 거의 파산할 뻔했다. 우선 두 회사 제품 간의 가격 차가 근소하였다. 1929년 말경에 17파운드 '3A' 직물은 13엔 50전에 판매되었으나, 유사한 경방의 '태극성太極星'표 직물은 단지 50전 쌌을 뿐이다. 가격이 유일한 요인은 아니었다. 비록 경방의 직물이 약간 더 싸더라도, 많은 한국인 소비자들은 도요방적의 고급 품질과 유명한 이름을 더 좋아했다.[359]

그리고 사실상 처음부터 경방은 대결을 피하는 시장 전략을 추구하였다. 경방은 결코 일본인 회사와 공격적으로 경쟁하려고 하지 않았다. 더 잘 살고 인구도 많은 조선의 남부 지역 시장은 일부러 도요방적과 기타 일본인 회사에게 넘겨주고, 대신 북부 지방(특히 평양과 원산 지방)에서의 제품 판매에 집중하였다. 이 지역의 주민들은 가난했기 때문에 더 값싼 직물을 구입하는 경향이 있었고, 또 '민족' 기업이라고 선전한 경방을 더 잘 받아들였다(조선물산장려운동은 평양에서 시작되었다). 경방은 약간의 성공을 거두었고, 남부 지방에서의 부진한 판매 때문에 쌓이던 재고를 처분할 수 있었다. 남부 시장을 포기하는 결정은 매우 초기에(1923년 회사가 직물을 판매하기 시작한 직후) 이루어졌고, 이것은 김연수의 발상이었다.[360]

그때 경방은 북쪽의 만주에서도 다른 유망한 시장을 발견하는 중이었다. 물론 김씨가는 총독부가 식민지와 중심부 간의 어떤 마찰도 싫어한다는 것뿐 아니라, 조선이 대륙으로의 경제적 디딤돌이 되기를 총독부가 바라고 있다는 것도 알고 있었다. 그리고 경방은 처음부터 만주를 염두에 두고 있었다. 1919년 8월 산업대회産業大會의 헌장을 제출하면서, 김씨가는 장차 만주로 수출하려는 계획을 명시하였다.[361] 김연수는 일본에서 대학교육을 마치고 고국에 돌아오자마자 만주시찰여행을 떠났는데, 그 직후인 1922년에 경방의 이사로 정식 임명되었다.[362]

경방의 직물은 만주에서 곧 인기 있는 상품이 되었다. 경방이 아직 의주 · 신의주 · 만포진 등의 국경도시에서 시장을 탐색하고 있었을 때에도, 조선을 방문한 만주의 중국인 상인들이 다량의 직물을 구입하고 있었다는 것이 조사 결과 드러났다.[363]

그러한 인기는 놀라운 일이 아니었다. 총독부가 예견한 대로 경방의 기술 수준은 만주 시장에 이상적으로 들어맞았다. 일본 방직공업이 미국 방직공업자의 내수 시장을 위협할 정도로 기술 수준을 발전시키고 있었을 때, 경방은 만주에서 가장 수요가 많았던 두껍고 값싼 40평 방야드(단)짜리 투박한 광목을 생산하는 데 주력하고 있었다.[364] 상품명인 '불로초不老草'는 특히 중국인 소비자들에게 호소력이 있었다.[365]

경방에게는 실로 적시에 일본이 만주를 점령했다. 1931년은 경방이 방직공업을 경험한 지 10년이 지나 초기의 어려운 시절은 끝난 때였다. 그리고 실로 매우 전망이 밝아보이는 불로초표 직물 시장을 만주에서 발견한 때였다. 1931년 9월의 만주 침략 당시 경방은 만주의 수요를 충족시키기 위해 영등포 공장의 확장을 막 마쳐서 224대의 새로운 직기를 설치했다.[366]

만주국 수립은 북부 시장을 활짝 열어주었고, 경방은 지체없이 이 기회를 이용하였다. 이미 1932년에 회사 총매출액의 26퍼센트는 만주로의 수출이었다. 1933년에는 영등포 공장에 224대의 직기를 또 증설하였다.[367] 같은 해 경방은 다롄과 펑톈에서의 장기 산업견본시에 참여하여, 도요타직기로 인기 있는 불로초 직물을 어떻게 짜는지 직접 보여주는 전시회를 열었다. 당시에는 아직 신기했던 큰 애드벌룬이 관람객을 끌기 위해 전시관 위 하늘에 띄워졌다. 결국 경방은 견본시에서 당초 기대했던 것보다 훨씬 많은 직물을 판매했고, 이듬해에는 펑톈에 대표사무소를 개설하였다.[368]

경방이 펑톈에 사무소를 둘 충분한 이유가 있었다. 판매는 붐을 이루고 있었으며, 견본시에서만 그런 것이 아니었다. 1932년의 총매출액은 전년도의 2배였고 계속 상승하고 있었다. 1931년의 매출액은 약 140만 엔이었으나, 1934년경 거의 450만 엔으로 새로운 절정에 도달하였다. 경방의 직물은 만주에서 매우 유명해져서 중국인들은 흔히 경방을 간단히 불로초양행洋行이라 부르곤 했다. 경방의 직물을 계속 대량으로 구매하던 신징의 도매상들이 소비자의 요구를 충족시킬 수 없게 되자, 불로초 암시장이 번창하였다. 경방이 혼자서는 미처 다 감당하지 못할 정도로 주문이 증가해, 간도에 있는 다이닛폰방

적회사의 한 분공장과의 하청 계약에 의지해야 했다.[369]

경방은 열광적인 수요를 따라가기 위해 1936년에 또 224대의 직기를 증설하였다. 그리고 새로 설치한 21,600추의 방적기로 면사를 처음으로 생산하기 시작하였다(이듬해에 4천 추의 방적기가 추가 도입되었다). 경방이 1936년에 새로운 방적공장을 열었을 때도, 회사는 이미 또 하나의 새로운 방적 시설을 시흥에 건설한다는 계획을 세우고 있었다.[370]

그렇지만 만주의 문은 닫히기 시작하였다. 1930년대 초 만주국 당국은 국내 총수요의 절반 이상을 일본산 및 조선산 수입품에 계속 의존함으로써, 일본의 방직공업과의 마찰을 피한 바 있었다.[371] 예를 들어 미야바야시 다이지와 같은 조선의 일본인 직물수출상을 괴롭힌 중국의 고율 관세는 1933년 7월에 인하되었고, 만주국 시장은 면직물 등의 외국 제품, 특히 일본 제품에 개방되었다.[372]

그러나 만주국을 경영하던 군부 지도자들은 곧 그 나라를 대륙전쟁 기지로 발전시킨다는 계획을 고안하기 시작했다. 이 계획은 방직공업과 여타 공업에서 어느 정도의 자급자족을 요구하였다. 따라서 중일전쟁으로 그러한 정책이 한층 더 긴급해지기 전에도, 만주에서는 일본인 자본이 기존 공장 및 새로운 공장에 투자하여 방직공업은 상당히 확장되었다. 예컨대 1933년에 가네가후치방적은 1931년에 옛 정부가 적산으로 몰수한 한 공장을 인수하였다. 이미 가동 중이던 나이가이內外편물이나 후쿠시마福島방적과 같은 다른 일본인 공장들은 설비를 확장한 반면, 다이닛폰방적과 도요방적은 새로운 공장을 건설하였다. 앞서 지적한 것처럼 부산의 조선방직도 잉커우의 옛 중국인 방

적공장의 관리권을 얻어 그것을 실질적인 자회사로 확장하였다.[373]

만주국 정부가 성장도상에 있는 자국의 방직업을 보호하기 위해 1934년 11월 면사와 직물에 대한 관세율을 인상하자, 조선의 방직공업은 크게 동요했다.[374] 1935년 만주로의 면직물 수출량은 전년도보다 거의 35퍼센트나 감소하였다.[375] 경방의 총매출액은 더 큰 비율로 감소하였다. 1934년 총매출액은 최고 기록인 거의 500만 엔에 달하였다. 1935년에는 약 300만 엔으로 하락하였고, 1936년 5월경에는 약 200만 엔으로 다시 하락하였다. 2년간 약 60퍼센트나 감소하였다.[19*] 식민지 기업가들 사이에서 만주국 관세를 전반적으로 내릴 필요성이 관심과 토론의 주제가 되었고, 1936년과 1938년의 산업조사회는 총독부가 이를 위해 힘써줄 것을 요구하였다.[376]

조선의 면방직업자 중 김연수만큼 관세 문제에 관심을 가진 자는 없었다. 1930년대 중엽 만주는 경방의 판매 전략에서 중심 대상이 되어 있었다. 회사의 모든 웅대한 확장계획은 북부의 개방된 시장이 계속 존재한다는 것에 입각하고 있었는데, 이제 그 시장이 문을 닫게 되었다.

갈 곳이 없었다. 조선의 면직물 시장은 포화 상태였다. 1930년대 초 일본의 거대 방적회사들이 공장법의 제약을 피하고 새로운 대륙 시장에의 통로라는 조선의 입지를 이용하기 위해 조선에 공장을 설치한 바 있었다. 1933년에 도요방적이 앞장섰고, 곧 가네가후치방적과 다이닛폰방적 및 여타 회사가 뒤를 따랐다.[377] 조선 내에서의 경쟁 때문에 경방이 자력으로 개척했던 조선 북부의 작은 시장마저 수축되고 있었다.

주요 공장들이 일본에 있고 만주는 다만 여러 시장 중의 하나에 불과했던 다른 대부분의 방직회사들과 달리, 경방은 기본적으로 오직 한 유형의 면직물을 생산하였고 수출 시장은 거의 전적으로 만주에 의존하였다. 물론 조선방직도 경방만큼이나 만주 시장에 의존하고 있었지만, 1936년의 경방과 달리 잉커우에 대규모 부속 공장을 갖고 있었다.

1936년 산업경제조사회에서 가네가후치방적의 쓰다 신고津田信吾 사장과 몇몇 사람들은 정부가 발전도상의 식민지 방직공업을 통제하는 것을 탄식했고, 김연수는 그것을 경청하였다. 평소 말수가 적은 김연수가 마침내 좌절감을 토로했다. 문제는 통제가 아니라 바로 관세이며 조선의 방직공업이 모든 방면에서 장애에 봉착했다고 단언하였다.

만주에 수출하면 어떤가 하는 것입니다만, 모두 알고 있듯이 만주는 관세가 고율입니다. 현재 수익성이 없는데도 어쩔 수 없이 수출하고 있습니다. 관세는 1곤梱당 30엔입니다. 공장비라든가 사무비 등의 직·간접 비용을 들여 면화로 조포를 만드는 데 30엔도 안 들지만, 이것을 수출하면 생산비 이상의 관세가 붙습니다. 이 때문에 오늘날 만주의 방적회사들은 아주 실적이 좋습니다.[378]

1937년에 중일전쟁이 발발하자 만주국 내에서는 일본군의 병참 수요를 적절하게 충족시킬 수 없었다. 이에 관세 문제는 김연수와 기타 식민지 제조업자들에게 더 이상 긴급한 일이 아니었다.[379] 자국의 방직공업을 위해 보호관세를 둔다고 공언한 자급자족정책에도 불구하고, 만주국은 조선에서 전보다 더 많은 면직물을 주문하게 되었다. 1937년에 엔 블록 지역으로의 조선의 면직물 수출량은 전년도보다 배로 늘어났고, 1938년에는 다시 14퍼센트 증가하였다.[380]

그렇지만 1938년에는 대륙 수출무역에 더 중대한 장애가 생겼다. 전시물자의 수입 대금으로 지불할 외환이 절실히 필요해진 일본은 면제품을 엔 블록 국가로 수출하는 것을 제한하기 시작한 것이다. 조선 방직공업의 수출에 대한 영향은 파국적이었다. 1940년경 면제품 무역량은 1938년의 최고점에서 97퍼센트나 감소하였고, 실제로 1931년의 수출량에도 못 미쳤다.[381]

물론 태평양전쟁이 결국 그러한 제한을 쓸모없게 만들었지만, 1938년에 김연수와 경방의 동료들은 그렇게 될 줄 예상하지 못했다. 그들은 다만 중일전쟁이 상당히 오래 지속될 징후가 있다는 것과, 불로초 직물의 최대 시장을 갑자기 잃게 되었다는 것을 알았을 뿐이다. 그 시장을 회복할 유일한 길은 경방의 생산을 만주 내로 옮기는 것으로 보였다.

4) 남만방적주식회사

총독부도 그러한 이전을 찬성하였다. 일본의 대방적업자들이 조선에 대규모 공장을 설치하면서 조선에는 이제 국내 수요를 처리할 충분한 설비가 있었고, 총독부는 더 이상의 방추 증설을 막고 있었다. 경방은 시흥에 새 방적공장을 세우는 계획을 포기하는 대신, 당시 만주국 당국이 국가적 자급자족 프로그램을 진척시키고 있던 만주에 새 공장을 건설하도록 권고받았다. 그리고 총독부는 김연수에게 경방에 전폭적인 지원과 원조를 보장하겠다고 했는데, 이것은 무엇보다 만주국 정부와의 교섭을 잘 알선해 주겠다는 것을 의미했다.[382]

물론 위험은 있었다. 만주에 새 공장을 건설한다는 것은 경방에게 일본 제국주의에 대한 직접적이며 실질적인 물적 투자를 의미했는데, 이것은 일본의 장래에 대한 상당한 확신을 요구하는 일이었다. 가족들에 따르면 김성수는 이 프로젝트에 우려를 나타냈다고 한다. 그러나 경방을 경영하고 있던 동생 연수는 자신이 있었다. 1939년 12월에 남만방적주식회사가 공식 출범했고 김연수가 사장으로 선출되었다. 3년 후에는 공장이 완공되어 첫 번째 면사와 면포 제품을 생산했다.[383]

남만방적의 설립은 한국인 산업자본가가 조선 외부로 대규모 확장을 한 최초의 사례였다. 그러나 그것은 한국인 '민족자본'이 성숙한 징표라기보다는 1920년대에 사이토 총독이 개시한 협력적 자본주의 개발정책의 더할 나위 없는 업적이자, 한국인 자본이 일본 자본주의 체제의 불가결한 일부가 된 정도를 보여주는 지표였다.

경방은 남만방적을 설립하는 데 식민지정책과 일본 중심부와의 모든 연줄을 활용했다. 그러한 유대 중에서는 분명히 개인적 관계가 가장 중요하였다. 예를 들어, 김연수가 1939년 9월 25일 귀족원 세키야 데이자부로關屋貞三郎 의원에게 보낸 감사의 편지에는, 한때 세키야와 함께 총독부 요직에 있던 원로급의 유력 일본인이 그해 9월 18일 만주국 당국으로부터 공장 허가를 받는 데 결정적으로 기여했음이 나타나 있다.[384] 또한 총독부도 김연수에게 약속한 것을 지켰다. 경방이 조선식산은행과 만주흥업은행에서 금융을 받는 것을 도왔을 뿐 아니라 건설에 필요한 원자재를 얻을 수 있도록 해주었다. 경방의 긴밀한 동료 이토추상사는 주식을 인수함으로써 투자 부담을 덜어주었다. 경방의 조선 내 공장에 그토록 많은 기계를 공급한 도요타는 이 오랜 고객을 위해 갖가지 편의를 제공했는데, 예외적으로 관대한 판매 조건을 제공했을 뿐 아니라 새로운 기계가 일본이 아니라 중국 내 분공장에서 제작되어 편리하게 인도되도록 배려하였다.[385]

프로젝트의 규모가 컸던 만큼 그러한 지원은 필수적이었다. 1939년에 경방의 공칭자본은 500만 엔이었고, 경방이 조선에 방적기 2만 5,000추와 직기 900대의 공장을 세우는 데 근 20년이 걸렸다. 대조적으로 남만방적의 공칭자본은 1,000만 엔으로서, 1938년 만주의 전체 방직회사 공칭자본의 11퍼센트에 해당하였다.[386] 1942년 공장이 완공되었을 때 공장 면적은 10만 평이 넘었고 3만 5,000추의 방적기와 1,000대가 넘는 직기를 갖고 있었다. 이것은 근처 펑톈의 가네가후치방적의 공장보다도 큰 규모였다. 1944년에 조선 내 경방의 모든 공장의 종업원이 약 3,500명이었다. 반면 남만방적 하나가 약 3,000명을 고용하였다.[387] 공장 건물 이외에도 창고, 보일러실, 남녀직공용 기숙사, 사원용 단독주택과 독신자 숙소, 식당, 강당, 병원이 있었다.[388]

또 남만방적은 경제적 제국주의의 기법에 관한 한 한국인들도 일본인만큼이나 빈틈없고 효율적일 수 있다는 것을 보여주었다. 실로 여러 면에서 남만방적은 그 세련된 기법을 선보였다. 예를 들어 조선에서는 일본인 자본이 설립한 새 회사들이 종종 한국인을 주주나 이사회 임원으로 받아들였다. 만주에서 김씨가는 그처럼 교묘한 수단을 쓰지 않았다. 남만방적을 설립할 때 중국인 주주는 모집하지 않았다. 대부분의 주식은 경방이 소유하였고, 이사는 모두 한국인이었다.[389]

노동력의 구성에도 회사의 제국주의적 태도가 나타났다. 조선 내의 한국인 기업가들은 한국인 노동력이 풍부한데도 일본인들이 일본인 노동자를 사용한다고 종종 비판한 바 있었다. 예컨대 1936년의 산업조사회에서 조선상업은행장인 박영철은 노구치 준의 차별적 고용정책을 비판하는 열띤 연설을 하였다.[390] 그렇지만 남만방적은 만주에서 오직 한국인 노동자만을 고용하는 방침을 취하였다. 가급적 만주의 한국인 주민 중에서 직공을 충원했지만, 이것이 종종 어려울 때도 있었다. 그때에는 조선에서 노동자를 데려오기도 했다. 해방 당시 남만방적 공장에는 조선의 농촌에서 충원한 10대 소녀가 1,000명이 넘었다. 노구치 준처럼 경방의 간부들은 통솔이 잘 안 되는 외국의 토착노동자를 불편해 했다.[391]

그리고 김연수는 만주에서 경방의 새 사업을 벌이면서, 만주 경제의 발전에 더 큰 관심을 갖게 되었다. 실로 경방의 만주 사업은 남만방적의 규모만이 아니라 입지에서도 그 발전의 중심에 자리잡았다. 공장은 쑤자툰蘇家屯에 자리잡았는데, 거기서 남만주분선南滿洲分線은 다롄으로 이어졌다가 안봉지선安奉支線으로 갈라져 조선 국경으로, 나아가 서울까지 이어졌다.[392] 북동쪽으로 10마일만 가면 비옥한 만주 평원의 중심이자 푸순撫順과 번시후本溪湖의 탄전 부근에 만주국의 최대 도시이며 성장하는 공업기지의 심장부인 펑톈(1940년에 인구가 100만을 넘었다)이 있었다.[393] 경방이 막 남만방적을 건설하기 시작한 1939년에 펑톈의 서쪽 근교인 톄시鐵西는 만주국 최대의 공업단지로 급속히 변모하고 있었다. 톄시는 가동 중인 107개 공장과 건설 중이거나 계획 중인 80개 이상의 공장을 가진 5평방마일로 확장되어 있었다. 가네가후치방적과 같은 방직회사들은 이미 이 지역으로 옮겨왔고 더 많은 회사들이 옮겨오기로 되어 있었다. 그 밖에도 펑톈은 급속히 금속, 기계, 화학공업의 중심지가 되고 있었다.[394]

일단 경방이 이 지역에 발판을 확보하고 나자, 김연수는 펑톈 회사들의 주식을 사들이기 시작하였다. 그의 첫 투자처 중 하나는 펑톈상공은행이었는데, 만주국 최대의 보통은행으로서 펑톈 지역에서 금융을 담당하고 있었다.[395]

김연수는 또 1941년에 펑톈을 근거지로 한 만주토지건물주식회사의 일부 지분을 인수하였다.[396] 이 회사는 펑톈의 뚜렷한 팽창의 파도를 타고 주거 지역의 개발, 주택·창고·아파트·사무빌딩의 건설과 금융, 호텔 경영을 주업으로 삼고 있었다. 김연수가 이 회사에 투자했을 당시, 이 회사는 63채의 임대주택, 79채의 상점, 235채의 아파트, 펑톈에서 가장 훌륭한 객실 321개 규모의 다이세이大埒호텔을 포함한 호텔 2개를 임차 경영하고 있었다.[397]

김연수가 주식을 매입한 펑톈의 다른 회사들로는 만주제지주식회사와 만몽滿蒙모직주식회사 등이 있었는데, 이중 만몽모직회사는 만주국 제1의 모직회사로서 그 대주주의 하나인 동양척식회사를 통해서 조선총독부와 긴밀한 관계를 맺고 있었다.[398]

김연수는 펑톈에서만 사업을 벌이지 않았다. 앞서 지적한 것처럼 경방의 오랜 경쟁자 조선방직은 1933년에 토착 중국인 기업가에게서 잉커우방적회사를 인수하여 시설을 확장한 바 있었다. 1940년경

이 회사는 약 5만 6,000추를 갖고 있었으며, 계속 확장하고 있었다.[399] 이 방적공장은 항만 시설에 인접하고 발해만을 건너면 중국이라는 편리한 입지 조건을 갖춘 매력적인 곳이었다. 1920년대에는 방직회사들이 제한적이나마 서로 경쟁을 벌였지만, 조선의 전시 통제에 따라 그러한 경쟁은 완전히 사라졌다. 김연수는 총독부 후원을 받는 조선의 7대 면방직회사의 카르텔로서 여러 자원을 공동 관리했던 조선방적연합회의 회장이었기 때문에, 경방과 그 산하의 삼양동제회는 결국 조선방직을 비롯한 여러 방적회사의 주식을 보유하게 되었다.[400] 따라서 1939년에 경방이 잉커우에 있는 조선방직 자회사의 주식을 취득한 것은 아주 자연스러운 일이었다.

또 김연수는 다롄에 있는 다롄기계공작소,[401] 남만가스주식회사,[402] 신킹의 만주베어링회사[403]에 개인적으로 투자하였다. 이 밖에도 조선 내 미쓰비시의 쇼와기린昭和麒麟맥주주식회사의 이사가 될 정도였던 주조업에 대한 관심을 만주로도 연장하였다. 1940년에 그는 하르빈의 동양맥주주식회사를 자금난에 빠진 한국인 소유자 김태봉金泰峯에게서 사들였다. 그는 그곳에서 일하고 있던 독일 기술자를 남게 했고, 회사의 재무 상황을 안정시켰다. 결국 이 회사는 하르빈 지역에서 매달 약 15만 병의 맥주를 생산하기에 이르렀다.[404]

5) 경방과 중국

1939년 남만방적회사와 더불어 시작된 개인 투자 및 회사 투자를 통해서, 김연수와 경방은 1945년까지 만주 경제로 깊이 편입되었다. 그러나 경방이 조선 밖에서 만주로만 사업을 확장한 것은 아니었다.

1920년대에 경방이 만주 경제에 발을 들여놓은 것은 어쩔 수 없는 판매 전략 때문이었지만, 이것이 결국 경방을 중국 내륙 깊숙이 끌고 들어갔다.

앞서 언급한 것처럼 일찍이 1921년 총독부의 산업조사위원회 산업개발계획에서 중국과 만주는 조선 산품의 판매 지역으로 서로 연계되어 있었다. 물론 그전에도 조선의 총독부와 재계는 중국 시장에 상당한 관심이 있었다. 예컨대 제1차 세계대전 중 일본이 중국의 독일 조계를 점령하자, 조선의 사업가와 관료들은 모두 중국 시장을 다시 보게 되었다. 한상룡이 이끈 1917년 한성은행의 경제시찰단은 만주만이 아니라 화북과 화중 지방을 거쳐 멀리 남쪽의 창사長沙와 샹탄湘潭까지 여행하였다. 한상룡은 보고서에서 중국과 관련된 조선의 독보적인 지리적 위치와 세계대전이 조중朝中 무역에 미친 유익한 경제적 영향에 주목하였다.

지리적 의미에서 조선은 중국에 극히 가깝다. 특히 유럽대전과 더불어, 일중日中 무역은 한층 더 발전했고 따라서 조선과 중국 간의 교역 또한 더욱 빈번해졌고, 그래서 경제적 의미에서 양국간의 긴밀도를 더욱 높였다.[405]

그러나 일본이 중국에 산둥반도의 할양을 요구한 것은 제1차 세계대전 후 국제 여론의 비판을 받았고, 결국 일본은 1922년 중국에 반환할 수밖에 없었다. 중국인 대중이 일본 상품 불매운동을 벌이고 1928년 고관세정책을 펴는 국민당 난징 정부가 수립되자, 중국 시장을 파고들기가 점점 더 어려워졌다. 그 결과 일본과 조선은 만주와 남양 지역에서 시장을 찾아야 했다.

물론 이 모든 것에도 불구하고, 중국은 결코 완전히 잊혀지지 않았다. 예를 들어 1936년 산업경제조사회에서 가네가후치방적 사장 쓰다 신고는 일본이 중국 시장에 진출해야 한다고 소리 높여 호소했다. 즉 정부가 일본과 만주의 방직업체들을 보호하기 위해 조선의 방직공업을 통제하는 방침을 철회하고 조선 경제의 중국 진출을 장려해야 한다는 것이었다. 만약 그렇게 하지 않는다면 중국인들과 여타 외국인들이 아시아에서 방적공업을 발전시켜 장차 일본의 이익을 위협하리라는 것이었다.

중국에는 아주 풍부하고 저렴한 노동력이 현존하고 있기 때문에, 이 사실을 망각하고 오직 우리와 만주뿐이라고 생각하는 것은 큰 잘못입니다. 오늘날 방적업이 각 방면에서 발전하는 것에 관해서 본토의 업자 사이에도 시종 논의가 있습니다만, 그러한 것을 꺼려서 그만둔다면 중국의 방적업이 발달하는 것으로 귀착할 것입니다. 저렴한 4억 몇 천만의 노동력이 갖추어진 중국의 앞날을 생각하면 오직 소승적小乘的 견지에서만 사물을 보아도 괜찮은지 의문입니다. 작금의 정세를 말하자면 영국의 방적업자는 아무래도 공장을 동양으로 옮겨 중국의 방적업에 대항하지 않으면 안 된다는 논의가 무성합니다. 최근에는 자국의 산업을 보호하기 위해 오스트레일리아에도 방적공장을 세우기로 이미 결정했습니다. 또 미국에서도 우리의 방적 진출을 억압하기 위해 필리핀에 공장을 건설하여, 저지한다는 공작에 나서고 있습니다. 영국은 중국에도 다시 방적기계를 갖고 와서 일본에 대항하려고 하고 있습니다. 그렇기 때문에 우리의 방적업이 외지에 진출하는 것을 내부에서 억압한다면 이것 역시 타국의 공장이 동양에 뻗어나가는 결과가 되어, 자신을 보호한다는 일이 자신을 해치게 될 것이기 때문에 이 역시 재고해야 합니다. 이러한 문제는 20여 종류의 공업 하나하나마다 사정이 다르기 때문에 당해 업자의 의견, 내외지의 정세에 따라, 또 조선은 자기 입장을 고려하여 각기 다른 방법을 탐색할 필요가 있는 것이 아닌가 합니다.[406]

9개월 후 중일전쟁이 발발했던 바, 이것은 쓰다 같은 기업가와 총독부에게는 아마도 일본의 만주 침략 이래 일어날 수 있는 최선의 경제 사건이었을 것이다. 탐나는 대륙 시장이 다시 한 번 일본에게 활짝 열렸다.

1938년 총독부 시국대책조사회의 최종 보고서는 '대중 무역의 진흥'을 총독부의 해외무역의 전반적 장려에서 주요 항목으로 꼽았다. 그리고 이 새로운 정책과 병행하여 조선과 톈진, 칭다오青島, 상하이와 같은 중국 항구들 간의 교역을 증진하기 위해 조선의 남서 항구들을 개축하고 확장하기로 했다. 이에 따라 총독부는 무역 관련 조사 및 행정 기관을 확충하여 식민지 기업가들의 시장조사를 돕는 업무를 맡게 되었다. 이 조사 기관은 지역별 관습, 무역 조건, 상商관행과 선적 방법, 운송료, 관세율 등의 기본 세부사항에 관해 믿을 만한 정보를 제공하기로 하였다. 또 총독부는 중국어 신문, 잡지, 팸플릿, 사진 및 영화를 이용하여 중국인 소비자 사이에서 조선

산품을 홍보할 것과 유력 중국 상인의 조선 방문을 장려할 것도 요구받았다.[407]

또 보고서는 최근에야 일본군이 점령한 내몽고의 경제적 잠재력을 '유무상통有無相通에 입각한' 조선 상품의 새로운 수출 시장으로 강조하였다. 물론 '유무상통'이란 새로운 주변과 성장하는 조선 공업 경제 사이에 적합한 무역을 뜻하였다. 이 보고서는 조선이 양모, 피혁, 석탄과 같은 기본 원료를 내몽고에서 수입하고 면직물 같은 품목들을 수출할 수 있다고 구체적으로 적시하였다. 또 일본군이 몽고에서 아직 그 '선무공작'을 계속하고 있으니, 조선이 그 지역에서 작전 중인 일본군에게 군수품 공급 기지가 될 수 있도록 총독부가 나설 것을 촉구하였다.[408]

식민지 재계는 1931년에 그랬던 것처럼 새 시장에 관한 기대에 들떴다. 조중 무역을 중심으로 한 회의와 토론회가 빈번히 열리고, 관련 기사도 많이 나왔다.

그리고 다시 한 번 한국인 기업가들은 이 모든 활동에서 가장 열렬한 참여자가 되었다. 《조선실업구락부》 1938년 3월호에서 김예현은 일본이 중국과의 '성전'에서 승리를 알려올 때마다 한국인들이 '내지동포'와 손잡고 환호한다고 썼다. 나아가 "일단 전쟁이 일본의 승리로 끝나면, 우리 반도인들도 북지北支나 중남지中南支로 당당히 진출하여 여러 가지 어부지리漁父之利를 거둘 수 있다"고 강조하였다.[409]

예견했을지도 모르지만, 한상룡은 이듬해 또 한 번 대륙시찰여행을 한 후, 장차 한국인 자본과 인적 자원을 중국에 투자하기를 희망하는 낙관적 보고서를 작성하였다.

이상 저는 이번에 화북華北을 시찰하고서 매우 유쾌하고 또 장래를 촉망하고 있습니다. 저의 유일한 희망은 북중국 방면에서 일본인과 중국인에 대해 한층 더 조선의 재인식을 절망切望할 필요가 있지 않은가 하는 것입니다. 또 반도의 내선인內鮮人 자본도 상당히 투자하여 사업도 하게 하고 싶습니다. 그래서 인적으로도 반도가 크게 기여하기를 희망합니다.[410]

경방은 물론 한상룡의 권고를 기다리지 않고 곧바로 중국으로 진출하였다. 일본의 침략은 관세장벽에 구멍을 냈을 뿐 아니라 현지 중국인 공장들을 혼돈에 빠트렸다. 그 결과 일본군이 진격할 때마다 경방의 불로초 직물 시장이 확대되었고, 회사는 실로 일본군의 승리 소식이 들려올 때마다 환호할 이유가 충분했다. 김연수는 만주에 공장을 세우기로 최종 결정을 내리기 전에도, 화북에서의 방직사업의 가능성을 타진하고 있었다.[411]

김연수는 전쟁 발발 후 몇 달 안 되어 경방 직원 2명을 화북 지방에 보내 전쟁이 중국 시장에 미치는 영향력을 조사하고 새 공장 사업지를 물색하게 했다. 이들은 처음에 북경에서 동쪽으로 12마일 떨어진 퉁저우通州를 권했지만, 회사는 이 지역이 완전히 점령될 때까지 주저하였다.[412]

경방의 경영진이 퉁저우 진출을 망설이는 동안, 중국으로 확장할 기회가 또 생겼다. 도요타가 허난성河南省 장더彰德의 방적공장합작사업에 동참할 것을 제안한 것이었다. 경방은 이 제안을 받아들이기로 하고 700만 엔을 투자하려고 준비했지만, 사업지를 사전 조사한 경방의 대리인은 그 지역은 전투가 계속되어 불안하다고 보고하였다.[413]

경방은 중국인 자본가들이 소유·운영하는 방적기 4만 추를 보유한 톈진의 공장으로부터 또 다른 제안을 받았다. 이 공장은 일본군의 관할 아래 있었는데, 그들은 이미 이 공장을 일본인 경영 회사에 넘긴다는 계획을 세운 상태였다. 중국인 소유자들은 몰수당하기 전에 선수를 칠 생각으로 경방이 회사의 공동 경영자로 들어와 공장을 합작업체로 함께 운영하자고 설득하였다. 경방은 처음에는 솔깃했지만, 그 이면의 음모를 알아채고 군과 충돌할 것 없이 거래를 단념했다. 경방은 마침내 중국에서 공장을 획득하거나 건설한다는 계획을 포기하고, 대신 쑤자툰에 남만방적을 건설하기로 결정하였다.[414]

그러나 경방이 중국 시장을 포기한 것은 결코 아니었다. 태평양으로 전쟁이 확산되고 일본군이 동남아시아와 남양 지역을 침략함에 따라 국경선이 허물어진 중국 시장은 김연수와 같은 기업가들을 전보다 더 강하게 유혹하였다. 조선식산은행 조사과 직원이었던 전승범全承範은 1942년 조선실업구락부 회지에 이런 감정을 잘 표현했다.

이처럼 일만지日滿支 경제 건설의 일환으로서, 또 그 전진기지로서 중대한 역할을 맡아온 조선 경제는 남방 자원의 공영권 참가로 인해 그 기능을 잃기는커녕 새로운 자원을 획득함으로써 조선의 풍부한 전력과 우수한 기술은 새로운 공업의 발흥을 약속하였다. 뿐만 아니라 그 개발의 추진력으로서 이미 기초가 확립된 각종 중화학공업의 진흥에 한층 박차를 가하기에 이르고, 다시 남방의 새 시장 획득에 의해 조선의 경공업 역시 그 전도가 축복받기에 이르렀다.[415]

마침내 김연수는 확대된 중국 시장과 아시아 시장이 매우 중요하므로 자신의 특별한 무역회사를 설립할 필요가 있다는 결론에 도달하였고, 그래서 그의 친구이자 사업 동료인 박흥식에게 문의하였다.

박흥식도 김연수처럼 중일전쟁이 열어준 무역 전망에 흥분하고 있었다. 그는 1938년 자신의 화신회사에 외국무역 부서를 신설하였고, 그 이듬해에 이 부서를 독립 회사로 확장하였다. 그리고 1941년에는 자본금 500만 엔의 화신상사로 재편성하였다. 경방은 이 회사의 주식을 일부 인수하였고, 김연수는 이사회의 한 자리를 얻었다. 물론 직물이 화신상사의 주요 수출품목 중 하나였고, 1943년경 이 회사는 톈진과 상하이에 대표 사무소를 두게 되었다.[416]

비록 당초 구상했던 규모는 아니었지만, 결국 경방은 중국에 직접 판매소를 설치할 수 있었다. 1943년 초 경방은 베이징에 대표사무소를 설치하였다. 경방은 황하 이북 허난성 장더시의 일본군 제2공장 남쪽 약 320마일 지점에 사무소를 개설하기도 했다.[417]

경방이 허난성에서 무엇을 했는지는 분명하지 않다. 장더의 군수 공장에 얼마간 자금을 제공한 것일 수도 있다. 혹은 장더공장이 경방에게 낯선 품목인 마사를 방적하고 있었으므로,[418] 경방이 조선에서 유사한 프로젝트를 시작하기 위해 단지 기술과 경험을 얻는 중이었을지도 모른다. 아마도 이것은 김연수가 1938년과 1945년 사이에 폭넓게 참여한 군수공업의 또 하나의 사례였을 것이다. 여하튼 경방은 식민지기 끝까지 복합적 시장구조가 낳은 수요와 기회 덕분에 영등포의 본거지에서 저 멀리 압록강을 건너 대륙의 일본 군사 체제의 심장부로, 중국 점령지 내 제국의 변방 전투지로까지 나아갔다는 것은 의심할 바 없다.

요약

조선의 식민지 지배자들이 1921년에 한국인 자본가에게 협력적 발전을 제안했을 때, 그들은 그러한 발전이 한국인 자본주의를 일본 자본주의와 제국주의적 목표들에 효과적으로 결속시킬 것을 알고 있었다.

그리고 실제로 그렇게 되었다. 이미 본 것처럼 생산에 필요한 원료와 기술의 확보 및 판매를 위해 경방은 중심부 자본주의체제에 개인 간의, 또 회사 간의 연줄을 만들었다. 이로써 1945년까지 경방은 이 자본주의체제의 중요한 일부가 되었다. 자본주의 생산의 내적 논리 때문에 그러한 의존관계가 만들어지지 않거나, 식민지와 중심부 간의 잠재적인 시장 경합의 경우처럼 협력보다는 경쟁이 벌어질 위험이 실제로 있었지만, 총독부는 재빨리 상황을 타개할 정책을 실시하였다.

결국 자본주의 본연의 발전과 정부정책의 조합으로 한국인 자본이 일본인 자본에 예속되었을 뿐 아니라 한국인 자본주의 또한 대륙의 제국 경제구조에 편입되었다. 1930년대에 군사 정복을 통해 만주와 중국에서 막대한 새로운 경제적 미개발지로까지 일본 제국의 경계가 확장되었을 때, 이 연계는 강화되고 심화되었다. 1945년경 제국의 오지는 경방에게 원료의 공급지일 뿐 아니라, 중요한 시장 및 기업 확장의 영역이기도 했다.

3부 자본가계급과 사회

PART Ⅲ : CLASS AND SOCIETY

1919년과 1945년 사이에 한국인 자본가가 식민지정부 및 일본인 민간자본과 긴밀하고 광범위한 연결망을 발전시킨 것은 그 성장에 큰 도움이 되었다. 그러나 자본가와 조선 사회의 관계는 훨씬 더 순탄치 못했다.

김성수의 《동아일보》를 비롯한 1920년대와 1930년대의 한국인 자본가 계열의 새 신문과 잡지들은 고창 김씨 및 그 동료들과 같은 기업가들을 근대 한국의 새로운 '중추계급中樞階級'의 일원이라 불렀다.[1] 그러한 자기 인식에는 어느 정도 근거가 있었다. 당시 조선은 농업 경제에서 공업 경제로 역사적 이행을 시작했고, 한국인 자본가는 확실히 그러한 발전의 최전선에 있었다. 식민지 공업화의 진전과 더불어 한국인 자본가들은 경제적으로 번영했으나, 조선 사회에서 그들의 지위는 점점 취약해졌다.

그람시와 여타 논자들이 주장했듯이,[2] 자본주의 사회의 안정과 존속

을 좌우하는 것은 자본가가 자신의 편협한 경제적 시각과 강제력에의 의존을 얼마나 벗어날 수 있는가, 그리고 광범위한 대중적 동의에 입각한 지도적 지위나 '헤게모니'를 얼마나 잘 획득할 수 있는가였다.

이를 위해서는 자본가계급이 다른 계급들, 특히 노동계급에게 다양한 경제적·정치적 양보를 제공할 능력과 의향이 있어야 했다. 만약 자본가계급이 그렇지 못하다면, 국가가 그들의 당장의 이익에 구애받지 않고 그 저항을 뛰어넘어 그럴 능력과 의향을 갖고 있어야 했다. 더 나은 임금과 노동조건을 위한 단결권 및 노동쟁의권이나 보통선거제와 같은 양보들은 노동자들에게는 자본주의체제가 제공하는 명확한 물질적 상금이었다. 이 덕분에 자본과 노동 사이의 본연의 계급적대는 완화되고, 자본가계급은 그들의 특권적인 경제적 지위를 유지하기 위해 노동자들에게 위협과 강제력을 쓸 필요성이 줄어들었다.

그리고 역사적으로도 자본가계급이 헤게모니를 잡기 위해서는, 보편적 가치의 용어로 자신의 계급이익을 표현하고 추구함으로써 시민사회에서 도덕적·문화적 지도자로서의 역할을 해야 했다. 이 보편적 가치의 용어란 자본가계급이 다른 계급들도 규합할 수 있으며, 사회적으로 널리 확산되어 사회 전체에서 관습적 지혜나 '상식'의 지위를 얻을 수 있는 것을 뜻했다. 즉 서구의 자본가계급은 경제적 자유방임주의 및 자유민주주의와 결부된 자유와 평등의 원리라는 용어로 자신의 이익을 표현하고 추구함으로써, 다른 계급들의 이해와 공감을 얻을 수 있었다. 예컨대 19세기 영국의 정치 개혁 투쟁은 기본적으로 당시 자본가의 경제적 이익을 위한 것이었지만, 자본가가 대중투쟁에서 핵심 역할을 함으로써 사회진보를 선도하는 집단이라는 명성을 확고히 구축할 수 있었다.[3]

그러나 한국인 자본가는 부분적으로는 식민지 정치경제구조의 속성 때문에, 그리고 다른 일부는 근시안적인 자기 이익 때문에 식민지기 동안 노동계급에게 물질적 양보를 거의 하지 않았다. 총독부의 식민지 산업정책은 법적·정치적 권리가 없는 저렴하고 굴종적인 노동력을 착취하는 것에 기초를 두었다. 따라서 식민지의 자본가는 관료들의 제안과 지시가 의미하는 것에는 그토록 세심하게 귀를 기울이면서도, 신흥 한국인 노동계급의 가장 기본적인 요구는 철저히 외면했다. 그 결과 식민지기 동안 한국인 자본가와 노동자는 마치 전쟁을 벌이는 두 진영처럼 적나라한 대결 양상을 보였다. 파업은 빈번하고 때로는 격렬했으며, 한국인 자본가는 현상을 유지하기 위해 일본 경찰의 지원과 개입에 크게 의존하게 되었다.

식민지 조선의 자본가는 조선 사회에서 결코 이데올로기적 지도자의 자리를 차지할 수 없었다. 영국에서는 민주주의와 민주정치가 그를 꺼리는 귀족에게서 정치적·경제적 양보를 쟁취하려는 자본가의 욕망과 일치했기 때문에, 자본가들이 민주주의 운동의 선두에 섰다. 반면 민주주의는 결코 한국인 자본가의 발전 요인이 아니었다. 그 한 원인은 유럽에서는 귀족과 공업 기업가 간의 격렬한 계급투쟁의 과정에서 공업가가 민주주의자로 변신했지만, 조선에서는 그런 일이 없었다는 것이다. 우리가 제1부에서 본 것처럼 조선은 1876년 이전에는 언급할 만한 자본가가 없었고, 그 후에도 자본주의는 약 40년에 걸쳐서 매우 천천히 발달했으며, 신흥 한국인 자본가계급의 중핵은 옛 지주 엘리트 내의 진보적 분자에서 생겨났다. 따라서 계급투쟁보다는 계급적 변신이 이 시기 동안 한국인 자본가가 출현하는 특징이 되었다.

또 하나의 원인은 제2부에서 서술한 계급 – 국가 상호작용의 유형에 있다. 1919년에 한국인 산업자본가가 막 출현하기 시작한 것은 경제개발을 지향하는 독재정치체제가 이미 확고히 자리 잡은 뒤였다. 앞에서 본 것처럼 한국 자본주의가 1919년과 1945년 사이에 성장의 첫 파도를 탈 수 있었던 것은 본질적으로 민간 관료기구를 통해 작동한 군사독재체제의 후원 덕분이었다. 민주주의 정치는 이 체제 전체가 기능하거나 체제 내에서 자본가가 이익을 추구하는 데 아무런 역할도 하지 못했다. 반대로 자본가의 정치 활동이 있었다면, 그것은 오로지 관료기구와의 공적 혹은 사적 교류에 불과한 것으로서 기성 독재정치구조에 편입된 중요한 구성요소였다. 이 교류의 주요 측면은 이미 제3장과 제4장에서 상세히 논의하였기 때문에 여기서 반복할 필요는 없다. 한국 자본주의가 처음부터 독재체제와 밀월 관계에 있었다는 것을 말하는 것으로 충분하다.

따라서 식민지기 한국인 자본가의 발전이 민주주의와 아무 상관이 없었음에도, 자본가계급은 민족주의에 입각해 좀더 자연스럽게 대중에 대한 지도력을 형성할 수 있었던 것 같다. 경방의 경영진은 한국인 회사라는 것을 강조하기를 좋아했고, 처음부터 민족주의적 주제들을 이용한 광고를 선보였다. 그러나 한국인 기업(특히 경방과 같은 대기업)이 식민지 정치경제구조에 의존한 것 같은 여러 가지 이유 때문에, 민족주의 원칙에 대한 한국인 자본가의 충성심은 사실 없는거나 마찬가지였다. 경방의 경우처럼 그것이 약간이었다 하더라도 일본의 기본 정책에 중대한 도전을 한 적이 없었다. 도리어 1930년대 후반에서처럼 총독부가 조선 문화를 실제로 말살하려고 잔혹한 전시동화정책을 실행할 때, 한국인 자본가들은 그에 협력하기까지 했다. 1945년 무렵 한국인 자본가는 경제적인 이유뿐 아니라 이데올로기적인 이유에서도 한국 사회와 서로 용납할 수 없는 계급이 되어 있었다.

7. '무사히'
| Without Any Trouble : Capitalist Views and
| Treatment of the Working Class

노동계급에 대한 자본가의 시각과 취급

　그란젠제브는 노동환경 면에서 식민지 조선이 '일본인 기업가들
의 천국'이라고 했다.[4] 이것은 과장이 아니었다. 일본인들은 한국인
노동자가 의욕 없고 신체적·지적으로 게으르며 무책임하다고 혹평
하면서도, 곧바로 한국인 노동력이 '풍부하며' '저렴하다'고 지적하
는 것을 잊지 않았다.[5] 빈곤에 허덕이는 농촌에서는 수많은 한국인
들이 도시로 나와 일거리를 찾지 않을 수 없었다. 이에 따른 노동력
과잉으로 조선의 노동비용은 일본의 절반밖에 되지 않았으며 그들의
생활수준도 낮을 수밖에 없었다.[6]

　그러나 한국인 노동력은 저렴했을 뿐만 아니라 어떤 종류의 정치
적·법적 보호도 받지 못하고 있었다. 일본 본국도 노동조건이 결코
좋지는 않았지만 남자보통선거법과 공장법의 실시로 적어도 특히
미성년공과 여성노동자가 공장에서 혹사당하는 것을 법적으로 방지
할 수 있었다. 이 법들은 그대로 식민지에 적용되지 않았다. 식민지
기업가들은 1945년 이전에는 그러한 조치들로 인해 전혀 제한을 받
지 않았다.[7] 노동력의 80퍼센트가 14세와 18세 사이의 어린 처녀들

이었던[8] 가네가후치방적이나 도요방적 같은 일본의 거대 방적업체들은, 1920년대에 개정된 공장법을 특히 성가신 것으로 여겼고, 1930년대 초 조선에 새 공장을 세우기에 이르렀다. 예컨대 1941년에 대일본방적연합회에서 나온 다음 말을 보자.

조선의 면사방적공업은 자본 투하액, 공장 규모, 공장 설비 등에서 보아도 근대적 공장공업으로서 괄목할 만한 것의 하나다. 앞서 서술한 바처럼 조선은 면화 재배에 적합하고 당국 역시 그 증산을 장려하여 생산량은 점차 늘어나고 있다. 뿐만 아니라 노동력이 풍부하고 또 이웃에 만주국 및 북중국 등의 광범한 소비 시장이 가까이 있고, *또한 공장법 시행 지역 밖에 있는 등……* (이탤릭체-필자)[9]

물론 한국인 기업가들도 이 저렴하고 보호받지 못한 노동력 저장소의 혜택을 누렸다. 한국인 소유 공장의 평균 노동조건이 일본인 경영 공장보다 조금이라도 나았다는 증거는 없다. 사실 대부분의 한국인 업체들이 규모와 자본 면에서 일본인 대기업에 못 미쳤기 때문에, 노동조건은 대개 더 열악했다.[10]

꾸밈 없는 사실은 그 소유자의 국적에 관계 없이 모든 식민지 회사들이 동일한 경제체제의 일원이었다는 것이다. 비록 한국인 기업가들이 노동자들을 일본인 밑에 있을 경우보다 더 잘 대우해 주고 싶어했다 하더라도(다시 한 번 아무런 증거가 없는 가정이다), 그렇게 해서는 기업가로서 살아남기 어려웠을 것이다. 평균적인 한국인 회사보다 훨씬 컸으며, 늘 '민족주의'를 강조한 경방과 같은 회사에서도,

노동자들은 부산의 조선방직(주)과 같은 일본인 경영 회사의 특징이던 저임금, 장시간 노동, 전반적으로 불쾌하고 억압적인 근로조건들로 인해 고통을 겪고 있었다.

사실 식민지 기업가들의 '천국'이 한국인 노동자들에게는 '생지옥'[11]이었다. 물론 공업 업종별로, 또 해당 특정 노동자의 개인적 숙련도에 따라서 사정은 달랐다. 그러나 이 책에서 다루고 있는 면방직공업의 노동조건이 결코 최악은 아니었지만, 이 산업에서도 노동자들은 고향 마을에서라면 굶어 죽을 수도 있었기 때문에 공장에 붙어 있었을 것이라 쉽게 추측할 수 있다.[12]

경방에서의 노동 생활

경방에는 남녀 직공이 모두 있었다. 그중 일부는 기혼자로 아이를 갖고 있었지만, 대다수(전체의 약 80퍼센트) 직공들은 가난한 농촌 출신으로 10대 후반의 어린 소녀들이었다. 초기 수년간 경방은 대개 서울의 영등포 지역에서 노동력을 모집했지만, 회사가 커지고 직공 수요가 증가함에 따라 모집 담당 직원들은 농촌을 찾아다녀야 했고, 결국 경방은 각 도에 연락소까지 두었다. 회사에 취업한 여공들의 다수가 고창 김씨의 고향인 호남 지방(전라남·북도) 출신이었다는 것은 그리 놀라운 일이 아니다. 아마도 이들 중 일부는 김씨가의 수많은 소작인들의 딸이었을 것이다.[13]

그러나 단지 모집의 편의성 때문에 경방이 호남 지역 출신의 여공을 많이 채용한 것은 아니었다. 총독부가 기업들에게 필요한 만큼

노동자를 선발하도록 허락한 전시체제기를 제외하고는 노동력을 모집하는 것은 식민지기 내내 고민거리였다. 부분적으로는 소녀들이 고향에서 농사일에 필요했기 때문이지만, 그 밖에도 다른 이유가 있었다. 비록 가난하더라도 조선의 농민들은 어느 나라의 부모들과 마찬가지로, 집에서 멀리 떨어진 공장에 딸을 보내는 것을 매우 꺼렸다. 그렇게 하는 것은 대개 어쩔 수 없는 사정 때문이었다. 즉 식량이 떨어졌다든가, 생계비를 위한 가욋돈이 필요했다든가, 소녀 자신에게 얼마간 혼수자금이 필요했다든가 하는 이유 말이다.[14] 그러한 상황에서 아무리 하찮은 것이라도 고용주와 전통적 혹은 지역적 유대가 있다면 부모들은 안심할 수 있었을 것이다.

그리고 실로 부모들이 걱정할 만한 충분한 이유가 있었다. 무엇보다도 경방의 노동시간은 사람을 녹초로 만드는 것이었다. 일본에서는 개정공장법이 여성 및 14세 이하 연소노동자의 야간노동(오후 11시부터 오전 5시 사이의 노동)을 금지했고, 따라서 사실상 교대 근무시간을 9시간으로 줄였다(본래 일본의 방직회사들은 보통 2교대제로 작업하였다). 또 이 법은 근무시간이 6시간을 초과할 때마다 30분의 휴식시간을 주도록 규정했기 때문에, 일본인의 실제 노동시간은 단지 8시간 30분이었다.[15]

조선에서는 이 법이 시행되지 않았고, 경방은 각기 12시간 노동(오전 6시부터 오후 6시까지, 오후 6시부터 오전 6시까지)을 하는 2교대제의 1일 24시간 작업제로 조업했다. 경방은 각 교대조에게 총 40분의 휴식시간(식사시간 포함)을 부여하여, 여공의 실제 하루 작업시간은 11시간을 넘었다.[16] 미성년노동자의 보수는 성인보다 상당히 적었지만, 그들이 작업시간 면에서 어떤 특별한 배려를 받았다는 징후는 없다.[17] 또 일본의 공장법에는 노동자가 1개월당 이틀의 휴일을 쓸 수 있게 규정되어 있었지만, 경방의 노동자들은 1개월에 30일까지 매일 11시간 동안 땀 흘려 일해야 했다.[18]

회사가 여공에게 요구했던 순수한 노동시간은 그 자체로 사람을 지치게 만드는 것이었지만, 작업의 성격과 조건 때문에 그 시간은 실제보다 더욱 긴 것처럼 느껴졌다.

여공들이 대부분 농촌 출신이기 때문에 가난하고 거친 생활이야 새삼스러운 것이 아니었지만, 그들 역시 농촌의 신선한 공기, 느린 움직임, 마을 사람들과의 어울림에 익숙하였다. 그러나 이제는 끊임없이 주의해야 하고 동료 직공과의 대화도 전혀 불가능하고 귀가 멍멍해지는 기계들로 가득 찬, 무덥고 창문도 없는 숨 막히는 작업실에 근로시간 내내 갇히게 되었다. 게다가 피곤함에 지쳐 부주의할 경우 여공들은 기계에 쉽게 손가락을 잘릴 수도 있었다. 기계 속, 바닥 위, 공기 속에, 그리고 여공의 머리카락과 눈, 귀, 코, 목 등에 공장 먼지가 계속 쌓였다. 면섬유의 미세한 입자들 때문에 숨 쉬는 것 자체가 어려웠고, 심한 경우 기관지병이나 결핵에 걸리기도 했다.[19]

1936년에 한양부인회漢陽婦人會가 경방공장을 방문했을 때 어린 여공들의 작업 광경을 보고서, 서울의 특권 여성들 중 몇몇은 자신이 실로 얼마나 운이 좋은지를 아마도 처음으로 깨달았을 것이다. 회장인 이재곤李載坤은 후에 다음과 같이 썼다.

가련한 소녀들이 먼지 구덩이에서 몸 바쳐 종업하고 있는 실황을 보고서, 참으로 가엾은 느낌과 함께 그렇게 애써서 생산한 것을 우리들은 헛되이 낭비하고 있는 것을 생각하니, 참으로 황송한 기분이 들어서 목면 한 올이라도 헛되이 할 수 없다는 것을 우리 일동은 절실히 느꼈다.[20]

여공의 공장 생활은 회사의 심한 노동 감시와 통제 때문에 더욱 불편했다. 경방은 노동 통제가 생산에 매우 결정적이라고 보았기 때문에, 1930년대 말에 만주로 사업을 확장했을 때에도 토착 중국인 노동자를 채용하기보다 조선에서 1,000명 이상의 여공들을 데려갈 정도로 의도적으로 한국인 노동력을 사용하였다.[21] 물론 만주의 한국인 경영자들은 모국어로 생산을 감독하는 것이 더 수월했을 것이다. 그러나 중국어 통역을 할 한국인이 주변에 부족한 것도 아니었고, 한국인 노동자를 멀리서 데려오기보다는 중국인 노동자들을 구하는 것이 더 쉬웠고 임금도 더 쌌다. 그럼에도 굳이 한국인 노동력을 사용한 이유는 이국땅에서 전적으로 회사에 의탁한 어린 한국인 여공들보다 중국인 노동자들이 잠재적으로 더 골칫거리였기 때문이다.[22] 지역 토착민인 중국인들은 자신을 일본인과 한국인이 합작한 제국주의의 희생자라 생각했기 때문에 한국인보다 문제가 될 가능성이 컸던 것이다.

통제의 압력은 각 여공들이 적어도 3년간 회사에 묶이는 계약을 맺음과 동시에 거의 즉각적으로 시작되었다.[23] 3년 기한을 마칠 때까지 월급의 일정 비율을 회사에 '강제저금' 했기 때문에, 여공들은 어렵게 번 돈의 일부를 몰수당할 위험을 무릅쓰지 않고서는 계약을 어길 수 없었다. 물론 회사는 마음대로 여공들을 해고할 자유가 있었고, 항상 해고의 위협으로 그들이 규칙을 지키게 만들 수 있었다.[24]

공장의 내부 규율은 가혹하였다. 사무직원들은 근무시간 중에 담배를 피우거나 커피를 마시거나 방문객과 이야기를 나눌 수 있었다. 그러나 방적기와 직기를 다루는 여공들은 방문객을 만날 수 없었고 특별 허락을 받고서야 자리를 비울 수 있었다. 아기가 있는 기혼여성 역시 감독자의 허락이 있어야 아기를 돌볼 수 있었다. 참으로, 감시는 항시 계속되고 엄했던 것으로 보인다. 그 정도가 너무 심했기 때문에 여공들은 상급자의 '우마적牛馬的 감시'와 '능욕적 언사'를 불평하였다. 게다가 여공들은 벌금제도에 따라 자신이 담당한 직물이나 기계를 손상시켰을 경우 개인적으로 책임져야 했다.[25]

회사는 심지어 일과 종료 후 여공들의 사생활까지도 통제했다. 공식 사사와 전기에서는 그것을 부모가 자녀를 신경쓰는 것 같은 전통적인 가부장제의 미덕과 부합하는 일로 묘사하고 있다.[26] 그러나 회사는 '자녀'가 잘 되기를 염려하는 엄격하면서도 인자한 '아버지'라기보다는 명확한 생산 일정에 따라 여공들에게 작업량을 할당하는 경쟁적 사업체였다. 따라서 공장의 순조롭고 효율적인 가동을 방해할 수도 있는 노동자의 행동은 그 어떤 것이라도 규제해야 했다.

사리私利 추구는 종종 가부장제의 모습을 띠고 나타났다. 예컨대 김연수는 더 전통적인 지주 경영을 하면서 자신의 농장에 '모범 농촌'을 만들었다. 이 촌락에서는 소작농에게 매일 아침 종소리에 따라 일하도록 요구하고 음주·도박과 20세 미만 남자의 조혼早婚을 엄격히 금지했다.[27] 이 모범 농촌의 규칙은 교육받은 엘리트가 가부장처럼 대중을 가르치는 조선의 전통을 새롭게 계승한 것으로 볼 수도 있다. 그 덕분에 꼼꼼하고 착실한 소작인이 신체적 혹은 금전적 방종에 빠지지 않고 열심히 순종적으로 일한다면, 그가 얻을 이익이 커지는 것도 사실이었다.

물론 음주와 도박은 회사가 10대 여공들에게서 걱정해야 할 문제가 아니었다. 아니 여공들은 어떤 종류의 여가 생활도 할 만한 시간이 별로 없었다. 휴일은 제외하더라도, 매일 노동시간을 빼면 겨우 12시간이 남았다. 이중 2시간을 회사가 제공하는 교육에 할당하고,[28] 약 8시간을 달콤한 잠에 쓰고 나면 개인적인 재충전 시간은 하루에 단지 약 2시간뿐이었다고 추측할 수 있다. 그리고 '강제저금제' 때문에 그들은 회사 밖 활동에 쓸 돈도 거의 없었다.

따라서 여공들에게 하루 2시간의 휴식시간과 휴일은 의심할 바 없이 회사의 통제에서 벗어날 귀중한 자유의 기회였다. 너무 피곤하거나 아픈 경우가 아니라면 면화 부스러기를 털고 깨끗한 옷을 입고서 회사 담장 밖으로 나올 기회였던 것이다. 시골 초가집에서 자란 여공들에게 이러한 자유는 색다른 도시 청년과 데이트를 하거나 매력적인 대도시를 구경할 기회를 제공했다. 여공들은 고궁, 공원, 포장도로, 자동차, 거대한 석조 빌딩, 다방, 영화관, 박흥식의 유명한 화신백화점을 비롯한 백화점, 조선호텔[29]이나 다른 큰 호텔들을 드나드는 최신 도쿄식 패션 차림을 한 사람들의 모습을 즐길 수 있었다.

그러나 회사의 관점에서 그러한 호기심과 개인적 자유는 잠재적으로 생산 능률을 위협하는 요소였다. 일단 회사 문을 나선 여공들은 쉽게 시간을 잊어버리고 지각하곤 했다. 그들은 방적기와 직기에 써야 할 제한된 에너지를 개인적 오락에 소진할 수 있었고, 연애감정에 빠져 무척 힘든 공장 작업에 신경을 쓰지 못할 수도 있었다. 노동 불안을 조장하고 싶어 하는 '사악한 이념적 분자들'[30]이 그들을 오염시킬 수도 있었다. 최악의 경우 그들이 공장에서 달아날 수도 있었고, 그러면 회사는 직공을 새로 뽑아야 했다.

이러한 잠재적 문제들에 대한 회사의 해결책은 젊은 미혼 여공들을 공장 울 안의 기숙사에 수용하는 것이었다. 기숙사제도는 결코 경방이나 식민지 조선에 특유한 것이 아니었다. 그것은 일본 방직회사들의 오랜 표준적 관행이었고, 일본인도 본래 매사추세츠 소재 로웰Lowell 공장 및 19세기 초 여타 미국 방직공업 도시들의 기숙사제도에서 본받은 것이었다.[31] 기숙사제도는 여공들에게 비교적 저렴한 숙식을 제공하였고, 어린 딸과 헤어지기를 꺼려하는 부모들에게 회사가 대리 부모의 역할을 맡을 것임을 납득시키는 데도 도움을 주었다. 그러나 가장 중요한 것은 이 제도 덕분에 회사는 작업장 외부로까지 노동 통제를 연장할 수 있었다는 것이다.

경방의 여공들은 계약상 3년 기한 내내 기숙사(정책상 공장 바로 옆에 있었다)에서 생활해야 했다. 회사는 이 규정으로 작업시간 후 여공의 활동을 통제할 수 있었다. 일단 여공이 작업을 마치고 식사를 하고 나면, 그들은 다른 일을 해도 된다는 특별한 허락을 회사로부터 얻지 못하는 한 기숙사에 남아 있어야 했다. 외부 방문객도 검색을 받았다.[32] 이 제도는 사실상 감시가 덜한 감옥이나 군대와 마찬가지였다. 외부에서 감옥이나 군대를 방문할 때 사용하는 면회라는 용어는 기숙사에서도 같았다(아직도 그렇다).

그러면 회사는 젊은 여공들의 이러한 고역과 개인적 박탈에 대해 얼마나 보상하였는가? 경방의 여공들은 기껏해야 당시 일본 임금 수준의 약 절반만을 지급받았다. 예컨대 1920년대 말에 일본인 면방직 여공은 1개월에 30~50엔 사이의 임금을 받았다. 대조적으로 매달 일본인보다 훨씬 더 많은 시간을 일한 경방의 최고 임금 방직공은 당시 1개월에 21엔의 임금을 유지하기 위해 투쟁했으며,[33] 1936년에도 경방 여공의 월 최고 임금은 단지 30엔이었다. 이것이 최대 임금이었음을 강조할 필요가 있는데, 대부분의 경방 여공들은 같은 시간수와 일수에 대해 훨씬 적은 보수를 받았다. 예를 들어 경력이 짧은 여공들과 미성년공들은 하루에 20~30전, 한 달이면 6~9엔밖에 받지 못했다.[34]

앞서 지적한 것처럼 이러한 저임금은 식민지 조선에서는 일반적인 일이었다. 사실상 경방의 성인 여공이 받는 1일 최소 임금과 평균 임금은 다른 산업의 노동자들보다 약간 높았던 것 같고, 그 최소 임금은 조선의 일본인 경영 면방직회사들의 임금과 맞먹었다. 그러나 1930년경 약 70전이었던 회사의 최고 일급日給은 1931년 정미소의 성인 여공들이 받던 최고 일급에 훨씬 못 미쳤고 조선방직과 같은 일본인 방직회사보다도 약간 낮았다.[35]

어떤 남편을 얻느냐에 따라 미래의 행복이 거의 전적으로 결정되는 젊은 여공들은 혼수자금을 마련하려고 경방에 취직하는 경우가 많았다. 그러나 얼마 안 되는 임금이 혼수자금에 도움을 주지는 못했던 것 같다. 근사치일 수밖에 없지만, 1930년경 보통의 경방 여공이 하루에 50전, 한 달에 15엔을 벌었다고 가정해 보자. 여공은 한 달에 4엔 50전을 식대로 회사에 냈다.[36] 일본방적연합회의 1929년도 보고서에 따르면, 각 여공이 공장 내에서 필요한 여러 품목들을 포함하여 수건, 비누, 치약, 옷, 신발 기타 등의 갖가지 개인 필수품에 한 달에 약 5엔 25전을 썼다고 추정된다.[37] 이 계산에 따르면 여공의 평균 순소득은 한 달에 5엔 25전 정도였다. 이렇게 3년이 지난다면 총 189엔을 모을 것인데, 이것은 5인 가족이 9~13개월간 보리와 조로 살아갈 만한 금액이었다.[38]

이러한 금액이 여공들의 마음을 끌 만한 혼수자금인지에 관해서는 논란이 있을 수 있다. 그러나 보리나 조가 아니라 쌀이 한국인들의 선호 주식이었다는 것, 그리고 이 예산은 식량 말고는 아무것도 고려하지 않았다는 것에 주의해야 한다. 그래도 보통의 경방 여공이 혼수자금으로 한 달에 5엔 25전을 모을 수 있었더라면 기뻐했을 것 같다. 그러나 실제로 저축할 수 있었던 금액은 아마도 이보다 훨씬 적었을 것이다.

한 달에 5엔 25전이라는 수치는 어디까지나 이상적인 추정치다. 이것은 여공이 기숙사에만 머무르며 외식도 안하고, 어떤 종류의 사치도 하지 않으며 아프지도 않고 회사에 어떤 벌금도 물지 않았다고 가정한 것이다. 또 비현실적이지만 그녀가 일관된 일급을 받았다고 가정한 것이다. 사실 1931년 경방 여공들의 주된 불만 중 하나는 정규적인 일급을 보장하는 '일급제'가 아니라 회사가 결정하는 생산 할당액에 입각한 '도급제'에 따라 보수를 받는다는 것이

었다.[39]

그러나 여공이 엄청난 자기희생과 굉장한 행운을 통해서 5엔 25전이라는 목표를 달성할 수 있었다고 가정하더라도, 자신을 위해 그중 얼마를 남겨둘 수 있었을까? 다양한 의견이 가능하겠지만, 아마도 수입의 (대부분은 아니더라도) 일정 부분을 농촌의 가족에게 송금했을 것이다. 총독부가 말한 '전형적인' 5인 가족은 사실 하나의 이상화된 현실이었다. 효과적인 가족계획법의 부재, 조선 부모들의 오래된 남아선호 욕구, 축첩과 홀아비 재혼의 관습 등이 결합된 결과로 전통적인 한국인 가족의 규모는 그보다 훨씬 더 컸다(김성수와 김연수는 각기 13명의 자녀를 두었다). 십중팔구 보통의 경방 여공은 아마도 한 달에 3엔의 최소 비용(총독부가 추정한 5인 가족의 1인당 최소 식비)으로 적어도 고향의 어린 동생 하나를 부양하고 있었을 것이다.[40] 만약 이 액수를 여공의 이상적인 한 달 순소득 5엔 25전에서 뺀다면, 한 달에 2엔 25전의 순저축으로 3년에 81엔이라는 예상 혼수자금을 얻게 되는데, 이것은 단지 보리와 조 같은 맛없는 음식으로 5인 가족을 4~5개월 동안 부양할 만한 금액이었다.

빈약한 임금은 차치하더라도 여공들은 힘든 작업에 대한 가외 보상을 거의 받지 못했던 것으로 보인다.[41] 물론 규칙적인 식사와 잠자리는 보장되었다. 그러나 공장의 기숙사는 비교적 저렴하더라도 결코 자유롭지는 못했다. 여공들은 적어도 총비용의 일부를 직·간접적으로 지불했다. 사실 회사 급식은 제도상의 요금에 비해 놀랄 만큼 비쌌던 것으로 보인다. 예컨대 일본에서 면방직 노동자들은 식대의 약 3분의 1을 지불했고 나머지는 회사가 부담했다. 그러나 경방에서는 이 비율이 반대였던 것으로 보인다. 조선의 생활 수준이 훨씬 더 낮았지만, 여공들은 매일 식대로 일본의 직공들이 부담한 것과 동일한 금액을 지불하고 있었다.[42]

회사가 제공한 숙소의 질에도 미흡한 점이 많았다. 경방 기숙사에는 여공들이 생활하고 잠자는 숙소로 68개의 조선식 온돌방이 있었다. 일본처럼 각방의 면적은 15첩(각 첩은 2야드 짜리였다)이었다. 그러나 일본인 회사에서는 8명에서 10명(혹은 그보다 적은)의 여공들이 한 방을 같이 쓰는 것이 관습이었다(오사카 시 조례에는 각 여공이 최소 1.5첩의 면적을 할당받도록 규정되어 있었다). 반면 경방에서는 12명이나 13명의 여공들이 한 방에서 북적거렸다. 기숙사에 적절한 오락시설 및 위생시설이 없는 것도 문제였다. 회사가 펴낸 공식 사사에 의하면 운영 초기에 기숙사는 "단지 잠자리를 해결해 주는 기능만 했다."[43] 1936년에 한양부인회가 기숙사에 '훌륭한 오락실'이 있다고 칭찬했지만, 직공들은 회사가 제공해 준 것에 그다지 감동하지 않은 것 같다. 그들이 8·15 해방 후 제기한 첫 요구 중의 하나는 사실 '완전한 오락 및 위생시설'에 대한 것이었다.[44]

급식을 보면 질 나쁜 쌀과 약간의 생선이나 고기가 식민지 조선의 방직공장에서 주는 일반적인 식단이었고, 경방도 예외는 아니었다. 물론 경방의 경우 김씨가의 곡창지대에서 온 값싼 쌀을 이용할 수 있었던 덕분에 보통의 공장 급식보다는 전체적으로 약간 나았을 가능성도 있다. 예컨대 1930년대 초에 많은 경방 직공들이 조선방직의 직공들이 외쳤던 것과 같이 임금, 노동시간, 개인 자유에 대한 제약의 변경을 요구했을 때, 그들은 조선방직의 직공들과는 달리 특별히

급식의 질을 불평하지는 않았다.[45]

그러나 1937년 중일전쟁 발발 후, 특히 1940년대 동안에는 회사가 직공들에게 제공하는 급식의 질과 양이 모두 크게 나빠졌다. 공식 사사조차도 이 기간 중 급식 문제가 너무 끔찍하여 '이루 말할' 수 없다는 것을 인정하고, 이를 뒷받침하는 몇 가지 구체적 사실들을 들고 있다. "일제는 날로 패전의 기색이 짙어가기 시작한 1944~1945년에 이르러서는 그나마 7할 이상 잡곡(수수, 콩)을 섞어 주던 1일 3.3홉슴의 식량 배급도 계속할 수 없어서, 거의 변질된 콩깻묵(대두박)과 쌀겨, 그리고 시커먼 밀가루를 주는 게 고작이었다."[46]

그러나 사사는 '이루 말할 수 없을' 정도로 열악한 것은 주로 직공들에게 주는 음식이었다는 것을 밝히지 않았다. 첫째로 이때가 경방이 판매와 이윤에서 전례 없는 호황을 구가하던 시기였음을 상기해야 한다. 둘째로 비록 총독부가 전쟁 동안 어떤 식으로든 모든 사람들에 영향을 미친 공식적 배급제를 실시했지만, 이 배급제가 모든 사람들에게 똑같은 방식으로 영향을 미치지는 않았다. 해방 후 울분이 폭발했을 때 경방 직공들은 '더 나은 식사'를 요구했을 뿐 아니라, 전쟁 동안 회사 경영진이 '과로와 영양실조로 쓰러지고 있던' 직공들을 희생시켜 '차별적인 배급'을 실시했다고 비난하였다.[47]

어린 여공을 위한 회사의 교육 프로그램에 관해서도 한 마디 더 해야 할 것이다. 경방은 공장 작업에 필요한 기술을 여공들에게 훈련시키는 외에도 매일 2시간씩 '기숙사교육'도 실시하였는데, 이것은 어느 정도의 초보적인 읽기·쓰기·산수 교육을 포함하였다. 사실 식민지기에 경방에 들어온 여공들 중에는 알기 쉬운 표음문자인 한글조차도 모르는 경우가 많았기 때문에 그러한 교육의 가치가 과소평가되어서는 안 되지만, 이에 대해 좀 더 깊이 생각해 볼 필요가 있다.

첫째, 그 목적은 회사 사가들이 주장하는 것처럼 단순히 (혹은 주로) 인도주의적인 것이 아니었다. 기숙사제도와 마찬가지로 교육 프로그램은 어린 딸과 헤어지는 것을 꺼리는 부모들에게 회사가 자녀를 잘 돌볼 것이라 믿게 하고 자녀를 3년간 공장에 맡기도록 설득하는 데 매우 유용하였다.

또 교육 프로그램은 기숙사제도와 같이 부분적으로 여공에 대한 통제를 강화하도록 기능하였다. 예컨대 기본적인 교양교육은 교과 과정의 약 3분의 1에 불과했다. 다른 3분의 1은 수예, 뜨개질, 바느질, 꽃꽂이 등 장래 아내의 의무에 바쳐졌는데, 이 모든 것은 세상사에서 여자가 일반적으로 남자에게, 좀더 연장하면 특히 회사 경영진에게 순종할 것을 교묘하게 효과적으로 강조하였다. 교육 프로그램의 나머지 3분의 1은 사회적 통제에 더 직접적으로 관련된 것으로 '일반적 예의범절', '공장 생활의 규칙' 등과 같은 주제를 포함한 '도덕교육'에 강조점을 두었다.[48]

둘째, 공장에서 11시간의 고된 작업 후에 피곤에 지친 여공이 읽기와 쓰기나 산수를 얼마나 잘 습득할 수 있었는지를 고려해야 한다. 더욱이 그러한 과목들은 정신적 긴장만이 아니라 얼마간의 학습과 준비도 필요했는데, 여공들은 그를 위한 시간도 에너지도 없었다. 여하튼 경방의 직공들은 회사의 프로그램이 부족하다는 것을 깨달

고, 1945년에 '충분한 교육시설'의 완비를 요구하였다.[49]

저항과 억압

1929년 국제면방적공업자연맹 사무총장인 피어스는 일본 면방직 공업에 관한 보고서에서 다음과 같이 말했다.

극동의 노동 상황을 조사할 때에는 서양의 시각이 아니라 동양의 시각에서 보아야 한다. 임금, 노동시간, 식사, 오락, 숙소, 자유의 제한 등에서 특히 그리해야 한다. …… 수천 명의 젊은 여공을 다루어야 할 때, 규율과 질서는 필수적이며, 이것은 자유를 어느 정도 제약함을 뜻하는데, 이것이 젊은 여공들에게 유익한 일이라는 것은 대다수가 동의할 것이다. 그러나 이 자유의 제한은 동양의 여성들에게 결코 큰 시련이 아니다. 왜냐하면 동양의 여성들은 서양 여성만큼 많은 특전을 누리지 못하기 때문이다. …… 비록 필자가 여공들과 직접 이야기를 나눌 수는 없었지만, 그들 대부분이 명랑한 표정을 띠고 있다는 것을 볼 수 있었다.[50]

피어스의 말은 계급·성·인종적 편견을 드러내고 있지만, 빈약하게나마 전전 아시아 노동조건의 실태를 묘사한 것이기도 하다. 문제는 피어스가 일본의 공장조건을 '동양의 시각'에서 보지 않는다는 것이다. 만약 노동 문제를 연구하는 데 더 관심을 가졌거나 공장 담장 밖의 편한 분위기 속에서 노동자들을 면담할 수 있었거나 이야기하려 했다면, 그는 외국인 방문객에게 피상적이고 단지 일시적으로 보였던 여공의 모습이 아니라 훨씬 더 큰 불만을 품은 노동자를 발견했을 터이다.

실로 피어스의 방문 당시 일본은 역사상 가장 길고 격렬한 노동쟁의의 전야에 있었다. 전전 일본 최대의 면방직회사이며 의식상 가장 '가부장적'이었던 가네가후치방적의 '명랑한' 여공들도 피어스의 보고서가 나오고서 단지 몇 달 후에 회사의 임금 삭감에 반대하여 대대적인 소동을 일으켰다.[51] 이렇듯 전전 일본에 노동 불안이 있었다면, 임금과 노동조건이 훨씬 더 열악했던 식민지 조선은 물론 두말할 필요도 없었다.

물론 조선에서 노동쟁의는 1910년 합방과 더불어 갑자기 시작되지는 않았다. 1888년에 강원도 광부들이 더 높은 임금과 더 좋은 노동조건을 요구하며 소요와 광범위한 폭동을 일으킨 바 있었고, 1898년과 1903년 사이에 불만을 품은 목포의 부두노동자들이 조선 최초의 파업을 벌였다. 그러나 일본의 식민지 지배를 받는 조선에서 1920년대와 1930년대에 공업화가 진행되기 시작하고 별개의 노동계급이 출현하면서부터, 노동 문제는 조선 도시 생활의 일반적 특징이 되었다. 예를 들어 총독부의 기록에 의하면, 1912년에는 단지 6건의 노동쟁의가 있었지만, 1930년대에는 매년 평균 약 170건의 쟁의가 일어났다.[52]

그러한 사건에 대한 총독부의 반응은 본질적으로 양면적이었다. 첫째로 총독부는 노동계급의 극도로 낮은 임금, 열악한 작업환경과 같은 소요의 근본 원인에 대해서는 전적으로 무관심했다.

그러한 태도가 의도적인 것이지 관료들이 무능해서 그런 것이 아니라는 것은 의심할 바 없다. 일본에서 메이지明治 및 다이쇼大正 관료들은 일찍이 설령 자본가계급의 반감을 사게 될지언정 공업화에 따르는 사회갈등을 진보적인 사회·정치 입법으로 완화할 필요성을 예리하게 인식한 바 있었다. 예컨대 새로 발족된 농상무성은 1881년에 일본 공업에 공장법을 적용할 수 있는지를 조사하기 시작해서 1887년까지 46개 조항의 공장법 초안을 완성하였다.[53]

그러한 노동 문제에 관한 관료들의 관심은 진정으로 노동계급의 곤경에 관심을 두어서라기보다는 사회 통제라는 실용적인 목적에서 비롯되었다. 예컨대 독일 역사학파를 창조적으로 해석해 초기의 많은 메이지 관료들에게 영향을 미친 유명한 경제학자 가나이 노부루金井 延는 "만약 노동자들을 짐승처럼 취급한다면 수십 년 후에는 노동조합과 사회주의가 등장할 것이다"라고 경고한 바 있었다.[54] 그러한 우려의 결과로 마침내 1911년 공장법과 1925년 남자 보통선거법을 비롯한, 몇 가지 중요한 법률이 제정되어 일본의 노동자들은 적어도 약간의 법적·정치적 보호를 받았다.

반면 총독부는 조선의 가혹한 식민지적 노동조건을 개선하는 실로 중요한 일은 전혀 하지 않았다. 총독부는 집중적인 전시생산과 희생을 위해 한국인 대중을 동원할 필요가 생긴 1938년 후에야 이 문제에 관해 명목적인 관심을 보였을 뿐이다.

조선에서도 '노자勞資의 대립관념을 근절하고' '노자융합 일체'를 증진시키기 위해서 식민지판의 일본식 산업보국운동이 시작되었다. 그러나 일본에서와 마찬가지로, 총독부의 산업보국운동은 노자 문제의 핵심인 물질적 쟁점들은 덮어둔 채 노자간담회나 위원회의 설치를 통한 '정신 강조 선양'과 노자 간 우호관계의 양성을 강조하였다. 예컨대 총독부는 1938년에 기업가들에게 "항상 노동자 대우와 노동조건의 개선에 신경 쓸 것"을 권고했지만, 그것은 노동자들을 위해 무엇인가를 해야 한다는 법적 강제가 아니었다. 그리고 전쟁이 장기화됨에 따라 총독부는 임금통제령을 제정하였고,[55] 경방을 포함한 공장들의 일반적 노동조건은 더 악화되었다.

식민지 당국자들은 노동 불안을 낳은 근본 원인에는 거의 신경쓰지 않았지만, 그러한 불만의 공개적 표현에 대해서는 결코 무관심하지 않았다. 한국인 노동자들은 일본 노동자들이 가진 제한된 정치적 · 법적 권리는 전혀 누리지 못했지만, 치안경찰법, 치안유지법을 포함한 전전 일본의 안보 조치와 형법은 모두 적용받고 있었다.[56]

일본에서와 마찬가지로 그러한 법들은 급진적인 노동조직의 성장을 막기 위한 것이었다. 예컨대 1925년의 치안유지법은 '국체를 변혁하려 하거나 사유재산제를 부인하는'[57] 어떤 조직의 결성도 금지했다. 그러나 경찰은 비교적 온건한 노동조합이나 파업을 분쇄하는 데도 이 법들을 사용할 수 있었다. 그란젠제브가 1944년에 지적한 것처럼, 조선에서 노동조합을 결성하려는 시도는 "공산주의를 금압하고 '불온사상'을 박멸할 때와 같은 에너지로 억압되었다." 파업이 급진세력의 어떤 징후도 보이지 않았을 때에도, 경찰은 여전히 마음대로 파업자들을 '업무방해죄'로 간단히 체포하거나 강제로 감금할 수 있었다.[58]

일반적으로 식민지 당국자들은 각 공장이 스스로 노동문제를 해결하도록 맡기고 장려했지만, 각 지구 경찰서는 관할구역 내의 모든 분규나 쟁의를 빈틈없이 감시하였다. 만약 파업 노동자 중에 급진세력의 어떤 기미라도 있거나, 파업이 통제를 벗어나 다른 공장으로 확산될 위험이 있으면, 혹은 파업이 무기한 지속될 것처럼 보이면, 경찰은 신속히, 때로는 폭력까지 쓰면서 개입하였다.

대체로 그것은 사회통제에 대한 극히 단순하며 거친 접근법이었으며, 총독부가 한국인 자본가를 교묘하고 조심스럽게 다룬 것과는 아주 대조적이었다. 아마도 일본 지배의 성격에 비추어 그러한 경직성은 불가피하였을 것이다. 결국 한국인 자본가는 상대적으로 작은 집단이었고, 그 계급이익은 궁극적으로 일본의 목표와 상충되지 않았다. 반면 전체 식민지 착취체제가 딛고 서 있던 한국인 대중과는 어떤 종류의 의미 있는 타협의 여지도 없었다.

노동자에 대한 총독부의 반동적 태도에 고무된 식민지 기업가들은 일본인이든 한국인이든 노동자들을 최대한 거만하고 냉담하게 대했다. 총독부와 경찰이 어떤 노동쟁의에서도 결국 자기편을 들 것이라는 확신으로 무장한 식민지 기업 경영자들은, 노동자가 제기할 수 있는 어떤 요구에 대해서도 비타협적인 자세를 취하곤 했다. 그러한 경직성은 자연히 노동자들의 분노를 불러일으키고 그 목적을 달성하려는 의지를 강화시켰다. 이것은 다시 양보하지 않겠다는 경영자의 결의를 굳혔다. 소용돌이치는 증오의 악순환이 생겼다. 이것을 깬 것은 대개 경찰이었고, 경영진은 처음부터 경찰에 의존해 왔다.

1926년 경방의 파업, 특히 1931년의 파업은 바로 경영진·노동자·경찰이 상호작용한 이런 유형의 사례들이었다. 한국인 자본가가 국가의 위협과 강제력에 의존했다는 명백한 증거가 여기에 있다.

1) 1926년의 경방 파업

경방의 1926년 파업은 두 가지 별개의, 그러나 관련된 쟁점들을 담고 있었다. 하나는 경방 노동자들 중 급진적 경향이 문제였다.

3·1운동의 실패에 대한 실망이 깊어지고 러시아혁명의 이념과 성공에 깊은 감명을 받은 많은 한국인들이 1920년대 초에 일본과 러시아에서 공부를 마치고 귀국하면서, 조선에도 마르크스와 레닌에 고무된 저작과 활동들이 만개하였다. 자연히 젊은 한국인 급진주의자들은 1920년대에 조선노동공제회의 창립과 더불어 시작된 초기의 노동운동에 주목했다. 그들의 영향력은 본래 성격상 종교적이고 개량주의적인 공제회 내에서 감지되고 있었다. 1925년에 조선공산당이 정식으로 창립되기 전에도, 그들은 1924년에 조선노농총동맹을 결성함으로써 노동운동에 분명한 마르크스주의적 색조를 입히는 데성공하였다.[59]

노농총동맹은 '노동계급의 해방과 완전한 새 사회의 실현'을 주장하였고, '최후의 승리를 얻을 때까지 자본가계급과 투쟁할 것'을 서약하였다. 총동맹은 이미 1926년에 조선공산당의 중요한 기구가 되어 있었고, 전 조선에 5만 명이 넘는 전체 회원을 가진 지부들을 거느렸다.[60] 이 지부들 중의 하나가 영등포의 시흥노우상조회勞友相助會였고, 시흥노우상조회의 지회 중 하나가 경방의 노동자들이 1925년 겨울에 결성한 공장 내 상조회였다.[61]

그러나 급진주의의 위협 가능성과는 전혀 별개로 경방상조회를 둘러싼 분쟁에 관련된 또 다른 기본 쟁점이 있었다. 상조회 결성은 노동자가 자신을 보호하기 위해서 스스로 조직할 수 있는 권리라는 단순한 문제였다.

경방상조회는 노농총동맹과의 형식적 유대에도 불구하고 특별히 급진적 단체였던 것 같지는 않다. 그 본래의 목적 중 하나는 회사의 갑작스런 노동자 해고 관행을 막는 것이었다고 판단된다. 파업 동안에도 상조회가 제기한 요구들에는 아무런 급진적 내용이 없었다. 그것은 공장에서 받고 있던 대우에 불만을 품은 노동자 집단의 자연스러운 요구들이었다. 예컨대 해고된 직공들의 복직, 여공들의 더 나은 보수, 벌금제도의 폐지, 노동조건의 개선, 공장 기사의 사과 등이었다. 더욱이 상조회는 회사 중역의 사임을 요구하고, 회사가 노동자의 조합결성권과 쟁의권을 인정할 것을 주장하였다.[62]

이 모든 요구들은 경영자에게는 근본적으로 달갑지 않은 것이었지만, 객관적으로 말하면 정치적 의미에서 그다지 파괴적이지 않았다. 예컨대 노농총동맹은 노동계급의 '해방'과 '자본가계급과의 결사적 투쟁'과 같은 구호를 내걸었지만, 경방 노동자의 요구 속에는 이러한 것들이 전혀 들어 있지 않았다. 요컨대 경방상조회와 노농총동맹의 연계는 형식적이었던 것으로 보인다. 이것은 경찰이 서약서를 받고 상조회 지도자 대부분을 석방한 것을 보면 알 수 있다.[63]

미약하나마 종업원들 내 급진주의의 가능성과 노동조합이 회사 경영에 제기할 수도 있는 위험 중 어느 것이 더 회사에 골칫거리였는지는 말하기 어렵다.

경방이 급진주의를 진정 두려워했다는 것은 의심할 바 없다. 경찰과 마찬가지로 경방 경영진은 노동자가 표현하는 불만을 모두 공산주의자의 선동으로 보는 경향이 있었다. 예컨대 필자가 김용완에게 해방 직후 경방에서 노동자의 불만이 갑자기 폭발한 것을 설명해 달라고 요청하자, 그는 곧바로 회사의 노동 문제를 공산주의와 동일시하면서 그러한 문제들을 엄격히 통제했던 식민정부의 효율성을 상기하였다.

　공산주의자들이 다 뒤흔든 겁니다. 그것은 사실 노동 문제가 아니었어요. 일본이 지배한 동안에는 공산주의자들은 완전히 압도당했고, 꼼짝하지 못했지요. 그래서 공장 운영은 매우 순조로웠습니다.[64]

　그런데도 1926년의 경방은 공산주의 활동을 억누르는 것만큼 혹은 그 이상으로 노동자들의 조직화 시도 자체를 억압하는 데 몰두한 것으로 보인다. 예컨대 당시 회사의 어떤 공식적 설명에도 노농총동맹의 급진적 도전에 관한 언급은 없다. 반면 신문기사에는 해고된 직공들을 지원한다는 상조회의 서약에 대해 회사가 반감을 품었다는 것이 분명히 나타나 있다.[65] 직공들 사이의 '상부상조'는 아무리 미약하나마 급진적 노동운동에 연계되어 있었기 때문에, 경방상조회는 경찰의 공격을 받기 쉬웠고 결국에는 회사가 유리해졌다. 궁극적으로 회사는 일석이조의 효과를 볼 수 있었다.[66]

　경방 경영진이 싸움을 건 것은 1926년 5월 초였다. 회사는 경방상조회에 노농총동맹과의 관계를 단절할 것을 요구하였다. 상조회가 거절하자, 회사는 직공들에게 기존 상조회에서 탈퇴하여 새로운 단체를 만들던지 아니면 회사를 그만둘 것을 강요하였다. 이것은 노동자 조직을 없애거나 자신의 관할하에 두려는 회사 측의 분명한 시도

였다.[67]

회사가 이처럼 상조회에 적대적 태도를 취하자, 많은 직공들이 억눌렸던 불만을 표출하기에 이르렀다. 그들은 앞서 인용한 요구들을 담고 있는 진정서를 상조회의 이름으로 즉각 제출했고, 5월 7일 아침에 남녀 직공 370여 명 중 180여 명이 작업을 중단했다.[68]

회사는 상조회의 진정에 대한 타협을 거부하고 파업자의 요구를 외면했다. 이강현 상무는 문제를 해결할 유일한 길은 "무엇보다 일반직공 여러분이 하루 빨리 공장에 나와서 일을 하는 것"이라고 주장했다.[69]

회사가 이처럼 비타협적 태도를 취한 배경에는 여러 요인들이 있는데(우리는 그 모든 것을 1931년 파업에서 또 한 번 보게 될 것이다), 첫 번째 요인으로는 회사의 독선적 태도를 들 수 있다. 이는 이강현의 발언을 보면 알 수 있다.

우리 회사로 말하면 성격은 영리회사이나 실상은 조선인 손으로 무엇이든지 만든다는 남다른 생각으로 조직된 까닭으로 오늘까지 8년 동안 주주에게 배당을 해본 일도 없습니다. 사회에서 다른 영리회사와 같이 생각한다면 참 기막힙니다. 우리는 일반직공에게 대우 문제라든지 그 외의 여러 가지로 직공의 자유를 존중해 왔는데, 뜻밖에 여러 가지 조건을 들어 대수롭지 않은 이 문제로 상서롭지 못한 이런 일까지 일어나게 된 것은 책임자인 회사 측에서 유감으로 여깁니다.[70]

이강현이 파업을 '대수롭지 않은 문제'가 '상서롭지 못하게' 확대된 것으로 언급한 데에 두 번째 요인이 있다. 이것은 회사 경영진이 노동자를 멸시했다는 것이다. 일본인 자본가들이 한국인 노동자를 한국인이라는 이유로 멸시했다면, 한국인 자본가들은 그들이 노동자라는 이유나 무식한 농민과 다를 바 없다는 이유로 멸시했던 것으로 보인다. 이 시각에서 보면 노동자나 농민들은 공식 사사에서 반복되는 형용사로 기껏해야 '단순'하고 '순진' 했으며, 나쁘게 말해 '우매'하고 정서적으로 불안하였다. 예컨대 이강현은 경방 파업자들이 회사의 목표를 '오해'하고 스스로 '전후를 보지 않고 사소한 감정으로 흘렀다'고 비난하였다. 그는 《동아일보》 기자에게 "나는 파업한 여러 직공들이 모든 오해를 풀고 무사히 취업하기만 바라는 것이올시다"라고 말하였다.[71]

이러한 시혜자적 태도의 이면에는 경제에서의 자본가의 역할에 관한 엘리트주의적 견해가 자리잡고 있었다. 로빈슨M. Robinson이 주장했듯이, 김성수와 그의 동료들은 자신을 마치 근대에 새로 태어난 옛 유교 지식층같이 조선 사회의 새로운 '중추계급'의 일부로 여기는 경향이 있었다.[72] 그러한 시각에서 보면 노동자의 역할, 아니 의무란 바로 상급자인 자본가에게 희생·봉사하는 것이었다.

한국인 기업가는 1930년대에 안락한 전시 이윤을 얻고 있을 때에도, 총독부가 일본인 기업만을 편애한다고 계속 불만을 표시했다. 더욱이 우리는 김씨가와 그들의 《동아일보》가 사업 초기 경방에게 보조금을 제공할 총독부의 책임을 얼마나 강조했는지를 제3장에서 보았다.

이제 노동운동에 대한 《동아일보》의 태도를 살펴보자. 다음의 사설은 경방이 총독부에게서 공식 보조금을 받기 시작한 지 2년 후인

1925년에 한국인이 지배하는 평양의 양말공업에서 일어난 1,000여 명 노동자들의 총파업과 관련하여 쓴 것이다. 양말직공들은 한국인 공장주들의 임금인하와 더 저렴한 중국인 노동자 사용정책에 항의하고 있었다.[73] 《동아일보》는 부르주아계급 이익을 대놓고 정당화하면서, 공장주를 옹호하였다.

우리는 임금이 저렴한 중국 노동자를 옆에 두고 한편으로는 공장 공업이 발달한 일본 물품과 아무런 보호 없이 경쟁을 하지 않으면 안되는 것이 조선인의 산업상태이니, 이에 종사하는 노동자의 운동은 산업 자체가 불안한 지반에 있는 만큼 불철저한 정도에 만족하지 않으면 안될 것이다.[74]

자기합리화, 노동계급에 대한 시혜자적 태도, 그리고 자본가의 엘리트주의 등에도 불구하고, 결국 경방은 총독부와 경찰이 자신을 지원해 주리라 확신했기에 노동자들의 요구에 대해 그토록 비타협적인 태도를 취했다. 1926년 5월 파업이 시작된 직후(《동아일보》가 파업에 관한 어떤 뉴스도 보도하기 전에) 영등포 경찰서는 심문을 위해 11명의 상조회 지도자들을 연행하였다.[75]

회사는 경찰 개입에 대한 어떤 책임도 공식적으로 부인했고,[76] 엄밀한 의미로 이것은 사실일 수 있었다. 그러나 경영진이 확실히 알고 있던 것처럼 경찰은 기업의 아무런 정식 요청이 없어도 노동쟁의에 관여할 수 있었다. 약간이라도 급진주의의 색채가 있는 쟁의의 경우에는 특히 그러하였다.

여하튼 직공들은 경찰 개입에 대한 회사의 책임을 전혀 의심하지 않았던 것으로 보이고, 회사도 직공들을 작업에 복귀시키는 최후의 수단으로서 경찰에 대한 영향력을 재빨리 이용하였다. 이강현은 파업 3일째 되는 날에 "몇 몇 직공이 경찰서에 가게 되었는데, 그것도 직공 전부가 무사히 취업을 해야 무사히 해결이 될 것 같습니다"라고 말했다.[77]

'무사히' 란 물론 회사가 못마땅하다고 보는 어떤 조건도 없는 것을 뜻하였다. 그리고 그것은 실제로 그러했다. 결국 직공들은 회사와 경찰의 암묵적 제휴를 당해낼 수 없었다. 마침내 경방 경영진은 해고된 직공들의 복직을 포함한 몇 가지 사소한 요구에 동의했고, '경찰에 체포된 직공들의 석방을 보증하도록 노력할 것' 을 약속했다. 그러나 실제 승리는 명백히 회사 측에 돌아갔다. 상조회는 해산되었고, 노동자들은 파업 전과 거의 같은 조건 아래서 작업에 복귀했다. 경찰 덕분에 경방은 노동자들에게 어떤 중요한 양보도 하지 않고 노동자 조직이 자리잡기 전에 막을 수 있었다. 그리고 이 사건으로 조업은 단지 4일간 방해받았을 뿐이다.[78]

2) 1931년의 경방 파업

1931년의 경방 파업은 그 진행과정이나 최종 결말에서 1926년 파업과 매우 유사했지만 훨씬 더 격렬했다. 우선 그것이 일어난 경위를 고찰해 보자.

(1) 경위

파업의 주원인은 임금을 20퍼센트 삭감한다는 1931년 5월 경방의 결정이었다. 파업 3일째인 1931년 5월 30일 《동아일보》와의 회견에서 이강현은 회사의 조치를 불가피한 것으로, 회사의 생존 문제일 뿐이라고 옹호했다.

문제가 그같이 된 것은 그 직공 측으로 보아 매우 민망하고 일반사회에 대하여도 진실로 미안한 일이올시다. 그러나 최근에 세계 불황에 더구나 조선 농촌의 피폐란 말할 수 없는 형편이므로, 일반 구매력이 여지없이 감퇴되어 앞으로는 모든 생산업이 유지될까 모를 형편입니다. 그래서 우리 회사에서도 채산상 4월부터 본회사 직원과 공장 직원들이 자진하여 전부 수입을 삭감하였으나 직공 측은 재래의 공임을 그대로 유지하여 왔습니다. 그러나 부득이하여 야간작업을 일시 중지하고 주간작업만 계속하게 되었더니 …… 당국자로서는 본의는 아니나 부득이 약간의 공임을 인하하였습니다.[79]

이강현의 말은 어느 정도 진실이었다. 제2장에서 언급한 것처럼 1920년대는 일본과 조선 모두 농업부문의 심각한 불황기였고, 따라서 그가 언급한 '세계 공황'은 상황을 더욱 악화시킨 바 있었다. 예컨대 1929년에 미국의 서울 부副영사인 스테판C. H. Stephan은 도쿄의 미 대사관 상무관에게 다음의 보고서를 보냈다.

1929년 전반기 동안 전 조선의 전반적인 경제 상황은 계속 1928년 흉작

의 영향을 받았다. 5월과 6월에 극심한 가뭄이 들어 또 한 번 흉년의
가능성이 생기자 구매력이 바닥에 달한 대중들의 근심이 더해졌다.
따라서 상업 시장과 상거래 영역에서 비관적인 분위기가 떠돌고 있으
며 …… 모든 농촌 마을의 침체로 인해 면직물과 마직물에 대한 수요
도 매우 빈약하였다.[80]

경방은 1920년대 내내 무엇보다도 북부(특히 만주)에서 새로운 시
장을 탐색하고 다른 판매기법을 실험하는 등 여러 가지 방법으로 이
불리한 상황에 대처하려 시도했다.[81] 노동비용 — 몇몇 면방직회사
들의 경우 이것이 공장 생산비용의 48퍼센트나 되었다[82] — 을 제한
하고 줄이는 일이 자연히 회사 경영진의 최고 관심사였다.

사실 경방이 임금 인하를 시도한 것은 1931년이 처음은 아니었다.
불과 3년 전에 노동력을 절감할 수 있는 새로운 기계가 설치되면서
여공들이 같은 시간에 종전의 2배나 되는 직물을 짤 수 있게 되었다.
회사는 당시 직물부에서 약 20명의 여공을 해고하고 임금을 21퍼센
트나 효과적으로 삭감한 새로운 임금제도를 실시하였다. 따라서 계
속 일하게 된 여공들은 전보다 2배나 되는 일을 하지만 임금은 더 적
게 받아야 했다.[83]

1928년 5월 29일에 파업이 뒤따랐지만, 거의 곧바로 맥없이 실패
하였다. 6월 5일 《경성일보京城日報》는 심한 불경기에 하루 1교대만
으로 작업하면서 회사가 손쉽게 생산을 일시 줄이거나 중지할 수 있
었기 때문에 이 파업이 '전혀 효과가 없었다'고 보도했다.[84]

이런 상황에서는 경찰이 개입할 필요가 없었다. 겨우 3일 만에 많

은 여공들이 작업에 복귀했다. 회사는 숙련직공들에게는 옛 임금을 계속 주기로 동의했고, 그 후 임금을 인하할 경우에는 생산량에 비례해서 정할 것이라고 약속했다.[85]

6월 7일에 파업이 끝났고 1926년처럼 명백히 회사가 이겼다. 해고된 직공들은 복직되지 않았다. 회사의 임금인하권은 고무되었다. 비록 몇몇 여공들이 옛 임금을 겨우 유지했지만, 그만큼 벌려면 이전 작업량의 2배를 일해야 했다.

1928년 파업이 일어나자 이강현은 회사의 처지를 이해해 달라는 성명을 발표했다(이것은 1931년에 발표하는 성명과 기본적으로 동일한 것이다). 그것은 상황이 불가피하다는 것, 즉 회사가 살아남기 위해서는 임금인하 외에 다른 방도가 없다는 것이었다. 그러한 말은 직공들이 받아들이기 어려웠지만(예컨대 임금인하 3개월 전 이사회는 주주들에게 연 8퍼센트의 배당을 하기로 결정했다),[86] 그것은 확실히 1931년보다는 좀더 그럴 듯했다.

부분적으로 총독부의 보조금 덕분에 회사는 1928년 이후 1931년 파업의 전야까지 계속 연 8퍼센트를 배당할 수 있었다.[87] 더욱이 경방이 만주 시장에 점차 진출하면서 1928년과 1931년 사이 판매량은 꾸준히 증가하였다. 회사가 갈수록 번창한다는 낙관적인 징후들은 1931년 5월 어떤 직공의 눈에도 명약관화했다. 그것은 당시 건설되고 있던 새 공장을 둘러보기만 해도 충분했다. 비록 이강현은 회사의 긴박한 사정을 토로했지만, 문제의 진상은 회사가 또다시 임금을 20퍼센트나 삭감한 것이 중요한 확장을 실행하고 있던 때라는 것이다. 이 두 조치는 우연히 동시에 일어난 것이 아니었다.

1931년은 확장의 호기였다. 전반적인 불황은 한편에서 직물 가격을 떨어뜨렸으나, 다른 한편에서는 건설비와 새로운 기계 비용을 크게 낮추었다. 미래에 대한 안목과 자금 조달 능력이 있는 회사들이 불황의 한가운데서 확장하는 것은 그럴 듯할 뿐 아니라 해야만 하는 일이었다. 따라서 일본에서는 경방의 긴밀한 협력자인 구레하방적을 포함한 많은 방직회사들이 세계 공황이 낳은 황량한 경제상황과 일본의 금본위제 복귀를 활용하여 고정자산을 늘리고 생산설비를 확충하고 있었다. 예컨대 일본의 오사카-고베神戸 방직지대의 심장부에서 발간되던 *The Japan Chronicle-Weekly Commercial Supplement*는 1930년 9월 3일자에 '방적공장의 확장'에 관한 보도를 실었다.

기계·토지·건물이 많은 비용을 요하지 않기 때문에 방적업자들은 공장을 적극 확장하고 있다. 사실상 방추당 전체 설치비는 2년 전의 70엔 및 세계대전 붐 당시의 100엔에 비해 단지 45엔, 때로는 40엔이 든다. 이 정도의 적은 투자로 방적업자들은 유리한 기반 위에서 사업을 해나갈 상태에 있다. 작년 9월에야 생산을 시작한 구레하방적도 5월에 8퍼센트의 배당을 발표하였다. 이것을 보고 같은 그룹 계열의 도야마방적은 방추 3만 6천 추의 공장을 신설하고 기존 공장을 9만 6천 추나 확장하기로 결정하였다. 템마방적회사는 도야마에 새로운 3만 추 공장을 만들 예정이다. 그 밖에 도요방적, 다이닛폰방적, 후쿠시마방적 등도 공장의 확장을 계획하고 있다.[88]

경방에서도 공장을 확장하자는 의견이 한동안 거론되었다. 1930

년 5월 29일에 열린 회사 중역회의에서 이강현은 경방의 경제상황을 설명하면서 회사가 현재의 불황을 활용하여 공장을 확장해야 한다고 열렬히 권고하였다. 이것은 1년 후 20퍼센트의 임금인하를 정당화한 자신의 공개적 발언과는 내용과 논조에서 전혀 달랐다. 이강현의 권고는 그날의 중역회의록에 기록되어 있다.

공장의 확대와 직기의 증설에 관한 중역회 의장(대리) 이강현의 발언: 과거 수년간의 숫자를 보면 조선에서의 면포 소비액은 6,600만 엔을 넘어선 반면, 조선 내 생산액은 겨우 2,200만 엔밖에 안 되고, 그 차액은 수입품으로 메워지고 있습니다. 우리 회사의 업적은 모두 순조롭고, 게다가 매년 수요에 대해 재고가 부족한 사태가 빈발하고 있습니다. 즉 우리 회사의 생산은 수요를 충족시키지 못하고 있는 것입니다. 섬유업계의 전망은 매우 밝고 또 물가의 하락에 의해 건물과 설비에 드는 비용이 20퍼센트나 내려간 것을 고려하면, 지금이야말로 공장을 확대할 호기입니다. …… 수요에 부응하기 위해, 공장을 확대하여 224대의 직기를 증설할 것을 제안합니다.[89]

중역회는 이강현의 의견대로 확장계획을 추진하기로 만장일치로 찬성했다. 1931년 9월까지 공장 증설이 완성되었고, 224대의 새로운 직기가 설치되었다.[90]

그러나 여기서 관심을 끄는 것은 확장 자체라기보다는 이 프로젝트를 위한 자금이 결국 어디서 나왔는가 하는 것이다. 비록 1930년과 1931년에 건축비와 기계비용이 평상시보다 적었다 하더라도 그것은 역시 지불해야 했고, 회사의 이윤으로는 그것을 지불할 수 없었던 것은 틀림없다. 이 기간 중의 이윤은 총독부의 보조금을 포함시켜도 너무 적기 때문에 어떤 중요한 확장에도 자금을 댈 수 없다. 게다가 이윤은 소액의 법정 적립금을 제외하고는 앞서 언급한 8퍼센트의 배당으로 전부 소진되고 있었다.

사실 경방은 설비 증설로 인해 심한 자금 압박을 받고 있었다. 1931년 1월 회사는 제4차 주금납입을 실행하여 납입자본을 25만 엔 늘렸다.[91] 그러나 이 새로운 자본도 불충분했다. 1932년 9월의 중역회의에서 이강현은 설비 확장 때문에 회사의 '운영자본'이 잠식될 수밖에 없다고 지적하고, 조선식산은행에 50만 엔의 대출을 신청하자고 제안하였다.[92]

1930년 5월과 1932년 9월 사이에 설비 증설에 따라 생겨난 이러한 현금흐름의 위기를 고려하면, 경방이 1931년 봄에 20퍼센트의 임금 인하를 결정했던 이유를 이해할 수 있다. 요컨대 경방의 경영진이 주식자본만으로는 대처할 수 없는 투자사업에 자금을 대기 위해 대출을 받아야 했지만, 현금흐름 문제에 대한 그들의 첫 대응은 운영비를 줄이는 것, 즉 직공들을 해고하고 임금을 삭감하는 것이었다. 여기서 작용한 주요인은 회사의 생존이 아니라 회사의 확장이었던 것이다.

이렇게 보면 경방의 행동은 착취적이지는 않더라도 분명히 일방적인 것으로 보인다. 회사는 심한 불황에서 겨우 견뎌나가던 사람들을 희생시켜 확장 자금을 대고 있었다. 그리고 중역회의는 마치 누가 진짜로 투자사업의 부담을 지는가를 강조라도 하기 위해서인 양 20퍼센트의 임금 삭감 조치 직전에 주주들에 대한 8퍼센트의 배당을 발표했을 뿐 아니라 1931~1932 회계년도 중역들의 보수를 연간 6,000엔 – 당시 경방의 최고 보수의 방직 여공 1명이 받는 20년간의 총임금보다도 많은 액수 – 으로 하자고 결의하여 주주총회에 넘겼다.[93]

(2) 노동자의 도전

1931년 쟁의의 핵심 쟁점이 5월에 발표된 20퍼센트의 임금 삭감이었던 반면, 실제 파업의 도화선이 된 것은 경방이 5월 26일에 12명의 상급 노동자를 불시에 해고한 것이었다. 28일 오후 6시 교대시간을 이용하여 약 300명의 남녀 직공들은 회의를 열고 진정서를 작성하였는데, 회사는 그것을 즉각 거부하였다. 이에 직공들은 다음날 아침 파업에 돌입하였다.[94]

1926년처럼 한 가지 특정 문제(이 경우는 임금인하)가 발단이 되어 회사에서 받고 있던 대우에 대한 불만이 전반적으로 폭발했다. 5월 28일 직공들이 낸 진정서는 '임금인하 절대 반대'를 비롯하여 경방에서의 노동자들의 생활 전반에 걸친 총 17가지 요구를 담고 있었다.[95]

1. 임금인하 반대
2. 최저임금을 80전으로 할 것
3. 남녀 소년노동자에게 동일한 노동에 동일한 임금을 지불할 것
4. 임금 계산을 공개할 것
5. 부상자 생활비 및 위자료를 지급할 것
6. 해고 절대 반대

7. 해고수당 6개월분 이상을 지불할 것

8. 8시간 노동제를 실시할 것

9. 소년노동자에게 6시간제를 실시할 것

10. 도급제를 폐지하고 일급제를 실시할 것

11. 기숙사생의 출입을 자유케 할 것

12. 강제저금을 폐지할 것

13. 우마적牛馬的 감시와 능욕언사를 폐지할 것

14. 휴식시간을 1시간으로 할 것

15. 단결권의 자유를 줄 것

16. 벌금제도 철폐

17. 부인노동자에게 수유授乳 자유를 줄 것

이 요구들 하나하나가 직공들에게 중요하였지만, 그중에서도 특히 임금과 노동시간이 으뜸가는 주안점이었다. 파업 직공 중 한 명인 송광문은 당시 취재기자에게 다음과 같이 말했다.

우리의 17개 요구조건 중 주요한 것은 '임금인하 반대, 8시간 노동제 실시, 도급제 폐지와 일급제 실시'입니다. 전에는 일급으로 지불하여 우리에게 다소 유리하였습니다. 그런데 지금은 도급으로 하여 수입이 매우 줄었습니다. 지금 겨우 최고 70전, 최하 30전입니다. 여기에서 삯전을 깎는다면 우리 생활이 여지없을 것은 아실 줄 압니다. 일언이폐지하고 먹고 살 방도가 되어야 하지 않겠습니까?[96]

(3) 회사의 대응

경방 경영진은 이전처럼 파업을 직공 측의 '일시적인 오해'로 간주하고, 정말로 위험한 것은 직공이 아니라 회사의 생존이라고 주장하였다.[97] 전에 인용한 발언과 더불어 이강현은 직공들의 17개 요구사항을 조목조목 반박하였는데, 이것이 5월 31일자 《동아일보》에 전부 보도되었다.

이강현에 따르면 직공들의 주요 요구들과 타협할 여지는 전혀 없었다. 임금인하와 1일 80전의 최저임금 문제와 관련하여 "이것들은 회사의 존폐와 관련되는 것이므로 용인할 길 없음이 유감"이라고 단호하게 선언했다. 8시간 노동제(미성년자의 경우 6시간)의 주장도 마찬가지로 받아들일 수 없었다. "이것들은 장래 목표로 강구중이나 아직은 실시할 수가 없다." 직공들의 일급제 복귀 희망에 관해서는 '작업능률상 바꾸기 어렵다'고 대답했다.[98]

또한 회사는 진정서에 열거된 부차적 요구들에도 비협조적이었다. 이강현에 따르면 임금 계산 방법을 공개하라는 직공들의 요구는 '전혀 근거 없는 오해'였고, 최소 6개월분의 퇴직수당은 '도저히 불가능한 일'이었다. 직공들의 결사의 자유는 '회사의 권한과 관계 없는' 문제였다.[99]

많은 항목에서 회사는 일리 있는 문제가 존재한다는 것조차도 인정하려고 하지 않았다. 이강현은 "우리가 이유 없이 직공들을 해고한 전례가 절대로 없다", "우리 사원이 반말을 쓴 전례도 없다", "기숙사의 면회 출입은 종래 하등 구속한 바가 없으나 작업 중 직공의 출입, 면회는 제한을 가하지 않을 수 없다"고 말했다. 끝으로 기혼

직공이 아기에게 자유롭게 젖을 먹일 수 있도록 해달라는 요구에 대해서는 "나는 과거에도 여공의 하등 불만이 없는 줄 생각했던 바나, 금후에도 문제가 되지 않을 줄 믿는다"[100]고 밝혔다.

17개 요점 중 단지 비교적 사소한 2개에 대해서는 타협할 의향을 조금이나마 보였다. 하나는 강제저금제의 폐지 요구였다. 이강현에 따르면 이 제도는 "직공의 퇴직 시를 위해 행하는 것으로, 전원의 의사가 이를 반대한다면 폐지도 무방"하였다. 양보할 의향이 있던 또 하나의 문제는 총 1시간의 휴식시간 요구였다. 이것은 "현재 40분이지만 1시간으로 연장할 수 있"었다.[101]

(4) 교착상태

회사의 완강한 태도로 인해 처음부터 진지한 협상은 불가능했고 직공들은 1926년에 그랬던 것처럼 물러서지 않겠다는 결의를 다졌다. 파업자들은 작업하기를 거부했을 뿐 아니라, 공장을 점거하고 회사가 핵심 요구에 관해 양보할 때까지 농성하겠다고 서약했다. 파업자들의 가족들도 하루에 두 번 식사를 날라오면서 지원했다. 앞서 언급한 직공 송광문은 다음과 같이 아주 간단히 말했다.

경영진이 임금인하 반대를 들어주지 않는 한, 우리들은 결코 작업 복귀를 하지 않겠고 또 공장 안에서 떠나지도 않겠습니다.

《동아일보》는 5월 31일자에 직공들 사이의 연대가 '공고' 하다고 보도하고, 파업의 해결은 '자못 시일을 요할 것' 이라고 예측했다.[102]

그러나 시간은 회사 편이었다. 1926년처럼 단지 기다리기만 하면 되었다. 직공들이 탈진하거나 혹은 가족에게 급히 약간의 돈을 갖다 줄 필요가 있어서 파업을 그만두지 않더라도, 정치적 이유나 단지 파업자들이 '업무를 방해하고' 있다는 이유로 결국 경찰이 행동에 나서 파업자들을 해산시킬 것을 회사는 알고 있었다.

급진주의 역시 1931년 파업에서 결코 문제가 되지 않았다. 경방 직공들이 청원한 몇 가지 요점, 예컨대 8시간 노동제의 요구, 최저 임금 실시, 여성과 미성년에 대한 임금 차별 폐지 등은 당시 여러 조선공산주의자 집단들이 제기하고 있던 요구들이었지만,[103] 공산주의자들은 경방이나 다른 어딘가에서 많은 직공들이 정당한 요구라고 생각한 것을 단지 옹호했던 것으로 보인다. 물론 경찰은 어떤 노동 쟁의에서도 공산주의자의 활동에는 극히 민감했다. 5월 30일 경기도 경찰부의 고등과장 사에키 다스케는 영등포에 도착하여 경방의 파업 상황을 조사하였다. 그가 놀랄 만한 무엇인가를 발견했다는 징후는 없고, 다음날 《경성일보》는 경방에 '사상분자가 책동한 증거는 없다'고 보도했다.[104]

결국 경방 직공들은 자생적으로, 그리고 전적으로 자기 힘으로 행동한 것으로 보인다. 당시 급진적 조선 노동운동에 동조하던 한 학생은 경방의 파업을 유감스럽게도 좌익이 아무 역할을 못한 사례로 간주했다. 그는 직공들이 투쟁을 준비했음에도 불구하고, 파업은 "좌익의 정식 지원을 받지 못했고 그 참여 없이 끝났다"고 적었다.[105]

파업에 공산주의자가 연루된 기미는 없었지만, 경찰은 파업이 계속되어 결국 급진적 활동의 분화구가 되거나 1929년 3개월을 끈 원산총파업의 경우처럼 다른 공장의 직공들을 자극하지는 않을까 염려하였다.[106] 그래도 경찰은 즉각 뛰어들어 무력으로 파업자들을 해산시키지는 않았다. 경찰은 파업의 평화적 해결에 회사보다 더 큰 관심을 가졌던 것으로 보이며, 한 신문은 영등포경찰서의 후지이藤井 서장과 참모들이 파업자들에 '동정적'이라고 논평하기도 했다.[107]

이 '동정'에는 명확히 한계가 있었다. 처음에 경찰은 파업에 급진적 요소가 없음을 일단 확인한 이상 주의와 경고를 통해 계도啓導한다는 방침을 정했다. 경찰은 양측의 타협을 통해 파업을 해결하도록 중재자 역할을 하려고도 했다. 경기도경 고등과의 사에키 과장과 다카다 경부는 경방을 방문하여 경영진에게 파업을 가능한 한 빨리 해결하라고 재촉했고, 마침내 후지이 서장은 회사가 여공 최저임금의 10전 인상과 해고된 여섯 직공의 복직에 동의하라고 압력을 가했다.[108]

그러나 최저임금의 50전 인상과 그밖에도 많은 것들을 요구하고 있던 직공들에게 그러한 양보는 별로 만족스럽지 않았다. 그들은 계속 공장을 점거하였고, 파업은 다시 한 번 지루한 교착상태로 빠질 위험이 있었다. 이렇게 되자 경찰은 확고하게 회사 편으로 돌아섰다. 후지이 서장은 회사가 더 이상 양보할 수 없다는 이강현의 선언을 받아들였다. 그가 본래 가졌을지도 모르는 직공들에 대한 동정심이란 이제 그들의 단호한 도전에 직면하여 조바심과 노여움으로 바뀌었다.

(5) 경찰의 개입

파업 3일째인 31일 아침에 파국이 왔다. 영등포경찰서의 경찰들이 공장 주변을 에워싼 가운데, 후지이 서장은 직공들에게 회사의 양보안을 받아들이고 해산할 것을 명령했다. 더 이상의 공장점거는 '불법'이며 용인되지 않을 것이라고 경고했다. 마음을 정할 10분의 시간을 주었으나 직공들이 굳게 버티자 후지이는 오전 9시에 경찰에게 공장에 진입하여 파업을 분쇄하라고 명령했다.[109]

무력 진입은 직공들을 격분시켰다. 그들은 해산 명령에 계속 저항해 온 힘을 다해 경찰과 싸웠다. 몇몇은 칼로 싸우기도 했다. 낭패감과 회사에 대한 분노가 폭발하여, 많은 직공들이 공장 안을 뛰어다니면서 유리창을 마구 부수었고 시설과 기계를 파괴하려 했다. 실제 공장점거에 참여하지 않은 외부의 직공들도 함성을 지르며 안으로 쇄도하여 난투극에 가담하였다.[110]

물론 직공들이 경찰에 맞서 싸워 이길 가능성은 없었다. 본서가 경찰 병력을 추가로 투입하고 난 후, 결국 남녀 약 40명이 체포되어 영등포경찰서로 연행되었다.[111]

공장 주변의 전역은 소동과 극단적 긴장의 무대가 되었다. 체포되지 않은 직공들은 연행된 동료 직공들을 돕겠다는 생각에서 내내 통곡하면서 경찰서까지 미친 듯이 따라갔다. 그들이 해산할 것을 거절하자, 경찰이 다시 출동하여 상당히 애를 쓰고서야 겨우 강제로 해산시킬 수 있었다.[112]

그러나 그 후에도 경찰은 계속 빈틈없이 경계해야 했다. 공장은 문을 닫았고, 주변 지역은 삼엄하게 봉쇄되었다. 외출이 금지되었고, 신경이 예민해진 경찰은 2~3명만 모여도 해산시켰다. 많은 직공들은 인근 지역으로 옮겨가, 거기서 다음에 무엇을 할지를 결정

하려 했다.[113]

(6) 파업의 종결

직공들은 패배를 받아들이고 공장으로 돌아갈 수밖에 없었다. 계속되는 과도한 노동에 지친 경방의 직공들— 그중 몇 명은 아직 어린이였다— 은 잠도 못 잔 채 갑자기 파업에 나선 경우도 있었고, 65시간 동안 계속하여 공장을 점거하고 있다가 경찰과의 물리적 충돌에 휩쓸려 들었다. 그들은 탈진했다.[114]

또한 사기도 꺾였다. 경찰은 파업을 분쇄했을 뿐 아니라 송광문을 포함한 모든 주모자들을 체포했다. 경찰 개입 이틀 후인 6월 2일까지 대부분의 파업 지도자들이 '업무방해' 죄로 약식기소되어 유죄판결을 받고 서대문형무소에 수감되었다. 6월 4일에 《경성일보》는 '남아 있는 파업단은 점차 약해지고 있다'고 보도하였다.[115]

비록 직공들이 파업을 계속할 힘과 열정을 갖고 있었더라도, 그들은 필요한 기금을 마련하지 못했을 것이다. 앞서 언급한 것처럼, 직공들은 조선공산당과 같은 외부 단체들의 금전적인 지원이나 그 밖의 어떤 지원도 받지 못했다. 은행 대출을 받거나 필요하면 김씨가의 여유 자금에 기댈 수 있었던 회사와 달리, 직공들은 전적으로 보잘것 없는 그들 자신의 자금에 의존해야 했다. 공장 폐쇄가 6월 첫째 주까지 계속되자, 끝까지 저항하겠다는 생각은 결국 기본적인 생존에 관한 걱정에 자리를 내주게 되었다. 냉혹한 사실이지만 회사가 직공들을 필요로 한 것보다는 직공들이 회사를 더 필요로 했다. 회사는 완강히 저항하는 파업자들을 농촌에서 온 더 유순한 모집자들

로 언제라도 대체할 수 있었지만, 파업자들은 살기 위하여 회사의
임금을 절실히 필요로 했다. 그들은 '비참하게 울면서' 가능한 한
빨리 일을 시켜달라고 간청하기 위해 회사로 무거운 발걸음을 천천
히 옮기기 시작했다.[116]

경방의 경영진은 협박으로 항복을 재촉했다. 궁극적 승리를 확신
한 회사는 6월 5일에 작업을 재개할 것이며, 다음날 오전 6시 반까
지 작업 신고를 하지 않는 직공들은 '무조건' 모두 해고할 것이라고
공표했다. 말할 것도 없이 대부분의 직공들이 돌아왔다. 그러자 회
사는 경찰에게 약속한 대로 자발적으로 최저임금을 10전 올릴 것이
며 당초 직공이 진정한 여러 요구사항들은 '장차 고려할' 것이라고
발표했다.[117]

회사는 완승을 거두었다. 일본인 회사의 파업을 크게 보도한 것과
대조적으로 파업의 심각성을 과소평가해 온 《동아일보》는 이제껏
경방의 파업과 관련해서는 경찰과의 난투 도중에 공장에서 일어난
폭력을 지나가듯 언급한 것이 전부였는데, 6월 6일자에서 대부분의
노동자들이 일자리로 돌아갔다고 보도했다. 일본어 신문의 보도가
더 문제의 정곡을 찔렀다. 《조선신문朝鮮新聞》의 한 기사는 굵은 활
자로 '개가凱歌는 회사 측에'라고 선언하고, 파업이 "직공 측의 희망
조건 17개 조 중 단 하나도 받아들여지지 않고 …… 해결되었다"고
설명하였다. 그리고 《경성일보》는 똑같이 솔직하나 좀더 차분한 어
조로 경방 파업이 쟁의단의 '참패'로 끝났다고 보도했다.[118]

1931년 이후

비록 확정적인 것은 아니나 이제까지 알려진 한에서는 1931년의 파업은 회사의 노무정책에 대한 경방 직공들의 조직적 저항으로서 가장 치열한 것이었다. 그 후 1945년까지는 저항이 수그러들었다.

1931년 이후 노동자들이 외관상 순종적이었던 것은 필시 1931년 일본군의 만주 점령 및 1937년 중일전쟁 발발에 따른 식민지 경제의 팽창에 일부 원인이 있었다. 그러한 영토 확대와 전쟁을 따라 개선된 사업 기회와 조건들은 자본과 노동 간의 긴장을 완화하는 데 어느 정도 이바지했다.[119] 예컨대 경방 및 다른 공장들의 임금은 이 기간 동안 점차 인상되었다. 1932년에 경방 여공이 받을 수 있던 최고 임금은 하루에 80전이었지만 1936년 여공의 최고 임금은 20전 더 높아졌으며, 1945년에는 대부분의 여공들이 1엔 이상의 일당을 받았으며 소수 여공은 하루에 3엔 이상을 받았다.[120]

그러나 이것을 과대평가해서는 안 된다. 1920년대와 1930년대 초에 경방과 여타 공장의 노동자들이 받은 대우는 경제가 더 크게 번창했다고 해서 급격히 개선되지는 않았다. 1931년과 마찬가지로 경방의 확장은 저렴하고 엄격히 통제된 노동력을 전제로 하고 있었고, 언제나처럼 주로 회사, 곧 경영진과 주주들이 성장의 열매를 차지했다. 실제로 물가를 감안한 실질임금은 1930년대 말에 하락세를 보였다. 경방의 최고 임금이 이 기간 중 하루에 마침내 1엔을 넘었다지만, 최저임금은 단지 20전이었는데, 이것은 1931년의 최저임금보다 실제로는 적었다.[121] 반면 회사는 같은 기간 중 과거 어느 때보다도 바삐 이익을 올리고 적립금을 축적하고 있었으며, 중역회는 연간 2

만 엔의 총보수에 더하여 5~9천 엔의 수당 및 반년 간의 특별상여금을 가결하였다.[122] 그리고 공장 안의 작업조건 및 생활조건은 개선되지 않았을 뿐 아니라, 앞서 언급한 것처럼 전시기에는 식사와 같은 몇몇 부문에서는 악화되기까지 했다.

그렇다면 우리는 1931년 후 경방 직공들이 비교적 순응한 것과 일반적으로 노동쟁의가 1930년대 후반에 줄어든 것을 어떻게 설명할 것인가? 대답은 분명해 보인다. 그것은 경찰이 통제를 강화했기 때문이었다.[123]

전시 경제의 다른 모든 측면과 마찬가지로, 노동자는 총독부의 엄중한 통제를 받았다. 정부는 제국의회에서 1938년에 제정되고 1941년에 개정된 국가총동원법에 따라, 일본과 조선에서 모두 경제 통제를 실행했다. 이제 총독부는 "노동쟁의의 예방이나 해결, 공장의 폐쇄, 작업의 중지, 노동쟁의 행위의 제한 혹은 금지에 관해 필요한 명령을 발할" 권한을 갖게 되었다.[124]

이전까지 경찰은 대개 단지 사건 후에, 즉 관련 회사가 자신의 힘으로 문제를 해결할 수 없을 때에 노동쟁의나 파업에 개입하였다. 이것은 분명히 1931년, 심지어 경찰이 처음에 공산주의자의 연루를 어느 정도 의심했던 1926년에 경방에서 행해진 방식이었다. 그러나 1938년 후에는 전시 경제를 최대한 효율적으로 운영하려는 총독부의 전반적 노력의 일환으로서, 경찰은 노동 사건이 일어난 후에 종결짓는 것만이 아니라 그를 미연에 방지하는 일을 맡았다.

이것은 매우 성공적이었다. 엄격한 일본의 통제 때문에 식민지기 동안 경방에서 "작업이 매우 순조로웠다"는 김용완의 회상[125]은 사실 일본 경찰의 업적을 입증하는 것이었다.

식민지기 말 경방에서 작업이 '매우 순조롭게' 이루어지도록 해준 것이 노동조건의 어떤 개선이 아니라 경찰의 통제였다는 것은 1945년 8월에 충분히 입증되었다. 8·15 해방과 함께 경찰의 통제가 사라지자, 경방의 1,400명 노동자들은 즉각 단결하여 회사에 개혁을 요구하기 시작하였다. 그 달 말 회사는 26년 역사상 가장 길고 가장 심각한 파업에 휘말려 들었다. 당시 새로 조직된 조선노동조합전국평의회가 발간한, 별로 공산주의적이지는 않은 한 좌익계 신문은 이 파업을 다음과 같이 보도하였다.

> 비참한 생활과 비인간적 착취로부터 벗어나기 위해, 경성방직회사 영등포공장의 1,400명 노동자들은 회사에 정당한 요구들을 제기했고, 조선의 전체 노동계급을 위해 제국주의의 주구이자 악덕 공장주인 김연수에 대한 대담한 투쟁을 현재 수행하고 있다.[126]

1926년과 1931년의 파업에 참가하거나 그를 목도한 어떤 사람도 1945년 8월 경방에서의 조직화된 노동자 활동의 폭발은 확실히 어디선가 이미 본 듯한 느낌을 가졌을 것이 틀림없다. 8시간 노동제 및 운동의 개인적 자유에 대한 요구를 포함한 해방 당시의 많은 요구들은 경방의 노동자들이 식민지기 내내 단속적으로 제기했던 것과 같은 요구였다. 회사는 근 20년 동안 노동자들을 꼼짝 못하게 할 수 있었지만, 그것은 어디까지나 회사가 총독부와 식민지 경찰을 등에 업음으로써만 가능한 일이었다.

8. 민족보다는 계급 Class Over Nation : Naisen Ittai and the Korean Bourgeoisie
내선일체와 한국인 자본가

1945년에 김연수가 '악덕' 공장주로 공공연히 비난받은 것은 식민지기에 자본가로서 노동계급을 혹사하여 분노와 불신을 산 결과였다. 또한 당시 그가 '제국주의의 주구走狗'라고 비난받은 것은 자본가계급이 이데올로기 면에서도 한국 사회에서 따돌림 당한 것을 말해준다. 부르주아민족주의라는 이슈, 그리고 특히 1937~1945년의 전시동원기 중 식민정부 및 식민정책과 협력한 사실이 이 문제의 핵심이다.

한국의 민족주의와 자본주의

식민지기에 민족주의는 이데올로기적 지도력의 핵심이었다. 한국인 자본가계급에게는 이데올로기적 지배권을 구축할 다른 수단이 없었다. 서구에서 발전한 자본주의는 경제 활동의 특수한 형태일 뿐 아니라 기존의 봉건사회와는 별개의, 그와 대립하는 삶의 양식이었다. 자본주의는 18~19세기에 정치적 승리를 거두기 이전에 이미 봉

8. 민족보다는 계급 327

건주의와 투쟁하는 과정에서 자연적으로 성장해온 경제적·정치적 자유주의의 풍부한 이데올로기적 유산을 획득하였다. 그러한 자유주의는 전통적으로 7대 악의 하나로 간주해 온 개인의 자유로운 이윤추구에 강력한 정당성을 부여했을 뿐 아니라, 여러 가지 봉건적 제약에 시달린 다른 계급들에 대한 강력한 호소력 덕분에 자본가계급으로 하여금 신생 서구 자본주의 사회에서 자연히 이데올로기적 지도적 지위를 차지하게 하였다.[127]

반면 한국에서 자본주의는 경제적·정치적 의미에서 서구 자유주의와는 무관한 매우 다른 역사적 조건에서 발전하였다. 아담 스미스처럼 이기심을 식민지 한국인 기업가의 도덕적 원리의 수준으로 끌어올릴 인물은 한국에는 나타나지 못했다. 반대로 한국인 기업가들은 아직 유교 전통이 강한 사회 속에서 그들의 이익을 추구해야만 했다. 이 유교 전통에서는 순전히 개인 이익을 위한 사업은 좋게 보아도 미심쩍거나 최악의 경우 도덕적으로 타락한 행위로 간주하고 있었다. 많은 초기 자본가들이 옛 지주관료계급 내의 진보적 분파에서 배출되었기 때문에 그러한 상황의 복잡성과 모순들은 더욱 증폭되었고, 따라서 한국인 자본가는 자신의 이윤추구 활동에 관해 일종의 이중적 태도를 갖게 되었다.

이 이중적 태도는 세간의 여론에 대한 분명한 관심과 더불어 한국인 자본가의 저작물에 반영되었다. 한국인 기업가들은 축재를 하면서도 고결하게 보이고 싶은 욕망 때문에 유교의 도덕군자같은 기업가상을 받아들이고 마음에 품게 되었다. 이 기업가란 실상 돈은 거의 신경쓰지 않고 '인도주의'나 '정의' 같은 것에 깊은 관심이 있는 성공적인 축재가인데, 이는 마치 독수리 머리와 날개에 사자 몸을 한 괴물 그리핀griffin 같은 것이다.

예컨대 김성수는 1935년에 《삼천리三千里》와의 회견에서 돈이 세상에서 가장 중요한 것이라고 생각하느냐는 기자의 질문에 맹자에게나 어울릴 만한 대답을 했다.

> 천만에요, 돈이 뭔데요. 돈 같이 천한 것이 없고 돈 같이 더러운 것이 없는데, 무엇하자고 이 세상에서 돈이 제일 간다고 하겠어요? 나는 아직 돈이 제일 간다고 생각해 본 적이 없어요. 돈 위에 인정도 있고, 의리도 있습니다. [128]

아무리 진지하더라도 이런 종류의 수사修辭로 자본가가 이데올로기적 지도력을 가질 수는 없었다. 그를 위해서는 엘리트 기업가가 자신의 경제적 이익을 추구하면서도 식민지 사회의 현실에서 다른 계급들의 진정한 지지를 이끌어낼 이상을 위해 사상적·물질적으로 헌신할 필요가 있었다. 적어도 민족주의는 잠재적으로 그러한 자격을 갖춘 이상이었다. 확실히 그것은 3·1운동의 경우처럼 계급 간의 장벽을 뛰어넘을 수 있음을 보여주었다. 더욱이 대부분의 한국인들이 단지 한국인이라는 이유로 영원히 일본인 다음의 부차적 지위에 머무르는 체제를 타도하는 데 한국인 자본가들이 자연스레 관심을 가졌다고 주장할 수도 있다.

그러나 역사는 아무리 설득력 있는 가정이라도 그 속임수를 밝혀낸다. 한국인 자본가가 민족주의를 서약한 바가 있기는 하지만, 그

것은 사실 온갖 종류의 제약을 받은 연약한 꽃이었다. 그것은 3·1
운동 이후 오래 지속되지 못했고, 1930년대 말 대부분의 주요 한국
인 기업가들은 독립적인 조선 민족의 정체성을 말살하려는 정책에
능동적으로든 수동적으로든 협력하고 있었다.

그렇지만 이 정책과 고창 김씨가를 포함한 한국인의 연루를 검토
하기에 앞서, 부르주아민족주의를 제약하여 결국 그러한 협력으로
이끈 요인들에 관해 먼저 고찰해 보자. 그 요인으로는 물론 1919년
3·1운동이 실패하고 일본의 군사력은 압도적이며 외국 열강의 지원
이 없는 데서 한국인들이 느낀 절망감을 들 수 있다. 그러나 그 후
모든 한국인들이 식민정부와의 협력으로 돌아선 것은 아니었다. 대
부분의 사람들은 가능한 한 분노를 삭이고 참았다. 나아가 많은 사
람들이 더 급진적이고 위험한 방식으로 민족주의운동을 실천하기를
택했다.[129] 따라서 자본가계급의 협력은 단지 3·1운동의 실패로만
설명될 수 없다. 다른 요인들도 작용하였는데, 그 한 요소가 사대事
大의 관습이니, 이것은 자본가계급보다 훨씬 오래된, 필시 조선만큼
이나 오래된 것이었다.

1) 사대주의 유산

오늘날 남북한의 학자들은 한결같이 모든 한국사를 민족주의적 시
각에서 해석하는 경향이 있지만, 민족주의와 민족주의사관이란 19
세기 후반 제국주의에 대응하면서 자라나고 식민지배를 경험하면서
강해진 비교적 최근의 현상이다. 물론 한국인들은 주위 민족들과 종
족상·언어상 차이를 알고 있었으니, 당연히 조선왕조나 주요 지배

층에 대해 어느 정도 충성심을 느꼈을 것이다. 그러나 19세기 후반 이전에는 민족국가로서의 '조선'이라는 추상적 개념에 대한, 혹은 '한민족'으로서의 한반도 동포에 대한 충성심은 거의 없었다. 당시에는 왕에 대한 충성의식보다는 그 촌락이나 지역에 대한, 그리고 무엇보다도 혈족, 가계, 직계 및 방계 가족에 대한 한국인들의 애착이 훨씬 더 중요했다.

당시의 한국인 엘리트라면 민족주의 사상을 기이할 뿐 아니라 미개한 것으로 보았을 것이다. 적어도 7세기 이래 한국의 지배계급은 문화적 측면에서 자신을 한국인이라기보다 중국 중심의 세계주의적 문명의 일원으로 보았다. 형식상 조선의 왕은 중국 황제가 책봉하였고, 한문은 왕족과 양반의 문어文語였으며, 중국의 고전철학과 고전 문학이 모든 교육의 기초였다. 조선 엘리트에게는 중국 문화의 영역을 벗어나는 것은 야만인으로서 사는 것이었다.

조선왕조는 사대事大라는 공식 대외정책을 통해 중국 문화 지향성을 나타냈는데, 여기서 '대大'란 물론 중국을 뜻했다. 어느 의미로 사대정책은 조선이 대국―당시 보통의 유교 용어로는 '형兄'―의 호의, 보호, 정교한 문화를 획득하는 훌륭한 외교 전략을 뜻했다. 다른 한편 그러한 지향성과 대외 복종은 조선의 엘리트에게 생겨날 수도 있던 어떤 민족주의적 성향도 매우 약화시켰다.[130] 예컨대 15세기에 중국의 운문사전을 한글로 번역하려 하자, 집현전의 최고위 학자인 최만리는 세종에게 반대 상소를 올렸다. 상소는 거침없고 호전적이기조차 한 양반들의 세계주의를 분명히 보여주었다.

예부터 구주九州[20]*의 안에 풍토는 비록 다르오나 지방의 말에 따라 따로 문자를 만든 것이 없사옵고, 오직 몽고蒙古·서하西夏·여진女眞·일본日本과 서번西蕃의 종류가 각기 그 글자가 있으되, 이는 모두 이적夷狄의 일이므로 족히 말할 것이 없사옵니다. 옛글에 말하기를, '화하華夏를 써서 이적夷狄을 변화시킨다' 하였고, 화하가 이적으로 변한다는 것은 듣지 못하였습니다. 역대로 중국에서 모두 우리나라는 기자箕子가 남긴 풍속이 있다 하고, 문물과 예악을 중화에 견주어 말하기도 하는데, 이제 따로 언문을 만드는 것은 중국을 버리고 스스로 이적과 같아지려는 것으로서 이른바 소합향蘇合香을 버리고 당랑환螗螂丸을 취함이오니, 어찌 문명의 큰 흠절이 아니오리까.[131]

1876년 이후 민족주의가 성장했지만, 본래 외래 문화 속에서 자신의 정체성을 찾는 전통적 조선 엘리트들의 성향은 식민지기까지 전승된 것으로 보인다. 이제 일본이 문명의 중심지로서, 또 조선의 '형兄'으로서 중국의 자리를 대신하게 된 것이다. 이 과정은 이미 19세기 후반에 기존의 중국 중심의 세계질서가 해체되는 가운데 시작되었다. 이때 조선의 개혁파 엘리트는 중국에서 벗어나 서양과 일본을 새로운 세계문명의 모델로 바라보기 시작했다. 비록 일본에게서 감화를 받은 초기 양반 개혁파가 조선과 일본 간의 공식적인 정치적 병합을 전혀 계획하지 않았지만, 1904년과 1910년 사이에 소위 일진회一進會의 이름으로 나타난 과격한 개혁파는 일본을 새로운 반反서양, 범汎아시아 문명의 중심으로 보고 보호국화와 병합을 공공연히 지지하였다.[132]

이처럼 대상이 바뀐 사대주의는 식민지기의 한상룡 및 기타 저명한 한국인 기업가들의 연설과 저술, 대화에도 자취를 남겼다. 그들이 일본인 관리 및 사업가들과 대화할 때 사용한 언어는 전전 일본의 기준에 비추어도 종종 지나치게 공손하였다. 일본어가 서툴러 여러 가지 수사나 섬세한 표현을 구사할 수 없는 경우에도, 동생이 형에게 읍소한다는 유교적 사대주의는 분명히 드러나 있었다. 가장 투박한 연사의 발언에서 가장 뚜렷한 사대주의가 발견된다. 예컨대 1938년에 열린 시국대책조사회에서 고창 김씨가의 절친한 친구이자 사업 동료인 호남은행장湖南銀行長 현준호玄俊鎬[133]는 일본인들이 미숙한 아우인 한국인들을 더 관대하고 관용적으로 대해줄 것을 서툰 일본어로 애써 권유하였다.

조선인을 언제나 동생이나 부하로 생각하여, 큰 포용력을 갖고서 만약 잘못이 있으면 지도하고 용서한다는, 그러한 관대한 마음을 갖기 바랍니다. 조선인과 같이 교육이 부족한 자를 상대로 하여 서로 싸우고 다투는 것은 일본인의 수치라고 생각하고 관대한 포용력을 가져주십사 하는 것입니다. …… 내가 오늘 의견을 내고 싶은 것은 일본인이 조선인의 형, 어버이가 되어 관대한 포용력을 갖고서 조선인을 대해 달라는 것입니다.[134]

2) 식민지민의 심성
자기를 비하하는 현준호의 연설은 오늘날 한국인들이 돌이켜보기엔 너무 고통스럽고 당혹스러운 것이지만 사대주의 관습 이상의 것을 담고 있다. 양반에게 사대주의란 중국에 대한 조선의 열등성의 징표라기보다는 보편적 세계문명 속에서의 높은 성취와 지위의 상징적 · 의례적 표현이었다.[135] 그의 발언에는 사실 식민주의의 경험이 속속들이 배어 있는 심성이 드러나 있었다. 사대주의와 식민주의라는 두 요인이 한국인 자본가의 정신 속에서 상호작용하여 일본인뿐 아니라 자신과 다른 한국인들에 대한 격한 애증의 감정을 낳은 것 같았다.

여기서 나타난 복잡한 감정을 이해하기 위해서는 앨버트 멤미 Albert Memmi가 지적한 바와 같이 인종차별주의가 모든 식민지체제의 중심에 자리잡고 있다는 것을 상기해야 한다.[136] 모든 식민주의자들처럼 일본인은 한국인을 열등민으로 간주하는 경향이 있었다. 예를 들어 1935년에 경제학자 다카하시 가메키치高橋龜吉는 "조선인 노동자는 향상심이 없고 게으르며 응용 추리의 생각이 없으며 책임 관념이 매우 희박하다"[137]고 썼다. 일본의 패전 후 한국인 친구들이 식량을 몰래 갖다주고 조선에서 도망칠 수 있도록 도와준 덕분에 살아남은 한 일본인 가족조차도 일단 안전하게 본국으로 귀환하고 나자 여전히 대개의 한국인들이 '제멋대로이며', '사악하고', '우둔하다'고 말했다. 물론 일본인들은 이러한 한국인의 이른바 예외적인 행동을 강조하고 격려하며 칭찬했지만, 이것은 단지 인종차별적 태도의 또 다른 표현에 불과하였다. 예컨대 앞서 언급한 가족은 그 한국인 친구의 친절함과 신실함을 자애로운 식민지 보호 덕분이라 생각했던 것이다.

우리가 그와 같은 신실한 친구를 가졌다고 생각하면, 우리 일본인들이 조선에서 그리 많은 잘못을 범하지는 않았다고 말해도 정당하리라고 믿는다.[138]

한편 인종차별에 분노한 자본가들과 여타 한국인들의 민족적 연대감은 강해졌다. 예컨대 조선상업은행장 박영철은 1936년 산업경제조사회에서 분노가 깃든 감정적 연설을 했다. 그는 2개월 전 베를린 올림픽에서 마라톤 선수 손기정이 승리한 것을 한국인들이 보인 위대성의 예로 들면서, 출석한 일본인 기업가들에게 차별을 삼가고 은행·회사·공장에 자격 있는 한국인들을 가능한 한 많이 고용해 달라고 부탁하였다.[139] 마찬가지로 한국인들이 순종적이고 공손한 태도를 보인 1938년의 시국대책조사회의 회의록을 보면, 한국인 노동자의 고용이나 식민관료제 내 한국인과 일본인의 급여 격차, 혹은 한국인들이 일본행 부산 페리를 타기 위해 도항증을 발부받아야 하는 필요성과 같은, 식민지 사회의 한국인들에 대한 느낌이나 실제의 차별에서 한국인 자본가들이 크게 좌절감과 비통함을 느낀 것을 알 수 있다.[140]

다른 한편으로는 주로 식민지 개발 과정에서 행한 역할 때문에, 한국인 기업가들은 식민지기 말기까지 다른 어느 계급보다 더 깊이 일본 사회와 문화에 동화되어 갔고, 멤미가 말한 튀니지의 프랑스화된 아랍인처럼 어느 정도는 그들의 '피부색'을 바꿈으로써 그 동화가 완료되었다.[141] 물론 공통된 중국 문화의 유산이 동화를 조장하였고, 현준호나 고창 김씨가 같은 한국인들의 경우에는 일찍이 일본에 매료되어 그를 숭배한 것에 더하여 일본에서 받은 수년간의 교육과 경험이 동화를 더욱 촉진했다. 그러나 동화는 제2부에서 서술한 일종의 직업적·개인적 상호작용을 통해서 더 일상적인 수준에서도 일어났다. 예컨대 1936년의 조사회에서 박영철은 조선에서의 동화의 진행을 지적하고, 자신이 한 발전소의 한국인 관리자를 일본인으로 잘못 본 경험을 상세히 말하였다.

> 일본인과 조선인은 농촌에서도, 도회지에서도 접촉하고 교제하고 있습니다. 아침저녁으로 서로 예의, 생활양식을 견습하여 대부분은 아니지만 소부분은 매우 동화되어 있습니다. …… 작년 8월 나는 노구치 씨가 경영하는 부전강수력전기의 수원지를 가 보았습니다. …… 어떤 사람과 오늘 여기 있는 쇼다鹽田 문서과장이 함께 안내하여 일본인이라고만 생각하였습니다. 후에 명함을 주는 것을 보니 (그는) 조선인이었습니다.[142]

물론 엘리트 수준에서도 동화의 정도는 매우 다양하였다. 예컨대 언어 문제에서 박흥식과 같은 몇몇 한국인 기업가들은 결코 일본어 회화를 배우지 않았고, 현준호와 같은 사람들은 도쿄에서 대학교육을 받았지만 일본어가 서툴렀다. 반면 고창 김씨들은 일본어에 능통했다. 오늘날 도쿄의 국회도서관에 남아 있는, 그들이 여러 고위 일본인 관리에게 손수 쓴 편지들에서 그 생생한 증거를 볼 수 있다. 그들을 모르는 토착 일본인 독자가 편지의 필체, 표현, 안부 인사말, 용건을 본다면, 편지를 쓴 사람들이 한국인이라고는 생각하지 않을 것이다. 편지들은 필자들이 조선에 거주하던 좋은 가문 출신의 고학력 일본인 기업가라는 인상을 준다.[143]

언어, 예의범절, 그리고 일본인 식민주의자들의 많은 목표들까지도 받아들이면서, 한국인 자본가는 한국인의 민족성을 비하하는 등 일본의 식민주의 이데올로기를 필연적으로 어느 정도는 받아들이게 되었다. 이것은 앞서 인용한 현준호의 발언에서 찾아볼 수 있으니, 거기서 그는 일본인에 대한 한국인의 기본적 열등성을 인정했다. 이 견해는 민족주의에 대한 한국인의 능력을 부정하고 일본 제국을 전적으로 숭배하는 형태로까지도 발전할 수 있었다. 1938년 조사회에서 총독부의 한글 신문인 《매일신보每日新報》[144] 사장 최린崔麟의 다음과 같은 언명을 통해 이를 확인할 수 있다.

민족성이란 여러 가지 중심에서 발전해 온 것입니다만, 세계 여러 나라 중에서 정말로 어디까지나 흔들리지 않는 중심을 갖고 발전하여 결합해 온 민족은 대화大和민족입니다. 그것은 만세일계萬世一系의 황실을 중심으로 하여 결합되어 온 민족이며, 그 민족성은 뿌리 깊고 강하며 높은 곳에서 온 것입니다. 그러나 조선 민족이라든가 중국 한족은 그러한 중심에서 만들어져 온 것이 아니라고 생각합니다.[145]

19년 전 최린은 3·1운동의 핵심 인물로서 조선독립선언서의 서명자 33인 중 하나였다. 일본 식민주의가 부르주아민족주의 정신을 마비시켰다는 것이 단적으로 드러나 있는 그의 발언은 이 때문에 더욱 비상하고 뼈아픈 것이 되었다.[146]

3) 후발 효과

한국인 자본가가 식민정부와 협력한 데는 물질적 이유도 있었다. 알렉산더 거센크론Alexander Gerschenkron과 로날드 도어Ronald Dore 가 관찰했듯이, 후발국들은 공업화를 위해 필요한 자본과 기술을 마련하기 위해서는 정부와 더 부유하고 선진적인 나라들 양쪽에 의존해야 했다.[147] 물론 외국 세력이 식민지 조선의 정부를 장악하고 있었기 때문에, 식민지 조선은 더욱더 외부 지원에 의존하게 되었다.

합방 이전에도 박승직과 같은 한국인 기업가들은 사업을 키우기 위해 일본인 동업자를 찾고 있었다. 한국인 기업가에게 일본인과의 동업은 물론 이로운 일이었다. 당시 비농업 부문에 투자하려 하는 한국인들은 거의 없었고, 조선왕조의 재정은 파탄 상태였다. 그리고 일본은 조선에 비해 부유하고 개발된 나라였을 뿐 아니라, 지리적으로 가깝고 문화적으로도 유사한 나라였다. 비록 더 많은 한국인들이 자금의 일부를 상공업에 투자하려 했지만, 자본가는 공공의 지원 및 외국의 지원을 계속 요구했고, 식민주의는 일본에 대한 의존을 더욱 심화시켰다. 1921년에 한상룡은 다음과 같이 진술했다.

다들 아시다시피 부력富力과 지식 기타 모든 점에서 유치한 조선에서 사업을 시작하려면 물론 일선日鮮 공동으로 하지 않으면 안 됩니다. 또 대부분의 자본과 지식을 일본인에 의지하지 않으면 안 되는데, 지금의 상태가 어떠한가 하면 거의 모든 회사의 납입자본은 일본에서 왔습니다. 그를 달리 말하면 일선공동사업이라고 말할 성질을 띠고 있습니다.[148]

경방도 정책상 "조선인 스스로 모든 것을 만든다"고 공언했음에도 불구하고 실제로는 창립 때부터 총독부에 금융 지원을 바라지 않을 수 없었고, 회사가 확장함에 따라 일본인 자본이나 일본인 지배 자본에 대한 의존은 갈수록 심해졌다. 우리가 제5장에서 본 것처럼, 일본 기술과 관련하여 경방은 더 폭넓은 의존 유형을 보이게 되었다. 일본 기술에의 의존이 구조적으로 불가피하다는 것은, 후발 현상에서 파생되고 식민주의에 의해 증폭되었다. 따라서 한국인 자본가는 식민당국과 모종의 타협을 하는 것이 실제로 이로웠다.

4) 경제적 체제내화

사이토 총독부가 1920년대에 시작한 협력적 자본주의 개발정책의 결과, 한국인 기업가는 식민지 체제 속에서 일종의 귀속 이익을 갖게 되었고, 이로써 자본가계급의 민족주의 감정은 상당히 희석되었다.

물론 이 정책은 1921년의 산업조사위원회 당시 한국인 기업가들이 희망했던 그대로 나타나지는 않았다. 위원회가 열리고 있는 동안, 김성수와 박영효(당시 경방 사장이자 조선인산업대회라는 한국인 실업가단체의 주요 조직가였다)는 《동아일보》를 이용하여 "일본인보다는 조선인 중심의" 산업개발정책을 요구하는 사설과 청원을 위원회 대표들에게 퍼부었다.[149] 한상룡은 일본인이 자본과 기술의 대부분을 제공하는 만큼 일본인이 산업개발의 주요 수혜자여야 한다고 공공연하게 말함으로써, 위원회가 열리는 동안 《동아일보》의 입장과는 거리를 두었다. 그러나 그도 당시 더 많은 한국인들이 식민지 개발계획에 참여하여 이익을 누리게 해달라는 청원을 했다.[150]

총독부는 물론 한국인 중심의 경제정책을 고려하지 않았다(받아들이지 않은 것은 말할 것도 없다). 1938년이 되어서도 한국인 기업가들은 여전히 공업 경제의 경영과 이윤에서 더 큰 몫을 요구하고 있었다. 예컨대 그해의 시국대책조사회에서, 현준호는 "실업 방면에서도, 각 사업 방면에서도 특히 유리하고 유익한 사업이 생기는 경우에는 조선인도 주식의 할당, 기타 예컨대 중역주重役株의 할당을 받고 싶은 것입니다"라고 말하였다.[151]

한편 한국인 자본가가 요구했던 모든 것을 총독부에게서 얻지는 못했지만, 그것이 완전히 무시된 것은 아니었다. 현준호의 발언은 이미 식탁의 한 자리를 얻었으나 더 많은 양의 음식을 원하는 내부자의 불평이었다. 그 발언들은 이전 17년간에 걸쳐 펼쳐진 한국인-일본인의 경제협력의 역사 속에서, 그리고 팽창하는 전시 경제와 예상되는 더 넓은 제국 영토의 획득 결과로 장차 더 큰 협력을 희망하는 데서 나왔다.

우리가 제1부와 제2부에서 보았듯이, 1919년 이후의 협력적 자본주의 개발정책은 이미 단순한 수사를 넘어섰다. 1930년대 말에 한국인 기업가는 제국 경제 내에서 자신을 위한 어떤 틈새를 창출할 수 있었고, 경방과 같은 대기업들은 일본인의 상당한 협력과 지원을 받아서 이 틈새를 차지했다. 한국인의 입장에서는 그러한 경제적 용인과 협력이 아직 만족스럽지 않았지만, 그 덕분에 대다수의 한국인들보다는 한국인 기업가들에게 식민지 경험은 훨씬 더 구미에 맞게 되었고, 일본인을 향한 자본가의 민족주의적 분노는 누그러졌다. 예컨대 김성수가 사이토 총독에게 1927년(이는 3·1운동이 일어난 지 단지

8년 후이며, 사이토가 건상상의 이유로 갑자기 일본으로 귀환한 직후다)에 보낸 편지는 김성수가 사이토의 후원을 깊이 감사하고 있으며, 그러한 후원 덕분에 자본가가 총독부체제에 쉽게 적응할 수 있었다는 것을 보여준다.

사이토 자작 각하齋藤子爵閣下

아주 춥습니다. 각하께서 건강이 회복되고 계신지 여쭙고 싶습니다. 소생小生은 각하의 음덕陰德을 입어 아무 일 없이 잘 있으니, 저에 관해서는 마음 놓으시기를 바랍니다. 각하께서 건강이 좋지 않아서 조선에서 물러나시게 되니 이루 말할 수 없이 유감스럽습니다. 각하께서 조선에 계시는 동안 여러 가지로 두터운 정을 입었고 특히 경성방직회사를 위해 특별한 애고愛顧를 주신 것에 깊은 감명을 받았습니다. 이제 아쉬운 석별의 정을 표하기 위해 별편으로 조품粗品이나마 기국器局 한 개를 드리려 하오니, 기념으로 받아주시면 참으로 영광이겠습니다. 이 계절에 몸을 잘 돌보시어 하루 빨리 완쾌하시기를 바라오며, 이만 줄입니다.

경구敬具

1927년 12월 30일 서울 계동에서 김성수[152]

또 1930년대에 새로운 경제 신천지가 만주와 북중국에서 열려, 일본인뿐 아니라 한국인도 혜택을 볼 수 있게 됨으로써 체제내화는 실질적으로 진척되었다. 1936년에 박영철이 말했듯이,

다소 불안감이 없지는 않았지만, 그 원인은 여러 가지입니다. 불평과 불만, 민족적 관념, 요즘 유행하는 회의사상이라는 것 때문에 한때는 다소 불안이 없지 않았지만, 4~5년 이래 최근에는 한국인 사이에서도 제국의 세계적 지위와 위력을 인정하고, 특히 만주사변 이래 아무래도 동양의 평화는 일본의 힘에 의존하지 않으면 안된다, 장래 조선인의 생활도 일본의 힘에 의존하지 않으면 안된다는 것을 점점 자각해 왔습니다.[153]

우리가 제7장에서 보았듯이, 한국인 자본가의 경제적 체제내화는 조선 사회의 계급분화와 계급갈등을 부추겼다. 이것은 다시 한국인 자본가들이 자신의 계급이익을 우선시하고(이것이 일본인 자본가들처럼 식민지 경찰에 의존하게 만들었다), 일본에 대한 민족적 투쟁은 그 다음으로 미루도록 이끌었다.

5) 시간의 경과

이 마지막 요인은 주목할 만한 것으로 보인다. 즉 시간이 상당히 흘렀다는 것이다. 1938년경 조선은 30년 이상 일본의 점령 아래 있어온 셈이었고, 3·1운동 이후 거의 20년이 지났다. 식민지 지배 아래서 태어나 성인이 된 한국인 신세대는 말할 것도 없고, 독립국이던 시절을 아직 기억하는 사람들에게도 식민지체제는 점점 더 일상생활의 일부가 되었다. 1938년에는 일본이 단지 7년 후에 제국이 패망할 길을 가고 있다는 징후는 없었다. 실로 제국은 1930년대에 극적으로 팽창하였고, 1938년에 일본은 바야흐로 동아시아 대륙을 휠씬 넘어서 지배력을 확장하고 있었다.

물론 한국인들은 1919년 후에도 민족주의적 저항을 계속했고, 권력 당국은 일본의 지배 아래서 양육된 새로운 세대를 완전히 흡수하지는 못했다. 그러나 시간의 무게가 이미 언급한 민족주의적 욕구에 대한 그러한 제약과 상호작용한 결과, 자본가들은 조선 독립의 가능성을 더 의심하게 되었고, 다시 기존 체제 내에서 제공된 발전의 기회라도 이용하는 것이 유일하게 현실적인 행동 경로라고 생각하게 되었다. 1949년에 이승우가 반민특위 법정에서 자신은 꿈 속에서도 조선의 독립을 상상할 수 없었다고 검사에게 진술했을 때, 명백히 그는 10년 전 내선일체정책에 대한 자본가의 반응을 낳은 생각을 말하고 있는 것이었다.[154]

내선일체

1919년과 1937년 사이에 총독부는 한국인의 민족주의 감정에 관해 온건정책을 취한 편이었다. 현행 정치체제에 직접 도전하는 민족주의적 활동은 전혀 용납되지 않았지만, 권력 당국은 식민지 상황 속에서 일종의 '문화적 민족주의'가 발전하는 것을 허락했다. 물론 그러한 정책의 의도는 한국인의 민족주의를 지원하는 것이 아니라 약화시키려는 것이었다. 말하자면 3·1운동의 격렬하고 비타협적인 정치적 민족주의를 식민지 목표와 정면으로 충돌하지 않는 문화적 영역과 활동 속으로 끌어들이려는 것이었다.[155]

1937년 7월 베이징 교외에서 일어난 노구교盧溝橋 사건은 모든 것을 변화시켰다. 이 사건이 곧바로 전쟁으로 발전하고 전쟁이 동남아시아 및 태평양으로 확대됨에 따라서, 물자와 더불어 인력에 대한 일본의 수요는 지속적으로 증가하였다. 얼마 지나지 않아서 도쿄와 서울의 지도자들은 한반도를 전진병참기지로 보게 되었을 뿐 아니라, 한국인들을 일본의 전쟁 기구에 불가결한 존재로 간주하기 시작하였다. 1938년의 총독부 시국대책조사회 보고서는 대륙전진병참기지로서 조선의 특별한 사명과 관련하여 '반도 물적 자원의 급속한 개발'이 '인적 자원의 배양'을 필요로 한다고 강조하였다.[156]

조선의 '인적 자원'에 대한 식민당국의 갑작스런 새로운 관심은 본의 아니게 한국인의 전반적 건강과 체력을 개선할 필요성을 공식 인정하는 등의 여러 형태를 취했다.[157] 그러나 신체 건강에 대한 주의는 전체 인력 동원 노력의 단지 한 측면에 불과하였다. 일본은 동원의 '정신적' 측면에도 큰 비중을 두었다. 일본은 한국인들이 정치·문화적으로 자신을 일본인과, 또 일본의 제국주의 목표와 동일시한다면, 그들은 더 열심히 싸우고 일하며 전반적으로 더 협력할 것이라고 믿었다. 이렇게 하여 대부분의 한국인들에게 가장 악명 높은 식민정책인 (한국인의) '황국신민화皇國臣民化' 운동 — 당시는 현재만큼이나 내선일체정책이란 이름으로 더 알려져 있었다 — 이 태어났다.

내선일체란 '일본인-조선인의 통합'이나 글자 그대로 '조선과 일본이 한 몸이다'는 뜻이다. 즉 독립적인 한국인의 민족의식을 완전히 없애는 것이었다. 이 정책은 정치의 영역을 훨씬 벗어났다. 일본은 언제나 그랬듯이 한국인들이 정치적 독립의 사상을 포기할 것을 요구했을 뿐만 아니라, 이제는 한국인들이 한국인이라는 생각 자체를 완전히 버릴 것을 요구하고 있었다.

내선일체정책의 실체는 1938년의 시국대책조사회 보고서에 발표되어 있다. 그것은 고상하고 종교적인 것에서 범속한 것까지 넓은 범위에 걸친, 복잡하고 포괄적인 것이었다. 첫째로 일본과 조선의 모든 국민들은 조선의 새로운 정치적 지위를 알아야 했다. 이제 조선은 서양 국가들이 해외 영토를 지칭하듯이 더 이상 '이른바 식민지'로 간주되지 않으며[158] 일본의 한 부분으로서 대접받게 되었다. 비록 한국인들은 모든 권리를 부여받지는 못했지만, 제국의 대의를 위해 중국에서 싸울 의무를 포함한 황국신민의 모든 의무는 부여받았다.

'황국신민'으로서 한국인들은 '국체國體'와 '일본 정신'이라는 정화된 신화神話 속으로 인도되었다. 무엇보다도 이것은 교육과 실천을 통해 일본 신도神道와 황실 숭배의 원리와 의식을 집중적으로 주입하는 것을 뜻하였다. 정부는 전쟁 영웅을 위한 신사神社를 건립하여 '민중에게 국체에 대한 경신敬神 의식을 심을 것'과 '천황 초상을 숭배할 기회를 가능한 한 다중에게 주도록 고려할 것'을 제안하였다. 이제는 조선의 명절이 된 일본 명절의 '본의本義'가 그러한 것처럼, 황국신민의 맹세와 국민체조가 '조선인들의 정신과 마음속에 주입되어야' 했다. 천황력과 황국 연호의 사용을 '엄격히 시행'해야 했고, 한국인이 '일본 정신을 체득'하도록 무도武道도 장려해야 했다.[159]

신도와 황실 숭배를 고취한 것은 총독부가 조선에서 펼친 선반적

인 정신동원운동의 핵심으로서 한국인들 사이에서 일본과의 통일의
식과 공통의 정체의식을 기르려는 대대적이고 원대한 정부 노력의
일환이었다. 예컨대 1938년 조사회의 한 논설은 한국인들에게 '일
본과 조선 간의 역사적 관계를 천명할' 필요성을 강조하였다. 이것
은 조선을 역사적으로 독특하고 독립적인 정치권력, 문화, 종족적인
실재로 보는 관념—조선의 문화적 민족주의자들이 식민지기 내내
발전시켜 왔고 정련해 왔던 견해—을 말살해야 한다는 것을 의미했
다. 대신 총독부는 '일본사와 조선사를 통해 일본과 조선 간의 국교,
문화의 교류, 혼혈관계를 밝히려' 했다. 이 인식을 증진시키기 위해
'백제, 신라, 가야 등 일본과의 연유가 많은 지방에' 박물관과 향토
사연구회들을 설립하기로 하였다.[160]

일본은 문화적 동화의 개념을 한국인 생활의 가장 세세한 측면에
까지 연장하기로 했다. 물론 여기에는 언어가 결정적 요소였다.
1938년까지 한국인들은 자신의 언어로 가르치는 학교에 다닐 수 있
었고, 한국어를 가정에서만이 아니라 공적으로도 아주 자유롭게 사
용할 수 있었다. 그러나 이제 총독부는 모든 교육시설을 비롯하여
'국어(=일본어-역자) 생활의 여행勵行'을 강요하였고, 결국 한국인
들이 일본식 이름을 사용하도록 강요하는 데까지 나아갔다. 총독부
는 "의식주에 관한 일상생활상의 풍속, 습관의 일선日鮮융화를 도
모"[161]하는 데에도 관심을 두었다.

일본 내에서처럼 일본인들은 조선의 정신적 근대화를 실행할 적극
적·소극적 방법을 모두 사용하였다. 총독부와 한국인 사이뿐 아니
라 총독부 내에서도 이 운동의 여러 사업과 활동들을 조정하기 위하

여 중앙과 지방에서 모두 관직들이 특별히 만들어졌고, 한국인들은 국민총력조선연맹이라는 반민간半民間 애국단체의 후원 아래 결국 모든 수준 — 도道, 시, 군, 도島, 읍, 면, 촌락과 부락, 구區와 동洞 — 에서 조직화되었다. 총독부는 일본인과 한국인의 결혼을 공식적으로 축하하였고, 조선에 와 있던 일본인들이 계속 머물도록 장려할 길을 찾았다.[162]

한국인 청년의 교육과 훈련은 식민당국의 주요한 관심사였다. 총독부는 내선일체의 목표에 부합하도록 정규교육제도를 확장하고 개혁하는 외에 조선연합청년단의 통제 아래서 전 조선에 '청년훈련소'들을 설치했다. 대부분의 주민이 살고 있던 농촌은 특별한 관심의 초점이었다. 예컨대 총독부의 1938년 정책보고서는 청년조직체들을 통하여 농촌·산촌·어촌에까지 정신적 지도와 통제가 연장될 것이라고 강조하였다. 조선의 어린이들도 전 조선적으로 '소년단' 조직을 통해 조직되고 교화될 것이었다.[163]

억압적 방법도 채택되었다. 정신동원운동을 손상시키거나 부인한다고 생각되는 것들은 모두 개혁이나 탄압의 표적이 되었다. 1938년 조사회의 보고서는 특히 불교, 유교, 기독교를 지칭하면서, 조선의 모든 다양한 종교들이 '일본 정신에 따르도록' 정부가 압력을 행사할 것이라고 언급했다. 또 조선의 문화적 민족주의를 더 이상 용납하지 않겠다고 알리고, 2년 후 《동아일보》와 기타 민간 한글 간행물의 강제 폐간을 암시하면서, '저작, 연설, 연극, 도서, 영화, 음악 기타 등 내선일체를 가로막는 것들을 더 철저히 통제할' 것을 주장하였다.[164]

대부분의 한국인에게 내선일체정책은 일본 제국주의의 최후의 궁극적 발악이었고, 이 정책이 비난받아 마땅하다고 본 조선 내 일본인도 있었다. 예컨대 리처드 김Richard Kim은 자전소설《잃어버린 이름Lost Names》에서, 1940년 이후 총독부가 한국인에게 일본식 이름을 채택하라고 한창 종용하던 때에, 한국인에게 동정적인 일본인 교사가 자신의 집을 방문하여 자신의 아버지에게 "특히 우리 아시아인들은 조상들을 크게 경외하는 민족인데, 그런 한 아시아인이 다른 아시아 민족에게 상상할 수 없는 모욕을 입힌 것에 대해" 용서를 구했다고 이야기했다.[165] 물론 대개의 한국인들은 여러 내선일체 프로그램에서 일본의 압박에 굴복했지만, 식민당국이 1937년과 1940년 사이에 경찰력을 20퍼센트 가량이나 증원하기로 결정한 것은 우연이 아니었다. 어떤 식으로든 민족주의 감정과 변함없이 결부된 반일운동은 1938년 이후 현저하게 증대되었다.[166]

1) 자본가의 반응

내선일체정책에 대한 한국인 자본가의 반응은 대중의 반응과 사뭇 달랐다. 이 정책의 최종 수립을 위한 무대였던 1938년의 시국대책조사회에서, 현준호와 같은 한국인 기업가들은 '내선일체의 강화철저'에 관한 분과회의 모든 토론에 참여했고, 이 장의 앞 절에서 길게 인용한 공식보고서의 기안을 도왔다. 당시 63세였던 귀족원貴族院 의원 세키야 데이자부로가 분과회 의장으로 초청되었다. 이것은 폭발적이지는 않을지라도 잠재적으로 민감한 민족주의 문제와 관련하여, 필시 현준호나 고창 김씨가와 같은 한국인과의 그의 친교가 일본인과 한국인 간의 친선을 지속시키는 데 도움이 될 것이라고 식민당국이 생각했기 때문이었다.[167] 그러나 그렇게 우려할 필요가 없는 것으로 판명되었다. 앞서 지적한 것처럼 한국인 자본가들은 일본인에 대해 섭섭한 감정을 품고 있었고, 이것이 1938년의 조사회 도중 때때로 표면화되었다. 그러나 이것은 격노한 민족주의의 분노라기보다는, 자신의 가치를 제대로 알아주지 않는다고 느낀 탄원자의 분노였다. 만약 1938년 조사회의 의사록에서 분명한 것 한 가지가 있다면, 그것은 한국인 자본가가 일본 당국자들보다 더는 아니었을지라도 적어도 그만큼은 내선일체의 실행을 원했다는 것이다.

조선의 식민지배자들에게 내선일체정책은 본래 한국인들을 중일전쟁에 동원할 수 있는 수단이었을 뿐, 한국인의 완전한 법적·사회적 평등이라는 문제에 대해서는 유동적이었다.[168] 그러나 앞서 언급한 여러 가지 이유들 때문에 한국인 자본가에게 이 정책은 실현될 수 있는 꿈이요, 이미 수중에 넣은 특권을 확장하고 현존하는 알력과 문제들 몇 가지를 해결할, 아니 적어도 다루고 완화할 기회였다. 분과회에서 어떤 한국인도 이 정책 자체에는 한 번도 반대하지 않았다. 반대로 이 정책은 전폭적 동의와 찬양을 이끌어냈다. 최린은 분과회에서 조선 민족에게는 강한 민족성이 없다고 단언한 후, 신사 건립을 통해 일본의 '국체'를 한국인들이 더 숭배하도록 만드는 것이 어렵지 않을 것이라고 말하기도 했다. 현준호는 정책안이 "사실상 완벽하다"고 보았다. 그리고 재계와 긴밀한 관계를 갖고 있던 한국인 변호사 이승우李升雨[169]는 조선 민족 중에는 실로 민족주의자와 공산주의자들이 있음을 인정한 후, 모든 한국인이 그 정책을 환영할 것이라는 최린의 견해를 되풀이하고, 그것을 실행하는 것이야말로 조선에서 민족주의와 공산주의가 가진 호소력을 깨트릴 것이라고 덧붙였다.

내선일체는 총독 각하가 부임한 이후 성명聲名의 하나로 주어진 것으로서, 조선인은 필시 한 사람도 남김없이 전부 찬성하고 환영하는 문제입니다. 종래 조선인 중에는 공산주의자나 민족주의자도 있었습니다. 그러한 민족주의자들과 물론 공산주의자들 중에는 마르크스의 이론에 찬성하여 따른 자도 있지만, 총독정치에 불만을 품고 공산주의로 달려간 자도 많은 것으로 생각합니다. 그런데 민족주의나 공산주의에 경도된 사람이라도 내선일체가 일본과 같은 정도로 이루어진다면 민족주의와 공산주의로는 달려가지 않는다, 총독정치에 불평을 할 이유가 없다고 말합니다.[170]

분과회에서 한국인들이 실제로 염려한 한 가지는 한국인에 대해 횡행하는 민족적 편견 때문에 일본이 내선일체정책안의 조항들을 충분히 실행하려 하지 않으리라는 것이었다. 당시 이승우가 말한 것처럼, "그러나 일본인은 어떻습니까? …… 조선인이 내선일체, 내선일체라고 말해도, 일본인이 '너는 일본 신민이 아니다'라고 말한다면, (조선인이) '아니오, 나는 일본인이오'라고 말해도 소용없습니다. 그렇다면 자신은 일본인이 되고 싶다고 생각하여 일생을 다 바쳐 노력해도, 일본인들이 너는 일본인이 아니라고 말한다면, 자기 혼자서만 일본인이라고 생각한 것이 됩니다."[171]
　필시 정책안 중 한국인에 관한 핵심 규정은 내선일체를 철저히 강화하고, 제도상이나 실제 생활에서 각 사회계층의 한국인과 일본인의 차별대우를 모두 없앤다는 것을 천명하라고 총독부에 구체적으로 요구한 조항이었다. 그러한 규정은 현존 특별수당제도(총독부의 일본인 관리는 동급의 한국인 관리보다 60퍼센트나 많은 보수를 받았다)[172]를 개정하는 것만이 아니라, 결국 한국인들에게 일본 신민의 모든 법적 권리를 부여하는 데 길을 여는 것으로 보였다. 분과회가 위에서 인용한 조항에 "중대한 연구를 한다"는 구절을 덧붙임으로써 원안을 고치려고 했을 때, 한국인들은 이것이 원안의 힘을 약화시키고 문제를 무한정 호도하는 것이라 보았다. 그래서 이승우는 정중하지만 단호히 수정에 반대했고, 결국 세키야 등 거기에 찬성했던 위원들은 양보했다.[173]

일본이 자신의 정책 논리를 받아들이고 내선일체의 철저한 실행을 위해 진지하게 노력해야 한다는 이승우의 주장에는, 1930년대 말 한국인 자본가가 일본 문화에 얼마나 동화되어 있었는지가 나타나 있다. 나아가 이승우와 조사회의 다른 한국인 기업가들이 한때 품었을 수도 있는 민족주의적 열망을 버렸다는 것, 그리고 독립적인 한국인의 정체성이 나타날 여지가 전혀 없는 새로운 일본적 질서를 기꺼이 받아들이려 했다는 것이 잘 나타나 있다.

2) 고창 김씨가

김성수와 김연수는 (본래 출석하기로 약속했지만) 1938년 시국대책조사회에 참석하지 않았기 때문에, 그 해의 조사회 회의록은 내선일체정책에 대한 그들의 태도를 전혀 귀띔해주지 않는다. 그러나 공식

전기에서 김씨가는 늘 자신들을 한상룡과 같은 '전형적 부일附日협력자'와 구별했다.[174] 그리고 한국인 자본가를 그다지 존중하지 않는 북한의 정통 역사가들조차도 김씨가와 같은 기업가들이 적어도 처음에는 명백한 매판자본가나 '예속' 자본가라기보다는 '민족개량주의자'였다는 견해에 동의한다.

그러나 한국인 자본가는 결코 한 덩어리의 계급이 아니었다. 여느 집단처럼 엘리트 기업가 내에는 태도와 행동의 편차가 있었다. 이 시기에 한국인 자본가가 어느 정도 민족주의적이었다고 간주한다면, 그것은 고창 김씨가와 같은 사람들 덕분이었다. 그러나 그러한 민족주의가 어떤 형태를 취했는지를 고려해야 한다. 김씨가는 1919년의 민족운동이 표방한 구호였던 조선의 즉각적 독립을 비타협적으로 요구하는 데서 일찌감치 이탈하기 시작하여, 1921년경 '문화적 민족주의'의 점진주의적 입장을 택하였다. 이것은 먼 장래의 민족 독립을 위한 전제조건으로서, 식민지 상황 속에서 한국인 교육과 경제 발전을 강조하였다. 마음속으로는 그러한 양보가 단지 일시적인 편법이었다 하더라도, 사실상 김씨가는 정치 현실에 굴복하는 태도를 보였다. 예컨대 앞서 보았듯이, 김성수는 《동아일보》를 이용하여 1921년 산업조사위원회에 '(일본인보다는) 조선인 본위의' 경제 발전정책을 진정했다. 그러나 이 견해를 보이면서 일본의 식민지 지배를 정치적으로 거의 용인하기에 이르렀다. "조선인 본위는 일본인을 전부 구축驅逐하라는 말이 아니라 조선인 산업 발달을 주요한 목표로 하고 정책을 확립하라 함이로다."[175]

그리고 문화적 민족주의 운동의 기본 가정, 즉 한국인들이 식민지

체제 내에서 어떻게든 자신의 힘으로, 그리고 자신의 '민족주의적' 의제에 따라 신문·잡지를 발간하고 학교를 운영하며 공장을 경영할 수 있다는 가정에는 모순이 있었다. 식민지 지배의 제약 내에서 활동한다는 결정은 자본가를 협조로 기울게 한, 앞서 논한 온갖 다양한 요인들에서 기인했다. 그리고 일단 그런 결정이 내려지면 이 요인들은 더 큰 힘을 얻었다. 따라서 1938년경에는 김씨가의 두 형제, 특히 김연수는 한상룡과 같은 '전형적 부일협력자'와 거의 비슷해졌다. 한상룡이 다른 무엇보다도 한국인–일본인 자본가의 협력이라는 이상을 구현한 조직인 조선실업구락부의 설립자요 회장이었다면, 김연수는 이 단체의 고위급 회원이었다. 이들은 모두 식민지 사회 내에서 그들의 계급적 지위가 자신들에게 제공해준 경제적 기회를 향유하고 충분히 이용했으며, 가끔 같이 일하기도 했다. 예컨대 한상룡은 남만주에 있는 경방의 방적공장의 후원자 중 하나였고, 김연수는 한상룡의 조선생명보험주식회사의 주주였으며, 1939년에 두 사람은 일본인 투자자들과 함께 새로운 부동산회사를 설립하였다.[176] 비록 김씨가가 한상룡이나 다른 한국인 기업가들처럼 1921년부터 1938년 사이의 기간에 일본의 지배를 승인한다는 것을 공공연하게 드러내지는 않았지만, 그들 누구도 일본 감옥에 투옥되고 있던 다른 많은 한국인들처럼 식민지체제를 공개적으로 거부하지는 않았다. 이 기간 중 그들이 일본인 고위 관리와 주고받은 사적인 편지들을 보면 그 태도가 매우 친근하며 공손하다. 이는 한상룡이 식민지 정부를 대하던 태도와 유사한데, 그러한 태도를 가진 자본가가 한국 민족주의에 진정으로 헌신할 수는 없었다.

이미 1920년대에 온갖 수단을 써서 일본과 계속 싸우는 쪽을 택한 더 급진적인 조선의 민족주의자들은 김씨가의 입장을 뻔뻔스런 위선자, 민족주의의 가면을 쓴 자본가계급으로 간주하여 공격하고 있었다.[177] 그렇지만 위선이라기보다는 자기기만이었다는 것이 더 적절할 것이다. 적어도 1938년 이전에 김씨가는 결코 자기 태도의 모순과 함의를 이해하지 못한 것으로, 그러한 모순이 존재한다는 것조차 인식하지 못한 것으로 보인다. 처음부터 그들은 교육과 사업에서 본질적으로 엘리트주의적이고 계급적인 활동을 한국 민족주의의 진짜 핵심으로 간주해 왔던 것 같다. 김성수가 관대한 후원자 역할을 해준 유명한 소설가 이광수와 기타 한국인 지식인들은 문화적 민족주의운동에서 김성수의 업적과 애국심을 칭송하는 글을 부르주아 신문에 기고하여, 그러한 자기기만을 강화하였다.[178] 이 점에서 더 중요한 것은 일본 당국자들이었다. 그들이 이 기간 동안 문화적 민족주의 입장을 용인했기 때문에 김씨가는 그렇지 않았더라면 확연히 구분되었을 민족주의자와 협력자에 양다리를 걸칠 수 있었다.

그러나 내선일체정책과 한국인 자본가가 이것에 선도 역할을 해야 한다는 총독부의 주장으로 김씨가는 1938년 이후 이런 류의 이중생활을 계속하는 것이 훨씬 더 어려워졌다. 이제 민족주의 문제에서 자기기만의 여지는 거의 없었다. 내선일체가 한국인 개인이나 어떤 단체 혹은 계급에게는 잠재적 편익을 준다고 주장할 수도 있겠지만, 그것이 독립적인 정체와 문화로서의 조선을 위협하는 것이었음을 인정하지 않을 수 없을 것이다.[179] 이런 의미에서 아마도 내선일체정책은 김씨가의, 그리고 한국인 자본가의 민족주의 서약에 대한 최종적인 시금석이 되었다.

3) 민족 위의 계급

김씨가가 내선일체정책에 순응하리라는 첫 징후는 1938년 시국대책조사회에 앞서 그 해 6월 25일에 열린 경방의 이사회에서 실제로 나타났다. 김연수가 주재한 이사회에는 최두선崔斗善,[180] 김계수金季洙(성수와 연수의 동생), 박흥식, 최창학崔昌學(조선의 '금광왕金鑛王'으로 재계에 알려진 인물),[181] 이강현, 현준호가 포함되어 있었다. 이 중 현준호는 석 달 후 시국대책조사회의 내선일체 토론에서 적극적 역할을 했다. 회의의 분위기는 긴급성이 감지되는 것이 아니었고— 대부분의 대화는 펑톈에 경방의 사무소를 개설하는 법적 절차 문제에 집중되었다— , 이사회는 단 30분 만에 폐회하였다. 그러나 이 회의는 경방에게는 역사적 사건이었다. 19년 전에 경방이 설립된 이래 처음으로, 이사회 회의록이 공식적으로 한글 대신 일본어로 쓰였기 때문이다. 그 후 일본어는 곧 회사의 모든 공식 기록어가 되었고, 결국 김연수도 "국어 보급에 관한 적절한 조치들을 강구한다"는 1938년 조사회의 계획[182]에 발맞추어 회사 내에 종업원들을 위한 일본어반을 열었다.

김성수와 김연수는 모두 1940년 10월 이후 정신동원운동의 핵심 조직인 국민총력조선연맹의 사무국 간부 직위를 받았다. 김연수는 이 연맹의 후생부장 자리를 맡았고, 다른 한국인 기업가들과 함께 농촌에 건설 중인 신사에 기념 근로봉사를 하였다. 게다가 그는 연맹의 동원 활동에 3만 엔을 기부하였다.[183]

또 김연수는 개인적으로, 또 경방과 그 자회사를 통해서 시국대책조

1930년대 경방 이사회

왼쪽 위에서부터 시계 방향으로 김계수, 이강현, 최두선, 윤주복, 박흥식, 김연수, 현준호, 민병수. 1938년 시국대책조사회에 앞서 그 해 6월 25일에 열린 경방의 이사회에는 최두선崔斗善, 김계수金季洙(성수와 연수의 동생), 박흥식, 최창학崔昌學(조선의 '금광왕金鑛王'으로 재계에 알려진 인물), 이강현, 현준호가 포함되어 있었다. 이 회의는 경방에게는 역사적 사건이었다. 19년 전에 경방이 설립된 이래 처음으로, 이사회 회의록이 공식적으로 한글 대신 일본어로 쓰였기 때문이다. 그 후 일본어는 곧 회사의 모든 공식 기록어가 되었고, 결국 김연수도 "국어 보급에 관한 적절한 조치들을 강구한다"는 1938년 조사회의 계획에 발맞추어 회사 내에 종업원들을 위한 일본어반을 열었다.

사회의 내선일체분과회가 제창한 '청소년 훈육지도'에 더 거액의 자금을 제공하였다.[184] 1939년 4월에 경방 이사회가 승인한 총독부 청년훈련소 건설에 대한 의연금은 1만 엔이었다. 훗날 1943년 7월에는 박흥식, 민규식과 더불어 청소년 훈육사업에 5만 엔을 헌금하였다.[185]

두 형제는 조선 청년을 일본군에 충원하려는 총독부의 노력에도 관여하였다. 한국인을 이용하여 일본군을 보충한다는 것은 항상 내선일체정책의 기저에 있는 주목적의 하나였다. 중일전쟁 이후 한국인의 전반적 건강 향상에 대한 총독부의 갑작스런 새로운 관심, '청소년 훈련지도'에 대한 관심, 무도武道의 장려를 통한 '일본정신' 고취의 강조, 그리고 일본어 사용의 집중적 장려 등은 모두 주로 조선 청년의 군복무를 위해 고안한 조치들이었다. 예컨대 김연수와 경방이 의연금으로 지원한 청년훈련소는 시국대책조사회의 보고서에 따르면, '그들이 마치 일본의 징병제 아래 있는 심경을 갖도록 만들' 것을 의도하고 있었다.[186]

실제의 한국인 충원은 3단계로 이루어졌다. 총독부는 1938년 2월부터 한국인 지원병(17세 이상의 남자)을 받아들이기 시작했고, 그 해 후반의 시국대책조사회에서 채택된 내선일체정책은 '지원병제도 실시의 정신을 (조선인의 마음속에) 보급하고 철저히 주입할'[187] 필요성을 강조하였다. 한국인 징병제는 1942년 5월에 공표되었지만 1943년 8월에야 실제로 시행되었고, 처음에는 전문학생 및 대학생은 제외하였다. 그러나 징병에 대한 반대 여론을 진정시키고 지원병 후보자들에게 열성적인 한국인 병사의 모델을 보여주기 위해, 총독부는 같은 해 10월에 '특별지원병'제를 발표하고 '학병'을 충원하기 위한

징병을 위한 신체검사(1942년 서울)

총독부는 1938년 2월부터 한국인 지원병(17세 이상의 남자)을 받아들이기 시작했고, 그 해 후반의 시국대책조사회에서 채택된 내선일체정책은 '지원병제도 실시의 정신을 (조선인의 마음속에) 보급하고 철저히 주입할' 필요성을 강조하였다. 한국인 징병제는 1942년 5월에 공표되었지만 1943년 8월에야 실제로 시행되었고, 처음에는 전문학생 및 대학생은 제외하였다.

1942년 3월 만주국 건국 10주년을 기념하여 김연수(왼쪽)가 오찬을 마련하였다. 그는 당시 만주국 명예총영사였다.

막 일본군에 입대하려는 학병
한국인 징병제는 1942년 5월에 공표되었지만 1943년 8월에야 실제로 시행되었고, 총
독부는 같은 해 10월에 '특별지원병' 제를 발표하고 '학병'을 충원하기 위한 3개월 집
중 유세를 시작하였다.

내선일체 기간의 훈련과 '정신동원'
한국인을 이용하여 일본군을 보충한다는 것은 항상 내선일체정책의 기저에 있는 주
목적의 하나였다. 중일전쟁 이후 한국인의 전반적 건강 향상에 대한 총독부의 갑작
스런 새로운 관심, '청소년 훈련지도'에 대한 관심, 무도武道의 장려를 통한 '일본정
신' 고취의 강조, 그리고 일본어 사용의 집중적 장려 등은 모두 주로 조선 청년의 군
복무를 위해 고안한 조치들이었다.

3개월 집중 유세를 시작하였다.[188] 총독부는 김씨가에게 다른 기업가 및 교육가들과 더불어 유세를 지원해 달라고 요청했다.

학병 권유 전에도 김씨가는 여러 방면에서 전쟁을 개인적으로 지원하고 있었던 것으로 보인다. 예컨대 1937년 9월 2일자 《동아일보》는 미나미 총독의 내선일체정책 개발과 발맞추어 김성수 등 59명의 한국인들이 지방에 가서 중일전쟁에 관한 강연을 할 것이라고 보도하였다. 1938년 10월 14일 경방 이사회는 '국방비' 부담을 덜어주도록 10만 엔을 기부하기로 결의했는데, 이 액수는 중일전쟁 이래 회사 이윤의 10퍼센트에 해당하는 것이었다.[189] 그 후 《매일신보》와 회견한 김연수에 따르면 이것은 '전선의 일본인 병사의 곤란함'을 염려해서였다. 또 1942년 6월에 김연수는 일장기가 새겨진 부채 2천 장을 중국 전선의 일본군에 헌납하였다.[190]

김씨가는 다양한 형태로 학병 권유에 관여했다. 보성전문 교장이었던 김성수는 1943년 11월에 서울 부민관府民館에서 매일신보사 주최로 열린 총독부 관리, 교사, 학생의 학병출진장행회學兵出陣壯行會에 참석했던 것으로 나타난다. 뒤에 신문에 게재된 장행회 강연록에 따르면, 김성수는 한국인 학생들이 일본군 지원을 주저하는 것은 '문약文弱'으로 쇠퇴한 조선 역사의 산물이며, 군사를 무시한 전통적인 문예 추구 문화의 결과라고 설명했다. 또 이 기간 중 김성수와 김연수는 모두 총독부가 주최한 순회강연에서 다른 한국인들(그들 중 다수는 장덕수張德洙와 같이 가까운 친구 또는 동료였다)과 함께, 한국인 학생들에게 일본군에 입대하도록 권유했다. 김연수는 1943년 11월에 일본으로 간 일단의 한국인 일원으로서 도쿄나 다른 일본 도시

의 한국인 대학생들이 제국의 대의에 협력하기를 권유했다.[191]

불행히도 이들이 행한 강연의 전문은 갖고 있지 못하지만, 식민지 언론에 이들의 이름으로 실린 글을 통해 이 순회강연의 주제를 일부나마 알 수 있다. 김성수의 이름으로 된 그러한 논설 하나가 총독부의 새 학병제도가 공표된 직후인 1943년 11월 7일자 《매일신보》에 실렸다. 논설은 "대의에 죽을 때: 황민됨의 책무는 크다"라는 제목이 붙어 있었고, 《매일신보》가 "학도여! 성전에 나서라"라는 연재물로 저명 한국인들에게 할당한 기고문 중의 하나였다.[192]

기사는 학생들에게 직접 호소하는 어조로 쓰였는데, 그 의도는 학생들이 그다지 공감하지 못하는 목적을 위해 목숨을 거는 데 대한 학생들의 아주 심각한 의구심을 누그러뜨리려는 것이었다. 거기에는 "제군의 지적 수준이 일반 국민보다 높다"는 감언甘言, "일본과 조금도 다름없는 빛나는 대우, 즉 권리를 얻는다"는 장래 보상의 약속, 그리고 "이번 대동아성전大東亞聖戰에 결집하지 못할 때를 상상해보라. …… 대동아 신질서新秩序의 건설이 우리의 참가 없이 완성될 것"이라는 위협이 복잡하게 뒤섞여 있었고, '성전'과 '대동아'에 관한 전형적인 전시 호언장담으로 장식되어 있었다. 나아가 선배와 후배, 스승과 제자의 유대를 교묘히 이용하여 심리적으로 효과를 보도록 했다("제군은 쉽게 말로 목숨을 바치라고 운운하는 내나 또는 다른 선배들로서는 도저히 상상할 수도 없는 심경에 있을 것을 나는 잘 안다"). 또 가족과 나라에 대한 학생의 염려를 전쟁에 참여할 의무감으로 전향시키려 했다("제군이 이 성전의 전열로부터 빠져나와 자신의 조그마한 생명을 보전하고 있을런지 모르겠으나, 제군의 뒤를 이어 이 땅에서 태어난 제군의 동생과 누이들은 어떻게 될 것인가? 제군은 실로 반도의 미래에 대한 절대적 책무를 지고 있다").

그러나 논설의 요점은 분명했고 자주 반복되었다. 즉 "도리를 다하라"였다. 물론 도리란 단순히 군대에 가는 것만을 뜻하지 않았다. 그것은 또한 '희생'을 뜻하였다. 그리고 '희생'은 궁극적 희생 – '영광스러운 죽음'을 뜻하였다. 논설에서 말하길 "의무를 위하여는 목숨도 아깝지 않다고 나는 말하여 왔거니와, 지금이야말로 제군은 이 말을 현실에서 몸으로 실천할 때가 온 것이다."(전문은 부록 2를 보라.)

"조선 학병이여, 빛나는 내일로"라는 제목의 비슷한 논설이 김연수의 이름으로 1944년 1월 19일자 《경성일보》에 실렸다. 이틀 전 한국인 '학병' 일단이 서울 남산의 조선신궁朝鮮神宮에서 특별한 의식을 마치고 일본군에 인도되었다. 학병들은 김성수가 며칠 후인 1월 22일자 《매일신보》와의 인터뷰에서 말했다고 알려진 것[193]처럼 그 '승리와 영광'의 길로 나아갔다. 지원병에 대한 한국인의 반응이 계속 실망스러웠기에 《경성일보》의 논설은 군복무에 관한 한국인들의 이기적 사고와 관념들을 비판했지만, 이제 시행하게 된 징병제는 매우 '감격적'이라고 강조하였다. 그 논설은 또한 전선으로 보내지는 새 '학병'들이 '황국을 위해 완전히 봉사할' 것을 요청하였다.

징병제 실시라는 영단英斷에 의해, '병사'와 '조선인'의 상관관계는 실로 감격적인 정도로 깊어졌다. 이제까지 조선 인민은 전통에 묶여 징병제에 대해 극단적으로 좁은 태도를 보여왔지만, 이것은 모든 조선 인민의 결점이라고 생각한다. 이제부터 조선 인민은 이기적인 사고를 버리고 도의에 기초한 애국적 사상 아래로 결집하지 않으면 안된다. 이제는 문자 그대로 전시인 것이다. 그래서 큰 시련에 직면해서 제국의 명운을 양 어깨에 지고 용감히 전선을 향해 출발하는 학도 제군의 모습은 얼마나 영광에 가득 찬 것인가. 모든 수단을 써서 미영米英을 분쇄하는 것은 숙명에 의해 정해진 제군의 의무인 것이다. 때문에 반드시 승리를 거두지 않으면 안된다. 제국의 승리는 신생 조선의 곡식으로 되는 것만이 아니다. 동아시아 전역의 평화를 지키는 유일한 방법이기도 하다. 제군, 윤리적, 도의적 진리의 앞에서 분골쇄신, 황국을 위해 완전히 봉사하기 바란다.[194]

김씨가, 특히 김성수가 얼마나 열의를 갖고 학병 권유를 비롯한 내선일체의 실행에 참여했던가에 관해서는 약간의 의문이 있다. 1949년에 김연수는 반민특위 재판에서 자신은 총독부의 강요 때문에 어쩔 수 없이 내선일체에 관여한 것이라고 주장하였고, 과거 40년간의 가까운 친구 및 동료들이 편찬한 그 후의 공인된 전기와 여타 저작들은 김씨가의 참여가 최소한의 것이었으며 강제된 것이었다는 견해를 변함없이 반복해 왔다.[195]

명백한 이유들이 있기에 그러한 진술은 의심하지 않을 수 없다. 김씨가의 누구도 진정으로 저항하거나 내선일체운동과 관계를 끊으려 했다는 확실한 증거는 없다.[196] 이미 본 것처럼, 실제 증거는 일제 말 내선일체에 대한 두 형제의 태도가 1938년의 시국대책조사회 내선일체분과회의 한국인 위원들이 보인 태도와 유사했다는 것을 알려준다.

물론 성급한 결론을 내려서는 안 될 것이다. 현존하는 1차 자료는 제한되어 있고, 엄격히 통제된 선전물에 가까운 1940년대의 전시언론에서 간추려진 정보와 같은 그 일부 자료는 주의 깊게 검토되어야한다. 예컨대 우리는 학병 권유 신문에 김씨 형제들 이름으로 나온논설들을 그들이 실제로 썼는지(혹은 배서했는지), 또는 신문이 단지그들의 허락 없이 논설에 그들의 이름을 붙였는지를 알지 못한다.그리고 그들 중 한 사람이나 두 사람 모두 어떤 내선일체 행사나 활동에 참가한 것을 전혀 의심할 수 없는 경우조차도, 이용 가능한 문서에는 그들의 동기나 태도가 어떤 것이었는지가 나타나 있지 않다.

우리는 여기서 당시 작용하고 있던 사상과 감정의 전체 복합체를결코 다 파악하지 못할지도 모른다. 그러나 다행히도 김씨 형제가1940년대에 세키야 데이자부로에게 보낸 몇 통의 개인 편지가 일본국회도서관에 연구용으로 보존되어 있다. 이 편지들이 구체적으로내선일체를 언급하고 있지는 않지만, 다른 모든 이용 가능한 문서들과 합쳐져서 식민지기 동안 그들이 펼친 다양한 활동의 맥락 속에 놓인다면, 우리는 그것들을 통해 당시 내선일체정책에 대한 두 형제의 태도에 아마도 가장 가까이 다가갈 수 있을 것이다.

김연수는 기본적으로 총독부와 긴밀한 경제적 유대를 맺고 있었고사업가로서 제국체제에 강한 기득 이익을 갖고 있었는데, 특히 1942년 만주국 건국 10주년 기념행사에서 만주국의 명예총영사로서 서울에서 궁성요배宮城腰拜와 건배를 이끌기도 했다. 그러한 김연수가내선일체 활동에 참여하기로 결정한 것은 아마도 약간의 걱정 때문에, 그리고 실로 일본이 정치적으로 지배할 전후 아시아에서 경방의장래에 대한 큰 기대 때문이었다. 1939년부터 계속하여 세키야에게 보낸 그의 개인 서신들은 특히 만주 사업의 발전에 헌신하고 전쟁에 기여하려는 서약으로 가득하다.[197] 물론 그는 결국 수많은 구체적 방식으로 그것을 실행했다. 1938년의 총독부 조사회에 출석한 한국인들이 보여준 노선을 따른, 내선일체를 기본적으로 긍정하는 우리가 알고 있는 그의 배경, 인격, 직업적 관심의 일체와 전적으로 일치하는 것 같다.

김성수는 훨씬 더 알기 어려운 의문의 인물이다. 그는 김연수나 다른 많은 저명한 한국인들의 경우보다 내선일체 활동에 정식으로 관여한 것은 확실히 적었고, 문화적 민족주의운동과 강한 유대관계를 맺고 있었다. 이는 그가 내선일체에 대해 긍정적 태도를 갖지 않았다고 주장하는 데 도움이 된다. 문화적 민족주의의 옹호자로서는 말할 것도 없고 언론인으로서 그는, 예컨대 1940년대 자기 소유의 《동아일보》를 폐간시킨 총독부의 결정을 기뻐할 수는 없었다. 반면 우리는 그가 현준호와 같은 그의 개인적 서클의 회원들이나 그의 동생 못지 않게 한국인 자본가를 부일 협력으로 몰아가던 요인들에 거리낌이 없었으며,[198] 사실 1920년대 이래 식민당국과 충심으로 순응하는 관계를 맺어왔다는 것을 주목해야 한다.

김성수가 1945년 7월 8일에 세키야 데이자부로에게 손수 쓴, '친전親展'이라 표기되어 있는 편지는 해방되기 불과 한 달 1주일 전 그의 마음을 최종적으로 흥미롭게 들여다볼 수 있게 해준다. 그는 연합군이 도쿄를 폭격했다는 소문을 듣고 세키야와 그의 가족을 염려하는 편지를 약 1개월 전(5월 29일)에 쓴 바 있었다.[199] 세키야는 자신과 가족들이 무사하다는 것을 김성수에게 알리는 답장을 썼고, 김성수는 다음의 편지로 답했다.

세키야 경께.

보내주신 서한을 잘 읽었습니다. 실로 감사드립니다. 적기敵機의 공습 하에서도 댁에는 아무런 변고가 없고, 또 전보다 더 건강하시다니 정말 기쁩니다. 그러나 댁 주변의 주택들이 모두 공습으로 불타버렸다니 참으로 놀랐습니다. 얼마나 상심하셨을지 상상이 갑니다.

친절하게도 저에게 소개해주신 오시마大島 국장[200]은 엔도遠藤 정무총감[201] 댁에서 뵈었는데, 정말 대단하신 분이었습니다. 사실 작은 저녁 자리에 그를 초대하고 싶습니다만, 제 처와 아이들이 경기도 연천군으로 소개疏開하여 서울에는 저 혼자 있기 때문에 그렇게 할 수가 없습니다. 그래서 한 번 대접해드리지 못해서 매우 유감입니다. 가끔씩 엔도 정무총감을 뵐 기회가 있습니다만 그는 저에게 잘 대해주십니다. 그는 참으로 온후하고 겸공謙恭하신 분입니다. 그의 인망人望은 날이 갈수록 커지고 있습니다.

보내드린 과자가 우송 도중 분실된 것을 염려하여, 우체국에 과자를 다시 보내달라고 요청했지만, 이런 소포는 절대로 받지 않는다고 합니다. 그래서 또다시 제가 바라는 대로 되지는 않았습니다.

전국戰局이 갈수록 중대해져서 선생께서 무척 바쁘실 거라고 생각합니다. 잘 돌보시고 건강 살피시기를 바랍니다. 부인께도 안부 전해주십시오. 이만 줄입니다.

경구敬具

1945년 7월 8일 서울 계동 132 김성수[202]

세키야 데이자부로關屋貞三郎(1875~1950)
세키야는 1899년에 도쿄제국대학 법과를 졸업하여, 같은 해 고등문관시험에 합격해 내무성에 들어갔다. 그 후 대만, 조선, 관동주에서 여러 직위를 역임했다. 조선에서는 1910년부터 1917년까지 학무국 국장과 중추원(총독의 자문기관) 서기관장을 맡았다.

김성수의 편지에는 내선일체에 관한 말이 한 마디도 나오지 않지만, 그것은 여러 가지 면에서 의미심장하며 시사적이다. 예컨대 전쟁도, 내선일체정책도 세키야와의 따뜻한 개인적 관계에 부정적 영향을 미치지 않았고, 고위 식민지 관료와의 우호적인 사교에 걸림돌이 되지 않았음이 분명하다. 그는 전황戰況과 총독부에 대한 세평 등의 몇 가지 기본적 관심사에 관해 일본인 친지와 같은 생각을 갖고 있었던 것으로 보인다. 여하튼 '적기敵機'라는 표현, 점점 커지는 '엔도의 인망'을 비롯한 오시마 국장과 엔도 정무총감의 좋은 인상에 관한 그의 언급은 특히 1945년 여름에 한국의 민족주의자가 할 수 있는 말은 아니었던 것으로 보인다.[203]

이 편지에는 세키야에 대한 순수한 호의가 가득 차 있지만, 또한 여기에는 분명히 자기이익의 요소, 즉 과거에 유용한 것으로 드러났던 오래된 개인적 관계를 강화하려는 욕망도 있었다. 또 그가 세키야의 기분을 맞추기 위해 자신의 진짜 감정을 고의로 변색하거나 과장했을 것으로도 생각할 수 있다. 하지만 편지에 사교적 수사가 많다는 것을 인정한다고 해도, 김성수가 전에는 그렇지 않았을지 몰라도 식민지기 말에는 여하튼 내선일체를 받아들였으며 일본인 당국자들과의 지속적인 개인적·공적 교류의 기반을 닦고 있었다는 결론을 피하기는 어렵다. 만약 보통 알려진 것처럼 그가 내선일체의 장래를 동생보다는 다소 덜 낙관했다 하더라도 그것을 받아들일 준비는 분명히 되어 있었다. 적어도 그는 일본이 전쟁에 승리할 경우의 선택지를 계속 남겨두었던 것 같다고 할 수 있다.

4) 부르주아민족주의의 종언

김씨가가 내선일체운동에 참여한 것은 식민지기 부르주아민족주의의 종언을 장식하였다. 고전 비극처럼 치명적 결함이 처음부터 나타나 있었다. 1919년 이후 한국인 자본가의 민족주의 활동들은 항상 모순으로 가득 차 있었고, 이런 의미에서 최후의 대단원은 전혀 놀랍지 않았다. 실로, 돌이켜보면 그것은 뚜렷하게 예견 가능한 것으로 보인다. 식민지체제 속에서 한국인 자본가의 발전 논리는 처음부터 물질적 이익면에서도, 정신면에서도 한국적이라기보다는 일본적인 자본가계급의 창출을 말해준다.

마찬가지로 자본가가 내선일체정책을 지지한 데 대한 민중의 반발도 예견 가능한 일이었다. 식민지 지배의 수십 년간, 특히 마지막 8년간 대부분의 한국인들은 마지못해 체념하고 타협했지만, 해방 당시의 민족주의 감정과 활동의 거대한 자생적인 폭발로 보아, 전쟁과 내선일체의 무서운 시련이 대중의 민족주의 감정을 결코 말살하지 못하고 오히려 불타오르게 했다는 것이 명백하다. 1945년 8월 자유의 첫 분출에서 한국인들이 전국에서 일본의 전쟁 포스터와 깃발을 찢고 일본인 상점과 주택의 유리창을 부술 때에, 보복의 첫 목표로 선택된 것 중의 하나는 증오 받던 내선일체정책의 핵심적 상징이던 지방 신사였다.[204] 그 후 분노의 초점은 총독부와 그 정책에 봉사하거나 협력한 한국인들에게로 옮아갔다.

대중은 내선일체에 대해 반응을 보인 자본가 각각의 복잡한 사정과 동기를 고려해 부일 협력자를 심판했다. 예컨대 김성수는 문화적 민족주의운동에서의 중요한 역할과 전쟁 중의 비교적 적은 공직 활동 덕분에, 적극적 부일 협력자로 널리 간주된 동생보다 훨씬 덜 비난받았다. 그러나 부르주아민족주의 입장의 힘과 취약성을 가장 잘 체현한 인물인 김성수조차도 내선일체기 동안 추락을 경험했다.[205] 김연수로 대표되는 자본가계급이 1919년과 1920년대 초에 보유하고 있었던 정치적 지도력의 신임장은 내선일체기에 크게 퇴색했고, 다른 계급들에 대해 진정한 헤게모니를 확립할 가망은 거의 없어졌다.

결론 | Conclusion : The Colonial Legacy
식민지의 유산

제1차 세계대전이 끝날 무렵 서서히 시작된 한국 최초의 본격적인 공업화는 1930년대에 일본이 만주를 점령하고 중일전쟁을 일으킨 후 극적으로 급속히 확장되었고, 제2차 세계대전에서 일본이 패배하자 돌연 중단되었다. 1945년 이전 공업화의 불완전성은 지울 수 없는 식민지 지배의 오점과 더불어, 많은 학자들로 하여금 해방 후 한국의 정치·경제를 형성하는 데 식민지기의 중요성을 과소평가하게 하였다. 그렇지만 식민지 지배는 좋든 싫든 한국 공업 발전의 촉매요, 요람이었다. 그것을 연구하면서 우리는 바로 현대 한국의 기원 자체와 맞닥뜨리게 되었다.

식민지 변형은 심층적이고 전면적이었지만, 그중 가장 두드러진 것은 필시 사회적 변화의 측면이었을 것이다. 식민지기의 공업화는 한국의 물질적 외양만이 아니라 사회적 풍경도 변화시켰다. 1919년과 1945년 사이에 새로운 도시 지식인층과 소수의 화이트컬러 관리자와 기술자, 근대적 노동력이 출현했다는 것은 다른 학자들이 이미 지적하였다.[206] 또한 이 기간 동안 토착 자본가계급도 태어났다. 일본의 지배 아래서 한국인 기업가는 제한을 받았으나 결코 전적으로 봉쇄당하지는 않았다. 그리고 고창 김씨가와 같은 몇몇 기업가들은 1945년까지 토지를 완전히 떠나지 않았지만, 공업문명으로 되돌릴 수 없는 걸음을 내디뎠다.

김씨가와 같은 기업가들은 위에 드러난 빙산의 일각에 해당할 뿐이었다. 그들은 포괄적이고 체계적으로 연구되어야 할 1945년 이전의 자본가계급 중 가장 규모가 크고 뛰어난 인물이었을 뿐이다. 예컨대 김씨가의 지위에는 도달하지 못했으나 훗날 한국에서 저명해진 많은 한국인 기업가들이 식민지기에 있었다. 그중 몇몇은 본래 경방과도 관계가 있었다.[207] 그러나 그들은 모두 공통의 과거를 공유하였으니, 김씨가처럼 첫 사업을 1945년 이전의 식민지 자본주의의 세계 속에서 경험했고, 모두 어떤 식으로든 식민지기 후반의 급속한 공업화에 참여했다. 그들의 수는 상당하였다. 필자가 주문하고 심사한 최근의 한 연구는 한국 50대 재벌의 창시자 중 60퍼센트 가까이가 무언가 식민지기의 사업 경험을 갖고 있었음을 보여준다.[208]

물론 1945년 8월에 그러한 사회적 연속성을 예견한 한국인은 거의 없었다. 공업화 이전의 과거로 돌아갈 가능성은 없었지만, 한국 자본주의는 자신을 낳아주고 길러준 제국이 갑자기 사라진 제2차 세계대전 말에 중대한 위기에 직면하였다. 연합국의 승리는 자본가가 성장할 경제적 생명선을 끊었고, 새로운 금융적·기술적·시장 통로를 발견하고 개발한다 하더라도 기본적인 정치 문제가 남아 있었다. 한국의 자본가는 일본의 지배 아래서 경제적 성공을 거둔 대가로 한국 사회에서 자신의 헤게모니를 잃었으며, 따라서 급변하는 해방 후의 정치 상황에서 그들의 지위는 매우 취약했다. 결국 자본주의는 남한에서만 미국에게서 상당한 경제적, 정치적, 그리고 궁극적으로는 군사적 지원을 받고서야 살아 남았다.[209]

한국 자본주의의 복잡하고 흥미진진한 생존 이야기는 이 책의 범위를 벗어나는 것이다. 여기서 우리가 관심을 가져야 할 부분은 결과적으로 한국이 물려받은 식민지의 사회적 유산이다. 식민지적 훈련의 산물인 박정희[210]가 1960년대에 급속히 공업을 개발하는 경제계획을 발진하기로 결정했을 때, 그는 일군의 노련한 기업가들을 자유롭게 활용할 수 있었다. 그중 많은 자들이 1950년대의 경제적 재건에서만이 아니라 1930년대 후반과 1940년대 초반의 급속한 공업 성장 속에서 첫 번째로 단련된 자들이었다. 1961년에 박정희가 군사정변으로 처음 권력을 잡았을 때, 김연수는 해방 후 16년이 지났지만 아직도 한국의 으뜸가는 기업가 중 하나였으며 훗날 전국경제인연합회FKI(이하 전경련)가 될 기업가단체의 의장이었다. 사실 그는 1960년대와 1970년대를 통해 한국의 새로운 공업화에서 계속해서 적극적 역할을 할 것이었다. 김연수는 1971년에 75세의 나이로 국가의 가장 성공적인 수출가로서 박정희 정부의 영예로운 '금탑산업훈장'을 받기도 했다.[211]

그리고 박정희의 경제개발계획이 일본과의 긴밀한 경제적 유대의 재확립을 전제로 한 것이기 때문에, 김연수와 같은 사람들은 한국과 일본 간의 외교관계가 정상화되고 양국 간 경제협력의 기반이 다져진 1961년 후의 10년간 분명히 아주 귀중한 자산이었다. 박정희가 권력을 잡기 전에도 불운한 장면 정권의 마지막 몇 달 동안 김연수가 이끄는 한국경제인협회가 일본 민간부문과의 정규 연락 채널을 재건하기 시작하였다.[212] 후에 김연수의 매부이자 경방과 전경련 양쪽의 후계자인 김용완은 한일국교정상화가 이루어지는 격동기에 김연수가 기울인 노력의 과실을 거두었다. 예컨대 국교정상화 협정을 공식 비준하기 2개월 전 대대적인 학생 데모가 일어나고 일본의 새로운 '경제침략'에 대한 국민 대중의 우려와 비판이 비등하던 1965년 4월에, 김용완은 식민지기 이후 한국에서 처음 열린 한일 기업인들의 한일경제심포지엄에 공식 참가하기 위해 서울에 온 40명의 일본 재계 대표들을 영접했다. 물론 김용완은 1970년부터 1977년까지 오랜 전경련 의장 재직 기간 동안 새로운 한일 자본가 협력의 길을 계속 이끌었다.[213]

실제로 식민지 공업화의 유산은 토착 자본가계급을 창출한 것 이상이었다. 식민지 지배는 미래의 발전을 위한 사회적 기반만이 아니라 성공적인—적어도 급속한 공업화를 촉진한다는 좁은 의미에서 성공적인—자본주의 성장을 위한 역사적 기반을 갖춘 모델을 물려주었다. 이 모델이 동시대 일본의 원형과 많은 요소들을 공유하고 있다는 것은 그리 놀라운 일이 아니다. 즉 경제에서 국가의 중추적 기능, 소수 대기업집단이나 재벌 수중으로의 민간 경제력의 집중, 수출의 강조, 경제성장에 대한 자극제로서의 전쟁의 위협 혹은 현실성 등이 그것이다. 다른 한편 이 모델은 성격상 일본적이기보다 더 한국적·식민지적이다. 일본의 식민주의, 그리고 그것이 한국에서 취한 특수한 형태가 일본에서와는 명확히 다른 공업 발전 유형을 한국에서 낳았다.

이 모델은 두 가지 측면에서 주목할 만하다. 첫째는 경제 문제에서 국가의 압도적 지배였다. 식민정부는 일본 본토에서도 생각할 수 없는 방식으로 경제와 자본가를 모두 장악한 무소부재無所不在하며 독재적인 경제 권력이었다. 그러나 이것은 식민지 한국에서 기본적으로 정부–기업관계가 적대적이라는 말은 아니다. 양측은 대개 효과적인 단위로서 기능하곤 했다. 총독부가 경제 활동의 전반적 기획자이자 조정자이며 신용의 궁극적 배분자라면, 재계는 때로 열심이고 때로는 머뭇거리는 민간부문에서 국가정책의 종복從僕으로서 대개 그 은택을 입었다. 관료들이 민간기업의 주주나 직원이 되고 기업가가 공식·비공식적으로 정책 결정 과정에 참여하게 됨에 따라 양자의 역할은 종종 겹쳤다. 이 관계는 기본적으로 불평등한 것이었고 이따금씩 불협화음을 보이기도 했다. 그러나 유교적 가치와 물질적 이해관계를 공유하고 있었기 때문에 정부와 기업 간의 이 결속은 강력했다.

식민지 발전 모델에서 두 번째 중요한 요소는 일본 자본주의에 대한 한국 자본주의의 종속이었다. 이것은 일본 자본주의가 더 앞서 있었기 때문일 뿐 아니라, 한국이 일본의 식민지였기 때문이기도 하다. 그러한 종속은 자본주의 기업의 많은 주요한 측면에서 개별 일본인 회사나 기업집단에 상당히 의존하는 것으로 나타났으며, 특히 기술개발의 영역에서 그러하였다. 당시 한국 자본주의의 가장 정교한 사례였던 경방이 적절한 예다. 식민지기 내내 경방은 원료의 확보와 판매, 무엇보다 그 설비, 여분의 부품, 전문기술지식 면에서 야기상점, 이토추상사, 구레하방적과 같은 일본의 회사들에 크게 의존하였다.

위에서 설명한 모델은 두 가지 의미에서 1945년 이후의 세계로 상속되었다. 첫째로 그것은 김연수처럼 직접적이든, 혹은 이병철이나 박정희처럼 더 주변적이든 그를 경험한 한국인들의 살아있는 유산의 일부였고, 의식적으로든 무의식적으로든 훗날 한국의 어떤 자본주의적 공업화 시도에도 수정된 형태로 부활할 수 있었다. 박정희가 메이지 일본을 강하게 숭배했던 것 같기는 하나,[214] 1960년대 초에 한국의 경제발전을 위해 어떤 모델을 염두에 두었는지는 정확히 알기 어렵다. 그러나 분명한 것은 결국 등장한 한국의 자본주의 발전 유형이 메이지 일본을 포함한 다른 어느 것보다도 훨씬 더 식민지 조선을 상기시킨다는 것이다.[215]

식민지 모델이 전후 세계로 전승된 또 하나의 경로가 있다. 일본 지배하에서 개시한 한국의 첫 공업화는 이 나라에 지울 수 없는 흔적을 남겼다. 이것은 역사적 상식의 문제로, 이것을 인정한다고 해서 일종의 역사결정론에 빠지는 것은 아니다. 자본주의적 공업화가 특수한 방식으로 출발했다는 것은 그것이 유사한 방식으로 가장 쉽고 성공적으로 계속될 것임을 뜻한다. 어떤 의미로는 모든 핵심 요소들은 함께 작용한다. 예컨대 식민지 지배는 토착 자본가계급을 낳았지만, 이들은 그 과정에서 정부의 광범위한 지도와 보호에, 그리고 더 강력하고 선진적인 자본주의체제의 대대적인 지원에 맛들인 계급이었다. 해방 후, 특히 한국전쟁 후 미국은 한국에서 자본주의적 '형'의 역할을 어느 정도는 떠맡을 의향이 있었지만, 이승만 정권에는 총독부가 보였던 경제성장에 대한 확고한 서약 같은 것이 없었던 것 같다. 1960년대에 경제적 지향성을 가진 박정희 정권의 등장 이후에야 식민지 모델의 모든 결정적 요소들이 다시 한 번 만개하게 되었다. 1965년 일본과 국교정상화가 이루어지면서 일본 자본과 기술이 유입되자, 한국의 공업화 유형은 식민지적 원형과 중요한 차이점이 있음에도 불구하고 더욱더 그것을 닮아갔다.

식민지 자본주의의 유산에 관한 세 번째 측면이 있으니, 그것은 이미 언급한 사회·경제적 측면과 긴밀히 결부된 어두운 정치적 측면이다. 배링턴 무어Barrington Moore는 독재와 민주주의는 모두 사회적 기원을 갖는다고 설득력 있게 말했는데,[216] 유물론자가 아니어도 그의 주장에 동의할 수 있다. 예컨대 이사야 벌린Isaiah Berlin조차도 "사회세력들의 압력이 없다면 정치사상은 실현될 수 없다"[217]고 말했다. 그리고 어떤 자본주의 사회에서도 자본가가 국가 정치를 형성하는 데 주요한 역할을 하는 것은 필연적으로 보인다. 19세기 유럽에서 자본가계급의 정치적 추진력은 자유주의적이고 혁명적이기도 했고, 자본가가 강한 곳에서는 정치 스펙트럼에서 자유주의적 요소도 강했다. 독일처럼 자유주의가 비틀거린 곳에서도 자본가는 결정적 변수였다. 따라서 데이비드 란데스David Landes는 독일 자본가가 "타고난 정치적 권리를 경제적 이익과 간접적 영향력의 잡탕과 맞바꾸었다"고 썼다.[218] 무어는 마르크스와 엥겔스를 부연하면서 똑같은 말을 했다. "마르크스와 엥겔스는 독일에서 실패한 1848년 혁명을 논하면서 비록 다른 주요 측면에서는 잘못을 범했지만, 이 결정적 요소는 명확히 지적했다. 즉 상공업계급이 자력으로 권력을 잡기에는 너무나 약하고 의존적이어서, 토지귀족과 왕정관료제에 투항하여 돈 벌 권리와 지배권을 맞바꾸었다."[219]

한국에서도 해방 전야에 자본가는 독재세력과 동맹을 맺고 있었다. 그러나 그 이유가 지주계급과 상공업계급의 부정한 연합으로 인해 부르주아자유주의가 질식되었기 때문은 아니었다. 한국인 자본가는 결코 자유로운 생득권리를 가진 적이 없었다. 자본가의 사회적 기원은 신분에 따라 관료직과 위계제를 할당하는 귀족적 정치 문화와 전혀 관련이 없었다. 중요한 것은 한국 자본주의가 일본 식민지 체제라는 모체에서 태어났다는 것이다. 즉 일본의 식민국가의 보호 아래 그와의 긴밀한 협력 속에서 자본가가 발전했다는 것이다. 이 식민국가는 조선왕조 500년 역사에서, 또한 일본사에서도 일찍이 유례가 없었던 독재의 형태이며,[220] 식민지에 대한 일본의 요구와 목표에 아주 충실한 독특한 산물이었다. 그렇지만 조선총독의 독재는 기업가의 성공을 전혀 방해하지 않았다. 정반대였다. 한국 자본주의는 억압적인 국가구조 아래서 처음으로 매우 폭발적인 성장과 번영을 경험했고, 1945년까지 계속 한국 자본가는 오로지 독재정치 구조 내에서 기업 활동을 펼쳐야 했다. 실로 한국 자본가가 해방 후의 세계로 가져온 정치적 지혜는 독재가 경제적으로 효율적이며 수익성이 있다는 것이었다.

그리고 1945년 이전 공업화의 특유한 식민지적 성격 때문에 1945년까지 독재체제에 만족한 한국인 자본가는 더 의식적으로 반민주적인 태도를 갖게 되었다. 한국인 자본가는 식민지 공업화 과정에 참여하면서 노동자를 경제적으로 착취한 것뿐 아니라 결국 일본이 한 민족에게서 독자적인 민족 정체성을 말살하려 한 것에도 연루되었다. 한국인 자본가는 덜 특권적인 계급들과 타협할 능력도, 의향도 없었으며 민족의 신임을 얻지 못했다. 이러한 한국 자본가의 정치적 입장은 한국 사회 내에서 점점 불안정해졌고, 그럴수록 총독부의 억압적 권력에 더 의지하게 되었다. 식민지기 말에는 독재가 자본축적에 편리한 정치 양식이 되었을 뿐 아니라, 광범위한 경제적·민족주의적 불만의 한가운데서 한국 자본가계급이 살아갈 정치적 전제조건이 되었다.

이 모든 것들을 고려하면, 식민지 자본주의의 유산은 확실히 축복과 불행이 뒤섞인 것이었다. 한편으로는 그것이 한반도에 활력 있는 공업 경제가 재편성되어 나타나리라고 기약했지만, 다른 한편으로 그러한 발전의 대가가 클 것이 당연하였다. 그 대가란 강권적인 국가권력과 높은 대외의존도였는데, 민주주의 의식과 민족주의적 감정으로 충만한 식민지 후 세계의 많은 한국인들은 결국 이에 불만을 품고 저항하였다. 확실히 식민지 유산이 1948년 이후 한국의 정치·경제를 형성한 유일한 요소는 아니었을 것이다. 그렇지만 이 나라가 겪은 금세기의 변혁, 특히 박정희 정권 아래서 진행된 근 20년간의 급속한 공업화 과정을 돌아보는 식민지 연구자라면 섬뜩한 기시감旣視感을, 즉 예상할 수 있었던 바대로 식민지기의 역사 유산이 그대로 되살아났다는 느낌을 떨쳐버리기 어렵다.

부록 1 역대 통감부 · 총독부 고위 관료

○ 통감부 및 총독부 1905~1945

○ 통감 및 부통감 1905~1910

○ 통감

1. 이토 히로부미伊藤博文	1905. 12. 1~1909. 6. 14
2. 소네 아라스케曾禰荒助	1909. 6. 14~1910. 5. 30
3. 데라우치 마사다케寺內正毅	1910. 5. 30~1910. 9. 30

○ 부통감

1. 소네 아라스케曾禰荒助	1907. 9. 21~1909. 6. 14
2. 야마가타 이사부로山縣伊三郎	1910. 7. 4~1910. 9. 30

○ 총독 및 정무총감 1910~1945

○ 총독

1. 데라우치 마사다케寺內正毅	1910. 10. 1~1916. 10. 9
2. 하세가와 요시미치長谷川好道	1916. 10. 16~1919. 8. 12
3. 사이토 마코토齋藤實	1919. 8. 12~1927. 12. 10

4. 우가키 가즈시게宇垣一成 (총독 대리)   1927. 4. 15~1927. 10. 1
5. 야마나시 한조山梨半造   1927. 12. 10~1929. 8. 17
6. 사이토 마코토齋藤 實   1929. 8. 17~1931. 6. 17
7. 우가키 가즈시게宇垣一成   1931. 6. 17~1936. 8. 4
8. 미나미 지로南 次郎   1936. 8. 5~1942. 5. 29
9. 고이소 구니아키小磯國昭   1942. 5. 29~1944. 7. 24
10. 아베 노부유키阿部信行   1944. 7. 27~1945. 9. 28

○ 정무총감

 1. 야마가타 이사부로山縣伊三郎   1910. 10. 1~1919. 8.12
 2. 미즈노 렌타로水野錬太郎   1919. 8.12~1922. 6.12
 3. 아리요시 주치有吉忠一   1922. 6.15~1924. 7. 4
 4. 시타오카 주지下岡忠治   1924. 7.4~1925. 11.22
 5. 유아사 구라헤이湯淺倉平   1925. 12. 3~1927. 12.23
 6. 이케가미 시로池上四郎   1927. 12.23~1929. 4. 4
 7. 고다마 히데오兒玉秀雄   1929. 6.22~1931. 6.19
 8. 이마이다 기요노리今井田淸德   1931. 6.19~1936. 8. 4
 9. 오노 로쿠이치로大野綠一郎   1936. 8.5~1942. 5.29
10. 다나카 다케오田中武雄   1942. 5.29~1944. 7.23
11. 엔도 류사쿠遠藤柳作   1944. 7.24~1945. 10.24

부록 2 김성수金性洙, 〈대의大義에 죽을 때-황민됨의 책무는 크다〉,
《毎日新報》1943년 11월 7일자.

내가 지금 새삼스레 여기서 더 말할 것도 없이 항상 교단에서 혹은 사적
으로 청년학도 제군에게 늘 말해온 바지만, 제군은 학교에서 지적 수련
에 노력하는 한편 굳세게 도덕교육으로 인격도야에 힘써왔다. 교육은
이 두 가지 방면으로부터 제군을 완전한 인간으로 육성하는 것이다. 더
구나 현재와 같은 세계적 신질서가 구축되는 시대에서는 윤리적 방면이
한층 더 고조되어야 할 것은 제군도 잘 알고 있을 것이다. 평소부터 자주
제군에게 말해온 나의 생각을 제군의 출진出陣을 앞둔 오늘날 다시 말하
고자 한다. 이를 한마디로 말하면, "도리를 다하라"는 데 그칠 것이다.
의무를 위하여는 목숨도 아깝지 않다고 나는 말하여 왔거니와, 지금이
야말로 제군은 이 말을 현실에서 몸으로 실현할 때가 온 것이다.

물론 제군은 말로 쉽게 목숨을 바치라고 운운하는 내나 또는 다른 선
배들로서는 도저히 상상할 수도 없는 심경에 있을 것을 나는 잘 안다.
어제 아침에도 제군을 모아놓고 교단 위에서 제군의 그 수많은 시선視線
을 바라볼 때 나는 다만 말로서는 표현키 어려운 엄숙한 감상을 느꼈다.
그러나 나는 오랫동안 봉직해온 교육자의 양심으로 말한다. "제군아,
대의에 죽으라"고.

내가 이렇게 한 마디 최후의 부탁을 제군에게 하더라도 물론 제군은
이 말을 아무런 의념疑念도 반문反問도 없이 당연하게 받아들이리라고는

생각치 않는다. 제군은 일반 국민보다 지적 수준이 높은 만큼 어떠한 문제에 대하여서라도 일차 마음의 반문을 하는 것은 당연하다. 더구나 오늘과 같이 대사일생大死一生의 판단을 즉석에서 내리지 않으면 안될 찰나에서 제군에게 맹목적 추종을 강요하는 것은 아니다.

그러나 나는 제군의 이와 같은 반문과 불만을 다른 어느 누구보다 잘 알고 있을 줄 자부한다. 자부하는 만큼 제군의 의문을 일률적으로 부인하는 사람에게는 찬성치 않는다. 나는 차라리 제군이 이 불만을 버리고 광명의 피안彼岸에서 빛나는 목표를 자각할 때를 기다리려 한다. 이러한 반문의 과정을 거친 대사일생의 신념만이 다른 어떤 결의보다도 요지부동이라는 것을 나는 잘 알고 있는 때문이다.

그러면 "대의를 위하여 목숨을 바치라"는 나의 말에 대하여, 제군은 당연히 어떠한 의무인가를 명시하라고 할 것이다. 나는 교육자의 한 사람으로서 소중한 제군을 제군의 부모로부터 훌륭한 완성의 인간으로 만들어 달라는 부탁을 받은 자로서 조금도 양심에 없는 말을 할 수는 없다. 이러한 중대책임을 가진 나는 이곳에 대담하게 말하려 한다. 현하 우리가 당면한 의무라고 하면 제군도 이미 잘 알고 있을 것이나, 새로운 시대를 맞이하여 인류역사에 남는 대사업을 건설하려는 대동아성전大東亞聖戰에 대해 제군과 우리 반도 동포가 지고 있는 책무인 것이다. 제군은 이 땅에 생을 누렸을 뿐 아니라 이때까지 그만한 인간으로서의 인격과 품격을 갖추기까지는 가지가지 은택을 입었다. 국가와 가정과 사회의 은택은 모두 이것이다. 이러한 지나간 날의 은택이 제군에게 각자가 그 의무를 다하기를 기대하고 있다. 또 이보다 훨씬 더 위대하고 무거운 의무는 미래에 대한 의무일 것이다. 만일 제군이 이번 대동아성전에 결집치 못하고 대동아 신질서 건설이 우리의 참가 없이 완성될 날을 상상해 보라. 우리는 대동아에서 태어났으면서 썩은 존재로서 이 역사적 시대에 영원히 그 존명存名을 찾을 수 없게 될 것이다. 제군은 바로 이 성전의 전열로부터 빠져나와 자신의 조그마한 생명을 보전하고 있을지 모르겠으나, 제군의 뒤를 이어 이 땅에서 태어난 제군의 동생과 누이들은 어떻게 될 것인가. 제군은 실로 반도의 미래에 대한 절대한 책무를 지고 있다.

　나는 생각하건대 제군의 번뇌가 현재 이 점에 부딪혀 있는 것이 아닐까 싶다. 그러나 시국은 제군의 그와 같은 의념과 반문을 일소一掃하고 각일각刻一刻 추진되고 있다. 대동아의 건설은 제군의 사소한 존재를 돌아볼 사이도 없이 추진하고 있는 것이다. 이 진군이 가져온 천재일우千載一遇의 호기를 잃어버리고 그로 말미암아 반도가 이에 뒤떨어질 때 우리는 대동아건설의 일분자一分子는 그만두고 황민으로서 훌륭히 제국의 일분자가 될 수도 없을 것이다. 제군이 위에 말한 의무를 다할 때에 비로소 제군은 이땅에 살아 있을 것이고, 제국의 일분자로서 내지와 조금도 다름 없는 빛나는 대우, 즉 권리를 얻을 수 있는 것이다. 본래 의무와 권리를 다룰 때, 서양사회에서는 권리를 주장함으로써 의무를 지는 것이지만, 동양에서는 고래부터 의무를 다하는 데 필연적으로 권리가 생기는 것이다. 나는 우리가 황민화를 고창해 온 이래 제군이 자주 황국皇國의 신민臣民으로서의 권리를 일반사회에 대하여 요구하는 것을 들었다. 그러나 냉정히 생각하면 일본은 3천 년이라는 오랫동안 오늘의 제국의 광영光榮을 빛내는 데 온갖 의무를 수행해 왔다. 그러나 우리는 겨우 그동안 30년밖에 안된다. 3,000년과 30년의 차를 가지고 권리에 있어서 평등을 요구할 수 있을까. 이것은 제군이 권리만을 주장하는 서양인의 사상에 현혹된 잘못임을 깨달아야 할 것이다. 그러나 나는 여기서 한 가지 생각한 바가 있다. 의무의 수행에 있어 시간의 장단長短은 그다지 중요하지 않다. 의무의 대소大小는 시간의 장단에 있지 않고, 의무자체의 성질에 있다. 우리는 단시일일지라도 위대한 책무를 수행함으로써 내지인內地人이 오랫동안 바쳐온 희생에 필적할 임무를 수행할 수 있을까? 이 임무를 수행할 절호의 기회가 지금 이 순간에 우리 앞에 열린 것이다.

제군의 희생은 결코 가치 없는 희생이 아닐 것을 나는 제군에게 선언한다. 제군이 생을 받은 이 반도를 위하여 희생함으로써 이 반도는 황민으로서의 자격을 획득하게 되는 것이니, 조선의 미래는 오직 제군의 행동에 달렸다고 할 수 있다.

주석

서문

[1] 예컨대 Bill Warren, "Imperialism and Capitalist Industrialization" *New Left Review* 81, Sept.~Oct. 1973, pp. 1~92을 보라.

[2] 비숍 여사는 느낀대로 쓰는 작가였고, 결코 말을 에둘러 하지 않았다. 그녀는 다음과 같이 서울을 묘사했다.

"나는 서울의 성벽 안에 관해 말하고 싶지 않다. 나는 베이징을 보기 전까지는 서울이 세상에서 가장 더러운 도시라고 생각했고, 사오싱의 냄새를 맡기 전까지는 서울의 냄새가 세상에서 가장 불쾌하다고 생각했다. 대도시이자 수도라 하기에는 그 초라함이 이루 말할 수 없을 정도로 심하다. 예법이 이층집의 건립을 금하고 있어서 약 25만 명으로 추정되는 서울 사람들은 미로와 같은 골목의 '납작한 집'에서 살고 있다. 대부분의 골목길은 짐을 실은 두 마리의 황소가 지나갈 만큼 넓지 않다. 아니, 한 사람이 짐 실은 황소 한 마리를 끌고 지나갈 수 있는 정도이며, 그것도 퀴퀴한 물웅덩이와 초록색의 끈적끈적한 것들이 고여 있는 수채도랑이 이어져 더 좁아진다. 수채도랑들은 각 가정에서 버린 고체와 액체 쓰레기로 가득 차 있다. 더럽고 악취나는 도랑가는 지저분한 반라의 어린아이들과 진창에서 뒹굴거나 햇살 아래서 눈을 껌벅거리는 누추하고 눈이 흐릿한 큰 개들의 단골 놀이터다. 거기에는 또한 '방울'이나 아닐린 염료로 불꽃 색깔을 입힌 사탕 따위를 파는 행상들이 자리를 잡고서, 도랑 너머로 판자를 깔고 그 위에 아마도 1달러쯤 될 물품들을 올려놓고 있다."

(Isabella Bird Bishop, *Korea and Her Neighbors*, London: KPI, 1985, p. 40).
대조적으로, 현대 한국 경제에 관해 최근 매우 흥미로운 연구를 낸 앨리스 암스덴
Alice H. Amsden은 한국을 '아시아의 다음 거인'이라 부르고, 그것을 "다른 나라들
이 배울 수 있는" 모델로 본다. Alice H. Amsden, *Asia's Next Giant: South Korea
and Late Industrialization*, New York: Oxford University Press, 1989, p. 3.

1부 한국 자본주의의 발흥

1 민두호는 민치우의 서출庶出이고, 민치우는 민치구의 형제다. 그러나 이 부자에게
  는 양부모도 있었다. 치우의 양부는 민승현이고, 두호의 양부는 민치소다. 여흥
  민씨의 족보, 《萬姓大同譜》, 서울; Palais, *Politics and Policy in Traditional
  Korea*, Cambridge, Mass.: Harvard University Press, 1975, p. 64.

2 박두병전기위원회, 《연강 박두병》, 합동통신사 출판국, 1975, 25~26쪽.

3 조선실업구락부. 이 책의 제4장을 보라.

4 민두호는 민영휘(초기 한성은행 설립에 관여하고 임원을 맡았다)의 아버지다. 조기준,
  《한국기업가사》, 박영사, 1974, 135쪽을 보라. 민영휘와 그 아들인 규식奎植, 대
  식大植, 천식天植은 1931년 한일은행과 호서은행을 합병하여 서울에 동일은행을 설
  립했다. 1943년에 조선의 모든 보통은행들이 통합하여 조흥은행이 되었을 때, 민
  규식은 새 은행의 초대 은행장을 맡았다. 〈萬目 注視하는 三大 爭覇戰〉, 《삼천리》
  4, 1932. 4, 46~48쪽; 江村居士, 〈東銀 頭取 민대식씨〉, 《삼천리》 8, 1936. 2,
  51~55쪽; 박종태 편, 《조흥은행팔십오년사》, 조흥은행, 1982, 36쪽을 보라.
  민규식은 한상룡, 박영철, 김연수 등 한국인, 일본인 실업가들과 함께 조선신탁주
  식회사의 설립과 경영에 적극적인 역할을 했다. 조선신탁주식회사는 조선은행,
  조선식산은행, 동양척식주식회사의 자금 원조를 받아 1932년에 공칭자본금 1,000
  만 엔으로 설립되었다. 거의 같은 시기에 민규식, 김연수, 박흥식은 일본인 투자
  가와 함께 조선도시개발주식회사를 설립했다. 동사는 공칭자본금 50만 엔으로 설

립되어 부동산 매매, 경영, 금융을 업무로 했다. 조기준, 《한국기업가사》, 138쪽; 中村資良 編, 《朝鮮銀行會社組合要錄》, 京城: 東亞經濟時報社, 1933, 57, 361~362쪽을 보라. 민규식은 1919년에 김성수가 설립한 경성방직주식회사의 주주이기도 했다. 경성방직주식회사, 《주주명부》(1944. 11. 30), 10쪽.

박문회의 아들로 가장 유명한 자는 박승직이다. 박승직은 식민지시대 조선 직물상계의 굴지의 인물이었고, 김연수의 가까운 동료였다. 이 책의 제6장을 보라.

5 여기서 말하는 '자본가계급'이란 기본적으로 마르크스와 엥겔스의 용어와 같은 의미다. 즉 《공산당선언》의 1888년 영어판에 엥겔스의 '주'에 쓰인 것처럼, "근대 자본가, 즉 사회적 생산수단의 소유자이며 또 임금노동자의 고용자인 계급"인 것이다. 그들은 기계제 공장의 소유자이며 역사적으로는 산업자본주의 문명의 중핵을 이루는 계급이다. Robert C. Tucker ed., *The Marx-Engels Reader*, New York and London: W.W.Norton, 1978, p. 473을 보라. 그러나 이 책에서는 은행가, 중개업자, 무역업자, 보험회사의 소유자 등, 중핵 자본가계급에 정기적으로, 또 직접 서비스를 제공하는 기업가도 '자본가계급'의 범주에 포함했다.

6 1945년 이전의 한국사에 관한 일본인의 견해 및 조선에서의 일본의 식민지정책과의 관계에 관해서는 조기준, 《한국 자본주의성립사론》, 대왕사, 1981, 20~23쪽을 보라.

7 남북한에는 이 주제를 다룬 문헌이 많이 있다. 원유한, 《조선후기화폐사연구》, 한국연구원, 1975; 유원동, 《한국근대경제사연구》, 일지사, 1977; 강만길, 《조선후기상업자본의 발달》, 고려대학교 출판부, 1974; 김용섭, 《조선후기농업사연구》 전2권, 일조각, 1974, 특히 제2권의 182쪽 이후. 원유한, 유원동, 강만길의 논문이 수록된 문헌은 Chun Shin-yong ed., *Economic Life in Korea*, Korean Culture Series, no. 8, Seoul: International Cultural Foundation, 1978. 한국의 문헌에 관한 개요와 논평이 수록된 저서는 조기준, 《한국 자본주의성립사론》, 34~41쪽. 북한의 문헌에 관한 뛰어난 논문은 Ch'oe Yong-ho, "Reinterpreting Traditional History in North Korea", *Journal of Asian Studies* 40, no. 3, 1981.

5, pp. 503~523.

8 예를 들어 Edward W. Wagner, "The Ladders of Success in Yi Dynasty Korea", *Occasional Papers on Korea*, no. 1, 1974. 11, pp. 1~8; Wagner, "Social Stratification in Seventeenth Century Korea: Some Observations from a 1663 Seoul Census Register", *Occasional Papers on Korea*, no. 1, 1974. 11, pp. 36~54; Susan Shin, "The Social Structure of Kumhwa County in the Late Seventeenth Century", *Occasional Papers on Korea*, no. 1, 1974. 11, pp. 9~35; "Economic Development and Social Mobility in Pre-modern Korea: 1600~1860", *Peasant Studies* 7, no. 3, Summer, 1978, pp. 187~197; Fujiya Kawashima, "Clan Structure and Political Power in Yi Dynasty Korea: A Case Study of the Munhwa Yu Clan", Ph. D. diss., Harvard University, 1972; John N. Somerville, "Stability in Eighteenth Century Ulsan", *Korean Studies Forum*, no. 1, Autumn-Winter 1976~1977, pp. 1~18을 보라. 또 James B. Palais, "Stability in Yi Dynasty Korea: Equilibrium, Systems and Marginal Adjustment", *Occasional Papers on Korea*, no. 3, 1975. 6, pp. 1~18; *Politics and Policy in Traditional Korea*, pp. 4~22도 보라.

9 Palais, *Politics and Policy in Traditional Korea*, pp. 64, 310~311, n. 16; Max Weber, *The Protestant Ethic and the Spirit of Capitalism*, New York: Charles Scribner's Sons, Lyceum, 1958, p. 58.

10 Thorstein Veblen, *The Theory of Business Enterprise*, Clifton, N. J.: Augustus M. Kelly, 1973, p. 1.

11 K. Marx, *Capital: A Critique of Political Economy* 1, Samuel Moore and Edward Aveling trans., New York: International Publishers, p. 368. 칼 폴라니는 서구 자본주의의 초기 발전을 자기조정적인 시장경제의 이념이 점차 승리했다는 관점에서 파악하면서, 공업기술이 이 이념을 추진했다고 말한다. "기계가 시장경제를 성립시켰다고 주장하는 것은 아니지만, 상업사회에서 정교한 기계와

공장이 사용되면 자기조정적 시장이라는 이념이 지배적이 되는 것은 확실하다."
Karl Polany, *The Great Transformation: The Political and Economic Origins of Our Times*, Boston: Beacon Press, 1957, p. 40. 최영호는 "Reinterpreting Traditional History in North Korea", p. 515에서 다음과 같이 말했다. "조선 자본주의의 발전에 관한 북한의 연구에서는 공업 기술에 대해 전혀 주의하지 않았다." 같은 지적을 한국의 학자들에게도 할 수 있을 것이다.

12 자본주의 맹아를 1876년 이전에서 찾고자 하는 연구는 근래 한국에서도 비판을 받고 있다. 한국 자본주의에 관한 토론. 〈한국에서의 자본주의와 자유주의〉, 《신동아》 1986년 8월호, 276~295쪽.

13 조기준, 《한국 자본주의성립사론》, 45쪽.

1. 상인과 지주 : 1876~1919년의 자본축적

14 S. B. Hanley and Kozo Yamamura, *Economic and Demographic Change in Preindustrial Japan, 1600~1868*, Princeton University Press, 1977, pp. 45, 351, n. 42.

15 H. Hibbett, *The Floating World in Japanese Fiction*, Oxford University Press, 1959, pt. 1, pp. 2~96을 보라.

16 19세기 초 서울 인구는 20만이었다고 한다. Susan Shin, "Economic Development and Social Mobility in Pre-Modern Korea", p. 197, n. 7을 보라. 조선왕조시대 한국의 인구에 관해서는 Palais, *Politics and Policy*, pp. 64, 312, n.20을 보라.

17 井原西鶴, 《世間胸算用》, 《日本永代藏: 大福新長者教》를 보라.

18 Johannes Hirschmeier and Tsunehiko Yui, *The Development of Japanese Business, 1600~1973*, Cambridge: Harvard University Press, 1975, pp. 11~69; John G. Roberts, *Mitsui: Three Centuries of Japanese Business*, New

York and Tokyo: John Weatherhill, 1973, pp. 3~84를 보라.

[19] Chun Shin-yong, ed., *Economic Life in Korea*, p. 279.

[20] 이기백, 《한국사신론》, 일조각, 1982, 228~231쪽; 한우근, 《한국통사》, 을유문화사, 1970, 240~243쪽, 401~409쪽을 보라.

[21] 조기준, 《한국기업가사》, 270~271쪽.

[22] 조기준, 《한국기업가사》, 274~279쪽.

[23] Ernst Oppert, *A Forbidden Land: Voyages to the Corea*, New York: G. P. Putnam's Sons, 1880, p. 174.

[24] 梶村秀樹, 《朝鮮における資本主義の形成と展開》, 1977, 43, 53쪽.

[25] Hilary Conroy, *The Japanese Seizure of Korea, 1868~1910: A Study of Realism and Idealism in International Relations*, Philadelphia: University of Pennsylvania Press, 1974, pp. 442~491.

[26] Peter Duus, "Economic Dimensions of Mejii Imperialism: The Case of Korea, 1895~1910", in Ramon H. Myers and Mark R. Peattie, eds., *The Japanese Colonial Empire, 1895~1945*, Princeton: Princeton University Press, 1984, pp. 131~161.

[27] Martina Deuchler, *Confucian Gentlemen and Barbarian Envoys: The Opening of Korea, 1875~1885*, Seattle: University of Washington Press, 1977, pp. 69~84.

[28] 북독일연방 대리공사 마크스 폰 브란트가 베이징의 루휘스 남작에게 보낸 편지. Albert A. Altman, "Korea's First Newspaper: The Japanese Chosen Sinpo", *Journal of Asian Studies* 43, no. 3, 1984. 8, p. 685에서 인용.

[29] I. B. Bishop, *Korea and Her Neighbours*, Fleming H. Revell Co., 1897, p. 296

[30] 소기준, 《한국기업가사》, 282쪽.

[31] 육의전에 관해서는 이기백, 《한국사신론》, 225~226쪽; 조기준, 《한국기업가

사), 34쪽; 김병하, 〈육의전〉, 권오익 외편, 《경제학대사전》, 박영사, 1980, 1089~1090쪽을 보라.

32 공인에 관해서는 이기백, 《한국사신론》, 265~267, 272쪽; 조기준, 《한국기업가사》, 225~226쪽; 최태호, 〈공인〉, 《경제학대사전》, 199쪽; 조기준, 《한국기업가사》, 226쪽, 44~45쪽을 보라. 특권의 폐지는 당시의 정부가 실시한 갑오개혁의 일환이었다.

33 백윤수는 본래 종로의 견직물 상인이었다. 조기준에 의하면, 그가 살아남은 이유는 두 가지다. 하나는 견직물을 조달하던 중국의 무역 상인과 좋은 관계를 맺은 것, 또 하나는 고객이 주로 왕족, 정부고관, 부유한 한국인이었던 것이다. 그의 일가는 식민지시대 및 1950년대에 한국 실업계(특히 섬유산업)에서 활약했다. 그러나 그들의 '태창재벌'은 1961년의 군사쿠데타 후에는 존속하지 못했다. 조기준, 《한국기업가사》, 184~190쪽.

34 일본 화폐는 1905년에야 비로소 조선에서 법정화폐가 되었지만, 일본 제품의 조선 유입이 1890년대에 계속 증가했기 때문에, 항만도시의 실업가 사이에서는 일본화폐가 일반적인 교환 수단(유통화폐)이 되었다. 조기준, 《한국 자본주의성립사론》, 205, 210쪽을 보라.

35 조기준, 《한국 자본주의성립사론》, 212쪽. 재래화폐인 백동화와 엽전을 회수할 때 한국인은 새 화폐와의 교환 비율이 최고라도 50퍼센트에 불과했다. 가장 조악한 화폐는 몰수되었을 뿐 새 화폐로 교환되지 않았다. H. I. J. M.'s Residency General, *Annual Report for 1907 on Reforms and Progress in Korea*, Seoul, 1908, pp. 48~51.

36 '객주'와 '여각'에 관해서는 이기백, 《한국사신론》, 273쪽; 최호진, 〈객주〉 및 〈여각〉, 권오익 외편, 《경제학대사전》, 53~54, 994쪽; 박원선, 《객주》, 연세대학교 출판부, 1968을 보라. '객주'와 '여각'의 구별은 이기백의 저서에서는 분명하지 않다. 또 최호진은 '여각'을 단지 '객주'의 별칭으로 보고 있다.

37 이기백, 《한국사신론》, 350~351쪽; 최호진, 〈객주〉, 《경제학대사전》, 53~54쪽

을 보라.

38 조기준, 《한국기업가사》, 185, 196~197쪽.

39 고승제, 《한국금융사연구》, 일조각, 1970, 241~242쪽.

40 조기준, 《한국기업가사》, 140~142쪽.

41 고승제, 《한국금융사연구》, 239~244쪽.

42 이기백, 《한국사신론》, 351쪽; 조기준, 《한국기업가사》, 35~37, 229~231쪽.

43 朝鮮綿絲布商聯合會, 《朝鮮綿業史》, 1929, 32~34, 299~300쪽. 다른 자료는 이 회사가 1907년이 아니라 1905년에 설립되었다고 한다. 《朝鮮銀行會社組合要錄》, 1933, 250쪽; 조기준, 《한국기업가사》, 198~200쪽을 보라.

44 朝鮮總督府, 《朝鮮總督府統計年報 1911年版》, 제1권, 223쪽.

45 이것은 박용희朴容喜의 경우다. 그의 부친인 파주의 박성목朴性目은 1919년에는 대지주였지만, 본래는 '객주'였다. 조기준, 《한국기업가사》, 256쪽을 보라.

46 L. P. Jones and I. Sakong, *Government, Business and Entrepreneurship: The Korean Case*, Cambridge: Council on East Asian Studies, Harvard University, 1980, p. 228.

47 Song Chan-shik, "Genealogical Records", *Korea Journal* 17, 1977. 5, pp. 15~24를 보라.

48 Jones and Sakong, *Government, Business and Entrepreneurship*, p. 228.

49 조기준, 《한국기업가사》, 397~398쪽; 김영모, 《조선지배층연구》, 일조각, 1982, 371~391쪽.

50 고위 관료를 내는 가문이 아닌 대지주라든가, 문벌귀족(양반)이라고는 볼 수 없는 대지주, 혹은 토지를 소유하지 않은 고위 관료 등도 있었을지 모르지만, 조선왕조시대에는 사회적 지위, 관직 진출, 토지 소유는 대개 밀접한 상관관계가 있었다. Palais, *Politics and Policy in Traditional Korea*, p. 64.

51 조기준, 《한국기업가사》, 114~118쪽.

52 Dae-Sook Suh, *Documents of Korean Communism 1918~1948*, Princeton:

Princeton University Press, 1970, p. 156.

53 김용섭, 〈한말 일제하의 지주제 사례 3: 나주 이씨가의 지주로의 성장과 그 농장 경영〉, 《진단학보》 42, 1976. 8, 41쪽.

54 동양척식주식회사의 설립에 관해서는 K. Moskowitz, "The Creation of the Oriental Development Company: Japanese Illusions Meet Korean Reality", *Occasional Papers on Korea*, no. 2, 1974. 3, pp. 73~121.

55 김용섭, 〈한말 일제하의 지주제 사례 1: 강화 김씨가의 추수기를 통해서 본 지주 경영〉, 《동아문화》 11, 1972. 12, 36쪽.

56 Andrew J. Grajdanzev, *Modern Korea*, New York: International Secretariat, Institute of Pacific Relations, 1944, p. 106. 농촌 개발에 관한 하버드대학의 근대화 연구에 의하면, "소작지의 대부분(80퍼센트 이상)은……조선인의 소유였다." Sung Hwan Ban, Pal Yong Moon, and Dwight Perkins eds., *Rural Development*, Cambridge: Council on East Asian Studies, Harvard University, 1982, p. 284. 물론 이 숫자들은 경작지에만 관한 것이다. 삼림 등을 포함한 토지 전체를 고려하면, 일본인 소유지는 약 50퍼센트라 생각된다. Grajdanzev, *Modern Korea*, p. 110을 보라.

57 1913년부터 1939년에 걸쳐서 지주 수는 21.7퍼센트에서 19퍼센트로 감소하고, 자소작농은 38.9퍼센트에서 25.3퍼센트로 감소했다. 한편 소작농 수는 39.4퍼센트에서 55.7퍼센트로 증가했다. Sang-Chul Suh, *Growth and Structural Changes in the Korean Economy, 1910~1940*, Cambridge: Council on East Asian Studies, Harvard University, 1978.

58 조기준, 〈일인 농업이민과 동양척식주식회사〉, 윤병석 외편, 《한국근대사론》 1, 지식산업사, 1979, 64쪽.

59 Moskowitz, "Creation of the Oriental Development Company", pp. 98~102 및 각 곳.

60 신용하, 《조선토지조사사업연구》, 지식산업사, 1982, 103~104쪽을 보라.

61 김용섭, 〈한말 일제하의 지주제 사례 1〉, 36, 40쪽.

62 William W. Lockwood, *The Economic Development of Japan: Growth and Structural Change 1868~1938*, Princeton: Princeton University Press, 1954. p. 56. 이 시기에는 조선에서도 쌀값이 급등했다. 1910년 서울에서 현미 가격은 1석당 9엔 35전이었지만, 1920년에는 37엔 36전까지 급등했다. 김용섭, 〈한말 일제하의 지주제 사례 1〉, 49쪽.

63 고재욱 편, 《인촌 김성수전》, 인촌기념회, 1976, 43쪽.

64 518년에 걸친 조선왕조시대에 최고 수준의 문과 시험에 합격한 울산 김씨는 김인후를 포함해 겨우 12명이고, 1610년부터 1834년까지는 200여 년간 1명도 없었다. Edward W. Wagner, "Munkwa Project", Computer Printouts, Harvard University, 1971; 《인촌 김성수전》, 43쪽을 보라.

65 김상형 편, 《수당 김연수》, 수당기념사업회, 1971, 135쪽.

66 식민지시대에 김씨가가 소유한 토지 중에는 다음의 농장들이 있다. 이 농장들은 김요협의 손자 김연수가 삼양사(1924년에 김연수가 설립)를 통해서 관리 경영했다. 장성농장(전라남도, 1924년 설립), 줄포농장(전라북도, 1925~1926년 설립), 고창농장(전라북도, 1925~1926년 설립), 명고농장(전라북도, 1925~1926년 설립), 신태인농장(전라북도, 1925~1926년 설립), 법성농장(전라남도, 1927년 설립), 영광농장(전라남도, 1931년 설립), 손불농장(전라남도, 1937년 설립), 해리농장(전라북도, 1938년 설립). 김상홍 편, 《삼양 오십년: 1924~1974》, 삼양사, 1974; 《수당 김연수》를 보라.

67 《삼양 오십년》; 《수당 김연수》. 한국에서 1948년부터 1958년에 걸쳐서 행해진 토지개혁에서 간척지는 대상이 되지 않았다. Sung Hwan Ban et.al., *Rural Development*, pp. 285~287,

68 삼양염업사의 해리지점에서 김상덕과 박윤도 등 직원과의 대화(1982. 10, 전북 고창군 해리면 동호리에서). 1987년 8월 12일부터 9월 11일까지 삼양사의 소작인 150~250명이 서울 본사를 점거하여 오랫동안 누적된 여러 가지 불만을 회사에 쏟아냈다. 결국 소작인이 정부가 정한 비교적 유리한 가격에 토지를 매수하는 것

으로 해결되었다. 1988년 5월에 대부분의 소작인은 경작해온 토지의 일부나 전부를 매수했다. 그러나 회사가 그 지역의 용수 설비를 지배하고 있기 때문에, 소작인은 지금도 삼양사와 관계가 있다. 이 사건에 관한 정보를 제공해 준 하이아트 Fred Hiat와 아벨만Nancy Abelman에게 감사한다.

69 Gale, *Korean Sketches*, Fleming H. Revell, 1898, p. 11.

70 Patricia M. Bartz, *South Korea*, Oxford: Clarendon Press, 1972, p. 183.

71 保高正記編, 《群山開港史》, 群山: 群山府, 1925, 113~114쪽.

72 《인촌 김성수전》, 43~44쪽.

73 《수당 김연수》, 54~55쪽. 김화진 편, 《芝山遺稿全》, 회상사, 1966의 이희승의 서문도 보라. '지산'은 김경중의 호다.

74 1982년 6월부터 1983년 10월까지다.

75 Eugine Kim and Han-Kyo Kim, *Korea and the Politics of Imperialism 1876~1910*, Berkeley and L.A: University of California Press, 1967, pp. 203~204.

76 김씨가의 여러 관직에 관한 참고문헌은 김황중편, 《울산 김씨 족보》 제2권, 1977, 112쪽; 김용섭, 〈한말 일제하의 지주제 사례 4〉, 《한국사연구》 19, 1978. 2, 70쪽.

77 《인촌 김성수전》, 58쪽. 김용섭, 〈한말 일제하의 지주제 사례 4〉, 69쪽도 보라.

78 이것은 1925년으로부터의 추정치다. 保高正記 編, 《群山開港史》, 113쪽; 群山府, 《群山府史》, 1935, 179쪽.

79 《삼양 오십년》, 98쪽.

80 群山府, 《群山府史》, 191~192쪽.

81 김용섭, 〈한말 일제하의 지주제 사례 4〉, 90~91, 97, 101~106쪽.

82 김용섭, 〈한말 일제하의 지주제 사례 4〉, 91~92쪽. 기중가의 연평균 수확 (1918 ~1924)은 약 7,000석이었다. 김용섭, 〈한말 일제하의 지주제 사례 4〉, 109쪽. 한편 경중의 토지는 연간 약 1만 5,000석에서 2만 석의 수입을 거뒀다.

《인촌 김성수전》, 46쪽; 《수당 김연수》, 53, 134쪽; 《삼양 오십년》, 74쪽.

83 김용섭, 〈한말 일제하의 지주제 사례 4〉, 92~94쪽.

84 김용섭, 〈한말 일제하의 지주제 사례 4〉, 92~94쪽.

85 《인촌 김성수전》, 43쪽.

86 조선왕조시대에 문과에 합격한 연일 정씨의 명단에 관해서는 Wagner, "Munkwa Project"를 보라.

87 《인촌 김성수전》, 43쪽.

88 전라북도 고창군 부안면 인촌리의 김성수, 김연수 생가 앞의 안내판을 보라.

89 에드워드 와그너E. Wagner에 의하면, 조선왕조시대에 고위 관직을 역임한 자의 90퍼센트는 '문과' 합격자였다. Wagner, "Ladder of Success", p. 1을 보라.

90 C. K. Quinones, "The Impact of Kabo Reforms upon Political Role Allocation in Late Yi Korea, 1884~1902", *Occasional Papers on Korea*, no. 4, 1975. 9, pp. 1~13.

91 김황중 편, 《울산 김씨 족보》 2, 112쪽; C. K. Quinones, "The Prerequisites for Power in Late Yi Korea: 1864~1894", Ph. D. diss. Harvard University, 1975, p. 51.

92 앞의 주석 76을 보라.

93 Quinones, "The Impact of Kabo Reforms", p. 7; Palais, *Politics and Policy*, p. 7을 보라.

94 《수당 김연수》, 51쪽; 《인촌 김성수전》, 44쪽.

95 Grajdanzev, *Modern Korea*, p. 108.

96 이것은 1921년의 숫자들이다. Hoon K. Lee, *Land Utilization and Rural Economy in Korea*, Chicago: University of Chicago Press, 1936, p. 145.

97 김용섭, 〈한말 일제하의 지주제 사례 4〉, 85~87, 109쪽.

98 1924년까지 기증가는 1918년의 소유지에서 120정보 더 늘렸고, 총 1,978명의 소작농(그중 5명은 일본인)을 거느리고 있었다. 김용섭, 〈한말 일제하의 지주제 사례

4), 85, 88쪽.

99 《삼양 오십년》, 66쪽.

2. 산업자본가 : 이행과 출현, 1919~1945

100 조기준, 《한국기업가사》, 52, 54쪽.

101 조기준, 《한국기업가사》, 55~56쪽. 또한 이기백, 《한국사신론》, 346~347쪽도
보라.

102 조기준, 《한국기업가사》, 56, 59, 108~180, 397쪽을 보라. 민병석閔丙奭(여흥 민
씨)은 1879년에 문과에 급제했다. Wagner, "Munkwa Project"; 貴田忠偉, 《朝
鮮人事興信錄》, 朝鮮新聞社, 1935, 392쪽을 보라.

103 권태억, 〈경성직뉴주식회사의 설립과 경영〉, 《한국사론》 6, 1980.12, 298~299
쪽. 이 논문을 알려 준 박순원 씨께 감사한다.

104 1915년 현재 회사의 사장은 윤치소尹致昭(윤보선의 부친이자 윤치호의 종형제)였다.
권태억, 〈경성직뉴〉, 300쪽을 보라. 윤용구, 《해평윤씨대동보》 제3권, 해평윤
씨대동보간행위원회, 1983, 558~559, 617쪽도 보라. 가계도를 조사하는 데 도
움을 준 하버드대학교의 와그너 교수와 고 김승하 씨께 감사한다. 《경방 육십
년》, 50쪽도 보라.

105 권태억, 〈경성직뉴〉, 302, 304, 306쪽.

106 권태억, 〈경성직뉴〉, 305쪽.

107 권태억, 〈경성직뉴〉, 300쪽.

108 《인촌 김성수전》, 156쪽을 보라. 권태억, 〈경성직뉴〉에 의하면, 전통적인 시장
은 작고 정체 위험이 있었을 뿐(315~316쪽), 1917년의 시점에서는 아직 쇠퇴하
지는 않았다(314~315쪽). 회사의 문제는 시장보다는 제1차 세계대전의 경기변동
과 경영진 내부의 문제였다. 그렇지만 그는 논문 뒷부분에서는 회사의 궁극적 실
패 요인으로서 서울 같은 대도시에서의 수요 감소를 들고 있다(315쪽).

109 《인촌 김성수전》, 41, 47, 350쪽.

110 한국의 유력한 거대 신문사로서 거대한 언론 제국의 중추인 동아일보사는 1920
년에 김성수가 설립했다. 1932년 김성수는 보성전문학교를 인수하여 나중에 고
려대학교로 발전시켰다. 《인촌 김성수전》, 91~107쪽을 보라. 1945년 8월 이후
김성수는 한국민주당을 결성하고 자금을 조달하는 데 중심 역할을 했다. 한민당
은 1950년대의 한국에서 중심적 야당이 되었다. B. Cumings, *The Origins of
Korean War: Liberation and the Emergence of Separate Regimes*, Princeton:
Princeton University Press, 1981, pp. 92~99; Gregory Henderson, *The
Politics of the Vortex*, Cambridge: Harvard University Press, 1968, pp.
274~278; Sungjoo Han, *The Failure of Democracy in South Korea*,
Berkeley and Los Angeles: University of California Press, 1974, pp. 34~35
를 보라. 김성수는 이승만 정권 시절에 1951년 5월부터 1952년 5월까지 부통령
도 역임했다.

111 Palais, "Stability in Yi Dynasty Korea: Equilibrium Systems and Marginal
Adjustments", *Occasional Papers on Korea*, no. 3, 1975. 6, pp. 1~18.

112 중국과 마찬가지로 조선에서 '자강自强' 이란 본래 서양 기술(특히 군사기술)의 도
입을 의미했다. 고종이 일찍이 1879년에 이 운동을 시작한 것은 그를 위해서였
다. Deuchler, *Confucian Gentlemen*, p. 99를 보라. 한편, 개화파는 처음부
터 '실력양성' 을 넓은 의미에서 파악했다(그들의 모델은 중국보다는 메이지 일본이었
다). 기술만이 아니라, 문화와 가치관을 포함한 총체적인 근대화야말로 자강의
길이라고 생각한 것이다. 1910년의 병합 전야에 사용된 '자강' 이란 용어는 후자
의 의미다. 이기백, 《한국사신론》, 324~337, 387쪽; Deuchler, *Confucian
Gentlemen*, pp. 151~152, 199~202를 보라. 애국계몽운동에 관한 뛰어난 영
어서적도 간행되었다. Vipan Chandra, *Imperialism, Resistance and Reform
in Late Nineteenth Century Korea: Enlightenment and the Independence
Club*, Berkeley: Institute of East Asian Studies, University of California,

Berkeley, 1988를 보라.

113 예컨대 1908년 6월 처음 발간된 《호남학보》의 아무 호나 보라.

114 예컨대 윤주찬, 〈지성知性개량〉, 《호남학보》 3, 1908. 8, 39쪽을 보라.

115 이기백, 《한국사신론》, 391~394쪽을 보라.

116 《인촌 김성수전》, 59쪽.

117 《인촌 김성수전》, 45~46쪽. 김용섭, 〈한말 일제하의 지주제 사례 4〉, 78~79쪽.

118 《호남학보》 제1호, 1908. 6, 57~58쪽을 보라(여기에는 김경중의 한자 이름이 잘못 인쇄되어 있다). 김용섭, 〈한말 일제하의 지주제 사례 4〉, 79~80쪽도 보라.

119 주석 112. 《인촌 김성수전》, 48쪽도 보라.

120 고정주에 관해서는 《인촌 김성수전》, 49~50쪽을 보라. Wagner, "Munkwa Project"; 《호남학보》 1, 1908. 6; 김용섭, 〈한말 일제하의 지주제 사례 4〉, 79쪽을 보라. 고정주는 고광준의 아버지였고, 고광준의 아들 고재욱은 나중에 동아일보사의 사장과 《인촌 김성수전》의 편집자가 되었다. 《인촌 김성수전》, 49, 66쪽을 보라.

121 《인촌 김성수전》, 59쪽.

122 예컨대 《상업계》 1호(1908. 10) 발간을 축하하는 남궁영의 영문 기고문, "A Congratulatory Address"을 보라(4~5쪽). 또 〈상업용어 한·일·영 대조〉, 《상업계》 3호, 1908. 12, 15~16쪽도 보라. 이 잡지의 편집자인 윤정하는 전라남도 출신이었다. 그는 1908년에 도쿄고등상업학교 학생이었고, 졸업 후 조선에 돌아와 조선상공회의소의 월간지인 《상공월보》의 초대 편집자가 되었다. 후에 김성수가 경성방직주식회사를 설립할 때에는 그를 지원하여 첫 주주 중 한 명이 되었다. 《상업계》 창간호, 1908. 10, 1쪽; 조기준, 《한국기업가사》, 158, 203~204쪽; 경성방직주식회사, 《주주총회록》, 〈창립총회의사록〉, 1919. 10. 5을 보라. 《상업계》의 발행인은 문상우였다. 그는 조선에 돌아온 후 서울의 한일은행에서 근무했다. 1912년 부유한 경상남도의 지주 윤상은尹相殷을 도와 구포은행을 설립하고 이어서 이 은행의 지배인이 되었다. 문상우가 어떻게 김씨가와 연줄을

맺었는가는 정확히 알 수 없지만, 경방의 첫 지지자이자 임원이 된 윤상은을 통해서였을 것이라고 생각된다. 여하튼 문상우는 1932년에 김연수가 인수한 서울의 해동은행의 지배인이 되고, 이어서 경방의 주주 및 감사가 되었다. 《상업계》 창간호, 1908. 10을 보라. 또 조기준, 《한국기업가사》, 146, 300쪽; 경성방직 주식회사, 《중역회의록》 제1회(1919. 10. 5), 제90회(1940. 10. 7); 《주주명부》 (1944. 11. 30), 10쪽도 보라.

123 이것이 유명한 신사유람단이었다. Deuchler, *Confucian Gentlemen*, pp. 101~102을 보라.

124 '신학문'을 완전히 습득하기 위해서는 상하이나 도쿄로 가야만 한다는 것이 고정주의 믿음이었다. 그리고 그의 학교는 자신의 아이들을 비롯하여 학생들에게 유학 준비를 시키는 것을 목적으로 했다. 《인촌 김성수전》, 49~50, 61쪽.

125 《인촌 김성수전》, 64, 67~68쪽. 송진우(1890~1945)는 창평 출신이고, 그의 부친은 고정주의 친구였다. 《인촌 김성수전》, 56쪽을 보라. 창평에서 시작된 김성수와 송진우의 친교는 1945년에 송진우가 암살될 때까지 이어졌다. 송진우는 김성수보다 나이도 한 살 많고 더 외향적이며 눈에 띄었지만, 그의 여러 가지 활동은 김성수의 막대한 재산에 의존했다. 예컨대 도쿄 유학 중 메이지대학 법학부의 학비는 김성수가에서 대주었다. 유진오는 1962년 이 두 사람의 관계를 《동아일보》에 다음과 같이 썼다.

"세상이 다 알듯이 인촌과 고하 두 분은 친한 친구의 사이였을 뿐 아니라, 둘도 없는 동지로서 일심동체가 되다시피 하여 일생을 보낸 분들인데, 매사에 있어서 인촌은 안에서 계획을 세우고 자금을 대는 참모의 일을 맡아보았다면, 고하는 밖에서 장병을 지휘하여 전투에 종사하는 사령관의 일을 보신 셈이다. 따라서 겉보기에는 풍모나 뱃심이나 활동에서나 고하가 형격兄格 같았지만, 내용으로는 인촌이 형격이 아니었던가 생각된다. 고하는 호방하고 인촌은 해학을 좋아해서 주석 같은 데서 두 분이 맞붙으면 상대를 사뭇 헐뜯는 것 같은 농담이 벌어지는 때도 흔히 있었다. …… 그러나 한번 인촌이 정색을 하고 날카로운 한 마디 말을 던지

면, 고하는 입을 꼭 다물고 눈만 껌벅 껌벅하는 것이었다."(《인촌 김성수전》,
207~208쪽).

126 滄浪客, 〈백만장자의 百萬圓觀〉, 《삼천리》 7, 1935. 9, 47쪽.

127 《수당 김연수》, 77~78쪽. 연수의 처는 성수의 처와 마찬가지로 관료를 배출한
호남 명문가 출신이었다. 그녀의 부친 박충주朴忠州는 1894년에 문과에 합격하여
고창군 군수와 육조의 하나에서 '참판'을 맡았다. 《수당 김연수》, 81쪽;
Wagner, "Munkwa Project".

128 《인촌 김성수전》, 780~781쪽; 《수당 김연수》, 329~330쪽.

129 《인촌 김성수전》, 781쪽; 《수당 김연수》, 330쪽.

130 Vipan Chandra, "An Outline Study of the Ilchin-hoe of Korea", *Occasional
Papers on Korea*, no. 2, 1974. 3, pp. 58~68.

131 김성수, 〈大隈重信과 조선 유학생〉, 《삼천리》 6, 1934. 5, 97쪽을 보라. E.O.
Reischauer and A. Craig, *Japan: Tradition and Transformation*, Boston:
Houghton Mifflin Co., 1978, p. 142도 보라.

132 Takafusa Nakamura, *Economic Growth in Prewar Japan*, New Haven: Yale
University Press, 1983, pp. 22, 147을 보라.

133 Takafusa Nakamura, *Economic Growth in Prewar Japan*, pp. 23~24, 35,
60~63, 66, 151.

134 Keizo Seki, *Cotton Industry in Japan*, Tokyo: Japan Society for the
Promotion of Science, 1956, pp. 21~23; 三瓶孝子, 《日本綿業發達史》, 1941,
164~183쪽을 보라.

135 梶村秀樹, 《朝鮮における資本主義》, 40~43, 127~142쪽을 보라. 가지무라에
따르면, 외국 재화의 유입은 1876년 이전부터 시작되었지만 토착공업은 1890년
대의 청일전쟁까지 건재했다. 그 후 일본이 점점 더 공업 제품(특히 면직물)의 수
출국이 됨에 따라서, 조선 경제에 대한 일본의 진출이 가속화되었다.

136 《경방 육십년》, 33쪽; 《수당 김연수》, 102쪽; 조기준, 《한국기업가사》, 260~261

쪽; 이강현(L生), 〈工人에게 고함〉, 《商工月報》 19, 1911. 5, 3~5쪽도 보라.

137 Nakamura, *Economic Growth in Prewar Japan*, pp. 153, 213; Kozo Yamamura, "The Japanese Economy, 1911~1930: Concentration, Conflicts, and Crises" in B. S. Silverman and H.D. Harootunian eds., *Japan in Crisis: Essays on Taisho Democracy*, Princeton: Princeton University Press, 1974, pp. 301~309; Ushisaburo Kobayashi, *The Basic Industries and Social History of Japan 1914~1918*, New Haven: Yale University Press, 1930, pp. 11~53, 239~242, 272~274; Janet F. Hunter, *Concise Dictionary of Japanese History*, Berkeley and Los Angeles: University of California Press, 1984, pp. 178~179를 보라.

138 Hoon K. Lee, *Land Utilization*, pp. 262~266.

139 1918년부터 1924년 사이에 김기중이 쌀 1석당 받은 가격에 관해서는 김용섭, 〈한말 일제하의 지주제 사례 4〉, 110쪽을 보라. 니시무라의 말이 인용된 곳은 Hoon K. Lee, *Land Utilization*, pp. 127~128.

140 김용섭, 〈한말 일제하의 지주제 사례 4〉, 90~91쪽.

141 Hoon K. Lee, *Land Utilization*, p. 176.

142 Sang-Chul Suh, *Growth and Structural Changes*, p. 74를 보라. 또 Hoon K. Lee, *Land Utilization*, pp. 118~131도 보라. 토지개량사업을 위한 융자조건은 매우 관대한 것이었다. 예를 들면 김연수는 전남 함평군 손불농장에서의 간척사업을 위해 식산은행에서 17만 5,000엔의 융자를 승인받았다. 최초 원금의 절반은 4.6퍼센트, 나머지 절반은 6.7퍼센트의 이자율로 4년간의 거치기간에 20년 분할상환이었다. 〈김연수가 함평군수에 보낸 편지(1936년 1월 16일자)〉, 합자회사 삼양사 자료를 보라.

143 Hoon K. Lee, *Land Utilization*, p. 170을 보라.

144 A. S. Pearse, *Cotton Industry of Japan and China*, Manchester: International Cotton Federation, 1929, pp. 20~21; 三瓶孝子, 《日本綿業發達

史》, 164~173쪽.

145 Sang-Chul Suh, *Growth and Structural Changes*, pp. 7~10; Hochin Choi, "The Process of Industrial Modernization in Korea", *Journal of Social Sciences and Humanities*, no. 26, 1976. 6, pp. 8~11을 보라. 회사령의 개요와 분석에 관해서는 小林英夫, 〈'會社令' 硏究ノート〉, 《海峽》 3, 1975. 12, 21~36쪽을 보라.

146 小林英夫, 〈'會社令' 硏究ノート〉, 25쪽.

147 小林英夫, 〈'會社令' 硏究ノート〉, 26~28쪽.

148 川合彰武, 《朝鮮工業の現段階》, 東洋經濟新報社 京城支局, 1943, 108~110쪽을 보라.

149 Nakamura, *Economic Growth in Prewar Japan*, pp. 152~155; 川合彰武, 《朝鮮工業の現段階》, 108~110쪽을 보라.

150 小林英夫, 〈'會社令' 硏究ノート〉, 35~36쪽. 1910년의 합병시에 일본은 조선과 일본 간의 기존의 이입세율을 10년간 유지하기로 다른 외국들에게 약속했다. 그러나 1920년 이후 일본은 조선과 일본 사이의 이입세를 폐지하기 시작하여 1923년에는 주류와 면직물을 제외한 모든 제품의 이입세가 폐지되었다. 두 품목에 이입세를 남겨둔 이유는, 조선의 산업을 보호하기 위해서가 아니라, 총독부에게 중요한 세원인 관세수입을 유지하기 위해서였다. 직물에 대한 관세는 당초 7.5퍼센트였지만, 1927년에는 5퍼센트로 인하되었다. 朝鮮總督府, 《朝鮮總督府施政年報》, 1936, 53~54쪽; 川合彰武, 《朝鮮工業の現段階》, 102~103쪽을 보라.

151 예컨대 鹽見常三郎, 〈朝鮮に於ける紡績工業の現狀(Ⅱ)〉, 《大日本紡績聯合會月報》 589, 1941. 11, 63쪽을 보라.

152 朝鮮總督府, 《産業調査委員會議事速記錄》, 제1부 특별위원회, 1~25쪽.

153 조기준, 《한국 자본주의성립사론》, 467~477쪽; Jones, *Manchuria since 1931*, London; RIIA, 1949, p. 124을 보라.

154 조선방직 설립에서의 야마모토山本의 역할에 관해서는 鹽見常三郎, 〈朝鮮に於け
   る紡績工業の現狀(Ⅱ)〉, 63쪽을 보라. 1933년의 회사 임원 및 주요 주주(야마모
   토를 포함)에 관해서는 《朝鮮銀行會社組合要錄》, 130~131쪽을 보라. 야마모토
   는 조선방직의 사장도 맡았다. 朝鮮銀行 調査課, 《最近朝鮮に於ける大工業とそ
   の資本系統》, 1935. 3, 끝부분의 도표를 보라. 제국주의자 야마모토에 관해서
   는 Roberts, *Mitsui: Three Centuries of Japanese Business*를 보라.

155 朝鮮總督府, 《産業調査委員會議事速記録》, 제1부 특별위원회, 3~4, 6~7쪽;
   近藤釖一 編, 《朝鮮總督府資料選集: 齋藤總督の文化統治》, 東京: 友邦協會,
   1970, 70쪽.

156 小林英夫, 〈'會社令' 硏究ノート〉, 28~29쪽.

157 Frank Prentiss Baldwin, "The March First Movement: Korean Challenge and
   Japanese Response", Ph.D.diss., Columbia University, 1969, chap. 5 and
   chap. 7.

158 Baldwin, "March First Movement". chap. 8; Wonmo Dong, "Japanese
   Colonial Policy and Practice in Korea, 1905~1945: A Study in Assimilation",
   Ph.D.diss., George Town University, 1965, pp. 245~255, 293~313; 이기
   백, 《한국사신론》, 407~408쪽.

159 볼드윈이 지적한 것처럼, 하라케이原敬 수상은 조선의 독립에 관한 협의에 코웃
   음을 쳤다. Baldwin, "March First Movement". p. 183을 보라.

160 Baldwin, "March First Movement". pp. 207~213.

161 Baldwin, "March First Movement". pp. 96, 99, 119~122, chap. 4의 주석 4;
   朝鮮憲兵隊司令部編, 《朝鮮三一獨立騷擾事件: 槪況, 思想及運動》, 巖南堂書店,
   1969, 107~108쪽.

162 1919년 1월과 3월 19일 사이에 김성수는 두 명의 주요 협력자, 즉 중앙학교의
   교장 송진우와 교사 현상윤과 함께 보성고등보통학교(당시는 천도교의 소유, 경영)
   교장인 최린과 정기적으로 만나 독립운동에 관해 의견을 교환했다. 최린은 볼드

원이 '3·1운동의 추진자'라 부른 인물이다. 현상윤에 의하면, 김성수는 운동의 또 하나의 중요인물인 기독교계 인물 이승훈에게 '수천 엔'을 기부했다. 여느 때처럼 김성수는 표면에 드러나지 않고 3월 1일에는 서울을 떠나 줄포에 있었다. 필시 친구들의 권유로 운동에 직접 연루되기를 피하고 그럼으로써 중앙학교의 폐교 위험을 피하려 한 것으로 생각된다. 그 후 송진우와 현상윤은 일본 경찰에 체포되었다. 《인촌 김성수전》, 128~135쪽; Baldwin, "March First Movement". pp. 54, 247 n. 22, 249~250 n. 33을 보라.

163 이 운동은 본래 1920년 7월 평양에서 조만식 등 기독교 민족주의자에 의해 개시되어 후에 전국으로 확산되었다. 1923년 1월 송진우 등은 20개 이상의 단체들을 통합하여 '조선물산장려회'를 조직하고 전국 차원에서 운동을 다시 벌였다. 김성수의 《동아일보》는 이 운동을 적극적으로 지원했다. 송진우가 적극 재개한 전국 차원에서의 조선물산장려운동은 1923년 4월에 경방이 처음 면포를 팔기 시작한 시점과 꼭 들어맞았다. 《인촌 김성수전》, 244~247쪽; 조기준, 《한국 자본주의성립사론》, 527~553쪽; 김용섭, 〈한말 일제하의 지주제 사례4〉, 124~131쪽을 보라.

164 姜東鎭, 《日本の朝鮮支配政策史研究》, 東京: 東京大學出版會, 1979, 203쪽에서 인용. 원전은 일본 국립국회도서관 소장의 《齋藤實文書》(no. 742)에 수록되어 있다. 姜東鎭, 《日本の朝鮮支配政策史研究》, 225쪽의 주 123, 457쪽을 보라. 강동진의 저서는 한글 번역판이 나와 있다(강동진, 《일제의 한국침략정책사》, 한길사, 1980). 이 문서는 아래 저서에도 인용되어 있다. 김준철, 《일제하의 한국민족자본과 민족사학에 관한 연구》, 산교사, 1984, 206쪽. 김준철은 이 문서를 야마나시山梨半造 육군차관이 사이토 총독에게 제안한 것으로 보았다(207쪽의 주 7).

165 앞서 언급한 것처럼 회사령은 주로 경제적인 이유 때문에 폐지되었고, 일본 본국으로부터의 압력에 의한 것이었다. 그러나 폐지의 배경에는 3·1운동에 대처한다는 정치적인 배려도 있었다. 小林英夫, 〈'會社令' 研究ノ−ト〉, 31~35쪽을 보라.

166 朝鮮總督府, 《産業調査委員會議事速記錄》, 전체회의(제2일), 173~174쪽; 《동아일보》 1921년 9월 6일자를 보라. 회의에 참가한 한국인은 현기봉玄基奉, 정재학鄭在學, 조병렬趙炳烈, 한상룡, 박영근朴永根, 송병준, 이완용, 최희순崔熙淳, 조진태趙鎭泰였다.

167 朝鮮總督府, 《産業調査委員會議事速記錄》, 전체회의(제2일), 144쪽, 전체회의(제1일), 41, 75쪽, 전체회의(제2일), 160쪽. 제1부 특별위원회(제3일), 9, 10쪽, 전체회의(제1일), 75쪽, 전체회의(제2일), 160쪽, 전체회의(제1일), 8, 10~41쪽, 제1부 특별위원회(제3일), 2, 105, 129쪽.

168 Baldwin, "March First Movement", pp. 186~191을 보라.

169 《동아일보》 1921년 9월 13일자.

170 Cumings, *Origins of Korean War*, pp. 66~67.

171 커밍스도 사실 이 동일한 점을 지적했다. Cumings, *Origins of Korean War*, p. 7.

172 Jones and Sakong, *Government, Business and Entrepreneurship*, pp. 23~24; Edward S. Mason et. al., *Economic and Social Modernization of the Republic of Korea*, Cambridge: Council on East Asian Studies, Harvard University, 1980, p. 76을 보라.

173 Grajdanzev, *Modern Korea*, p. 177.

174 Suh, *Growth and Structural Changes*, p. 103.

175 Suh, *Growth and Structural Changes*, p. 85.

176 《朝鮮實業俱樂部》 17, 1939. 5, 90쪽을 보라.

177 《朝鮮實業俱樂部》 17, 1939. 5, 91~98쪽.

178 《朝鮮實業俱樂部》 17, 1939. 5.

179 예컨대 Suh, *Growth and Structural Changes*, p. 110을 보라.

180 Paul W. Kuznets, *Economic Growth and Structure in the Republic of Korea*, New Haven: Yale University Press, 1977, p. 21을 보라. 경성상공회

의소의 1941년 조사에 의하면, 서울 공장의 90퍼센트 이상이 개인업체이고, 그 중 약 60퍼센트가 한국인 소유였다. Juhn, "Entrepreneurship in an Underdeveloped Economy", D.B.A. diss., George Washington University, 1965, pp. 138~139; 경성방직주식회사, 《제36기영업보고서》, 1945. 5. 31을 보라.

181 Jones and Sagong, *Government, Business and Entrepreneurship*, p. 25.

182 김중길 편, 《화신 오십년사》, 화신산업주식회사, 1977, 97~98쪽을 보라. 명주현 편, 《OB 이십년사》, 동양맥주주식회사, 1972, 61~62쪽도 보라.

183 Jones and Sagong, *Government, Business and Entrepreneurship*, p. 25를 보라.

184 서울과 평양에서의 한국인의 기업가정신에 관한 연구는 Juhn, "Entrepreneurship", pp. 129~163. 평양에서의 한국인 소유의 메리야스공업의 발달에 관한 뛰어난 연구는 梶村秀樹, 《朝鮮における資本主義》, 143~212쪽; 조기준, 《한국기업가사》.

185 Jones and Sagong, *Government, Business and Entrepreneurship*, p. 28을 보라. 또 Juhn, "Entrepreneurship", p. 122; 예컨대 《朝鮮銀行會社組合要錄》; G.R. Saxonhouse, "Working Koreans in Korea and Japan in the Inter-War Period", Unpublished Paper, Dept. of Economics, University of Michigan을 보라. 논문을 보내준 색슨하우스 교수께 감사한다.

186 이병철, 〈재계회고〉, 《재계회고》 1, 한국일보사, 1984, 280~288, 294~297쪽을 보라.

187 구자경 편, 《연암 구인회》, 연암기념사업회, 1979, 72~75, 116~118쪽을 보라. 이병철과 구인회와 달리, 정주영은 강원도의 빈농 출신이었다. 박동순, 《재벌의 뿌리》, 태창문화사, 1980, 350, 355~356쪽; Jones and Sagong, *Government, Business and Entrepreneurship*, pp. 354, 356을 보라.

188 이병철, 〈재계회고〉, 288쪽; 구자경 편, 《연암 구인회》, 105쪽; 박동순, 《재벌의 뿌리》, 355쪽.

189 식민지시대에 경방은, 그 규모와 사업 범위에서만 특별했다는 것을 상기해야 한다. 이병철과 구인회가 설립한 것과 같은 많은 소규모 한국인 기업들도 규모는 작아도 경방과 같은 성장 패턴을 보였다. 그들도 조선식산은행과 일본의 금융기관으로부터 융자를 받았다. 이병철, 〈재계회고〉, 289쪽; 구자경 편, 《연암 구인회》, 118쪽; 梶村秀樹, 《朝鮮における資本主義》, 169쪽을 보라. 식민지시대의 정주영은 은행보다도 개인에게서 사업자금을 조달했던 것 같지만, 김씨가와 마찬가지로 1937년 이후의 전쟁 특수로 이익을 올렸다. 박동순, 《재벌의 뿌리》, 356쪽을 보라.

190 이것이 중앙학교였다. 《인촌 김성수전》, 91~119쪽을 보라.

191 권태억, 〈경성직뉴〉, 310~317쪽을 보라.

192 《인촌 김성수전》, 155~156쪽.

193 《인촌 김성수전》, 156~159쪽; 《수당 김연수》, 103~104쪽. 회사령은 1920년 4월에야 공식 폐지되었다. 小林英夫, 〈會社令〉, 35쪽을 보라. 김성수와 동료들은 1919년 8월 중순 총독부 식산국에 경방의 설립 허가를 신청했다. 허가는 1919년 10월 5일에 나왔다. 《경방 육십년》, 33, 51쪽.

194 경성방직주식회사, 〈창립총회의사록〉, 《주주총회록》, 1919. 10. 5.

195 경성방직주식회사, 《주주총회록》. 총회의 의사록에 의하면, 고하리 쥬키치라는 인물이 회사 설립에 관한 정관의 일부를 수정하자는 김성수의 동의를 지지했다.

196 연수는 1921년 4월에 교토제국대학을 졸업하고 바로 조선에 돌아왔다. 1년 후 그는 경방의 이사에 임명되었다(이강현도 같았다). 《수당 김연수》, 96, 107쪽; 경성방직주식회사, 《중역회의록》, 제16회(1922. 4. 26); 《수당 김연수》, 247~248쪽을 참고.

197 김성수는 자신과 가족의 명의로, 혹은 중앙학교와 같은 법인의 명의로 대량의 주식을 계속 보유했다. 경성방직주식회사, 《주주명부(1944. 11. 30)》를 보라. 성수는 1929년에 고문이 되었고 1939년에 사임했다. 경성방직주식회사, 《중역회의록》, 제44회(1929. 3. 20), 제83회(1939. 9. 14)를 보라.

198 〈萬目 주시하는 三大 쟁패전〉, 46쪽.

2부 성장의 유형

1 이 용어에 관해서는 다음을 보라. Tom Bottomore ed., *A Dictionary of Marxist Thought*, Cambridge: Harvard University Press, 1983의 'national bourgeoisie' 항목; C.D. Kernig ed., *Marxism, Communism and Western Society: A Comparative Encyclopedia* 6, New York: Herder and Herder, 1973, pp. 5~8 의 'national bourgeoisie' 항목; 梶村秀樹, 《朝鮮における資本主義》, 217~224쪽; 권오익 외, 《경제학대사전》의 '민족자본' 항목(624쪽). '민족자본'과 '매판자본'의 다른 점을 가장 잘 해설한 것은 1939년에 마오쩌둥이 쓴 〈중국혁명과 중국공산당〉 이다. 같은 해설은 1937년에 김일성이 썼다는 〈조선공산주의자의 임무〉에도 보인 다(《김일성저작집》 1, 평양: 조선노동당출판사, 1979, 159쪽 이하를 보라). 이러한 1945 년 이전의 김일성 저서의 신빙성에 관해서는 Dae-Sook Suh, *Korean Communism 1945~1980: A Reference Guide to the Political System*, Honolulu: University Press of Hawaii, 1981, pp. 9~10을 보라.

2 예컨대 《력사과학》에 수록된 허장만과 김희일의 1966년의 토론을 보라. 허장만, 〈1920년대의 민족개량주의자의 계급기초 해명에서 제기되는 몇 가지 문제〉, 《력 사과학》 3, 1966, 37~43쪽; 김희일, 〈민족개량주의의 계급적 기초는 예속 부르주 아지이다〉, 《력사과학》 4, 1966, 38~46쪽; 梶村秀樹, 《朝鮮における資本主義》, 225~231쪽. 북한의 학자는 매판자본가에 대해 '매판'이라는 일반적인 용어를 쓰 지 않고 '예속'이라는 용어를 쓰는 경향이 있는데, 두 용어는 호환성이 있는 것 같 다. 예를 들면 북한의 사전에서는 '매판자본'이란 '예속자본'의 의미로 사용되고, 거꾸로도 마찬가지이다. 식민지기의 '민족자본'의 형성에 관한 한국의 근래 연구 경향에 관해서는 이승렬, 〈일제시기의 민족자본가논쟁〉, 《역사비평》 1990년 여름 호, 56~67쪽; 이한구, 《일제하의 한국기업설립운동사》, 청사, 1989, 특히 180~229쪽을 보라.

³ 조기준, 〈한국 민족기업 건설의 사상적 배경: 인촌 김성수의 민족기업활동〉, 권오기 편, 《인촌 김성수의 애족사상과 그 실천》, 동아일보사, 1982, 145쪽.

⁴ 조기준, 〈한국 민족기업 건설〉, 146쪽.

⁵ 梶村秀樹, 《朝鮮における資本主義》, 213~242쪽.

3. 자본가 계급과 국가 : 금융면의 연계망

⁶ J. B. Palais, *Politics and Policy*, pp. 6~16; Palais, "Political Leadership in the Yi Dynasty" in Dae-Sook Suh and Chae-Jin Lee eds., *Political Leadership in Korea*, University of Washington Press, 1976, pp. 3~35; Palais, "Stability in the Yi Dynasty", pp. 1~17을 보라. 또 E. W. Wagner, *The Literati Purges: Political Conflict in Early Yi Korea*, East Asian Research Center, Harvard University, 1974, pp. 1~22, 51~69, 121~123도 보라.

⁷ A. Gerschenkron, *Economic Backwardness in Historical Perspective*, Harvard University Press, 1962, pp. 5~30을 보라.

⁸ E. I-te Chen, "The Attempt to Integrate the Empire: Legal Perspectives" in R.H. Myers and M.R. Peattie eds., *The Japanese Colonial Empire, 1895~1945*, p. 259를 보라.

⁹ Chen, "The Attempt to Integrate the Empire", pp. 262~266. 현대 한국 국가에 관한 새로운 이론적 역사적 연구로서는 Jung-eun Woo, "State Power, Finance, and Industrialization of Korea", Ph. D. diss., Columbia University, 1988를 보라.

¹⁰ 예외는 사이토 마코토 제독(1919~1927, 1929~1931)이었다.

¹¹ 우가키, 미나미, 고이소 등 조선 총독의 약전에 관한 참고문헌은 下中稱三郎, 《大人名事典》 전10권, 平凡社, 1953~1955; 朝日新聞社 編, 《現代人物事典》, 朝日新聞社, 1977; 宇垣一成, 《宇垣日記》, 朝日新聞社, 1954; 御手洗辰雄 編, 《南次郎》, 南次郎傳記刊行會, 1957.

[12] Richard Storry, *The Double Patriots: A Study of Japanese Nationalism*, Boston: Houghton Mifflin Company, 1957, pp. 37~38을 보라.

[13] T. A. Bisson, *Japan's War Economy*, New York: International Secretariat, Institute of Pacific Relations, 1945, pp. 3, 100~102.

[14] Jones, *Manchuria since 1931*, pp. 35~39를 보라.

[15] Chalmers Johnson, *MITI and the Japanese Miracle: The Growth of Industrial Policy, 1925~1975*, Stanford: Stanford University Press, 1982, pp. 124~125 를 보라.

[16] Jones, *Manchuria since 1931*, pp. 147~149; Roberts, *Mitsui*, pp. 320, 323 를 보라. 관동군이 과격하게 반자본주의적이었다는 통설을 뒤집는 새 연구가 현재 진행되고 있다. Y. Tak Matsusaka, "The Kwantung Army and the Reorganization of the South Manchuria Railway Company", Paper presented at the 42nd Annual Meeting of the Association for Asian Studies, Chicago, 1990. 4. 7.

[17] 더 과격하게 반자본주의적이었던 육군의 '황도파皇道派'에 대립하는 세력이었다. Storry, *The Double Patriots*, p. 138, n.1을 보라. 그러나 이 육군 '통제파'는 응집력이 있지도, 파벌 경계선이 분명하지도 않았다. James B. Crowley, "Japanese Army Factionalism in the Early 1930's", *JAS* 21, no. 3, 1962. 5, pp. 309~326을 보라.

[18] 小林英夫, 《'大東亞共榮圈' の形成と崩壊》, 東京: 御茶の水書房, 1975, 70~89쪽 을 보라. 조선에서의 노구치에 관해서는 Barbara Ann Molony, "Technology and Investment in the Prewar Japanese Chemical Industry", Ph.D. diss., Harvard University, 1982, chap. 8. 이 논문을 알려준 에릭슨Stephen Erickson 에게 감사한다.

[19] 小林英夫, 《大東亞共榮圈》, 211쪽.

[20] 文部省編, 《國體の本義》, 1937, 137~139쪽.

21 1936년 조선총독부가 소집한 산업경제조사회에서 미나미 총독이 한 연설. 《朝鮮
産業經濟調査會諮問答申書》, 1936. 10, 102쪽.

22 Masao Maruyama, *Thought and Behavior in Japanese Politics*, ed. Ivan
Morris, Oxford Univetsity Press, 1963, pp. 105~106에서 인용했다.

23 《國體の本義》, 95쪽; B. Cumings, "Corporatism in North Korea", *Journal of
Korean Studies* 4, 1982~1983, pp. 282~283을 보라.

24 朝鮮總督府, 《朝鮮産業經濟調査會會議錄》, 제2분과회, 378쪽.

25 조기준, 《한국기업가사》, 37~40쪽을 보라.

26 조기준, 《한국기업가사》, 44~47쪽을 보라.

27 권태억, 〈경성직뉴〉, 298~299쪽.

28 김용완에 의하면, 경방 설립 전후에 조선식산은행이 실시한 한국인 자산가에 관
한 조사에서 김씨가가 3위였다고 한다. 1위는 민영휘, 2위는 약 6만 석의 토지를
소유한 전라북도의 백인기白寅基였다. 김용완과의 인터뷰(1984. 4. 13, 서울).

29 Grajdanzev, *Modern Korea*, p. 114.

30 《경방 육십년》, 52~53, 59, 66~67, 542~548쪽.

31 예컨대 경성방직주식회사, 《중역회의록》, 제27회(1924. 11. 7), 제41회(1929. 1.
11), 제52회(1932. 9. 15).

32 《경방 육십년》, 53~54쪽; 《인촌 김성수전》, 162~163쪽을 보라.

33 김성수의 1919년의 수입에 관해서는 김용섭, 〈한말 일제하의 지주제 사례 4〉,
109~110쪽을 보라. 경방에 대한 투자에 관해서는 《인촌 김성수전》, 163~164쪽
을 보라. 성수의 투자 총액은 2,500엔에 불과했다(12엔 50전×200주).

34 1919년의 김기중 일가의 소작료 수입은 약 7,200석이고, 그 해 쌀의 평균가격(석
당 18엔 12전)으로 환산하면 13만 엔 정도 된다. 김경중의 소유지는 김기중 일가의
2.5배로 그 해의 소작료 수입은 1만 8,000석, 32만 6,000엔이었다고 추정할 수
있다. 따라서 김씨가(양가는 같은 부지에서 살았다)의 소작료 총수입은 45만 6,000
엔에 달한다. 김용섭, 〈한말 일제하의 지주제 사례 4〉, 109~110쪽; 《인촌 김성

수전》, 164~166쪽; 《경방 육십년》, 59쪽을 보라.

35 이 8퍼센트라는 수치는 조선식산은행의 조사에 기초한 것이었다. Suh, *Growth and Structural Changes*, p. 85. 19퍼센트라는 수치는 식산은행의 1937년 조사에 기초한 것이다. 《朝鮮實業俱樂部》 17, 1939. 5, 90쪽.

36 《경방 육십년》, 251, 522~524쪽.

37 《경방 육십년》, 545~548쪽.

38 즉 전체 2만 주 중 3,000주다. 경중이 2천 주, 기중이 800주, 성수가 200주다. 《인촌 김성수전》, 162~164쪽을 보라. 다른 자료에서는 기중이 650주로 나온다. 《경방 육십년》, 59쪽을 보라.

39 이 주식의 대부분은 김연수가 관리했다. 경성방직주식회사, 《주주명부》(1944. 11. 30)를 보라.

40 Daniel S. Juhn, "Nationalism and Korean Businessmen", in Eugene Kim and D. E. Mortimore, eds., *Korea's Response to Japan: The Colonial Period, 1910~1945*, Kalamazoo: Center for Korean Studies, Western Michigan University, 1977, p. 49.

41 Jung Young Lee, *Sokdam: Capsules of Korean Wisdom*, Seoul: Seoul Computer Press, 1983, pp. 35, 102를 보라.

42 경성방직주식회사, 《주주총회록》, 제37회(1945. 12. 29). 1944년 11월 30일의 주주명부는 남아 있지만, 그 무렵에는 많은 한국인이 일본 이름을 썼기 때문에 한국인과 일본인을 구별하기 어려운 경우도 있다. 그러나 5.6퍼센트라는 숫자는 식민지시대 말기에 일본인이 소유한 주식의 극히 일부밖에 나타내지 않는다고 생각한다. 의사록에 기재된 57명의 '일본인 주주' 중에, 예를 들면 식산은행과 같이 해방 후 미국의 관리 아래서 한국의 기관으로 영업을 계속한 일본의 기업체가 포함되었는지 아닌지는 분명하지 않다. 1944년 11월 30일 현재, 일본인이 지배하는 4개 은행의 지분만도 2만 1,285주(8.2퍼센트)에 달했다. 이상의 논의로 57명의 '일본인 주주' 속에 기업체가 포함되지 않은 것은 틀림없는 것 같다. 의사록에

는 '일본인 주주'의 소유주식 총수는 1만 4,660주로 기재되어 있다. 식민지시대
말기에는 경방의 일본인 주주의 비율은 실제로는 14퍼센트에 가까웠다고 생각한
다. 경성방직주식회사, 《주주명부》(1944. 11. 30)를 보라.

43 《경방 육십년》, 60~62쪽; 《인촌 김성수전》, 168~172쪽; 《수당 김연수》,
112~116쪽을 보라. 이강현이 사직서를 냈지만, 중역회가 반려했다. 경성방직주
식회사, 《중역회의록》, 제8회(1920. 6. 21)를 보라.

44 《경방 육십년》, 68쪽을 보라.

45 梶村秀樹, 《朝鮮に於ける資本主義》, 40~52쪽; 朝鮮綿絲布商聯合會, 《朝鮮綿業
史》, 38, 53쪽.

46 朝鮮綿絲布商聯合會, 《朝鮮綿業史》, 35~53쪽.

47 朝鮮綿絲布商聯合會, 《朝鮮綿業史》, 89~92쪽; 《경방 육십년》, 65, 299쪽; 《수
당 김연수》, 118~119쪽을 보라.

48 《경방 육십년》, 63쪽; 朝鮮綿絲布商聯合會, 《朝鮮綿業史》, 89~92쪽을 보라.

49 朝鮮總督府, 《産業調査委員會議事速記錄》, 전체회의(제1일), 77~78쪽; 高橋龜
吉, 《朝鮮經濟の現段階》, 108쪽을 보라.

50 朝鮮總督府, 《産業調査委員會議事速記錄》, 전체회의(제5일), 246~247쪽.

51 국회의원 마쓰무라松村常次郎의 발언, 《産業調査委員會議事速記錄》, 전체회의(제2
일), 161~163쪽; 식산국장 니시무라의 발언, 《産業調査委員會議事速記錄》, 전
체회의(제1일), 76~77쪽을 보라.

52 《동아일보》 1922년 6월 11일자.

53 《동아일보》 1921년 9월 13일자 3면의 기사를 보라.

54 1921년 산업조사위원회 최종보고서를 한국인보다도 일본인의 이익을 중시한 정
책이라고 비판한 사설을 보라. 《동아일보》 1921년 9월 23일자; 김용섭, 〈한말 일
제하의 지주제 사례 4〉, 124~131쪽.

55 《경방 육십년》, 71쪽에서는 1925년에 받은 첫 보조금이 1924년의 손실을 보전하
는 데 쓰였다고 하지만, 이것은 정확하지 않다. 경성방직주식회사, 《중역회의

록〉, 제24회(1924. 3. 27); 《경방 육십년》, 523쪽을 보라. 보조금 총액은 25만 4,788엔 36전이었다. 당시 경방의 납입자본금은 100만 엔이었다. 《경방 육십년》, 70~71, 248, 503, 523쪽.

56 《경방 육십년》, 523쪽.

57 《경방 육십년》, 248쪽.

58 경성방직주식회사, 《중역회의록》, 제26회(1924. 9. 19).

59 경성방직주식회사, 《중역회의록》, 제9회(1920. 7. 2); 《경방 육십년》, 60~62쪽; 《인촌 김성수전》, 168~171쪽; 《수당 김연수》, 114~116쪽.

60 《경방 육십년》, 230, 532, 544쪽.

61 〈京城紡績會社の内容を訊く〉, 《朝鮮實業俱樂部》 10, 1932. 12, 17쪽.

62 경성방직주식회사, 《중역회의록》, 제41회(1929. 1. 11), 제52회(1932. 9. 15). 《경방 육십년》, 90쪽에 따르면, 조선은행에서 대출받았다고 되어 있으나, 이는 사실이 아니다.

63 경방 대차대조표(1945. 5. 31). 《경방 육십년》, 503쪽; 《중역회의록》, 제57회 (1935. 3. 16), 제62회(1936. 2. 6); 《차입금원장》, 식산은행 부(1944. 6. 5), 1~2 쪽; 《경방 육십년》, 97쪽도 보라.

64 경성방직주식회사, 《경비내역장》(용인공장 제120번 원장)의 이자 항목, 1939. 12. 2~1940. 5. 15; 《경비내역장》(용인공장 제30번 원장)의 이자 항목, 1940. 6. 6~1940. 11. 30; 《경비내역장》(용인공장 제150번 원장)의 이자 항목, 1940. 12. 2~1941. 5. 31을 보라.

65 *Report of the Mission on Japanese Combines, Part II: Analytical and Technical Data*, Department of State Publication 2628, Far Eastern Series 14, Washington D.C.: Department of State, 1946, pp. 36~67을 보라.

66 조선식산은행에 관해서는 《朝鮮殖産銀行二十年志》, 京城: 朝鮮殖産銀行, 1938; 조기준, 《한국 자본주의성립사론》, 477~485쪽; Karl Moskowitz, "Current Assets: the Employees of Japanese Banks in Colonial Korea", Ph.D. diss.,

Harvard University, 1979, pp. 32~39를 보라.

67 《朝鮮産業年報 1943》, 東洋經濟新報社, 1943, 70, 146~147쪽; 조기준, 《한국 자본주의성립사론》, 444~447, 480~482쪽을 보라.

68 《朝鮮殖産銀行二十年志》, 46쪽.

69 이 은행의 중역회도 그러했다. 《朝鮮殖産銀行二十年志》, 37쪽을 보라.

70 貴田忠偉, 《朝鮮人事興信錄》, 378~379쪽. 관리관 직위에 관해서는 《朝鮮殖産銀行二十年志》, 37쪽을 보라.

71 《朝鮮銀行會社組合要錄》, 2쪽을 보라.

72 조선 말기와 식민지기의 한국인 은행에 관해서는 고승제, 《한국금융사연구》를 보라. 또 조기준, 《한국기업가사》, 108~180쪽; 《한국 자본주의성립사론》, 474~485쪽; 박종태 편, 《조흥은행팔십오년사》, 5~38쪽도 보라. 동은기념사업회, 《동은 김용완》, 1979, 86쪽; 《朝鮮銀行會社組合要錄》, 1~15쪽도 보라.

73 조기준, 《한국 자본주의성립사론》, 475쪽.

74 조기준, 《한국 자본주의성립사론》, 474~475쪽.

75 《朝鮮銀行會社組合要錄》, 1933, 2, 8쪽; 조기준, 《한국 자본주의성립사론》, 474쪽.

76 예컨대 경성방직주식회사, 《중역회의록》, 제58회(1935. 3. 16), 제62회(1936. 2. 6), 제98회(1941. 12. 10); 경성방직주식회사, 《경비내역장(1934. 2. 17~ 1935. 2. 16)》. 또는 그 후의 《경비내역장》을 보라.

77 앞의 주석 62~64를 보라. 경성방직주식회사, 《차입금원장》, 식산은행부(1944. 12. 11), 19~26쪽, 식산은행부(1945. 6. 1), 42~48쪽도 보라. 경방의 만주 자회사에 대한 식산은행의 융자에 관해서는 《수당 김연수》, 171쪽을 보라.

78 《朝鮮殖産銀行二十年志》, 144쪽.

79 《수당 김연수》, 145~147쪽; 〈萬目 注視하는 三大 爭覇戰〉, 48~49쪽; 《朝鮮銀行會社組合要錄》, 12~13쪽을 보라.

80 〈萬目 注視하는 三大 爭覇戰〉, 48쪽; 《朝鮮銀行會社組合要錄》, 13쪽.

81 Roberts, *Mitsui*를 보라.

82 〈萬目 注視하는 三大 爭覇戰〉, 46쪽.

83 《朝鮮銀行會社組合要錄》, 3, 13쪽

84 광산 김씨인 김용완(1904~1996)은 1915년 성수와 연수 형제의 누이동생(점효)과 결혼했다. 일본에서 교육을 받은 후 삼양·경방 사업그룹에 들어왔다. 식민지시대에 여러 경영 직위를 역임하고 1944년에는 경방의 이사로 취임했다. 해방 후에는 경방의 사장이 되었고, 후에 회장이 되었다. 또 전경련을 창립했으며 후에 명예회장이 되었다. 한국 대통령자문위원도 했다.

85 김용완과의 인터뷰(1984. 4. 13, 서울).

86 경성방직주식회사, 《경비내역장》(용인공장 원장, 번호 없음)의 이자 항목, 1934. 2. 17~1934. 9. 29; 《경비내역장》(용장 원장, 번호 없음)의 이자 항목, 1935. 11. 11~1936. 5. 21.

87 《경방 육십년》, 147쪽

88 경성방직주식회사, 《중역회의록》, 제26회(1924. 9. 19).

89 경성방직주식회사, 《중역회의록》, 제26회(1924. 9. 19).

90 《朝鮮殖産銀行二十年志》, 78쪽의 표.

91 Grajdanzev, *Modern Korea*, p. 207; 《朝鮮殖産銀行二十年志》, 78쪽의 표를 보라.

92 《朝鮮殖産銀行二十年志》, 78쪽의 표.

93 경성방직주식회사, 《경비내역장》(용인공장 제335번 원장)의 이자 항목, 1938. 5. 25~1938. 11. 30; 《경비내역장》(용인공장 제275번 원장)의 이자 항목, 1938. 12. 5~1939. 5. 31; 《경비내역장》(용인공장 제120번 원장)의 이자 항목, 1939. 12. 2~1940. 5. 15; 《경비내역장》(용인공장 제30번 원장)의 이자 항목, 1940. 6. 6~1940. 11. 30.

94 경성방직주식회사, 《경비내역장》의 조선식산은행 항목, 1944. 6. 5, 1~2쪽.

95 《경방 육십년》, 545쪽을 보라.

96 위의 주석 94를 보라. 1937년 6월 당시 조선식산은행의 장기대출금리는 평균 6.7 퍼센트였다. 조선총독부, 《朝鮮總督府統計年報 1937年版》, 148쪽을 보라. 경방

의 관계회사인 중앙상공주식회사도 1941년 7월 30일에 조선식산은행으로부터 장기융자를 받았다. 원금 14만 8,000엔, 연이자율 6.0퍼센트, 상환기간 10년, 유예기간 8개월. 경성방직주식회사, 《차입금원장》, 식산은행 부(1944. 6. 5), 3~4쪽. 이것도 1941년 7월 당시의 조선식산은행의 평균 이자율 6.6퍼센트보다 낮았다. 조선총독부, 《朝鮮總督府統計年報 1941年版》, 132쪽을 보라.

97 경성방직주식회사, 《경비내역장》(용인공장 제150번 원장)의 이자 항목, 1940. 12. 2~1941. 5. 31; 《경비내역장》(용인공장 원장, 번호 없음)의 이자 항목, 1941. 12. 1~1942. 5. 30.

98 朝鮮總督府, 《朝鮮總督府統計年報 1941年版》, 132쪽.

99 보통은 일보 1전 5리. 위의 주석 94와 96을 보라.

100 朝鮮總督府, 《朝鮮産業調査委員會議事速記錄》, 제1부 특별위원회(제3일), 29쪽.

101 《鮮滿産業大鑑》, 事業と經濟社, 1940, 112~113쪽.

102 《鮮滿産業大鑑》, 112쪽.

103 김용완과의 인터뷰(1984. 4. 13, 서울).

104 김용완과의 인터뷰(1984. 4. 13, 서울). 1938년 시국대책조사회에서의 아루가의 발언은 《朝鮮總督府時局對策調査會會議錄》, 제1분과회(제1일), 105~107쪽을 보라. 有賀라는 한자는 일본어로 '아리가'라고도 읽는데, 조선식산은행 두취에 관한 영어 서적에서는 후자가 쓰인 경우도 있다. 그러나 식민지기에 조선에서 발행된 영자 신문 Seoul Press에서도, 읽는 이름이 병기된 일본어 인명사전에서도, 항상 '아리가'가 아니라 '아루가'라 기재되어 있다. Seoul Press 각호; 下中邦彦編, 《日本人名大辭典·現代》, 平凡社, 1979, 34쪽을 보라.

105 《화신 오십년사》, 121~124쪽; 김용완과의 인터뷰(1984. 4. 13, 서울).

106 이것은 흔히 쓰이던 용어다. 《鮮滿産業大鑑》, 朝鮮の部, 인물소개, 112쪽.

107 Report of the Mission on Japanese Combines, Part I: Analytical and Technical Data, p. 22.

108 Pearse, Cotton Industry of Japan and China, p. 141.

109 박영효에 관해서는 朝鮮人名大辭典編纂室, 《朝鮮人名大辭典》, 신구문화사, 1967, 286쪽; 이기백, 《한국사신론》, 327~331, 290~295쪽; Conroy, *Japanese Seizure of Korea*; Harold Cook, "Pak Yong-hyo: Background and Early Years", *Journal of Social Sciences and Humanities* 31, 1969. 12, pp. 11~24 를 보라.

110 貴田忠衛, 《朝鮮人事興信錄》, 413~414쪽.

111 《경방 육십년》, 51~52쪽. 김용완은 김성수가 너무 젊어서, 총독부 관리들을 다루려면 연장자가 필요했다고 강조했다. 김용완과의 인터뷰(1984. 4. 13, 서울)

112 조기준, 《한국 자본주의성립사론》, 480쪽.

113 《朝鮮殖産銀行二十年志》, 45, 264, 266쪽을 보라. 박영효의 사진도 은행 임원들의 사진과 나란히 책 앞에 게재되어 있다.

114 《鮮滿産業大鑑》, 朝鮮の部, 인물소개, 112~113쪽.

115 《朝鮮銀行會社組合要錄》, 4, 57쪽.

116 《朝鮮産業年報(1943)》, 147쪽.

117 《朝鮮殖産銀行二十年志》, 부록, 65, 109쪽을 보라.

118 삼양동제회, 《증권원장》(용인공장 제289번 원장), 13~15쪽. 삼양동제회는 1939년 4월 경방의 중역회의 결정으로 설립되어, '경방사우회'라 불리던 종전의 유사한 재단을 대신했다. 이 재단의 자금은 거액의 회사 기부(중역회가 결정한 첫 기부금은 20만 엔) 및 종업원의 급료에서 갹출된 돈으로 조성되었다. 경성방직주식회사, 《중역회의록》, 제81회(1939. 4. 18), 제95회(1941. 5. 10); 경성방직주식회사, 《급여대장(평양 조면공장)》, 1945. 5.

119 경성방직주식회사, 《주주명부》(1944. 11. 30).

120 감사는 이사와 마찬가지로 보통은 주주총회의 결의로 선출하였다. 그러나 이 때의 주주는 감사의 임명을 김연수에 맡기기로 결의했을 뿐이다. 경성방직주식회사, 《주주총회록》, 제26회(1939. 12. 26). 나카토미의 경력과 조선식산은행에서의 직위에 관해서는 《鮮滿産業大鑑》, 朝鮮の部, 인물소개, 22쪽을 보라. 1944

년에 나카토미는 경방 주식을 700주 소유하고 있었다. 경성방직주식회사, 《주주명부》(1944. 11. 30), 9쪽을 보라.

121 시라이시에 관해서는 貴田忠衛, 《朝鮮人事興信錄》, 232~233쪽을 보라. 다네가시마에 관해서는 《鮮滿産業大鑑》, 朝鮮の部, 인물소개, 173~174쪽을 보라. 데라다와 하야시에 관해서는 《朝鮮殖産銀行二十年志》, 280~281쪽 및 《朝鮮人事興信錄》, 379쪽을 보라. 1944년 시라이시와 하야시가 소유한 경방주식은 각기 300주였고, 다네가시마는 100주, 데라다는 50주였다. 경성방직주식회사, 《주주명부》(1944. 11. 30), 7~10쪽.

122 예를 들면 곤도 도쿠조近藤德藏(500주 소유)는 1938년에는 같은 은행의 상업금융과장이었다. 곤도에 관해서는 貴田忠衛, 《朝鮮人事興信錄》, 188쪽; 《朝鮮殖産銀行二十年志》, 부록, 114쪽; 《鮮滿産業大鑑》, 74~75쪽; 경성방직주식회사, 《주주명부》(1944. 11. 30), 6쪽을 보라. 마쓰이 산지로(경방주식 570주 소유)는 이 시기에는 은행의 공업금융과장을 맡고 있었다. 마쓰이에 관해서는 《朝鮮人事興信錄》, 436쪽; 《朝鮮殖産銀行二十年志》, 263, 266쪽, 부록, 113쪽; 경성방직주식회사, 《주주명부》(1944. 11. 30), 11쪽을 보라.

123 와타나베(경방주식 76주 소유)에 관해서는 《鮮滿産業大鑑》, 94쪽; 《朝鮮殖産銀行二十年志》, 부록, 112쪽; 경성방직주식회사, 《주주명부》(1944. 11. 30), 13쪽을 보라.

124 노다(경방 주식 300주 소유)에 관해서는 《鮮滿産業大鑑》, 朝鮮の部, 인물소개, 31쪽; 《朝鮮殖産銀行二十年志》, 265쪽, 부록, 108, 111쪽; 경성방직주식회사, 《주주명부》(1944. 11. 30), 9쪽을 보라.

125 하야시 시게키林茂樹(경방주식 100주)에 관해서는 《鮮滿産業大鑑》, 朝鮮の部, 인물소개, 80쪽 및 朝鮮の部, 기업, 40쪽; 《朝鮮殖産銀行二十年志》, 265쪽, 부록, 108쪽; 박종태 편, 《조흥은행팔십오년사》, 18쪽; 《朝鮮産業年報(1943)》, 140쪽; 경성방직주식회사, 《주주명부》(1944. 11. 30), 10쪽을 보라.

126 이모리伊森에 관해서는 貴田忠衛, 《朝鮮人事興信錄》, 27~28쪽; 《朝鮮産業年報

(1943)》, 147쪽; 경성방직주식회사, 《주주명부》(1944. 11. 30), 1쪽을 보라.

127 하야시에 관해서는 貴田忠衛, 《朝鮮人事興信錄》, 378~379쪽;《朝鮮殖産銀行二十年志》, 263쪽; 경성방직주식회사, 《주주명부》(1944. 11. 30), 10쪽을 보라.

128 삼양동제회, 《증권원장》(용인공장 제289번 원장), 1, 8, 19쪽;《朝鮮産業年報》(1943)》, 70, 86, 140쪽. 동사의 본래의 사업은 철도였지만, 재목업과 자동차산업에도 종사했다. 또 철도가 달리는 경기도 중부와 강원도의 넓은 토지 개발에도 사업을 확장했다. 《鮮滿産業大鑑》, 朝鮮の部, 기업, 40쪽을 보라.

129 경성방직주식회사, 《증권원장》(용인공장 제293번 원장), 37. 동사의 사장은 박흥식이 맡고, 김연수를 비롯한 여러 한국인(박춘금과 방의석 등)이 임원이 되었다. 《每日新報》 1944년 10월 2일자;《화신 오십년사》, 203쪽을 보라.

130 동사의 임원 중에는 식산은행 관계자가 적어도 2인 있었다(혼다 히데오本田秀夫와 야마구치 시게마사山口重政). 아루가 미쓰토요도 동사의 고문을 맡고 있었다. 《每日新報》 1944년 10월 2일자를 보라. 혼다와 야마구치에 관해서는 貴田忠衛, 《朝鮮人事興信錄》, 425, 487쪽을 보라. 또《朝鮮殖産銀行二十年志》, 280쪽도 보라.

4. 자본가계급과 국가 : 경영의 동업자

131 1921년 회의의 참가자에 관한 자료는 《동아일보》 1921년 9월 6일자; 朝鮮總督府, 《産業調査委員會議事速記錄》, 전체회의(제2일차), 173~174쪽. 1936년 참가자에 관해서는 朝鮮總督府, 《朝鮮産業經濟調査會諮問答申書》, 79~87쪽을 보라. 1938년의 회의에 관해서는 《朝鮮總督府時局對策調査會諮問答申書》, 183~190쪽을 보라.

132 박영효가 그 대회의 발기준비위원장으로서 한 연설을 보라. 《동아일보》 1921년 7월 29일자에서 인용.

133 朝鮮總督府, 《朝鮮産業經濟調査會會議錄》, 제2분과회, 386~389쪽.

134 朝鮮總督府, 《朝鮮總督府時局對策調査會諮問答申書》, 188쪽. 비록 초청받았으

나 김연수는 1938년 회의에 출석할 수 없었다. 《朝鮮總督府時局對策調査會會議錄》, 6쪽을 참고.

135 朝鮮總督府, 《朝鮮産業經濟調査會諮問答申書》, 27~33쪽을 보라.

136 Maruyama, *Thought and Behavior*, pp. 105~106.

137 조선총독부의 1936년 회의를 위한 규칙을 보라. 《朝鮮産業經濟調査會諮問答申書》, 77~78쪽.

138 *The Japan Weekly Chronicle - Commercial Supplement*, 1936. 1. 30, p. 43.

139 朝鮮總督府, 《朝鮮産業經濟調査會諮問答申書》, 27~28쪽.

140 예컨대 宮林泰司, 〈朝鮮織物界の展望〉, 《朝鮮實業》18, 1940. 3, 102~106쪽을 보라.

141 全國經濟調査機關聯合會 朝鮮支部編, 《朝鮮經濟年報》1940年版, 改造社, 3~50쪽, 특히 34쪽 이후를 보라.

142 全國經濟調査機關聯合會 朝鮮支部編, 《朝鮮經濟年報》, 3~50쪽. 또 경성방직주식회사, 《제35기영업보고서》, 1944. 11. 30, 5쪽도 보라.

143 朝鮮總督府, 《朝鮮産業經濟調査會諮問答申書》, 31~32쪽.

144 《경방 육십년》, 121~122쪽; 경성방직주식회사, 《제35기영업보고서》, 1944. 11. 30, 2~4쪽; 경성방직주식회사, 《합병계약서》(동광제사주식회사와의 합병), 1944. 7. 4를 보라.

145 조선 방직공업에 대한 총독부의 통제에 관한 이 정보의 원천은 《朝鮮纖維要覽》, 朝鮮織物協會, 1943, 3~51쪽, 특히 1~4, 11~14쪽; 경성방직주식회사, 《영업보고서》, 1942~1945년; 《경방 육십년》, 113~115쪽이다.

146 全國經濟調査機關聯合會 朝鮮支部編, 《朝鮮經濟年報》, 44~45쪽.

147 조선방적공업조합에 관해서는 《朝鮮纖維要覽》, 13~14, 269쪽을 보라.

148 삼양염업사의 해리지점 직원과의 좌담회. 김상덕, 박윤도 등과 1982년 10월, 전라북도의 해리지사에서.

149 《수당 김연수》, 189~196쪽을 보라. 전기에 의하면, 마쓰자와가 되풀이해서 요

구한 조건 중 하나는 죽은 박영철을 대신해서 김연수가 서울 주재 만주국 명예 총영사에 취임하는 것이었다. 김연수는 이를 수락했다.

150 Anthony Sampson, *The Sovereign State: The Secret History of ITT*, Hodder and Stoughton, 1974, p. 177에서 인용.

151 《鮮滿産業大鑑》, 134~135쪽을 보라. 경성상공회의소에서의 일본인과 한국인의 사업 교류에 관한 최근의 논문으로는 D. McNamara, "The Keisho and the Korean Business Elite", *Journal of Asian Studies* 48, no. 2, 1989. 5, pp. 310~323을 보라.

152 〈本會の沿革と事業〉, 《朝鮮實業》 18, 1940. 3, 3쪽.

153 〈會員名簿〉, 《朝鮮實業俱樂部》 14, 1936. 6, 85~117쪽.

154 1876년부터 1945년에 걸쳐 수많은 한국인 기업가가 등장했지만, 그중에서도 한상룡은 매우 흥미로운 중요 인물이다. 1880년생인 그는 한일합방조약에 서명한 이완용 대신의 외조카로서 그의 후원을 받았다. 고귀한 신분, 유창한 일본어(3년간 유학했다), 전반적인 매력과 사교성을 가진 한상룡은 일본 정부의 고관과 시부자와 에이치 등의 기업가들과 친밀한 관계를 구축할 수 있었다. 그들은 한상룡의 여러 사업 활동에 귀중한 도움을 주었다. 한상룡은 우선 한성은행의 설립에 관여했고, 1923년에는 은행장에 취임했다. 그러나 사업에 흥미가 많았던 그는 다방면에 걸쳐 여러 기업에 개인적으로 관여하게 되었다. 김연수의 남만방적도 그 하나였다. 1941년에 충청북도 지사 유만겸兪萬兼은 이렇게 썼다. "한상룡 씨의 경력은 실로 반도 재계사의 축도縮圖라고도 할 것이다." 초기의 걸출한 한국인 기업가로서 한상룡의 역사적 의의가 분명하지만, 칼 모스코비치가 지적한 바와 같이 한상룡은 종래의 한국사 문헌에서는 대개 무시되어 왔다. 식민지시대 내내 노골적인 친일파였기 때문이다. 예를 들면 그는 생애 내내 내선일체정책을 강력히 지지했다. 이 책의 제8장; 조기준, 《한국기업가사》, 128~139쪽; 韓翼教編, 《韓相龍君を語る》, 京城:韓相龍氏還曆紀念會, 1941, 501쪽; Karl Moskowitz, "Korean Development and Korean Studies – a Review Article",

JAS 42, 1982. 11, p. 85을 보라.

155 韓相龍, 〈實業俱樂部の沿革〉, 《朝鮮實業俱樂部》 7, 1929. 9, 2쪽.

156 〈會務〉, 《朝鮮實業俱樂部》 14, 1936. 11, 187쪽.

157 〈新入會員(2)〉, 《朝鮮實業俱樂部》 14, 1936. 2, 65쪽을 보라.

158 김용완과의 인터뷰(1984. 8. 13, 서울).

159 韓相龍, 〈實業俱樂部の沿革〉, 2쪽.

160 〈實業俱樂部の沿革〉, 2~3쪽; 〈朝鮮實業俱樂部成立の經過と現狀〉, 《朝鮮實業俱樂部》 15, 1937. 6, 164쪽; 〈鮮滿經濟産業座談會(上)〉, 《朝鮮實業俱樂部》 15, 1937. 5, 32쪽도 보라.

161 〈朝鮮を育みし入場名士〉, 《朝鮮實業俱樂部》 13, 1935. 10, 33쪽.

162 《産業調査委員會議事速記錄》, 제1부 특별위원회, 1쪽.

163 《朝鮮産業經濟調査會諮問答申書》, 1쪽.

164 〈鮮滿經濟産業座談會(下)〉, 《朝鮮實業俱樂部》 15, 1937. 6, 90쪽의 아이카와의 발언.

165 《大東亞共榮圈》, 88쪽.

166 《大東亞共榮圈》, 79쪽.

167 《朝鮮産業經濟調査會諮問答申書》, 29~30쪽.

168 《朝鮮産業經濟調査會會議錄》, 제2분과회, 380쪽.

169 《朝鮮總督府時局對策調査會諮問答申書》, 135~145쪽.

170 경성방직주식회사, 《중역회의록》, 제77회(1938. 10. 14), 제85회(1939. 10. 28), 제98회(1941. 12. 10), 제100회(1942. 2. 5).

171 경성방직주식회사, 《증권원장》(번호없음. 첫 기입은 1943. 9. 9. 1엔짜리 특별국방채권임); 삼양동제회, 《증권원장》(용인공장 제289번 원장), 22, 39쪽.

172 《朝鮮産業年報》, 1943, 124~125쪽; 鹽見常三郎, 〈朝鮮に於ける紡績工業の現狀(Ⅱ)〉, 66쪽 이하; 全國經濟調査機關聯合會 朝鮮支部編, 《朝鮮經濟年報》 1940年版, 253~254, 258~259쪽을 보라.

173 《朝鮮産業年報》, 1943, 124~125쪽; 朝鮮總督府, 《朝鮮總督府時局對策調查會 諮問答申書》, 144쪽.

174 《朝鮮産業年報》, 1943, 124~125쪽(여기에는 공장의 소재지가 수원으로 잘못 기재되 어 있다); 社史編纂委員會 編, 《吳羽紡績三十年》, 大阪: 吳羽紡績株式會社, 1960, 92~93쪽; 關桂三, 《日本綿業論》, 198~200쪽.

175 김상준(김연수의 장남) 명의의 주권(가네가후치鐘淵공업 주식 102주, 1944년 2월 1일 에 일괄 매입); 김상준 명의의 주권(가와사키川崎중공업 주식 500주, 1943년 10월 18 일 일괄 매입). 가네가후치공업은 1944년에 가네가후치방적과 가네가후치실업이 합병하여 설립되었다(가네가후치실업은 중화학공업 기타 비섬유 부문을 영위하기 위해 가네가후치방적이 1938년에 설립한 회사다). 가와사키중공업은 조선, 차량, 해상운 송, 강철, 비행기 등 여러 종류의 사업에 손을 댔다. 가네가후치공업과 가와사 키중공업에 관한 참고문헌은 《ダイヤモンド 會社職員錄, 1975》, ダイヤモン ド社, 1975, 174, 848쪽.

176 삼양동제회, 《증권원장》(용인공장 제289번 원장), 7, 44쪽; 《朝鮮産業年報》, 114 쪽을 보라. 일본의 전쟁 수행에 있어 액화연료가 얼마나 중요한지에 관해서는 Bisson, *Japan's War Economy*, pp. 164~165를 보라.

177 삼양동제회, 《증권원장》(용인공장 제289번 원장), 12쪽; 《朝鮮産業年報》, 103쪽; 《鮮滿産業大鑑》, 朝鮮の部, 企業, 44쪽; 谷浦孝雄, 〈해방후 한국상업자본의 형 성과 발달〉, 진덕규 편, 《1950년대의 인식》, 한길사, 1981, 304~306쪽.

178 Bisson, *Japan's War Economy*, pp. 118~122를 보라.

179 R. J. Francillon, *Japanese Aircraft of the Pacific War*, London: Putnam and Co., 1979, pp. 10~18을 보라.

180 R. J. Francillon, *Japanese Aircraft of the Pacific War*, p. 36.

181 E. W. Pauley, *Report on Japanese Assets in Soviet-Occupied Korea to the President of the United States*, 1946.6, pp. 28, 29. 쇼와비행기주식회사에 관 한 폴리의 보고서(에닉Einig이 작성)는 평양에서 제작된 비행기가 86식 중등연습

기'라고 보았지만, 이 시기의 일본 군용기의 '형식'은 87부터 시작했고, '86식'
이란 없었다. Francillon, *Japanese Aircraft of the Pacific War*, pp. 48, 540
을 보라. 에닉이 지칭한 것은 국제기-86의 4식 기본연습기인 것이고, 이것은
1944년에 생산되기 시작하여 기-17을 대신해 일본군의 표준 기본연습기로 되
었다. Francillon, *Japanese Aircraft of the Pacific War*, pp. 504~505, 538을
보라. 미국전략폭격조사단이 일본 비행기공업을 조사한 1947년의 보고서에 의
하면, "제작비가 싼 소모성"의 연습기는 "분명히 '본토방어를 위한 가미카제 공
격'을 실시하는 1회용 목적으로 제작되었다." 또 "1945년 이후 생산된 연습기
대부분은 가미카제 자살특공기로 사용될 예정이었다." *United States Strategic
Bombing Survey*, 10 vols., New York: Garland Publishing, 1976을 보라.

182 조선비행기주식회사에 관해서는 《매일신보》 1944년 10월 2일자, 10월 7일자;
《화신 오십년사》, 203~206쪽을 보라. 화신의 사사(206쪽)에 의하면, 새 회사가
비행기를 한 대도 생산하지 못한 채 전쟁이 끝났다.

183 《화신 오십년사》; 경성방직주식회사, 《증권원장》, 37쪽.

184 韓相龍, 〈年頭所感〉, 《朝鮮實業俱樂部》 18, 1940. 1, 11쪽; 金禮顯, 〈支那事變
後に處すべき半島人の用意〉, 《朝鮮實業俱樂部》 16, 1938. 3, 64쪽; Yoshida
Shigeru's memo to Konoe(1942) in J.W. Dower, *Empire and Aftermath:
Yoshida Shigeru and the Japanese Experience, 1878~1954*, Cambridge:
Council on East Asian Studies, Harvard University, 1979, p. 230.

185 《경방 육십년》, 123~125, 252, 532~533쪽을 보라. 또한 경성방직주식회사,
《제34기영업보고서》, 1944. 5. 31; 《제35기영업보고서》, 1944. 11. 30; 《제36
기영업보고서》, 1945. 5. 31.

186 경성방직주식회사, 《제34기영업보고서》, 1944. 5. 31, 3쪽; 경성방직주식회사,
《중역회의록》, 제114회(1944. 10. 5).

187 경성방직주식회사, 《제30기영업보고서》, 1942. 5. 31, 6쪽.

188 《경방 육십년》, 522~525쪽을 보라.

189 경성방직주식회사, 《제30기영업보고서》, 1942. 5. 31, 6쪽; 《제36기영업보고
서》, 1945. 5. 31.

190 김용완과의 인터뷰(1984. 3. 31, 서울).

191 경성방직주식회사, 《제35기영업보고서》, 1944. 11. 30, 5쪽; 《제34기영업보고
서》, 1944. 5. 31, 3쪽; 《제35기영업보고서》, 1944. 11. 30, 7쪽.

192 《경방 육십년》, 251쪽을 보라.

193 《경방 육십년》, 522~525쪽; 경성방직주식회사, 《제30, 34, 35, 36기 영업보고
서》의 〈손익계산서〉(1942. 5. 31, 1944. 5. 31, 1944. 11. 30, 1944. 5. 31).

194 《동아일보》 1939년 4월 11일자를 보라. 이 시기 수많은 총독부 정책과 마찬가지
로 이 규제도 조선에 대한 전시통제의 일환이었다. 6퍼센트라는 숫자는 후에 8
퍼센트로 인상되었고, 그 이상의 배당을 하는 경우는 정부의 허가를 받아야 했
다. Jerome B. Cohen, *Japan's Economy in War and Reconstruction*,
Minneapolis: University of Minnesota Press, 1949, p. 18; *The Japan
Weekly Chronicle–Commercial Supplement*, 1938. 12. 22, p. 188; 《경방
육십년》, 251쪽을 보라.

195 경성방직주식회사, 《제36기영업보고서》의 〈대차대조표〉(1945. 5. 31).

196 *The Japan Weekly Chronicle - Commercial Supplement*, 1938. 12. 22, p. 188.

197 《경방 육십년》, 522~525쪽.

198 경성방직주식회사, 《제36기영업보고서》의 〈대차대조표〉(1945. 5. 31); 《朝鮮銀
行會社組合要錄》, 134쪽.

199 경성방직주식회사, 《제36기영업보고서》, 1945. 5. 31.

200 《경방 육십년》, 524~525쪽.

5. 식민본국과 변방 사이에서 : 원료와 기술의 획득

201 '종속, 종속성' 이라는 용어는 근래 바란Paul Baran과 프랭크Andre G. Frank, 특히

월러스틴Immanuel Wallerstein이 제창한 소위 종속이론 속에서 주로 사용되었지만, 일본과 일본자본주의에 대한 식민지 한국(및 한국인 자본가)의 종속은 월러스틴 등이 논한 종속관계와는 전혀 다른 것이었다. 월러스틴에 있어 종속의 주요한 결정 요인은 경합하는 민족국가로 이루어진 자본주의 세계경제 속에서 그 나라가 차지한 경제적 위치다. 이 견해에 따르면, 종속관계를 낳는 것은 정치적 요인이 아니라 경제력의 결과다. 월러스틴은 명쾌하게 말했다. "어느 국가의 정치투쟁과 내부의 계급 대립을 이해하기 위해서는 우선 세계경제 속에서 차지하는 그 나라의 지위를 알아야 한다. 그렇게 하면 여러 가지 정치적·문화적 활동은 세계경제 속에서 지위를 바꾸든가 혹은 유지하기 위한 노력이라는 것을 알 수 있다. 그러한 노력은 그 나라의 특정 집단에게 유리할 수도, 불리할 수도 있다." 그러나 식민지기 한국의 상황은 반대였다. 일본과 일본 자본주의에 대한 한국(및 한국인 자본가)의 경제적 지위를 결정한 주요 요인은 정치적 요인, 곧 일본의 식민지라는 한국의 지위였던 것이다. 앞의 인용은 "The Present State of the Debate on World Equality", in Immanuel Wallerstein, *The Capitalist World-Economy*, Cambridge: Cambridge University Press, 1979, pp. 53~54. 이 책에는 다음의 논문도 수록되어 있다. "The Rise and Future Demise of the World Capitalist System: Concepts for Comparative Analysis", pp. 1~36. 이 글에는 월러스틴 이론의 개요가 간결히 서술되어 있다.

202 朝鮮總督府, 《産業調査委員會議事速記錄》, 일반부회(제1일), 75쪽.

203 《産業調査委員會議事速記錄》, 일반부회(제1일), 75~76쪽.

204 關桂三, 《日本綿業論》, 18~19, 21쪽.

205 《경방 육십년》, 54쪽.

206 예컨대 1936년 산업경제조사회의 김연수 발언을 보라. 朝鮮總督府, 《産業經濟調査會會議錄》, 第2分科會, 387쪽.

207 〈京城紡績會社の內容を訊く〉, 17쪽.

208 《경방 육십년》, 92, 249쪽.

209 《경방 육십년》, 92, 249쪽.

210 關桂三, 《日本綿業論》, 111~121쪽을 보라.

211 도요면화에 관해서는 《要錄》, 403쪽; Kozo Yamamura, "General Trading Companies in Japan: Their Origins and Growth", in Hugh Patrick ed., *Japanese Industrialization and Its Social Consequences*, University of California Press, paperback, 1976, pp. 169~171, 174~176, 180~182; Pearse, *Cotton Industry of Japan and China*, pp. 39~40을 보라.

212 Pearse, *Cotton Industry of Japan and China*, pp. 39~41.

213 영등포에 있던 공장과 달리 1927년까지 경방의 사무소와 도요면화의 서울지점은 서울의 직물상 중심지 중 하나인 을지로 1가에 있었다. 1927년에 경방은 그 사무소를 남대문로 1가(현재의 경방 코너 자리)로 옮겼다. 《要錄》, 403쪽을 보라. 훗날 도요면화도 영등포에 사무소를 두었다. 朝鮮織物協會編, 《朝鮮纖維要覽》, 118쪽을 보라.

214 이것은 경방이 거래를 많이 한 지방에서 특히 그러하였다. 朝鮮綿絲布商聯合會, 《朝鮮綿業史》, 233~235쪽을 보라.

215 김용완과의 인터뷰(1984. 4. 13, 서울). 경방과 야기상점의 관계는 경방의 창립 직후 그를 위한 이강현의 첫 일본 출장까지 소급되는 오랜 역사를 갖고 있다.

216 Pearse, *Cotton Industry of Japan and China*, pp. 46~47를 보라.

217 〈京城紡績會社の內容を訊く〉, 17쪽.

218 《朝鮮纖維要覽》, 113쪽; 경성방직주식회사, 《주주명부》(1944. 11. 30), 1쪽을 보라.

219 김용완과의 인터뷰(1984. 3. 30, 서울). 경방의 원료 조달에서 중요한 지위를 차지하고 있던 또 하나의 회사는 이토추(伊藤忠)주식회사인데, 이것은 이토추그룹과 경방의 극히 긴밀한 관계를 고려하면 그리 놀랍지 않다. 그러한 거래 전표가 많이 남아 있다. 예컨대 경성방직주식회사, 《전표》(용인공장 전표 묶음, 1938. 10. 21~1938. 10. 25)를 보라.

220 〈朝鮮に於ける紡績工業の現狀(Ⅰ)〉, 《大日本紡績聯合會月報》 587, 1941. 9, 11쪽.

221 박재을, 〈한국면방직업의 사적 연구: 1876~1945년을 중심으로〉, 경희대학교 박사학위논문, 1980, 17~67쪽; 梶村秀樹, 《朝鮮に於ける資本主義》, 11~142쪽, 특히 52~91쪽을 보라. 한국의 전통적 면공업에 관한, 영문으로 된 간략한 역사적 개관을 위해서는, Sung Jae Koh, *Stages of Industrial Development in Asia: A Comparative History of the Cotton Industry in Japan, India, China, and Korea*, Philadelphia: University of Pennsylvania Press, 1966, pp. 260~284를 보라.

222 關桂三, 《日本綿業論》, 104쪽.

223 關桂三, 《日本綿業論》, 104쪽. 미국 육지면은 "질과 특성에서 모든 다른 면화와 비교되는 표준적 미국면화"다. George E. Linton, *The Modern Textile Dictionary*, New York: Duell, Sloan, and Pearse, 1954, p. 705를 보라.

224 Sung Jae Koh, *Stages of Industrial Growth*, pp. 307~310.

225 〈朝鮮に於ける紡績工業の現狀(Ⅰ)〉, 11~15, 102쪽.

226 〈朝鮮に於ける紡績工業の現狀(Ⅰ)〉, 11~15, 102쪽.

227 예컨대 〈鮮滿經濟産業座談會(下)〉의 가마타鎌田의 말을 보라(113쪽).

228 《朝鮮産業經濟調査會會議錄》, 第2分科會, 381~382쪽.

229 《朝鮮産業經濟調査會會議錄》, 第2分科會, 386~389쪽. 또 Linton, *The Modern Textile Dictionary*를 보라. 대일본방적연합회도 두껍고 거친 면사(22번수나 19번수 이하)의 생산이 조선 방적공업의 '독특한 특징'이라고 지적하였다. 〈朝鮮に於ける紡績工業の現狀(Ⅱ)〉, 68쪽을 보라.

230 關桂三, 《日本綿業論》, 36쪽을 보라.

231 Pearse, *Cotton Industry of Japan and China*, pp. 123~125.

232 *The Japan Weekly Chronicle - Commercial Supplement*, 1936. 12. 24, p. 270.

233 李載坤, 〈永登浦の三大工場を觀る〉, 《朝鮮實業俱樂部》 14, 1936. 1, 74쪽을

보라. 블렌드 면은 인도면 6-미국면 4의 비율이었다. 《朝鮮總督府時局對策調査會諮問答申書》, 46쪽을 보라

234 《朝鮮産業經濟調査會會議錄》, 第2分科會, 313쪽.

235 〈朝鮮に於ける紡績工業の現狀(Ⅱ)〉, 73쪽.

236 Jones, *Manchuria Since 1931*, pp. 176~178을 보라.

237 關桂三, 《日本綿業論》, 104~105쪽을 보라.

238 일본은 중일전쟁이 일어나기 전부터 면화의 공급원으로서 중국에 관심을 기울였다. 실제로는 열하熱河를 점령한 1933년부터 일본은 중국 화북평원으로 쉽게 접근할 수 있었다. Tien-Tsung Sih, "Japan and Cotton Industry in North China", *Council of International Affairs(Nanking) Information Bulletin* 3, no. 6, 1937. 3, pp. 123~137; 三菱經濟研究所 編, 《日本の産業と貿易の發展》, 三菱經濟研究所, 1935, 236~237쪽.

239 三菱經濟研究所, 《日本の産業と貿易の發展》, 236쪽; 關桂三, 《日本綿業論》.

240 《朝鮮總督府時局對策調査會諮問答申書》, 46쪽.

241 경성방직주식회사, 《제35기영업보고서(1944. 11. 30)》, 5쪽; 關桂三, 《日本綿業論》, 372쪽.

242 Gary Saxonhouse, "A Tale of Technical Diffusion in the Meiji Period", *Journal of Economic History* 34, 1974. 3, pp. 151~152, 162.

243 Saxonhouse, "A Tale of Technical Diffusion", pp. 152, 162

244 일본의 '행콥 릴러'는 1888년에 개발되었다. 메이지헌법이 공포된 것은 1889년이다. Saxonhouse, "A Tale of Technical Diffusion", p. 154.

245 關桂三, 《日本綿業論》, 23쪽.

246 關桂三, 《日本綿業論》, 23~24쪽.

247 그러나 1인이 60대를 담당하면 직물에 문제가 생기는 일이 많았다. 1인의 평균 대수는 약 24대였다. Pearse, *Cotton Industry of Japan and China*, pp. 79~80; Charles K. Moser, *The Cotton Textile Industry of Far Eastern*

Countries, Boston: Pepperell Manufacturing Co., 1930, p. 32.

248 Pearse, *Cotton Industry of Japan and China*, p. 80.

249 Pearse, *Cotton Industry of Japan and China*, pp. 80, 87.

250 Pearse, *Cotton Industry of Japan and China*, p. 78.

251 Moser, *Cotton Textile Industry of Far Eastern Countries*, p. 31.

252 Lockwood, *Economic Development of Japan*, pp. 332~333.

253 1921년 산업조사위원회에서의 한상룡의 발언을 보라. 朝鮮總督府, 《産業調査委員會議事速記錄》, 전체회의(제2일), 158쪽.

254 朝鮮總督府, 《朝鮮産業經濟調査會諮問答申書》, 29~30쪽; 《朝鮮總督府時局對策調査會諮問答申書》, 141쪽.

255 Grajdanzev, *Modern Korea*, p. 157; Juhn, "Entrepreneurship in an Underdeveloped Economy", pp. 174~175; 小林英夫, 《大東亞共榮圈》, 210~211쪽.

256 George M. McCune, *Korea Today*, Cambridge: Harvard University Press, 1950, p. 140.

257 《경방 육십년》, 273쪽.

258 경성방직주식회사, 《소유물대장》(용인공장 제453번 원장), 86~100쪽. 1938년 도요타는 경방에 대해 중국 허난성의 도시 장더에 방적공장을 공동으로 설립할 것을 제안했지만, 경방은 이것을 사절했다.

259 《경방 육십년》, 273~274쪽.

260 이밖에도 많은 회사가 있었다. 경성방직주식회사, 《소유물대장》(용인공장 제453번 원장); 경성방직주식회사, 《기계기구매입원장》(용인공장 제417번 원장). 용인의 경방 창고에는 이러한 구입을 증명하는 청구서와 영주증이 몇 백, 몇 천 장씩 보관되어 있다. 필자를 그 사본을 갖고 있다.

261 《경방 육십년》, 274쪽.

262 경성방직주식회사, 《소유물대장》(용인공장 제453번 원장), 100쪽.

263 경성방직주식회사, 《소유물대장》(용인공장 제453번 원장), 160, 165쪽.

264 경성방직주식회사, 《중역회의록》, 제103회(1942. 5. 27). 실제로는 경방이 방적 업도 하기로 결정한 1935년 봄부터 오사카에 주재원을 두었다. 그러나 1942년 에는 오사카의 업무를 확대하여 정식 출장소를 개설하기로 결정하였다. 《경성방 직오십년》, 경성방직주식회사, 1969, 159~160쪽을 보라. 오카사사무소의 업 무 확대와 격상 결정을 내리게 된 이유의 하나는, 만주의 새 자회사를 위해 기계 구입과 수송을 효율적으로 하기 위해서였다. 이것은 회사의 자료로 보아 분명하 다. 경성방직주식회사, 〈大阪出張所: 大阪市內外로의 1일 출장여비 명세(1942. 5. 30, 1942. 6. 3)〉. 경방이 출장소를 오사카에 둔 것에서도, 경방이 이토추와 야 기상점이라는 일본의 특정 기업과 맺은 친밀한 관계를 볼 수 있다. 1942년 이전 에는 경방의 오사카 주재원은 이토추상사 빌딩 안에 있는 구레하방적의 사무소 (구레하방적은 이토추상사의 소유였다)에서 업무를 보았다. 《경성방직오십년》, 160 쪽 사진; 《吳羽紡績三十年》, 48쪽의 사진을 보라. 1942년 이후 경방은 야기상점 의 본점이 있는 곳에 출장소를 두었다. 《朝鮮纖維要覽》, 88, 113쪽.

265 경성방직주식회사, 〈이체전표〉(구와나의 야마모토 쥬지로山本重次郎 상점에서 산 치 즈 보빈 1,000개의 대금 지불), 1942. 7. 1; 수령한 제품의 〈검품대장〉(오사카의 동 아연사주식회사로부터 치즈 보빈 1,000개), 1942. 7. 11.

266 경성방직주식회사, 〈납품서〉(高島屋支店으로부터)(1942. 6. 8).

267 Lockwood, *The Economic Development of Japan*, pp. 510~512.

268 朝鮮銀行 調査課, 《工業金融の現狀と其の對策》, 1936, 19쪽.

269 《朝鮮産業經濟調査會會議錄》, 제4분과회, 613~614쪽.

270 《朝鮮産業經濟調査會會議錄》, 제4분과회, 613쪽. 경성고등공업학교는 1905년 에 대한제국 정부가 세웠는데 총독부가 1916년에 공업전문학교로 격상시켰다. 입학 자격은 6년간의 보통학교 졸업 후에 5년에 걸친 고등보통학교를 졸업하는 것이었다. 1936년의 산업경제조사회에서 노구치는 경성고등공업학교에 광업과 기계공학 전공밖에 없다고 발언했지만, 이것은 과장이지 사실이 아니다. 실제

로는 방직, 응용화학, 요업공학, 토목공학, 건축, 광업의 전공이 있었다. 그러나 도쿄공업대학(1929년까지는 도쿄고등공업학교)과 비교하면, 경성고공에는 염색·전기화학과 같은 고도의 분야는 물론이고, 기계공학·전기공학 전공조차도 없었다. 《朝鮮總督府施政年報 1922~1923》, 1924; 文部省實業學務局, 《實業學校一覽》, 1936, 133쪽; 作道好男·江藤武人 編, 《東京工業學校九十年史》, 財界評論新社, 1975, 431쪽; Juhn, "Entrepreneurship in an Underdeveloped Economy", pp. 93~94를 보라. 일본은 대만에서도 같은 산업교육정책을 실시했다. 거기에서도 조선과 마찬가지로 "언제라도 본국으로부터 기술자를 데려올 수 있다"는 전제에 입각했다. E. Patricia, *Japanese Colonial Education in Taiwan, 1895~1945*, Cambridge: Harvard University Press, 1977, p. 53을 보라.

271 《朝鮮産業經濟調査會會議錄》, 제4분과회, 611쪽.

272 《朝鮮産業經濟調査會諮問答申書》, 57~60쪽을 보라.

273 1945년 조선에서는 제조업과 건설업 기술자의 19퍼센트가 한국인이었다. 그러나 금속과 화학과 같은 고도 기술산업에서는 이 숫자가 11퍼센트에 불과했다. Mason et. al., *Economic and Social Modernization of the Republic of Korea*, pp. 76~77.

274 《수당 김연수》, 54쪽; 〈京城紡績會社の內容を訊く〉, 16쪽.

275 《수당 김연수》, 105쪽.

276 김용완과의 인터뷰(1984. 3. 30, 서울).

277 《수당 김연수》, 154쪽.

278 경성방직주식회사, 《중역회의록》, 제2회(1919. 10. 6).

279 동은기념사업회, 《동은 김용완》, 92쪽.

280 경성방직주식회사, 《중역회의록》, 제88회(1940. 4. 27).

281 김용완과의 인터뷰(1984. 3. 30, 서울).

282 Kozo Yamamura, "General Trading Companies in Japan", pp. 171~172,

177~178. 야마무라의 정보원은 《伊藤忠商社一百年》, 伊藤忠商社株式會社社史 編輯室, 1969.

283 김용완과의 인터뷰(1984. 4. 13, 서울). 경방의 현 회장인 김각중(김용완의 아들이 자 김성수와 연수의 조카)에 의하면, 그의 부친 김용완은 이토추 현 사장의 친구였 다고 한다. 김각중과의 인터뷰(1984. 3. 29, 서울). 필자는 후에 영등포 공장을 시 찰했을 때, 경방이 이토추를 통해서 도요타 기계를 매입했다는 것을 알았다.

284 김용완과의 인터뷰(1984. 3. 30, 서울); 《朝鮮産業年報 1943》, 124~125쪽.

285 김용완과의 인터뷰(1984. 4. 13, 서울); 앞의 주석 270.

286 《朝鮮纖維要覽》, 390쪽; 김용완과의 인터뷰(1984. 3. 30, 서울).

287 경성방직주식회사, 〈吳羽紡績주식회사로부터의 영수증〉(구레하방적 구레하공장의 경방 연수생 4명의 매월 식비, 생활비, 보너스를 지불한 것), 1942. 6. 11; 〈吳羽紡績주 식회사로부터의 영수증〉(구레하방적 다이몬大門공장의 연수생 3명의 매월 식비, 생활 비, 보너스의 지불), 1942. 6. 15; 〈吳羽紡績주식회사로부터의 영수증〉(구레하방적 뉴젠入善공장의 경방 연수생 4명의 매월 식비, 생활비, 보너스의 지불), 1942. 6; 경성 방직주식회사, 〈오사카출장소: 수지영수증〉 KB123, KB126, 1942. 6. 경방의 기술자들도 일본의 방적공장에 단기 현지조사여행을 갔던 것 같다. 경성방직주 식회사, 〈출장여비명세서, 1941. 6. 11~1941. 6. 29〉(경방의 방적부문 책임자가 제출한 오사카, 호쿠리쿠北陸, 시코쿠四國의 공장시찰여행비) 1941. 7. 1을 보라.

288 김용완과의 인터뷰(1984. 3. 30, 서울).

6. 식민모국과 변방 사이에서 : 시장을 찾아서

289 경방은 이 박람회들에 참가하였는데, 이들은 이미 1924년에 대개 1~2개월간 계 속되었다. 경방이 참가한 다른 박람회들은 1929년, 1935년, 1940년에 열렸다. 《경방 육십년》, 328쪽을 보라.

290 《수당 김연수》, 98~100쪽.

291 《경방 육십년》, 90쪽.

292 《경방 육십년》, 299~300쪽.

293 《경방 육십년》, 65~66쪽.

294 《産業界》 제2호(1924.1)의 목록 1쪽 맞은편의 광고.

295 〈京城紡績會社の內容を訊く〉, 16쪽을 보라.

296 조기준, 《한국기업가사》, 184~185, 196~200쪽; 박두병전기위원회, 《연강 박두병》, 25~32쪽; 명주현 편, 《OB 이십년사》, 64~67쪽을 보라.

297 조기준, 《한국기업가사》, 199쪽; 박두병전기위원회, 《연강 박두병》, 32쪽.

298 朝鮮綿絲布商聯合會, 《朝鮮綿業史》, 32~34쪽, 299~301쪽. 또 명주현 편, 《OB 이십년사》, 67~68쪽을 보라.

299 조기준, 《한국기업가사》, 198~199쪽.

300 박두병전기위원회, 《연강 박두병》, 76쪽. 또 朝鮮綿絲布商聯合會, 《朝鮮綿業史》, 33쪽.

301 朝鮮綿絲布商聯合會, 《朝鮮綿業史》, 24, 299~300쪽.

302 공익사에 대한 이토추의 투자에 관해서는 조기준, 《한국기업가사》, 199쪽; 이 회사에 경방을 소개한 데 관해서는 김용완과의 인터뷰(1984. 4. 13, 서울).

303 김용완과의 인터뷰(1984. 3. 30, 서울). 박씨가와 김씨가는 식민지기 동안 방직공업에서만 협력한 것이 아니었다. 미쓰비시가 1933년에 영등포에서 쇼와기린昭和麒麟맥주주식회사를 창립하였을 때, 박승직과 김연수는 이 새 회사에 주주와 이사로서 참여하였다. 해방 후 쇼와기린의 관리와 통제권은 박승직의 장남 두병에게 돌아갔는데, 그는 이 회사(지금은 OB맥주)를 토대로 두산그룹을 이룩하였다. 명주현, 《OB 이십년사》, 60~64쪽 참고. 또한 朝鮮銀行調査課, 《最近朝鮮に於ける大工業の躍進と其の資本系統》, 끝의 표.

304 박흥식의 출신 배경은 약간 불확실하다. 근래에 발간된 그의 회고록과 화신사사는 그의 아버지를 평남 용강군의 유명하고 인망 있는 인물로 그리고 있다. 하지만 박흥식도, 그 전기작가도 이 가문이 양반 신분임을 주장하지 않았고, 사실 이

박씨가 어느 박씨에 속하는지조차도 언급하지 않았다. 한국인은 양반 가계라면, 그것이 아무리 희미한 것이라도 반드시 언급하는 것이 보통이다. 박흥식에 의하면, 박씨가는 10대에 걸쳐 용강에 살아왔지만, 6~7대까지 2,000석 수입이 있는 토호土豪가 되었다. 그러나 박흥식이 태어난 무렵에는 재산의 대부분을 잃었던 것 같고(이것에 관해서는 명확히 기술되어 있지는 않다), 상속재산이 없는 박흥식이 모친을 부양하기 위해서는 자신의 재능에 의지하지 않을 수 없었던 것 같다(형이 1910년에, 아버지가 1916년에 사망했다). 박흥식, 〈재계회고〉, 《재계회고》 2, 한국일보사, 1984, 166~167쪽; 《화신 오십년사: 1926-1976》, 69쪽을 보라.

305 박흥식, 〈재계회고〉, 167~168쪽; 《화신 오십년사》, 74~75쪽.

306 박흥식, 〈재계회고〉, 168~178쪽; 《화신 오십년사》, 75~101쪽.

307 《화신 오십년사》, 97~98쪽.

308 반민족행위에 대한 1949년의 공판에서, 박은 자신이 이 회사에서 약 1,000주의 주주이자 감사였음을 인정했다. 김영진 편, 《反民者 大公判記》, 막풍출판사, 1949, 56쪽을 보라.

309 그와 아루가의 관계에 관해서는 박흥식, 〈재계회고〉, 188쪽; 《화신 오십년사》, 122쪽을 보라. 박흥식과 우가키에 관해서는 《화신 오십년사》, 97~98쪽을 보라.

310 김영진 편, 《반민자》, 61~62쪽을 보라.

311 《화신 오십년사》, 102~131쪽.

312 경성방직주식회사, 《판매수수료원장》(1938. 12. 1~1939. 11. 30), 1쪽.

313 《화신 오십년사》, 180~181쪽.

314 《朝鮮纖維要覽》, 122~123쪽을 보라.

315 《화신 오십년사》, 143쪽; 《朝鮮纖維要覽》, 115~116쪽을 보라. 화신사사에 따르면, 이 회사는 1940년에 해산하지 않을 수 없었다. 그러나 《朝鮮纖維要覽》에 따르면, 그것은 1943년 2월에도 여전히 활동하고 있었다.

316 《화신 오십년사》, 143쪽을 보라. 1944년 말 박흥식 개인이 1,340주의 경방 주식을 보유했지만, 주식회사화신과 화신무역을 통해 추가로 1만 6,766주를 지배하

고 있었다. 경방의 총주식은 1944년 말 26만 주였다. 경성방직주식회사, 《주주명부》(1944. 11. 30)를 보라.

317 고원섭, 《反民者 罪狀記》, 백엽문화사, 1949, 16쪽을 보라.

318 경성방직주식회사, 《제품매상일기장》(1938. 12. 1~1939. 11. 30).

319 《제품매상일기장》(1938. 12. 1~1939. 11. 30).

320 《제품매상일기장》(1938. 12. 1~1939. 11. 30), (1943. 5. 6~1943. 10. 23), 1~217쪽.

321 경성방직주식회사, 《판매수수료원장》(1938. 12. 1~1939. 11. 30)의 리베이트율 표를 보라.

322 川合彰武, 《朝鮮工業の現段階》, 109~110쪽.

323 Ernest Hemingway, *The Snows of Kilimanjaro and Other Stories*, New York: Charles Scribner's Sons, 1927, p. 3.

324 Martin의 보고서는 Edwin W. Pauley, *Report on Japanese Assets in Manchuria to the President of the United States*, 1946. 6, Appendix 12, Plant Inspection Report 1-K-8에 있다.

325 《滿洲國年鑑 1942年》, 滿洲國年鑑社, 1942, 117쪽.

326 용정무역회사에 관해서는 《著名商工案內》, 大阪: 株式會社商業興信所, 1942, 朝鮮-滿洲部, 98쪽을 보라. 또 경성방직주식회사, 《주주명부》(1944. 11. 30), 12쪽을 보라. 경방의 1944년도 주주명부에는 용정무역회사의 사장으로서 도요타 도미히사라는 이름이 올라있지만, 《著名商工案內》에는 강재후가 사장으로 기재되어 있다. 1942년 7월 7일자 용정무역회사에의 경방의 배당금 명세서에도 강재후의 이름이 올라 있다. 따라서 1944년에 강재후가 일본식 이름을 올렸던가 아니면 다른 인물이 그 뒤를 이어서 회사의 사장이 되었을 것이다.

327 Jones, *Manchuria Since 1931*, p. 73.

328 Jones, *Manchuria Since 1931*, pp. 72~73, 178~179.

329 《삼양 오십년》, 131~150, 169~171쪽.

330 《삼양 오십년》, 138, 141쪽.

331 《삼양 오십년》, 142, 144, 146, 170쪽.

332 《삼양 오십년》, 162~167쪽.

333 Peter Duus, "Economic Dimensions of Meiji Imperialism", p. 159.

334 賀田에 관해서는 貴田忠衛, 《朝鮮人事興信錄》, 103쪽을 보라.

335 朝鮮總督府, 《産業調査委員會議事速記錄》, 제1부 특별위원회(제3일), 10쪽.

336 朝鮮總督府, 《産業調査委員會議事速記錄》, 제1부 특별위원회(제3일), 6~7쪽.

337 Grajdanzev, *Modern Korea*, p. 201. 조기준, 《한국 자본주의성립사론》, 475
~477쪽; Jones, *Manchuria Since 1931*, pp. 124~128도 보라.

338 韓相龍, 《南北支那及滿洲視察報告書》, 京城 漢城銀行, 179쪽을 보라.

339 朝鮮總督府, 《産業調査委員會議事速記錄》, 제1부 특별위원회(제3일), 1쪽.

340 韓相龍, 〈南北滿洲を視察して〉, 《朝鮮實業俱樂部》 10, 1932. 4. 3쪽을 보라.

341 〈財界片片〉, 《朝鮮實業俱樂部》 10, 1932. 6, 40쪽.

342 工藤三次郎, 〈朝鮮對滿洲貿易の十年〉, 《朝鮮實業》 20, 1942. 9, 2쪽. 이 단체
에서 조선총독부의 역할에 관해서는 朝鮮總督府, 《朝鮮産業經濟調査會諮問答
申書》, 37쪽.

343 예컨대 〈財界片片〉, 37쪽을 보라. 또 《朝鮮實業俱樂部》 10, 1932. 6, 31~66쪽
과 《朝鮮實業俱樂部》 10, 1932. 7, 41~65쪽의 〈鮮滿貿易座談會〉를 보라. 또 古
田廉三郎(조선은행 다롄지점장), 〈滿洲國について〉, 《朝鮮實業俱樂部》 10, 1932.
10, 14~15쪽; 山成喬六(만주국 중앙은행 부총재), 〈滿洲國の金融事情(Ⅰ)〉, 《朝鮮
實業俱樂部》 11, 1933. 3. 31~33쪽; 堂本貞一(총독부 식산과장), 〈滿洲國産業の
大勢と鮮滿貿易について〉, 《朝鮮實業俱樂部》 13, 1935. 4, 2~7쪽도 보라.

344 朝鮮總督府, 《朝鮮産業經濟調査會諮問答申書》, 27쪽.

345 朝鮮總督府, 《朝鮮産業經濟調査會諮問答申書》, 35~37쪽.

346 조기준, 《한국기업가사》, 199쪽.

347 〈鮮滿貿易座談會〉, 《朝鮮實業俱樂部》 10, 1932. 6, 31~36쪽; 10, 1932. 7,

41~65쪽.

348 〈財界片片〉, 《朝鮮實業俱樂部》 10, 1932. 6, 37쪽.

349 만주사변 1주년 기념식에서의 한상룡의 연설 〈時局と滿洲〉, 《朝鮮實業俱樂部》 10, 1932. 10, 25~31쪽을 보라. 한상룡은 그 후에도 만주사변에 관한 비슷한 기념 연설을 계속했다. 예컨대 韓翼橋 編, 《韓相龍君を語る》, 760~771쪽에 나오는 1936년의 연설을 보라.

350 〈鮮滿經濟産業座談會(上)〉, 46쪽. 또 《경방 육십년》, 106쪽을 보라.

351 Jones, *Manchuria Since 1931*, pp. 70~71을 보라.

352 韓相龍, 〈南北滿洲を視察して〉, 6, 13쪽. 또 韓相龍, 〈時局と滿洲〉, 31쪽.

353 Jones, *Manchuria Since 1931*, pp. 70~71.

354 잉커우방직주식회사에 관해서는 酒井一夫, 〈滿洲輕工業の發展過程に關する覺書〉, 《大日本紡績聯合會月報》 583, 1941. 5, 6쪽을 보라. 잉커우공장에 대한 김연수의 정확한 투자액은 모른다. 그러나 일제 말까지 그가 적어도 132주를 보유했음을 보여주는 자료가 있다. 삼양동제회, 《증권원장》, 18, 37쪽을 보라.

355 《朝鮮實業俱樂部》 12, 1934. 3, 51쪽을 보라.

356 韓相龍, 〈滿洲事變三週年を迎えて〉, 《朝鮮實業俱樂部》 12, 1934. 10, 11쪽을 보라. 김연수는 이 기업가들 중의 좋은 예였다.

357 工藤三次郎, 〈朝鮮對滿洲貿易の十年〉, 4쪽.

358 鹽見常三郎, 〈朝鮮に於ける紡績工業の現狀(Ⅱ)〉, 70~73쪽; 關桂三, 《日本綿業論》, 196쪽; Jerome B. Cohen, *Japan's Economy in War and Reconstruction*, p. 15도 보라.

359 朝鮮綿絲布商聯合會, 《朝鮮綿業史》, 89~92쪽.

360 《경방 육십년》, 64~66, 310쪽; 《수당 김연수》, 118~119쪽; 경성방직주식회사 《중역회의록》, 제27회(1924. 11. 7); 《경방 육십년》, 65쪽을 보라.

361 《경방 육십년》, 54쪽.

362 여행은 평양부가 후원하여 약 1개월간 계속되었다. 《수당 김연수》, 98~100쪽

(방문지 지도를 포함)을 보라. 김연수의 경방에의 임명에 관해서는 《수당 김연수》, 107쪽을 보라.

363 《수당 김연수》, 129~130쪽; 김용완과의 인터뷰(1984. 3. 30, 서울).

364 만주에서 이 유형의 조포가 인기를 끈 데 대해서는 Richard A. Krause, *Cotton and Cotton Goods in China, 1918~1936*, New York: Garland Publishing, 1980, K-1(Appendix K). 이것은 경방이 생산하고 있던 타입의 조포였다. 1936년 총독부 산업경제조사회에서의 김연수의 발언을 보라. 朝鮮總督府, 《朝鮮産業經濟調査會會議錄》, 제2분과회, 387쪽. 또 《수당 김연수》, 130쪽; 《경방 육십년》, 74쪽도 보라.

365 《수당 김연수》, 130쪽.

366 《경방 육십년》, 7쪽.

367 〈京城紡織株式會社の內容を聞く〉, 16쪽; 《경방 육십년》, 544쪽.

368 《경방 육십년》, 90, 325, 545쪽; 《수당 김연수》, 132쪽; 《삼양 오십년》, 134~135쪽.

369 《경방 육십년》, 90, 301, 522쪽.

370 《경방 육십년》, 102, 545쪽.

371 酒井一夫, 〈滿洲輕工業の發展過程に關する覺書〉, 6쪽.

372 만주의 관세에 대한 1932년 미야바야시宮林의 강한 비판(〈鮮滿貿易座談會(下)〉, 48~49쪽)을 보라. 당시 미야바야시는 경성도매상조합의 회장 및 조선면사포상연합회의 회장을 맡고 있었다(제4장 참고). 1933년의 관세 개정에 관해서는 Jones, *Manchuria Since 1931*, pp. 191~192를 참고.

373 酒井一夫, 〈滿洲輕工業の發展過程に關する覺書〉, 6쪽.

374 만주국이 건국되기까지는 만주에 수입된 일본(및 조선)의 면제품에 대한 관세가 36퍼센트로 높았다(〈鮮滿貿易座談會(下)〉, 48쪽에 있는 미야바야시의 발언을 보라). 1933년 면제품의 종가세율은 상품별로 12~12.5퍼센트로 되었다. 1934년에는 그것이 17.5~25퍼센트로 인상되었다. 1938년에는 모든 면제품(테리파일직물과

코듀로이는 제외)이 25퍼센트로 되었다. 南滿洲鐵道株式會社, 《Fifth Report on Progress in Manchuria to 1936》, 大連: 南滿洲鐵道株式會社, 1936, 39쪽; 南滿洲鐵道株式會社, 《Sixth Report on Progress in Manchuria to 1939》, 大連: 南滿洲鐵道株式會社, 1939, 217쪽; Jones, *Manchuria Since 1931*, p. 193.

375 鹽見常三郎, 〈朝鮮に於ける紡績工業の現狀(Ⅱ)〉, 71~72쪽.

376 《경방 육십년》, 522쪽.

377 鹽見常三郎, 〈朝鮮に於ける紡績工業の現狀(Ⅰ)〉, 8쪽; (Ⅱ), 63~64쪽.

378 조선총독부, 《朝鮮産業經濟調査會會議錄》, 제2분과회, 388~389쪽.

379 1944년에는 일본-만주국 간의 관세가 철폐되었다. Jones, *Manchuria Since 1931*, p. 204를 보라.

380 鹽見常三郎, 〈朝鮮に於ける紡績工業の現狀(Ⅱ)〉, 71~72쪽.

381 제한의 목적은 엔 블록 외부로의 수출을 장려하고, 그것으로 군수물자를 구입할 외화를 얻는 것이었다. 鹽見常三郎, 〈朝鮮に於ける紡績工業の現狀(Ⅱ)〉, 71~72쪽.

382 《경방 육십년》, 104~105쪽.

383 김각중과의 인터뷰(1984. 3. 29, 영등포). 그는 외삼촌 김연수가 일본이 "만주를 장악할 만큼 충분히 강하다"고 믿었다고 말했다. 《경방 육십년》, 546~547쪽.

384 김연수가 세키야 데이자부로關屋貞三郎에게 보낸 편지(1939년 9월 25일자), 《關屋貞三郎文書 1081》, 일본 국립국회도서관 헌정자료실. 세키야(1875~1950)는 1899년에 도쿄제국대학 법과를 졸업하여, 같은 해 고등문관시험에 합격해 내무성에 들어갔다. 그 후 대만, 조선, 관동주에서 여러 직위를 역임했다. 조선에서는 1910년부터 1917년까지 학무국 국장과 중추원(총독의 자문기관) 서기관장을 맡았다. 일본에 귀국한 후에는 궁내성에 들어가 1921년에 차관이 되었다. 1933년에는 궁내성을 물러나, 일왕에게서 귀족원 의원으로 임명받았다. 김연수가 세키야에게 편지를 보낸 1939년 당시 세키야는 일본은행의 감사도 맡고 있었다. 下中彌三郎 編, 《大人名辭典》 3-4, 平凡社, 523쪽; Tsunesaburu Kamesaka ed., *Who's Who in Japan: Fourteenth Annual Edition(1931~1932)*, 1932; *Who's*

Who in Japan with Manchukuo and China: Nineteenth Annual Edition, 1938을 보라.

385 《경방 육십년》, 107~108쪽; 김용완과의 인터뷰(1984. 3. 30, 서울).

386 《경방 육십년》, 106쪽. 1938년의 만주 섬유산업(염색도 포함)의 공칭자본금 총액은 약 8,800만 엔이었다. 南滿洲鐵道株式會社, 《Sixth Report on Progress in Manchuria to 1939》, 77쪽. 원본에서는 만주의 기업(남만방적 포함)의 자본은 중국화폐인 위안元으로 쓰여 있지만, 엔과 위안의 가치는 거의 같았기 때문에(1엔 =1위안), 이 책에서는 이해하기 쉬운 점과 정합성을 고려해서 위안을 엔으로 바꾸었다.

387 《경방 육십년》, 106~107쪽. Pauley, *Report on Japanese Assets in Manchuria to the President of the United States*, Appendix 12. Plant Inspection Report 1-K-8에 있는 공장에 관한 에드워드 마틴의 보고서를 보라. 1940년 가네가후치방적의 펑톈 공장에서는 방추가 약 3만 818추, 직기는 888대였다. 大連商工會議所, 《滿洲經濟圖說》, 大連: 大連商工會議所, 1940, 96쪽; 酒井一夫, 〈滿洲輕工業の發展過程に關する覺書〉, 6쪽; 《경방 육십년》, 235~236쪽을 보라. 김각중도 만주의 공장에는 '3,000명 이상의 노동자'가 있었다고 말했다. 김각중과의 인터뷰(1984. 3. 29, 서울).

388 《경방 육십년》, 106쪽.

389 《경방 육십년》, 106~107쪽. 최초의 이사에 취임한 자는 김연수(사장), 최두선, 박흥식, 고원훈, 민규식 등이었다. 현준호와 김사연이 감사직을 맡았다.

390 조선총독부, 《朝鮮産業經濟調査會會議錄》, 一般部會(최종일), 1936. 10. 24, 665~667쪽.

391 《경방 육십년》, 108~109쪽; 김영선, 〈귀국열차〉, 《사보 경방》, 1970. 11, 7쪽을 보라. 해방 후 김영선은 여공들을 한국으로 귀환시키는 임무를 맡았다. 그가 쓴 생생한 철도여행기는 1970년 11월부터 71년 6월까지 경방의 월보에 연재되었다. 김각중과의 인터뷰(1984. 3. 19, 서울).

392 南滿洲鐵道株式會社, 《Sixth Report on Progress in Manchuria to 1939》, 목차 다음에 있는 지도.

393 南滿洲鐵道株式會社, 《南滿洲鐵道旅行案內》, 大連: 大連商工會議所, 1919, 77~79쪽을 보라. 또 《滿洲國年報(1942年版)》, 731~734쪽; Jones, *Manchuria Since 1931*, pp. 206, 210~211을 보라.

394 南滿洲鐵道株式會社, 《Sixth Report on Progress in Manchuria to 1939》, 77~79쪽; Jones, *Manchuria Since 1931*, pp. 210~211.

395 김상협(연수의 차남, 훗날 1982년 6월~1983년 10월의 한국 국무총리) 명의의 주권((株)奉天商工銀行 주식 1,420주, 1940년 7월~1943년 4월에 수차례에 걸쳐 매입), 합자회사 삼양사 자료. (株)奉天商工銀行에 관해서는 財政部理財司編, 《滿洲國銀行總覽》, 新京:會計局, 1935, 116쪽을 보라.

396 김상준(연수의 장남) 명의의 주권(滿洲土地建物(주) 주식 300주, 1941년 8월 13일에 일괄 매입), 합자회사 삼양사 자료.

397 《鮮滿産業大鑑》, 滿洲部門, 企業, 94쪽.

398 김상준 명의의 주권(滿洲製紙(주) 주식 284주, 1943년 4월 28일과 1944년 2월 1일에 매입), 합자회사 삼양사 자료. 만주제지주식회사에 관해서는 大連商工會議所編, 《滿洲銀行會社年監 1942》 제8권, 大連: 大連商工會議所, 1943, 366쪽을 보라. 김상준 명의의 주권(滿蒙毛織株式會社 주식 700주, 1941년과 42년에 매입), 합자회사 삼양사 자료. 만몽모직에 관해서는 《鮮滿産業大鑑》, 滿洲部門, 企業, 39쪽; Pauley, *Report on Japanese Assets in Manchuria to the President of the United States*, p. 221을 보라.

399 大連商工會議所, 《滿洲經濟圖說》, 96쪽.

400 《朝鮮纖維要覽》, 269쪽을 보라. 1940년에 설립된 조선방적공업조합은 조선방적연합회(여기서도 김연수가 회장이었다)의 후신이라 생각된다. 이 책의 제4장을 보라. 1930년대 후반 총독부는 준전시 또는 전시 경제통제체제의 일환으로 이러한 조합조직을 추진했다. 그러나 김용완에 의하면, 한국인과 일본인 방적업자

의 협력 조직은 총독부가 정식으로 통제를 한 때보다 훨씬 전인 1920년대부터 이미 있었다고 한다. 김용완과의 인터뷰(1984. 4. 13, 서울). 경방이 가네가후치 방적, 도요방적, 다이닛폰방적의 주식을 소유했다는 기록(아마도 극히 일부의 기록)은 경성방직주식회사, 《증권원장》(용인공장 293번 원장)의 각곳에 보인다. 조방 주식에 관해서는 삼양동제회, 《증권원장》(용인공장 280번 원장), 16~17쪽을 보라.

401 김상준 명의의 주권(다롄기계제작소 주식 1,200주, 1944. 10. 1에 매입), 합자회사 삼양사 자료. 다롄기계제작소(펑톈에 지사가 있었다)는 만주와 북중국 지역에서 주로 철도 차량과 철도 건설 관련 제품을 생산하는 대기업이었다. 1944년의 공칭자본금은 6,000만 위안이었다. 《鮮滿産業大鑑》, 滿洲部門, 企業, 35~36쪽을 보라.

402 김상준 명의의 주권(400주, 남만주가스주식회사, 1943. 6. 1에 매입), 합자회사 삼양사 자료. 이 회사는 1925년에 남만주철도(주)의 완전 자회사로서 설립되었지만, 1935년에는 일반에게 주식이 공개되었다. 1944년에는 2,000만 위안의 공칭자본금을 갖고 있는, 남만주의 유일한 가스회사였다. 《鮮滿産業大鑑》, 滿洲部門, 企業, 58~59쪽을 보라.

403 김상홍(연수의 3남) 명의의 주권(만주베어링제조주식회사 주식 300주, 1942. 7. 16에 매입), 합자회사 삼양사 자료. 이 회사는 1942년에 800만 위안의 공칭자본금을 갖고 있었다. 大連商工會議所編, 《滿洲銀行會社年監 1938》 제4권, 大連: 大連商工會議所, 1938, 433쪽; Jones, *Manchuria Since 1931*, pp. 160, 163~164를 보라.

404 《삼양 오십년》, 168~169쪽; 《수당 김연수》, 168쪽.

405 韓相龍, 《南北支那及滿洲視察報告書》, 1쪽.

406 朝鮮總督府, 《朝鮮産業經濟調査會會議錄》第2分科會, 377쪽.

407 朝鮮總督府, 《朝鮮總督府時局對策調査會諮問答申書》, 77, 82~83쪽.

408 朝鮮總督府, 《朝鮮總督府時局對策調査會諮問答申書》, 83쪽.

409 金禮顯, 〈支那事變後に處すべき半島人の用意〉, 64~65쪽. 그는 조선화재해상
보험주식회사(주로 식산은행과 조선은행이 소유했다)의 상담역이었다. 〈會員名簿〉,
107쪽; 《朝鮮銀行會社組合要錄》, 16~17쪽을 보라.

410 韓相龍, 〈華北を見て〉, 《朝鮮實業》 18, 1940. 7, 67~68쪽.

411 《경방 육십년》, 100, 105~106쪽. 1939년 9월이 되어서야 경방이 만주국 정부에
게서 공장건설을 인가받았기 때문이다(178쪽을 보라). 일본군의 중국 침략 후 경
방은 중국 본토에서 공장의 건설 가능성을 철저하게 조사하는 동안 만주 공장의
건설 결정을 미루었다고 생각한다.

412 《경방 육십년》, 105쪽.

413 《경방 육십년》, 105쪽.

414 《경방 육십년》, 105~106쪽.

415 全承範, 〈大東亞戰爭と朝鮮經濟の進路〉, 《朝鮮實業》 20, 1942. 3, 14쪽.

416 《朝鮮纖維要覽》, 122쪽.

417 《朝鮮纖維要覽》, 88쪽. 장더는 베이징과 한코우漢口를 연결하는 경한京漢철도의
중간에 있는데, 1940년에는 인구 약 2,500명인 허난성의 최대 상공업도시였다.
면화의 생산으로 유명하여 도요면화, 닛폰면화, 고쇼江商 기타의 일본의 거대 무
역회사가 모두 이곳에 지점을 냈다. 장더에서는 한국인 기업의 활동도 활발했던
것 같다. 경방의 지점 외에도 조선은행 지점, 조선여관 등도 있었다. 日本商業
通信社 編, 《中國工商名鑑》, 1942, 477~500쪽.

418 앞서 언급한 것처럼, 경방이 도요타와 공동으로 장더에 방적공장을 설립하려고
생각한 적이 있었던 것은 확실하지만, 경방의 기록에는 투자의 증거가 남아 있
지 않다. 그 공장에 관한 자료에서도 경방이 자본 혹은 경영면에서 참가했다는
언급은 없다. 본디 중국인이 설립·경영한 공장인데, 그 중국인들은 일본이 침
략하자 도피했을 것이다. 그 후 공장은 허난성의 일본군의 지배·감독 하에 놓였
고, 일본군은 공장 관리를 가네가후치방적에 위탁했다. 小島精一, 《北支經濟讀
本》, 千倉書房, 1939, 171~172쪽을 보라.

3부 자본가계급과 사회

[1] 《동아일보》 1921년 5월 10일자와 동년 5월 11일자의 사설을 보라. 또 Robinson, *Cultural Nationalism in Colonial Korea, 1920~1925*, University of Washington Press, 1988, pp. 69~77도 보라.

[2] Gramsci, *Selections from the Prison Notebooks*, International Publishers, paperback, 1971; Ronald Aminzade, *Class, Politics, and Early Industrial Capitalism: A Study of Mid-Nineteenth Century Toulouse, France*, Albany: State University of New York Press, 1981; 그람시 저서의 뛰어난 해석서는 Walter L. Adamson, *Hegemony and Revolution: A Study of Antonio Gramsci's Political and Cultural Theory*, Berkeley and Los Angeles: University of California Press, paperback, 1980.

[3] 19세기로 소급하는 이 주제에 관해선 방대한 수의 연구 문헌이 있지만, 그중에서 도 특히 뛰어난 것은 Barrington Moore, *Social Origins of Dictatorship and Democracy: Lord and Peasant in the Making of the Modern World*, Boston: Beacon Press, 1966, 특히 Chap. 1이다. 영국 면방적공업자가 정치개혁 투쟁에 서 수행한 역할에 관한 상세한 사례연구로는 Rhodes Boyson, The Ashworth Cotton Enterprise: *The Rise and Fall of the Family Firm, 1818~1880*, Oxford: Clarendon Press, 1970을 보라.

7. '무사히': 노동계급에 대한 자본가의 시각과 취급

[4] Grajdanzev, *Modern Korea*, p. 179.

[5] 예컨대 高橋龜吉, 《現代朝鮮經濟論》, 千倉書房, 1935, 402~403쪽; 鹽見常三郎, 〈朝鮮に於ける紡績工業の現狀(Ⅱ)〉, 63쪽; Grajdanzev, *Modern Korea*, p. 151.

[6] 南滿洲鐵道株式會社, 《朝鮮人勞動者一般事情》, 1933, 79쪽. Grajdanzev, *Modern Korea*, p. 178도 보라.

7 본래 공장법은 1911년에 통과되었다가, 1923년에 개정되었고, 몇몇 조항은 3년이나 그 이상의 유예기간이 적용되었지만, 대개 1926년에 발효되었다. 가장 중요한 조항의 하나(1929년 7월 1일 발효)는 14세 이하 청소년과 여성의 야간노동을 금지한 것이다. 또 1922년에는 건강보험법도 제정되었다(1927년 발효). Andrew Gordon, *The Evolution of Labor Relations in Japan: Heavy Industry, 1853~1955*, Subseries on the History of Japanese Business and Industry, Harvard East Asian Monographs 117, Harvard University, 1985, pp. 67~68, 210~211을 보라. 또 Iwao F. Ayusawa, *A History of Labor in Modern Japan*, Honolulu: East-West Center Press, 1966, pp. 106~111; Pearse, *Cotton Industry in Japan and China*, pp. 102~112; Nakamura, *Economic Growth in Prewar Japan*, p. 228; Grajdanzev, *Modern Korea*, pp. 154, 179도 보라.

8 Pearse, *Cotton Industry in Japan and China*, p. 93.

9 鹽見常三郎, 〈朝鮮に於ける紡績工業の現狀(Ⅱ)〉, 63쪽.

10 高橋龜吉, 《現代朝鮮經濟論》, 67쪽을 보라.

11 〈생지옥같은 공원들의 생활〉, 《전국노동자신문》 1945년 11월 1일자. 이 기사는 식민지기 동안 경방에서의 노동자 생활을 언급하고 있다.

12 예컨대 이 장에서 서술한 경방의 근로조건을 南滿鐵道株式會社, 《朝鮮人勞動者一般事情》, 72~80쪽 등에 있는 일반적 노동조건과 비교해 보라. 《경방 육십년》, 230쪽을 보라.

13 《경방 육십년》, 229~230쪽; 김영선, 〈귀국열차〉, 《경방 사보》, 1970. 11, 7쪽; 김용완과의 인터뷰(1984. 3. 30, 서울); 《수당 김연수》, 131쪽.

14 《경방 육십년》, 108, 230쪽

15 Pearse, *Cotton Industry in Japan and China*, pp. 102~103.

16 김용완과의 인터뷰(1984. 3. 30, 서울); 《동아일보》 1931년 5월 31일자(이강현과의 인터뷰). 김용완은 노동시간이 식사용 휴식시간 1시간을 포함해 11시간이었다고 말했지만, 경방의 경영자 및 파업 직공과의 기자 인터뷰로 보아 1931년까지는 40

분의 휴식시간이 규칙이었음이 분명하다. 예컨대 1931년에 파업을 일으킨 경방 직공들의 요구 중 하나는 휴식시간을 40분에서 1시간으로 늘려달라는 것이었다. 《동아일보》 1931년 5월 31일자를 보라.

17 〈京城紡織會社の內容を聞く〉, 17쪽을 보라. 1931년 경방 파업 직공의 요구 중 하나는 연소자의 노동시간을 1일 6시간으로 하자는 것이었다.

18 일본에 관해서는 Pearse, *Cotton Industry in Japan and China*, p. 103을 보라. 조선에서는 보통 1달에 휴일이 2일이었지만(법으로 정해진 것은 아니다), 종업원 10인 이상의 공장을 대상으로 한 1931년의 조사에 의하면, 그 35퍼센트가 전혀 휴일이 없었다(Grajdanzev, *Modern Korea*, p. 184). 경방의 1945년 임금대장을 보면, 노동자는 한 달에 30일간의 노동을 강권받았다는 것을 분명히 알 수 있다. 30일간 결근하지 않은 자만이 최대한의 '개근' 수당을 받을 수 있었다. 출근일수가 29일인 경우에는 수당이 약간 줄었고, 28일만 일한 노동자는 전혀 수당을 받지 못했다. 경성방직주식회사, 《임금대장》(은률 조면공장, 1945. 5. 31)을 보라. 노동자가 한 달에 30일간 일했다는 것은 1928년과 31년의 파업을 보도한 신문기사에서도 알 수 있다(즉 최대한의 월급 21엔을 최고 일급 70전으로 나누면 30일이 된다). 《동아일보》 1928년 6월 4일자; 1931년 5월 31일자의 노동자 송광문의 인터뷰 기사를 보라.

19 이런 환경이 노동자의 건강에 미친 영향에 관한 문헌은 Yasue Aoki Kidd, *Women Workers in the Japanese Cotton Mills, 1880~1920*, Ithaca. N.Y.: China-Japan Program, Cornell University, 1978, pp. 32~45; Joseph C. Montalvo ed., *Cotton Dust: Controlling on Occupational Health Hazard*, American Chemical Society, 1982.

20 李載坤, 〈永登浦の三大工場を觀る〉, 《朝鮮實業俱樂部》 140, 1936. 6, 75쪽.

21 김각중과의 인터뷰(1984. 3. 29, 서울).

22 1932년 한상룡은 만주의 한국인에 대한 만주의 중국인의 부정적 태도를 설명하면서, 중국인들이 한국인을 '일본의 만주 침략의 선도자'로 '오인誤認'했다고 썼다.

韓相龍, 〈南北滿洲を視察して〉, 6쪽. 또 앞의 제6장도 보라.

23 《경방 육십년》, 230쪽.

24 《동아일보》 1931년 5월 30일자; 1931년 5월 31일자를 보라. 또 Kidd, *Woman Workers*, p. 29도 보라.

25 《동아일보》 1931년 5월 30일자; 1931년 5월 31일자.

26 《경방 육십년》, 238~239쪽을 보라.

27 《경방 육십년》, 87쪽.

28 김용완과의 인터뷰(서울, 1984. 3. 30). 또 《경방 육십년》, 238~239쪽도 보라.

29 김중길 편, 《화신오십년사: 1926~1976》, 171~176쪽을 보라. 朝鮮總督府 鐵道局, 《半島の近影》, 1937, 30쪽의 경성 소재 조선호텔의 내외부 사진들을 보라.

30 이 시기의 일본의 경찰과 언론이 일반적으로 쓰던 용어로서, 당국이 파괴분자로 간주한 집단이다. 특히 사회주의자와 공산주의자를 가리키지만, 반제국주의자와 무정부주의자, 민족주의자를 가리키는 경우도 있었다. 朝鮮總督府 警務局 保安課, 《高等警察報》 2를 보라.

31 Saxonhouse, "A Tale of Technical Diffusion in The Meiji Period", p. 161.

32 《경방 육십년》, 230쪽. 또 李載坤, 〈永登浦の三大工場を觀る〉, 70쪽; 《동아일보》 1931년 5월 30일자를 보라.

33 Moser, *Cotton Textile Industry of Far Eastern Countries*, pp. 17~25; 《동아일보》 1928년 6월 4일자.

34 최고월급은 1달 30일 근무 기준이다. 李載坤, 〈永登浦の三大工場を觀る〉, 74~75쪽을 보라. 이것은 1936년에도 여전히 사실이었다.

35 南滿鐵道株式會社, 《朝鮮人勞動者一般事情》, 78~79쪽을 보라. 예컨대 부산의 조선방직회사는 1930년에 직공에게 최저임금 30전을 지불하고 있었다. 《동아일보》 1930년 1월 11일자를 보라. 《동아일보》 1931년 5월 31일자, 경방 파업 직공 송광문과의 인터뷰 기사; 김용완과의 인터뷰(1984. 3. 30, 서울).

36 15엔이라는 수치는 1930년경 경방에서 지불하던 일급(최고 70전, 최저 30전)의 평

균을 기준으로 1달에 30일 노동을 기준으로 계산한 대략적인 금액이다. 경방 직공의 대부분은 최고임금보다 훨씬 낮은 임금밖에 받지 못했기 때문에, 평균치인 이 금액은 높은 수치인지도 모른다. 식비는 1식 5전으로 1일 3식의 30일치로서 계산했다. 南滿鐵道, 《朝鮮人勞動者一般事情》, 71쪽을 보라.

37 한 달에 5엔 25전이라는 수치는 일본방적연합회의 보고서에 기재된 항목들 총액의 절반에 해당한다. 이는 조선의 낮은 생활수준을 감안한 극히 개략적인 수치다. Pearse, *Cotton Industry in Japan and China*, pp. 98~99를 보라.

38 1931년의 총독부의 추정치에 입각했다. 南滿鐵道, 《朝鮮人勞動者一般事情》, 71쪽을 보라.

39 《동아일보》 1931년 5월 30일자.

40 南滿鐵道, 《朝鮮人勞動者一般事情》, 71쪽.

41 조선의 많은 대규모 공장에서는 일본과 마찬가지로 사무직원 및 공장 직공에 대해 월정 급여나 임금 외에도 각종 수당을 지급했다. 예를 들면 정기 및 특별 상여와 소액의 수당(근속, 개근, 품질, 초과근무) 등이다. 南滿鐵道, 《朝鮮人勞動者一般事情》, 80쪽을 보라.

경방은 어떠했던가? 경방이 처음 제정한 정관(1919년 10월 5일에 채택) 제35조에는 회사의 이익을 주주에 배당하기에 앞서 연간 회사 이익의 최대 15퍼센트까지를 특별상여로서 회사 임원, 사무직원, 공장 직공에게 배분한다고 규정하고 있었다. 그 후 이러한 이익 배분은 중역회에서 결의되어 중역회의록에 정식으로 기록되었다. 그러나 경방의 중역회의록을 보면, 1938년까지 회사의 이익은 모두 배당금으로 분배되든가 법정준비금에 산입되었을 뿐, 특별상여금으로 사용되었다는 기록은 없다. 이유는 명백하다. 1930년대 말까지 경방의 이익은 비교적 소액이고, 회사는 주식자본을 가능한 한 많이 조달하는 데 힘을 기울였다. 그러나 1938년 이후에는 이익이 급증한 것(이 책의 제4장을 보라)과 더불어 군수산업에 깊게 관여했기 때문에 은행에서 저리 융자를 받을 수 있었고, 자금 조달시 주식 의존도가 낮아졌기 때문이다. 이때부터 계속 중역회는 이익의 일부를 특별상여로 배분하기 시작했다. 이러한 상여는 우선 임원들에게, 그 다음에는 사무직원에 지급되었다. 그러나 직공들에게 이익을 환원했다는 기록은 없다. 그러기는커녕 회사의 정관은 회사 임원만 특별상여를 받는 것으로 1939년 말에 개정되었다. 1941년에는 다시 개정되어, 사무직원도 그 자격을 얻었다. 직공에게 주는 특별상여가 회사 이익 외의 재원(운전자금과 적립금)에서 지급되었을 가능성도 있지만, 사사에도 중역회의록에도 그에 관한 기록은 없다. 중역회의록에 기록된 유일한 직공 상여금은 회사설립 20주년인 1939년에 지급된 특별상여금이었다. 이때는 임원, 사무직원, 직공 전원에게 지급되었다. 현재 남아 있는 1945년의 임금대장을 보아도 알 수 있는 것처럼, 경방이 적어도 식민지시대 말기에는 일본의 예에 따라서 초과근무와 개근·직무·성과 등에 따라서 다소의 수당을 직공에게 준 것은 확실하다. 그러나 특별상여와 수당은 직공의 수입에 그다지 보탬이 되지 않았던 것 같다. 경성방직주식회사, 《중역회의록》(1919. 10. 5~1945. 6. 28); 경성방직주식회사, 《반월간임금대장(평양 조면공장)》(1945. 4. 15~1945. 5. 15)을 보라.

[42] 경방의 여공들이 직접 급료 일부를 기숙사비로 매월 회사에 지불했는지, 아니면 기숙사비가 월급 계산시 공제되었는지는 알 수 없다. Moser, *Cotton Textile Industry of Far Eastern Countries*, pp. 18~19; Pearse, *Cotton Industry of Japan and China*, p. 98. 일본의 경우와 마찬가지로 서울의 여공들은 식비로 1일 3식에 15전을 지불했다. 南滿洲鐵道株式會社, 《朝鮮人勞動者一般事情》, 71쪽을 보라. 총식대가 일본의 절반인 22.5전(45전의 절반)이라 가정해도, 경방의 여공들은 그 3분의 2를 부담한 것이 된다.

[43] 李載坤, 〈永登浦の三大工場を觀る〉, 75쪽; Pearse, *Cotton Industry in Japan and China*, p. 92; 《경방 육십년》, 260쪽을 보라.

[44] 李載坤, 〈永登浦の三大工場を觀る〉, 75쪽. 《전국노동자신문》 1945년 11월 1일자.

[45] 《동아일보》 1930년 1월 13일자의 조선방직 파업 직공들에 관한 기사를 보라(특히 직공들의 요구사항 중 제8조).

46 《경성방직 오십년》, 191, 194쪽

47 《전국노동자신문》 1945년 11월 1일자를 보라.

48 경방의 교육프로그램에 관해서는 《경방 육십년》, 238~242쪽을 보라.

49 《전국노동자신문》 1945년 11월 1일자.

50 Pearse, *Cotton Industry of Japan and China*, p. 83.

51 Kozo Yamamura, "Then Came the Great Depression: Japan's Interwar Years", in Herman Van der Wee ed., *The Great Depression Revisited: Essays on the Economics of the Thirties*, The Hague: Nijhoff, 1972, pp. 197~198; Kenneth B. Pyle, *The Making of Modern Japan*, Lexington, Mass.: D. C. Heath, 1978, p. 114. 피어스의 보고서가 발표된 것은 1929년 7월이지만, 가네가후치방적의 파업은 이듬해 4월에 일어났다. 파업에 관해서는 *Japan Times & Mail*, 1930년 4월 11일자의 1쪽을 보라.

52 김윤환, 《한국노동운동사 I : 일제하편》, 1982, 41~43, 297쪽.

53 Iwao F. Ayusawa, *History of Labor in Modern Japan*, p. 106.

54 Kenneth B. Pyle, "Advantages of Followership: German Economics and Japanese Bureaucrats, 1890~1925", *Journal of Japanese Studies* 1, 1974. 8, p. 143에서 인용.

55 朝鮮總督府, 《朝鮮總督府時局對策調査會諮問答申書》, 121~122쪽. 산업보국운동에 관해서는 Gordon, *Evolution of Labor Relations in Japan*, pp. 299~326을 보라. 《朝鮮總督府時局對策調査會諮問答申書》, 119쪽; 김윤환, 《한국노동운동사 I 》, 322~323쪽.

56 置鮎敏宏, 《朝鮮法律判例決議總覽》, 京城: 大阪屋號書店, 1927; 김윤환, 《한국노동운동사 I 》, 140~141쪽.

57 奧平康弘, 《治安維持法小史》, 東京: 筑摩書房, 1977, 60쪽을 보라.

58 Grajdanzev, *Modern Korea*, p. 182; 置鮎敏宏, 《朝鮮法律判例決議總覽》, 85~87쪽을 보라.

59 김윤환, 《한국노동운동사Ⅰ》, 111쪽을 보라. 또 Chong-Sik Lee, *The Korean Worker's Party: A Short History*, Stanford: Hoover Institution Press, 1978, pp. 15~19, 23~24; Cumings, *Origins of Korean War*, pp. 77~78; Robinson, *Cultural Nationalism in Colonial Korea*; 김윤환, 《한국노동운동사 Ⅰ》, 112~115, 121~122쪽; Chong-Sik Lee, *The Korean Worker's Party*, pp. 18~19, 23~24도 보라.

60 김윤환, 《한국노동운동사Ⅰ》, 123, 125쪽. 또 Chong-Sik Lee, *The Korean Worker's Party*, p. 24; Dae-Sook Suh, *The Korean Communist Movement, 1918~1948*, Princeton: Princeton University Press, 1967, p. 63도 보라.

61 《동아일보》 1926년 5월 9일자; 1926년 5월 13일자; 朝鮮總督府 警務局, 《高等警察關係年表》, 199쪽. 시흥노상조회는 1925년 12월 25일 영등포에서 조직되었다. 김윤환, 《한국노동운동사Ⅰ》, 179쪽도 보라.

62 《동아일보》 1926년 5월 9일자.

63 《동아일보》 1926년 5월 13일자.

64 김용완과의 인터뷰(1984. 4. 13, 서울).

65 《동아일보》 1926년 5월 9일자.

66 경찰은 상조회의 지도자들을 파괴활동 혐의로 체포했던 것에 불과하다. 영등포 경찰서의 리부利府 경부는 당시 다음과 같이 말했다. "그저 불러다 놓고 사실만 취조하는 중입니다. 장차 어떠한 치안경찰법에 저촉되는 사실이 일어날지는 모르겠습니다." 《동아일보》 1926년 5월 9일자.

67 朝鮮總督府 警務局, 《高等警察關係年表》, 199쪽; 《동아일보》 1926년 5월 9일자.

68 《동아일보》 1926년 5월 9일자.

69 《동아일보》 1926년 5월 9일자.

70 《동아일보》 1926년 5월 9일자.

71 《경방 육십년》, 268, 269쪽; 《수당 김연수》, 234, 235쪽; 《동아일보》 1926년 5월 9일자.

[72] Robinson, *Cultural Nationalism in Colonial Korea*, pp. 74~75.

[73] 梶村秀樹, 《朝鮮に於ける資本主義》, 175~177쪽을 보라.

[74] 《동아일보》 1925년 4월 14일자.

[75] 《동아일보》 1926년 5월 9일자. 쟁의에 관해 처음으로 이 기사가 난 그 시각에 상조회의 지도자들은 이미 영등포경찰서에서 심문을 받고 있었다.

[76] 《동아일보》 1926년 5월 9일자.

[77] 《동아일보》 1926년 5월 9일자.

[78] 《동아일보》 1926년 5월 13일자. 파업은 1926년 5월 7일 아침에 시작되어 10일 아침에 끝났다. 《동아일보》 1926년 5월 9일자 및 5월 13일자를 보라.

[79] 《동아일보》 1931년 5월 30일자.

[80] United States Department of Commerce, Bureau of Foreign and Domestic Commerce, Office of the Commercial Attach, American Embassy, Tokyo, "Japan Monthly Trade & Economic Letter- 1929. 7".

[81] 예컨대 1928년 7월 경방 이사회는 "생산원가를 낮게 유지하고 판매비를 절약하기 위해" 회사의 생산 활동과 판매 활동을 분리하여 판매를 자회사인 중앙상공에 맡기기로 결정했다. 경성방직, 《중역회의록》, 제44회(1928. 7. 20).

[82] 혹은 면사 1곤(bale)을 생산하는 총비용(=공장생산비+영업경비+감가상각+이자)의 약 31퍼센트. 어느 경우든 인건비는 제품의 최종비용을 결정하는 데 단 하나의 가장 중요한 요소였다. 關桂三, 《日本綿業論》, 92쪽.

[83] 《京城日報》 1928년 6월 2일자를 보라. 《동아일보》에 따르면 임금삭감은 단지 14퍼센트였다. 《동아일보》 1928년 6월 4일자.

[84] 《京城日報》 1928년 6월 5일자.

[85] 《京城日報》 1928년 6월 8일자; 《西部每日新聞》 1928년 6월 8일자.

[86] 《동아일보》 1928년 6월 4일자; 경성방직주식회사, 《중역회의록》, 제36회(1928. 3. 1).

[87] 경성방직주식회사, 《중역회의록》, 제42회(1929. 3. 1); 《중역회의록》, 제46회

(1930. 3. 1), 제49회(1931. 3. 1).

88 *The Japan Weekly Chronicle–Commercial Supplement*, Sept. 3, 1930, p. 106.

89 경성방직주식회사, 《중역회의록》, 제47회(1930. 5. 29).

90 경성방직주식회사, 《중역회의록》, 제52회(1932. 9. 15); 《경방 육십년》, 544쪽.

91 《경방 육십년》, 544쪽.

92 경성방직주식회사, 《중역회의록》, 제52회(1932. 9. 15).

93 경성방직주식회사 《중역회의록》, 제49회(1931. 3. 1)을 보라. 또한 경성방직주식회사, 《주주총회록》, 제13차정기총회(1931. 3. 16)도 보라.

94 《大邱日報》 1931년 5월 30일자.

95 《동아일보》 1931년 5월 30일자, 31일자를 보라.

96 《동아일보》 1931년 5월 31일자.

97 《동아일보》 1931년 5월 30일자.

98 《동아일보》 1931년 5월 31일자.

99 《동아일보》 1931년 5월 31일자.

100 《동아일보》 1931년 5월 31일자.

101 《동아일보》 1931년 5월 31일자.

102 《京城日報》 1931년 5월 31일자; 《동아일보》 1931년 5월 31일자.

103 예컨대 Dae–Sook Suh ed., *Documents of Korean Communism*, pp. 174~175에서 1933년의 "Platform of Cholla Namdo League"를 보라.

104 《동아일보》 1931년 5월 31일자; 《京城日報》 1931년 5월 31일자.

105 Dae–Sook Suh ed., *Documents of Korean Communism*, p. 293에서 인용.

106 원산총파업에 관해서는 김윤환, 《한국노동운동사 I 》, 162~176쪽을 보라.

107 《朝鮮新聞》 1931년 6월 1일자.

108 《每日申報》 1931년 6월 1일자; 《朝鮮新聞》 1931년 6월 1일자.

109 《每日申報》 1931년 6월 1일자; 《朝鮮新聞》 1931년 6월 1일자.

110 《京城日報》 1931년 6월 1일자.

111 《京城日報》 1931년 6월 2일자; 《每日申報》 1931년 6월 1일자.

112 《동아일보》 1931년 6월 1일자; 《京城日報》 1931년 6월 2일자.

113 《京城日報》 1931년 6월 1일자; 6월 2일자.

114 《京城日報》 1931년 5월 31일자; 또 《京城日報》 1931년 6월 1일자를 보라.

115 《동아일보》 1931년 6월 2일자; 《京城日報》 1931년 6월 4일자.

116 《京城日報》 1931년 6월 4일자.

117 《京城日報》 1931년 6월 4일자.

118 《동아일보》 1931년 6월 6일자; 《朝鮮新聞》 1931년 6월 5일자; 《京城日報》 1931년 6월 5일자.

119 김용완도 이 점을 지적한다. 파업이 절정에 달한 해는 1934년이었다. 그 후 연간 파업 건수는 점차 줄었다. 김윤환, 《한국노동운동사 I》, 297쪽을 보라. 그러나 1936년 총독부의 산업경제조사회에서 은행가 박영철은 일본의 통치에 대한 한국인들의 불만이 일본의 만주 침략 이후 5년간 뚜렷이 약해졌다고 말했다. 朝鮮總督府, 《朝鮮産業經濟調査會會議錄》, 一般部會(최종일), 666쪽.

120 〈京城紡績會社の內容を聞く〉, 17쪽; 李載坤, 〈永登浦の三大工場を觀る〉, 74쪽. 예컨대 경성방직주식회사, 《반월간 임금표》(평양 조면공장), 1945. 4. 15를 보라.

121 Grajdanzev, Modern Korea, pp. 179~180; 李載坤, 〈永登浦の三大工場を觀る〉, 74~75쪽.

122 경성방직주식회사, 《중역회의록》, 제78회(1938. 12. 10); 제77회(1938. 10. 14); 앞의 주석 40을 보라.

123 김윤환, 《한국노동운동사 I》, 297쪽을 보라.

124 Cohen, Japan's Economy in War and Reconstruction, pp. 11, 277; 《戰時重要法規選集: 昭和16年制定又ハ改正ニカカルモノ》, 東京: 日本商業通信社, 1941, 34쪽을 보라.

125 김용완과의 인터뷰(1984. 4. 13, 서울).

126 《전국노동자신문》 1945년 11월 1일자.

8. 민족보다는 계급 : 내선일체와 한국인 자본가

127 제3부를 보라. 또한 다음도 보라. Marc Bloch, *Feudal Society*, trans. by L.A. Manyon, Chicago: University of Chicago Press, 1964, chap. 2. Social Classes and Political Organization, pp. 352~355; Albert O. Hirschmann, *The Passions and the Interests: Political Arguments for Capitalism Before its Triumph*, Princeton: Princeton University Press, 1977; Hirschmann, *Rival Views of Market Society and Other Recent Essays*, New York: Viking, Elisabeth Sifton Books, 1986, chap. 2, 5; Robert Heilbroner, *The Nature and Logic of Capitalism*, W.W.Norton, 1985.

128 滄浪客, 〈백만장자의 백만원관觀〉, 45쪽. 맹자는 양梁의 혜왕에게 대답했다. "왕이시여, 어찌하여 '이익'만을 말하십니까? 제가 말씀드리려는 것은 오직 '인의'의 권고뿐입니다." James Legge, *The Works of Mencius*, New York: Dover Publications, 1970, p. 126.

129 1919년 이후 좌절감 때문에 한국인이 급진적 민족주의로 기운 것을 잘 설명한 것으로는 Nym Wales and Kim San, *Song of Arirang: A Korean Communist in the Chinese Revolution*, Ramparts Press, 1941, pp. 57~98. 또 경찰보고서에 입각해 식민지 말기의 협력과 저항을 잘 밝힌 Chong-Sik Lee, *Politics of Korean Nationalism*, pp. 257~273, 특히 266~270도 보라.

130 한국의 민족주의와 사대주의에 관한 뛰어난 저서는 Robinson, *Cultural Nationalism in Colonial Korea*, pp. 14~19; Vipan Chandra, *Imperialism, Resistance and Reform in Late Nineteenth Century Korea: Enlightenment and the Independence Club*, Berkeley: Institute of East Asian Studies, University of California, Berkeley, 1988, chap. 1. 중화사상 때문에 한국인이

서양의 과학과 우주론을 받아들일 수 없었다는 흥미로운 이야기는 Donald Baker, "Jesuit Science through Korean Eyes", *Journal of Korean Studies* 4, 1982~1983, pp. 207~239, 특히 pp. 220~221.

131 《세종실록》권103, 세종 26년 2월 20일(庚子).

132 Chandra, *Imperialism, Resistance and Reform in Nineteenth Century Korea*; Chandra, "An Outline Study of the Ilchin-hoe of Korea".

133 현준호는 전라남도 영암의 부유한 지주 기업가인 현기봉玄基奉의 아들이었다. 현기봉은 1920년대 초에는 금융계에서 이미 이름도 나고 돈도 모았다(1921년 산업조사위원회에 초청되었다). 호남은행(1920년 설립)의 경영권을 포함한 아버지의 재산을 물려받은 현준호는 1889년에 태어나(김성수보다 2년 전, 김연수보다 7년 전), 도쿄에서 메이지대학 법과를 마쳤다. 김씨 형제들처럼 그도 일본의 자본주의에 깊게 감명을 받아, 귀국과 동시에 조선에서 그것을 재현하려고 노력했다. 그가 김성수(그리고 송진우)와 처음 만난 것은 김성수의 장인이 설립한 전남의 창평학교(본문 제2장 참고)에서였다. 현준호와 김성수는 훗날 도쿄에 유학할 때 친교를 지속했다. 이 개인적 관계는 훗날 유익한 사업관계로 발전한다. 김성수는 현씨 일가가 호남은행을 설립하는 것을 지원하고, 현준호는 경방의 주주 및 임원으로서 판매촉진과 회사의 발전에 적극적인 역할을 했다. 1944년 현준호는 자신의 이름으로 경방 주식을 1,016주, 학파농장(전남에 있던 그의 지주농장) 이름으로 3,630주를 갖고 있었다. 그는 6·25 전쟁 중 1950년 전라남도에서 북한군에 의해 처형되었다. 조기준, 《한국기업가사》, 151~168쪽; 권오기 편, 《인촌 김성수》, 419쪽; 《동아일보》1921년 9월 6일자; 경성방직주식회사, 《주주명부》(1944. 11. 30)를 보라. 현준호의 공인 전기는 손정연, 《무송 현준호》, 전남매일신문사, 1977.

134 《朝鮮總督府時局對策調査會會議錄》, 104~105쪽. 현준호는 일본어가 매우 서툴러서 경어와 하대어가 뒤섞였고 어법도 곳곳에서 틀렸다. '오야붕'과 '꼬붕' 등은 일반적으로는 깡패들의 지하세계에서 사용되는 말이고, '아니키(형님)'란

말도 가족 외에 쓴다면 거칠고 불손하게 들리는 말이다. 물론 그에게는 불손하게 굴 의도가 없었다. 그는 단지 일본어에 서툴렀을 뿐이다. 오늘날 서울의 이태원에서 미 제8군사령부의 군인들을 상대로 말하는 상인들의 영어와 좋은 비교가 될 것이다.

135 조선의 양반들은 만주족이 지배하는 청조를 오랑캐로 여기고 자신을 중화문명의 후계자이자 보호자라고 자부했다. Can Ledyard, "Korean Travelers in China over Four Hundred Years, 1488~1887", *Occasional Papers on Korea*, no. 2, 1974. 3, pp. 1~42.

136 Albert Memmi, *The Colonizer and the Colonized*, Boston: Beacon Press, 1967, pp. 69~76.

137 高橋龜吉, 《現代朝鮮經濟論》, 402~403쪽,

138 Otis Cary ed., *From a Ruined Empire: Letters—Japan, China, Korea, 1945~1946*, Kodansha International, 1984, p. 195

139 朝鮮總督府, 《朝鮮産業經濟調査會會議錄》, 般部會(최종일), 666~667쪽. 고창 김씨가처럼, 박영철은 전라북도 출신이었다. 그의 아버지 박김수은 미곡상을 하다가 지주로 변신했다. 그는 김요협 일가처럼 1876년 이후 조선-일본 간의 쌀 무역으로 돈을 모아 재산 일부를 근대 기업(은행업)에 투자했다. 1900년에 스물한 살이 된 박영철은 교육을 받기 위해 도쿄로 갔다. 그는 1903년에 일본 육군사관학교를 졸업한 후 러일전쟁 중 일본군 제국 헌병으로 복무했다. 한일합방 후 처음에 그는 식민지 관료로 야심을 품어, 훗날 강원도와 함경북도의 도지사를 포함한 여러 고위직에 올랐다. 그 후 아버지에게서 물려받은 은행업에 종사했다. 1936년에 그는 조선상업은행장과 만주국 명예총영사, 여러 식민지 기업의 이사와 감사를 하고 있었다. 그에 관해서는 이 책의 제1장과 貴田忠衛, 《朝鮮人事興信錄》, 414쪽; 朴榮喆, 《五十年の回顧》, 1929; 《수당 김연수》, 194쪽을 보라. 손기정의 올림픽 우승에 관해서는 *New York Times*, Aug. 10, 1936을 보라.

140 《朝鮮總督府時局對策調査會會議錄》, 제1분과회, 75, 104~105쪽; Wonmo

Dong, "Japanese Colonial Policy and Practice in Korea", p. 254를 보라.

141 Memmi, *The Colonizer and the Colonized*, p. 120.

142 《朝鮮產業經濟調查會會議錄》, 一般部會(최종일), 667쪽.

143 워렌 쯔네이시Warren Tsuneishi(1945년 9월에 조선에 배치된 미군 제24사단 소속의 통·번역자, 일본계 미국인)는 당시 다음과 같은 의견을 피력했다. "일본이 조선의 일본화에 어느 정도 성공을 거둔 것은 …… 분명하다. 이것은 언어의 경우에 가장 뚜렷이 나타났다. 내가 적어도 서울에서 만난 한국인 대부분은 일본어를 자유롭게 구사할 수 있었다." Otis Cary ed., *From a Ruined Empire*, pp. 33~34.

144 《매일신보》에 관한 참고문헌은 Chin-sok Chong, "A Study of the Maeil Sinbo: Public Information Policy of the Japanese Imperialism an Korean Journalism under Japanese Imperialism", *Journal of Social Sciences and Humanities*, no. 52, 1980. 12, pp. 59~114.

145 《朝鮮總督府時局對策調查會會議錄》, 제1분과회, 72쪽.

146 3·1운동에서 최린의 역할에 관해서는 Baldwin, *The March First Movement*를 보라. 최린은 김성수처럼 1919년 후 그의 민족주의 입장을 점차 누그러뜨려, 일본 제국 내 조선의 정치적 자치를 옹호한 1920년대 후반의 자치운동에서 지도적 역할을 했다. Scalapino and Lee, *Communism in Korea 1, The movement*, pp. 98~100을 보라.

147 Alexander Gerschenkron, *Economic Backwardness in Historical Perspective*, Cambridge: Harvard University Press, 1962; Ronald Dore, "The Late Development Effect", in Hans Dieter-Evans ed., *Modernization in South-East Asia*, London: Oxford University Press, 1973을 보라.

148 《朝鮮總督府産業調查委員會議事速記錄》, 전체회의(2일차), 159쪽.

149 《동아일보》 1921년 9월 11일자, 조선인산업대회의 임시 의장 박영효의 성명; 1921년 9월 16일자, 조선인산업대회의 제안; 《동아일보》 사설, 1921년 9월 10

일자, 11일자, 12일자, 20일자.

150 《朝鮮總督府産業調査委員會議事速記錄》, 전체회의(2일차), 159쪽; 전체회의(제
5일차), 244~245쪽을 보라.

151 《朝鮮總督府時局對策調査會會議錄》 제1분과회, 103쪽.

152 김성수가 사이토에게 보낸 편지, 1927년 12월 30일자. 《齋藤實文書·4-121》, 일
본 국립국회도서관 헌정자료실.

153 《朝鮮産業經濟調査會會議錄》, 일반부회(최종일), 666쪽.

154 고원섭, 《반민자 죄상기》, 85쪽. 1945년 9월 반도호텔의 한국인 지배인은 한 미
군 통역에게 똑같은 말을 했다. "조선이 해방되는 날이 오리라고는 꿈에도 생각
하지 못했다." Otis Cary ed., *From a Ruined Empire*, p. 32를 보라.

155 Robinson, *Cultural Nationalism in Colonial Korea*, 특히 chap. 2, 3을 보라.
앞의 제2장.

156 《朝鮮總督府時局對策調査會諮問答申書》, 85쪽; Henderson, *Korea: The
Politics of the Vortex*, pp. 103~112.

157 《朝鮮總督府時局對策調査會諮問答申書》, 85~96쪽.

158 《朝鮮總督府時局對策調査會諮問答申書》, 2쪽.

159 《朝鮮總督府時局對策調査會諮問答申書》, 2~3, 5, 6쪽.

160 《朝鮮總督府時局對策調査會諮問答申書》, 3쪽.

161 《朝鮮總督府時局對策調査會諮問答申書》, 4~5쪽.

162 《朝鮮總督府時局對策調査會諮問答申書》, 4, 6쪽; 國民總力朝鮮聯盟編, 〈國民
總力讀本〉, 《朝鮮實業》 19, 1941. 10, 41~45쪽; 《朝鮮實業》 19, 1941. 12,
39~44쪽.

163 《朝鮮實業》 19, 1941. 12, 4~5쪽.

164 《朝鮮實業》 19, 1941. 12, 5~6쪽. 1940년 《동아일보》의 강제 폐간에 관한 참고
문헌은 Chin-sok Chong, "A Study of the Maeil Sinbo: Public Information
Policy of the Japanese Imperialism and Korean Journalism under Japanese

Imperialism", pp. 80~81.

165 Richard Kim, *Lost Names: Scenes from a Korean Boyhood*, New York: Praeger, 1970, p. 109.

166 Wonmo Dong, "Japanese Colonial Policy and Practice in Korea", pp. 348~349; Chong-Sik Lee, *Politics of Korean Nationalism*, Berkeley and Los Angeles: University of California Press, 1963, pp. 266~270.

167 현준호는 세키야가 조선의 상황을 잘 알고 있는 사람이라고 칭찬하고, 세키야를 내선일체위원회의 의장으로 적극 추천했다. 《朝鮮總督府時局對策調査會會議錄》, 제1분과회, 102쪽. 세키야는 내선일체를 강력히 지지하고 한국인 엘리트 층과 양호한 관계를 기르려 노력한 아루가 미쓰토요와 마찬가지로, 한국인을 일본인과 대등한 조건으로 완전히 동화할 것을 진심으로 지원한 일본인의 하나였던 것 같다. 그는 《每日新報》에 내선일체정책에 관해 기고했다. 〈황민의 대도大道를 탁마琢磨〉, 《每日新報》 1944년 9월 26일자를 보라.

168 물론 내선일체라는 구호는 특히 태평양전쟁 중에는 일본의 승리로 건설될 대동아 신질서에서 확실히 한국인들에게 동등한 대우와 권리를 주겠다고 약속했다. 한국인들은 전쟁이라는 긴급사태에 따라 경영, 기술 기타 분야에서 새로운 기회를 얻었다. Saxonhouse, "Working Koreans in Korea and Japan in the Inter-War Period", pp. 45~61을 보라. 더욱이 아루가 미쓰토요와 같이 일본인과 한국인의 진정한 평등을 강하게 주장하는 고위 관료도 있었다(아루가는 1938년의 시국대책조사회에서 한국인의 차별에 반대했다. 《朝鮮總督府時局對策調査會會議錄》, 제1분과회, 105~107쪽). 또 전쟁이 끝나기 몇 달 전에는 일본 제국의회에의 한국인(및 대만인)의 참정권이 인정되었다. 1945년 3월 일본 정부는 다음 총선거부터 한국인의 중의원 의원 선출이 가능하다고 발표했고, 그 한 달 후에는 한상룡을 비롯한 7명의 한국인이 귀족원 의원으로 지명되었다. 《每日新報》 1945년 3월 19일자, 3월 27일자, 4월 2일자, 4월 4일자; Henderson, *Politics of the Vortex*, p. 105(헨더슨은 6명의 한국인이 임명되었다고 썼지만, 정확히는 7명이다)를

보라. 그러나 이러한 조치는 전쟁 말기에 이루어져서, 한국인과 일본인의 평등을 진정 약속한 것이라기보다는 전쟁의 막바지에 총동원체제를 강화하려는 필사적 노력을 표현한 것으로 생각된다. 이 모든 것을 고려하면, 끝까지 일본인들은 한국인과 일본인의 평등에 대해서 애매한 태도를 취했다고 할 것이다.

169 《朝鮮總督府時局對策調査會會議錄》, 제1분과회, 72, 102쪽. 이승우에 관해서는 고원섭, 《반민자 죄상기》, 82~86쪽을 보라. 이승우는 동일은행의 감사(본문 제3장을 참고)였고, 서울에 있는 경성식산주식회사라는 한국인 경영의 금융 증권 회사의 감사, 남창사南昌社라는 한국인 경영의 비슷한 회사의 사장이기도 했다. 양사 모두 1930년대 중엽에 도산했다. 《朝鮮銀行會社組合要錄》, 8, 21, 41쪽. 나아가 이승우는 총독부의 한국인 자문기관인 중추원 참의參議이기도 했다. 《朝鮮總督府時局對策調査會諮問答申書》, 185쪽을 보라. 중추원에 관해서는 Grajdanzev, *Formosa Today*, p. 243~245를 보라.

170 《朝鮮總督府時局對策調査會會議錄》, 76쪽.

171 《朝鮮總督府時局對策調査會會議錄》, 77쪽.

172 《朝鮮總督府時局對策調査會諮問答申書》, 3쪽; Wonmo Dong, "Japanese Colonial Policy and Practice in Korea", p. 254.

1731 《朝鮮總督府時局對策調査會會議錄》, 제1분과회, 173~177쪽; 《朝鮮總督府時局對策調査會諮問答申書》, 3쪽을 보라.

174 《朝鮮總督府時局對策調査會會議錄》, 6쪽; 《인촌 김성수전》, 410쪽을 보라.

175 《동아일보》 1921년 9월 20일자 사설.

176 그 후 동사의 상담역에 임명되었다. 韓翼敎編, 《韓相龍君を語る》, 430, 440쪽; 《朝鮮銀行會社組合要錄》, 16쪽을 보라.

177 L生, 〈썼던 탈을 버서나는 物産獎勵〉, 《開闢》 40, 1923. 10, 53~59쪽(특히 56~57쪽); Robinson, *Cultural Nationalism*, chap. 4.

178 예를 들면 《東光》 1930년 9월호에 이광수가 김성수를 몹시 찬양하는 기사를 게재했기 때문에, 몇 달 후 《삼천리》에서 풍자 가득한 반응을 일러일으켰다. 유광

렬, 〈이광수씨의 '김성수론'을 반박함〉, 《삼천리》 3, 1931. 10, 44쪽을 보라. 이광수의 와세다대학 유학 비용도 김성수가 댔다. 권오기 편, 《인촌 김성수》, 187~189쪽.

179 작가인 이광수는 전시 중 일본에 적극 협력한 데 대해서 대중의 비판을 받고 한 국 국회의 반민특위에 의해 기소되자, 1948년에 다음과 같은 내용의 글을 발표 했다. 당시 그는 일본에 협력하면 장차 한국인이 자유롭게 의견을 말할 권리가 생기고, 또 물질적인 이익, 교육과 직업의 기회, 일본인에 비한 법적 지위 등도 향상되기 때문에, 결국 한국인에게 유익할 것이라고 확신했다는 것이다. 이 주 장은 분명히 자기변호이고 독선적이지만, 무언가 진실을 담고 있다. 그 어조와 내용은 1938년에 총독부의 시국대책회의에서 한국인들이 한 발언과 흡사하다. 일본인과의 평등이라는 문제는 대부분의 한국인들이 계급을 초월해서 찬동할 수 있는 몇 안 되는 문제의 하나였다. 그러나 한국인의 생활이 향상되면 조선의 독립에 한 걸음 가까워진다는 견해는 별로 설득력이 없다. 이광수 정도의 지능 과 지력을 가진 인물이 조선의 정치적·문화적 독립의 장래에 관해 내선일체가 의미하는 바를 이해할 수 없었다고는 생각되지 않는다. 그보다는 1938년의 내선 일체위원회의 이승우를 비롯한 위원과 마찬가지로, 이광수도 조선 독립의 가능 성은 매우 낮다(불가능하지는 않더라도)고 생각하여, 전후의 대일본 제국 속에서 한국인이 개인으로서 완전한 평등을 획득하는 수단으로서 내선일체를 받아들이 자고 결심한 것으로 생각한다. 이광수, 〈나의 고백〉, 《이광수전집》 13, 삼중당, 1962~1964, 267~275쪽을 보라.

180 최두선(1894~1974)은 1919년 3월 1일에 독립선언서를 기초한 최남선(1890~1957) 의 동생이다. 최두선은 김씨 형제와 친밀한 사이였다. 그는 김성수와 같은 와세 다대학에 유학하여, 철학을 공부했고(1917년 졸업), 독일의 예나대학과 베를린대 학에서도 공부했다. 식민지시대에는 경방의 주주(1944년에 460주) 및 임원이 되 었을 뿐 아니라, 김성수가 설립한 중앙학교의 교장, 보성전문학교의 상무이사 로서 성수의 여러 교육 프로젝트를 지원했다. 해방 후에는 성수의 신문 동아일

보사 사장(1947년 취임), 박정희의 제1차 내각에서 국무총리(1963~1964), 경방의 회장(1964년 취임)을 맡았다. 권오기 편, 《인촌 김성수》; 《인촌 김성수전》, 793쪽; 동은기념사업회, 《동은 김용완》, 314쪽; 경성방직주식회사, 《주주명부》 (1944. 11. 30).

181 최창학은 평안북도에서 김성수와 같은 해인 1891년에 태어났다. 그러나 김씨가와 같은 지주 출신이 아니라, 교육도 받지 못했으며, 행상을 해서 성장한 인물로 생각된다. 貴田忠衛, 《朝鮮人士興信錄》, 203쪽을 보라. 1944년 최창학은 경방 주식을 1,815주 보유하고 있었다. 경성방직주식회사, 《주주명부》(1944. 11. 30)를 보라.

182 경성방직주식회사, 《중역회의록》 제74회(1938. 6. 25); 일본어 학급 강사에 대한 1년분의 지급 리스트(일자 모름), 《용인공장 지불전표》(1938. 10. 21~25); 《朝鮮總督府時局對策調査會諮問答申書》, 4쪽.

183 《每日新報》 1942년 11월 15일자, 1941년 1월 7일자, 1941년 1월 19일자를 보라. 연맹 후생부장이 된 김연수의 인터뷰는 1943년 2월 28자를 보라.

184 《朝鮮總督府時局對策調査會諮問答申書》, 4~5쪽; Chong-Sik Lee, *Politics of Korean Nationalism*, pp. 255~266, 322 n.32. 제2차 세계대전이 끝날 때까지 약 18만 7,000명의 한국인이 일본 육군에 입대하고, 2만 2,000명 이상이 일본 해군에 입대했다. Chong-Sik Lee, *Japan and Korea: The Political Dimension*, Stanford: Hoover Institution Press, 1985, p. 25.

185 경성방직주식회사, 《중역회의록》, 제81회(1939. 4. 18); 《每日新報》 1943년 7월 22일자.

186 《朝鮮總督府時局對策調査會諮問答申書》, 4~5쪽.

187 조선총독부, 《施政三十年史》, 1940, 803~805쪽; 《朝鮮總督府時局對策調査會諮問答申書》, 6쪽.

188 완전한 징병제(면제 없음)는 1944년 2월에 시행되었다. 《인촌 김성수전》, 431, 790~791쪽을 보라.

189 그러나 김성수가 실제로 이 강연 여행에 참가했는지는 이 신문기사로는 분명하지 않다. 경성방직주식회사, 《중역회의록》, 제77회(1938. 10. 14); 《每日新報》 1938년 10월 16일자를 보라.

190 《每日新報》 1938월 10월 16일자, 1942년 6월 21일자. 내선일체 정책기에 이루어진 이러한 국방헌금의 기록과 한국인의 협력에 관한 여타 정보에 관해서는 다음을 보라. 길진현, 《역사에 다시 묻는다》, 삼민사, 1983, 300~301, 312쪽. 이 책은 1949년의 한국 국회에 의한 친일반민족행위자(민족반역자) 재판 기록에 관한 신문·잡지의 기사를 모아 편집한 것이고, 부록으로 《친일파군상》의 재판(원판은 1948년 발간)을 수록하였다. 이 부록은 1937년부터 1945년까지 내선일체와 일본의 전쟁을 지원한 조선의 개인 및 단체를 가장 상세하게 기록한 것이라 생각한다. 참고문헌을 조사하면서 필자는 많은 오류를 발견했다. 특히 일자에 관한 오류가 많았다. 연구자에게는 참고자료를 반드시 《每日新報》와 같은 원전과 대조하라고 권고하겠다.

191 장행회의 기록은 《每日新報》 1943년 11월 9일자에 실렸다. 또 그 몇 달 전에 징병제가 정식으로 실시되었을 때, 한국인의 '문약文弱함'의 문제를 거론한 김성수 명의의 논설이 게재되었다. 《每日新報》 1943년 8월 5일자; 《인촌 김성수전》, 430~431쪽; 《每日新報》 1943년 11월 9일자에 실린 학병 응모를 위한 일본 방문에 관한 김연수의 인터뷰를 보라.

192 그 밖에 기고한 인물은 최남선(1943년 11월 5일자), 양주삼(1943년 11월 9일자), 현상윤(1943년 11월 11일자)이다. 이 기사의 사본을 입수해 준 노와코우스키Josep Nowakowski와 헷마넥Milan Hejtmanek에게 감사한다. 기사는 모두 학생 청중에게 연설하는 것과 같은 논조로 쓰여 있어, 실제로 강연이 이루어졌는지도 모른다. 《每日新報》 1943년 11월 5일자, 1943년 11월 9일자, 1943년 11월 11일자. Cumings, *Origins of Korean War*, pp. 148~149를 보라.

193 《每日新報》 1944년 1월 22일자.

194 《京城日報》 1944년 1월 19일자. 또한 《每日新報》 1943년 8월 1일자에 실린, 징

병제 실시 때의 김연수의 인터뷰 기사도 보라.

195 김연수의 반민족행위자(민족반역자) 재판에 관해서는 고원섭, 《반민자 죄상기》, 66~68쪽을 보라. 반민족행위자의 재판 전체에 관해서는 최중희, 〈반민특위에 관한 분석적 연구〉, 이화여대 석사논문, 1976을 보라. 김연수의 공식 전기에서 는 그가 일본에서의 학병권유회에 참가한 것은 인정하지만, 참가는 '강요된' 것 이었고, 메이지대학에서 내용 없는 짧은 연설을 했을 뿐 그 후에는 입원하여 강 연 여행을 다 하지 못했다고 쓰여 있다. 《수당 김연수》, 215~219쪽을 보라. 전 기에는 한국어와 일본어 신문·잡지에 기사를 썼다든지 인터뷰를 했다는 기술은 없고, 또 전쟁 수행을 위해 기부한 것도 일체 언급되어 있지 않다.

김성수의 공식 전기에서도 1943년에 춘천 학병강연여행에 참가하도록 '강요받 은' 것은 인정하고 있지만, 연설할 차례가 되자 미리 짠 대로 다음 연사인 친구 이자 동료인 장덕수에게 미룬 것으로 서술하고 있다(《인촌 김성수전》, 430~431 쪽). 더욱이 전기에서는 김성수의 학병 관련 신문기고문 하나(《每日新報》 1944년 1 월 22일자)는 인정하지만, 명목상의 인터뷰만 하고 나서 기자가 임의로 써서 게 재한 것이지 김성수가 쓴 것은 아니라고 한다(《인촌 김성수전》, 432~434쪽). 전기 에서는 이 장에서 크게 다룬 김성수의 기고문이라 하는 기사는 전혀 언급하지 않았다. 또 부민관에서 열린 학병장행회에 김성수가 참가했다는 명백한 사실도 언급하지 않았다.

196 내선일체의 실시 기간 내내 김씨가는 한국식 이름을 계속 자유롭게 사용할 수 있 었다. 이것은 많은 문제를 제기한다. 전쟁에 관여한 많은 한국인 기업가들은 일 본식 이름을 쓰도록 한 총독부의 창씨개명에 관한 법령을 면제받았다. 그들의 이름은 지명도가 높아 어느 의미에서는 중요한 사업 상표라고도 할 수 있기 때문 이다. 또 1949년에 한국 국회의 반민족행위자 재판에서 박흥식을 취조한 검찰관 의 증언에 의하면, 일본 당국은 창씨개명이 강제가 아님을 보이기 위해서 일부 '신뢰할 만한' 한국인들이 한국식 이름을 계속 쓸 수 있게 허락했다고 한다. 고 원섭, 《반민자 죄상기》, 20쪽; 김영진 편, 《반민자 대공판기》, 62쪽을 보라.

최근의 《동아일보》 기사를 보면, 이철승은 당시 학병반대운동을 은밀히 조직하라고 김성수의 지시를 받았지만, 일본의 탄압 때문에 실패했다고 썼다. 그러나 이 주장은 상당히 의심스럽다. 이미 50년이 경과한 뒤에 나온 이철승의 돌연한 주장 말고는 김성수나 이철승이 그러한 운동에 관여했다는 증거는 하나도 없다. 성인전聖人傳에 가깝게 서술된 공인 전기에서조차도 그러한 사실은 언급된 바 없다. 이 점에 관한 이철승의 공정성에 관해서도 의문이 있다. 그 이유의 하나는 한국의 학생, 특히 현재도 김씨가의 지배 아래 있는 고려대학교의 학생 사이에서 김성수에 대한 수정주의적 비판이 높아지자 이철승의 기사가 그것에 반론하기 위해 쓰인 것이 명백하기 때문이다. 또 고려대학교 교우회의 고문이라는 그의 입장도 두 번째 이유로 들 수 있다. 더욱이 이철승은 학생들의 김성수 비판을 '좌익', 즉 공산주의자의 선동에 의한 것이라고 결론지었기 때문에 그의 주장은 결과적으로 더 신빙성이 없다. 이철승, 〈인촌을 바로 알자〉, 《동아일보》 1989년 7월 15일자를 보라. 이 기사를 소개해 준 김규현에게 감사한다.

197 김연수는 1939년 6월 서울 주재 만주국 명예총영사로 임명되었다. 《수당 김연수》, 335쪽. 그는 총영사로서 3월 1일 만주국 건국을 기념하는 정례 축하회를 영사관에서 열었다. 참가자는 직원, 조선에 있는 만주국 주재원, 그 밖의 관계자였다. 건배에 이어서 식전에서는 천황 및 만주국 황제에 대한 경배도 했다. 이 행사의 상세한 내용에 관해서는 《每日新報》 1942년 3월 2일자, 1943년 3월 2일자를 보라. 김성수가 세키야 데이자부로에게 보낸 편지(1939년 9월 25일자, 1943년 1월 12일자, 1943년 7월 21일자), 《關屋貞三郎文書 1081, 875-2, 875-1》, 일본 국립국회도서관 헌정자료실을 보라.

198 문화적 민족주의운동의 지도자로서 적극적 협력자가 된 인물로는 최남선, 이광수 등을 꼽을 수 있다. 협력 행위에 관한 최남선 자신의 주장을 보라. 고원섭, 《반민자 죄상기》, 52~61쪽. 이광수에 관해서는 앞의 주석 179를 보라.

199 김성수가 세키야 데이자부로에게 보낸 편지(1945년 5월 29일자), 《關屋貞三郎文書 876-2》, 일본 국립국회도서관 헌정자료실.

200 현재 오시마 국장이라는 인물에 관해서는 정확히 알 수 없다. 1945년에 김성수가 세키야에게 편지를 보낸 시점에서는 그가 총독부의 국장은 아니었다고 생각한다. 그는 조선을 방문한 총독부의 전 국장이든가, 혹은 만주국과 대만, 일본 본국에 소속된 (전·현직) 국장이었을지도 모른다.

201 엔도는 1944년 7월 24일부터 1945년 10월 24일까지 정무총감을 맡았다. 정무총감은 총독부의 제2인자임과 동시에 총독부의 한국인 자문기관인 중추원 의장이기도 했다. 중추원이 미군정청에 의해 해산된 1945년 11월 김성수는 중추원 참의로서 이름이 올라 있었다. B. Cumings, *Origins of Korean War*, pp. 148, 498 n. 64.

202 김성수가 세키야에게 보낸 편지(1945년 7월 8일자), 《關屋貞三郎文書 876-1》, 일본 국립국회도서관 헌정자료실.

203 한편 그것들은 어조와 내용 양면에서 이 시기의 《每日新報》에 게재된 김성수의 것으로 생각되는 기사 및 인터뷰와 일치한다. 고이소 총독이 일본의 수상에 임명되었을 때의 김성수의 유명한 신문 인터뷰, 《每日新報》 1944년 7월 24일자.

204 해방 후 한국의 어느 마을에서 일어난 그러한 사건에 관한 생생한 설명으로는 Richard Kim, *Lost Names*, pp. 164~170을 보라.

205 김연수를 '민족반역자'라고 가장 엄격하게 비판한 것은 좌익과 경방 노동자들이었지만, 일반 대중도 전시 중 그의 활동에 대해 마찬가지로 분노했기 때문에, 김연수는 마침내 1949년의 한국 국회에 의해 '반민족행위자'로 기소되었다. 그가 공개적으로 반성의 뜻을 표했을 뿐 아니라 이승만 정권이 국회 반민특위를 정치적으로 전복시켰기 때문에, 그는 결국 무죄판결을 받았다. 《전국노동자신문》 1945년 11월 1일자, 12월 1일자; 《경방 육십년》, 138쪽; 《수당 김연수》, 234~235쪽; 길진현, 《역사에 다시 묻는다》, 12~22, 109~110쪽; 최중희, 〈반민특위에 관한 분석적 연구〉를 보라.

민족주의자로서 김성수의 명성은 1945년 9월에도 아직 양호했다. 일본이 항복하고 미군이 도착하기까지 존속했던 좌파계열의 불운한 연립 정권 '조선인민공화국'의 정부각료 명단(교육부 장관)에 김성수의 이름도 올려져 있었기 때문이다. 그러나 김성수는 협력자라는 비난을 완전히 떨쳐버리지는 못했다. B. Cumings, *Origins of Korean War*, pp. 148~149를 보라. '조선인민공화국' 의 수립과 그에 대한 미군의 반응에 관해서는 커밍스 책의 pp. 68~100, 135~178을 보라. 1945년 이후 김성수 가족과 친지, 동료들은 민족주의자라는 그의 이미지가 손상되지 않도록 필사적인 노력을 기울였다. 그 노력은 김씨가의 언론 제국과 교육기관의 막대한 자료와 영향력에 의해 지탱되었지만, 최근 학생과 연구자들이 식민지시대 김성수의 과거를 비판적으로 재평가하기 시작하여, 그가 협력자였는지 어떤지는 오늘날 매우 논쟁적인 문제가 되었다.

결론 : 식민지의 유산

[206] Robinson, *Cultural Nationalism in Colonial Korea*; Moskowitz, "Current Assets: The Employees of Japanese Banks in Colonial Korea"; Soon Won Park, "The Emergence of a Factory Labor Force in Colonial Korea: A Case Study of the Onoda Cement Company", Ph. D. diss., Harvard University, 1985.

[207] 예를 들면 김용완(1917년 13세의 나이로 성수의 누이동생 점효와 결혼했다)은 1938년 중앙상공주식회사(경방의 관계회사로 경성직뉴의 후신)의 임원직을 그만두고 경방의 상무로 취임했다. 그는 1944년 말에는 개인 이름으로 경방 주식 1,366주를 소유하고 있었다. 동은기념사업회, 《동은 김용완》, 308, 310쪽; 경성방직주식회사, 《주주명부》(1944. 11. 30)를 보라.

이도영李道榮은 1910년생이다. 그의 부친은 가난한 소작농이었지만, 조부는 부유한 지주였고, 전 재산을 도영의 형인 장남에게 물려주었다. 그의 일가는 완벽한 양반 신분을 가진 연안 이씨다(Wagner, "Munkwa Project"를 보라). 이도영이 부유한 지주인 여흥 민씨의 딸과 결혼할 수 있었던 것은 아마도 그 때문이었다고 생각된다. 덕분에 도영은 식민지시대에는 최고 수준의 학교를 다닐 수 있었고, 특히 경성제국대학에서 법률을 공부했다. 후에 그는 경방의 사무직원이 되고 또 소액주주(70주)가 된다. 경성방직주식회사, 《주주명부》(1944. 11. 30)를 보라(일본식 성 마사키로 기재되어 있다). 해방 후 이도영은 활석 광산을 사들였고, 거기서 올리는 이익을 토대로 이윽고 자신의 기업(일신산업)을 세웠다. 또 홍익대학교도 설립했다. 그의 아들 이경훈과의 인터뷰(1985. 12. 22, 시애틀). 이도영은 1960년대 초 김연수, 김용완, 이병철 등 식민지시대의 실업가들과 함께 전국경제인연합회(FKI)를 통해 일본과 한국의 경제적 유대를 다시 맺고 촉진하는 데 중요한 역할을 했다. 그는 1964년부터 1965년까지 전경련 부회장을 맡았다(회장은 김용완). 한일 국교정상화조약이 비준된 것은 1965년 8월이었다. 노인환 편, 《전경련20년사》, 전국경제인연합회, 617쪽을 보라.

김용주는 1905년에 경상남도에서 태어나 1923년에 부산상업학교를 졸업했다. 졸업 후 조선식산은행에 들어가 본점 및 포항지점에서 3년간 근무했다. 1926년에 은행을 그만두고 한국인(및 일본인) 실업가들과 함께 포항에서 해상수송업을 시작했다. 1933년에는 포항운수주식회사의 사장이 된다. 그도 식민지시대에는 경방의 대주주(2,878주)였다. 해방 후에는 전방紡 그룹의 회장과 민주당 의원을 맡아, 사업과 정치 두 분야에서 전보다 더 두드러진 활약을 보였다. 전방 그룹은 전남방직(광주의 전 가네보鐘紡 공장)을 모체로 세워진 것인데, 1975년 한국에서 39번째로 큰 기업집단이었다. 민주당 의원이 된 것은 1960년이었다. 전경련 부회장, 한국경영자협회 회장, 대한방직협회 회장 등 여러 경제단체의 임원을 맡아 적극적으로 활동했다. 한국과 일본의 경제관계를 촉진하는 데서도 적극적인 역할을 했다. 1950~1951년에는 일본에서 한국 정부의 공식 대표를 맡았고, 박정희시대에는 한일협력위원회의 핵심 회원이었다. 김용주, 〈재계회고〉, 《재계회고》 2, 한국일보사, 1984, 21~161쪽; 世界政經調査會編, 《韓國北朝鮮人名辭典》, 東京: 世界經濟調査會, 1975, 133쪽; 本田秀夫編, 《朝鮮人事興信錄》, 154쪽; 《朝鮮銀行會社組合要錄》, 97~98쪽; 배덕진 편, 《紡協30년사》, 대한방직협회, 1977, 647~650쪽; 경성방직주식회사, 《주주명부》(1944.

11. 30)를 보라.

208 이 조사는 필자의 요청에 따라, 하버드대학교에서 동아시아 역사와 언어를 연구
하는 대학원생 김규현이 수행한 것이다. 그는 하버드 옌칭도서관의 한국어문헌
(인명사전, 공식사사, 전기, 자서전, 한국 재벌에 관한 각종 자료 등)을 참고하여 조사를
했다. 한국 재벌 상위 50대 그룹에 관해서는 한국일보 경제부, 《한국의 50대 재
벌》, 경영능률연구회, 1985를 참고했다. 김규현의 조사에서는 50개 그룹 중 29
개(58퍼센트)가 식민지시대에 기업가 내지는 종업원(많은 수가 일본의 기업에서)으로
무언가 사업을 경험했다는 것이 드러났다. 다른 7개 그룹은 식민지 관료 경험 등
다른 종류의 경험을 해서, 그것이 경영 능력을 기르는 데 도움이 되었다고 말해
도 좋겠다. 그의 조사결과는 아직 가설이고, 추가적인 연구와 조사, 개량이 필
요한 것은 말할 것도 없지만, 그것이 사사하는 바는 고창 김씨가가 신흥 사회계
급 중에서 특히 두드러진 일부에 불과하다는 것, 그리고 식민지시대는 한국 자
본주의의 형성기이고, 그것에 관한 실증적 연구가 매우 필요하다는 것이다.

209 이 주제에 관한 가장 포괄적인 연구는 한국전쟁의 원인에 관한 브루스 커밍스의
2권의 연구서다(제2권은 최근 프린스턴대학교 출판부에서 발간). 한국에 대한 미국의
경제원조의 개요에 관해서는 David C. Cole, "Foreign Assistance and Korean
Development" in David C. Cole, Youngil Lim, and Paul W. Kuznets, *The
Korean Economy-Issues of Development*, Berkeley: Institute of East Asian
Studies, 1980, pp. 1~29.

210 박정희는 1942년 만주국 신징新京군관학교를 수석 졸업했다. 이어서 도쿄의 일
본 육군사관학교에 2년간 유학한 후, 일본 육군 소위로 임관하여 관동군에 배속
되었다. 전쟁이 끝났을 때에는 만주국 육군 중위로 승진해 있었다. 전목구, 《전
기 박정희》, 교육평론사, 1964, 83~91쪽을 보라. 그의 경력에 관한 가장 뛰어
난 영어 서적은 Henderson, *Politics of the Vortex*, 특히 pp. 106~110; Kim,
Politics of Military Revolution in Korea, 특히 pp. 89~92.

211 김연수, 〈재계회고〉, 《재계회고》 1, 한국일보사, 1984, 276쪽. 금탑산업훈장에

관해서는 Jones and Sakong, *Government, Business and Entrepreneurship*, p. 98을 보라. 김연수는 1979년에 사망했다.

212 동은기념사업회, 《동은 김용완》, 196쪽; 노인환 편, 《전경련20년사》, 342쪽을 보라.

213 동은기념사업회, 《동은 김용완》, 195~200쪽을 보라. 김용완은 1964년부터 1966년까지, 1970년부터 1977년까지 전경련 회장을 맡았다. 노인환 편, 《전경련20년사》, 617~668쪽; Kwan Bong Kim, *The Korea-Japan Treaty Crisis and the Instability of the Korean Political System*, New York: Praeger Publishers, 1971을 보라.

214 박정희, 《국가와 혁명과 나》, 향문사, 1962, 117~120, 140쪽.

215 그 대표적 예는 한국의 양대 수출 부문인 전자와 자동차다. 한국의 VCR과 팩시밀리, 컴퓨터 주요 부품은 거의 100퍼센트가 일본 기업에서 조달되고 있다. 자동차에 있어서는 현대자동차(미국에 현대 엑셀을 수출하고 있다) 지분의 15퍼센트는 미쓰비시그룹이 소유하고 있다. 또 자동차 엔진과 기타 주요 부품(차축 등)에는 미쓰비시의 제품이 사용되고 있다. *BusinessWeek*, Dec. 23, 1985, p. 50; *Business Korea*, Apr. 1986, p. 99.

216 Barrington Moore, Jr., *Social Origins of Dictatorship and Democracy*.

217 Isaiah Berlin, *Four Essays on Liberty*, Oxford: Oxford University Press, paperback, 1979, p. 120.

218 Landes, "Japan and Europe", p. 177.

219 Moore, Jr., *Social Origins of Dictatorship and Democracy*, p. 437.

220 앞서 언급한 것처럼, 한국의 전통적인 정치는 오늘의 서양에서 사용하는 의미의 민주정치와는 다른 것이었으나, 전제정치는 아니었다. 조선의 양반은 왕의 침탈에서 자신의 특권을 지키는 데는 매우 열심이었고, 또 그것에 성공했다. 이것은 영국 기타 여러 나라에서는 발견되지 않는 특징이다. 와그너에 의하면, 조선왕조의 왕족과 양반의 관계는 "균형이 아주 잘 잡혀서 일종의 입헌군주정체였

다." 따라서 한국 독재정치의 기원이 단지 혹은 주로 한국의 정치 전통에 있는 것으로 간주하는 것은 그다지 정확하지 않다. 현대의 한국 대통령이 행사하는 권력은 조선왕조의 왕이 꿈꿀 수 없었던 것이고, 어느 왕도 손에 넣지 못한 것이다. Wagner, *Literati Purges*, p. 2 및 이 책의 제3장도 보라.

역주

1* 이 책의 저자가 고창군을 답사한 때는 1980년대 전반이다.

2* 의금부도사義禁府都事, 중추원의관中樞院議官, 비서원승秘書院丞이다. 김용섭, 〈한말 일제하의 지주제 사례 4〉, 70쪽.

3* 제품이 팔리지 않아 재고자산이 누적된 것을 말한다.

4* 1909년 일본 도쿄에서 설립된 재일본 조선인 유학생들의 단체. 채기두蔡基斗, 최 린崔麟, 문상우文尙宇, 김지간金志侃, 이창환李昌煥, 박병철朴炳哲, 최창조崔昌朝, 고원 훈高元勳 등이 역대 간부를 맡았고, 월간 《대한흥학보》를 발행하여 국내에 배포함 으로써 애국계몽운동에 영향을 주었다.

5* 17세기 말~18세기를 통하여 영국에서 이루어진 양가良家 자제의 교육, 특히 고전 적 교양의 수득修得을 위한 유럽대륙으로의 여행을 말한다. 기간은 때로 수년간에 이르렀으며, 목적지는 파리 등 주요 도시와 명승고적이었는데, 최종 목적지는 항 상 고대 로마의 유적지와 르네상스의 중심지였던 이탈리아의 로마였다. 《파스칼 백과사전》.

6* 1838~1922년. 메이지 정부에서 국고를 정비하고, 철도를 신설하며, 음력을 태 양력으로 교체하는 등 근대 일본의 토대를 마련하는 데 힘을 기울였으며, 교육에 도 관심을 기울여 와세다대학의 전신인 도쿄전문학교를 설립하였다.

7* 정확히 말하면 일본인이 대표자였던 조일합동회사는 포함되지 않았다. 10퍼센트 라는 수치에는 한국인이 대표였던 조일합동회사만 포함되어 있다.

8* 목화에서 씨를 빼서 솜을 만드는 작업이다.

9* K. A. Wittvogel. 중국을 연구한 독일 출신의 미국 사회학자. 저서로 《동양적 전제 주의Oriental Despotism》가 있다. 이 책에서 그는 동양 사회는 대규모 수리 관개시설 이 필요했고 이를 효율적으로 관리하기 위해 전제적인 국가제도가 성립되었다는 수력국가론水力國家論을 제기했는데, 이는 동양 사회의 정체성·후진성·비민주성 등을 설명하는 근거로 서구인의 동양에 대한 편견, 이른바 오리엔탈리즘적 사유 의 표본이 되었다.

10* 1883~1937년. 메이지 초기의 사상가, 사회운동가로서 군국주의의 시조로 간주된 다. 사회과학과 사상 관련 저작들을 독학으로 연구하여 국가사회주의사상체계를 세웠으며, 1911년 중국 신해혁명에 참여한 후 일본에서 국가개조운동을 벌였다. 1936년 군부 쿠데타인 2·26사건의 이론적 수모자로 간주되어 처형되었다.

11* 1930년대 이전의 상세한 대부기록은 경방의 모든 거래를 기장한 《일기장》에서 찾을 수 있다. 창립일인 1919년 10월 19일부터 1925년 2월 28일까지의 《일기장》 에는 차입일·차입기간·금액·이자율 등이 기록되어 있다.

12* 사업상의 접대를 말한다.

13* 현재는 한진중공업주식회사다.

14* 태평양 남서부에 있는 솔로몬 제도의 두 번째 섬. 제2차 세계대전 중 1942년 8 월~1943년 2월에 미군과 일본군 사이에 격전이 벌어졌고, 이 싸움에서 일본군 이 패배함으로써 일본이 패전하는 결정적 계기가 되었다.

15* 메이지시대에 식산흥업정책의 일환으로 착수되어 1901년 후쿠오카현에 완공된 일본 최초의 근대 제철소로서, 그 역사가 곧 일본 제철업의 역사다. 당초 농상무 성 관할의 관영공장으로 출발했다가 1934년 일본제철(주)로 민영화되었으며, 제 2차 세계대전 후에는 현재의 신일본제철(주)로 이어졌다.

16* 곤梱(bale): 면화의 중량 단위로 약 500파운드에 해당한다. 表俵라고도 불렀다.

17* 중량의 단위로 약 60킬로그램에 해당한다.

18* 민족적, 역사적, 문화적으로 자국과 긴밀한 관련이 있으면서도 현재 타국의 지 배 아래 있는 땅을 말한다.

19* 1934년 수치는 1년간(1934. 3~1935. 2)의 판매액이나, 1935, 1936년은 회계기간 변경에 따른 각기 9개월(1935. 3~1935. 11), 6개월(1935. 12~1936. 5)간의 매출액이다. 1934년 1년간은 450만 엔, 1935년 9개월간은 320만 엔, 1936년 1년간은 490만 엔이었다. 저자는 만주국의 관세로 인해 경방의 수출액이 줄었고, 그에 따라 총매출액도 감소한 것으로 잘못 파악했다.

20* 중국 전토를 뜻한다.

참고문헌

미간행 자료

《財團法人三養同濟會 書類》(1939~1945), (주)경방, 용인.

《合資會社三養社 書類》(1924~1945), (주)삼양사, 서울.

《京城紡織株式會社 書類》(1919~1945), (주)경방, 서울, 용인.

회사 영업 및 재무보고서, 주주명부, 중역회의록 및 주주총회록이 서울(영등포)의 본
사에 보관되어 있다. 다른 모든 문서들(원장, 전표 등)은 용인공장의 회사 창고에 보
관되어 있다.

《齋藤實文書》, 國立國會圖書館 憲政資料室, 東京.

《關屋貞三郎文書》, 國立國會圖書館 憲政資料室, 東京.

정부 및 회사 자료

朝鮮銀行 調査課, 《工業金融の現狀と其の對策》, 京城, 1936.

_____, 《最近朝鮮に於ける大工業の躍進と其の資本系統》, 京城, 1935.

朝鮮 憲兵隊司令部, 《朝鮮三一獨立騷擾事件: 槪况,思想及運動》(再版), 東京: 巖南堂,
1969

朝鮮總督府, 《朝鮮》, 京城, 1911~1942.

_____, 《産業調査委員會議事速記錄》, 京城, 1921. 9.

_____, 《朝鮮産業經濟調査會會議錄》, 京城, 1936. 10.

_____, 《朝鮮産業經濟調查會諮問答申書》, 京城, 1936. 10.

_____, 《朝鮮總督府時局對策調查會會議錄》, 京城, 1938. 9.

_____, 《朝鮮總督府時局對策調查會諮問答申書》, 京城, 1938. 9.

_____, 《朝鮮總督府統計年報 1911年版》, 전3권, 京城, 朝鮮總督府, 1913.

_____, 《朝鮮總督府統計年報 1937年版》, 京城, 1939.

_____, 《朝鮮總督府統計年報 1941年版》, 京城, 1943.

_____, 《施政三十年史》, 京城, 1940.

朝鮮總督府 警務局, 《高等警察關係年報》, 1930年版의 再版, 東京: 巖南堂, 1962.

朝鮮總督府 警務局 保安課, 《高等警察報》 2(再版), 東京: 巖南堂, 1962.

朝鮮總督府 鐵道局, 《半島の近影》, 京城: 朝鮮總督府 鐵道局, 1937.

朝鮮總督府, 《朝鮮總督府施政年報 1922~1923》, 京城, 1924.

朝鮮總督府, 《朝鮮總督府施政年報 1935~1936》, 京城, 1936.

韓相龍, 《南北支那及滿洲視察報告書》, 京城: 株式會社漢城銀行, 1917.

H.I.J.M's 統監府, 《韓國施政年報 1907》, 漢城, 1908.

本田秀夫 編, 《朝鮮殖産銀行二十年志》, 京城: 朝鮮殖産銀行, 1938.

조영구 편, 《京城紡織 五十年》, 경성방직주식회사, 1969.

김중길 편, 《화신 오십년사: 1926~1976》, 화신산업주식회사, 1977.

김상홍 편, 《삼양 오십년: 1924~1974》, 주식회사삼양사, 1974.

近藤釖一 編, 《朝鮮總督府資料選集: 齋藤總督の文化統治》, 東京: 友邦協會, 1970.

南滿洲鐵道株式會社, 《南滿洲鐵道旅行案內》, 大連: 南滿洲鐵道株式會社, 1919.

南滿洲鐵道株式會社 經濟調查會 第1部, 《朝鮮人勞動者一般事情》, 南滿洲鐵道株式
　　會社, 1933.

文部省 實業學務局, 《實業學校要覽》, 東京: 文部省, 1936.

명주현 편, 《OB 二十年史》, 동양맥주주식회사, 1972.

박인환 편, 《京紡 六十年》, 주식회사경방, 1980.

Pauley, Edwin, W., *Report on Japanese Assets in Manchuria to the President of the United States*, 1946. 6.

Pauley, Edwin, W., *Report on Japanese Assets in Soviet-Occupied Korea to the President of the United States*, 1946. 6.

社史編纂委員會 編, 《吳羽紡績三十年》, 大阪: 吳羽紡績株式會社, 1960.

南滿洲鐵道株式會社 編, 《Fifth Report on Progress in Manchuria to 1936》, 大連: 南滿洲鐵道株式會社, 1936.

_____, 《Sixth Report on Progress in Manchuria to 1939》, 大連: 南滿洲鐵道 株式會社, 1939.

United States Department of Commerce, Bureau of Foreign and Domestic Commerce. Office of Commercial Attaché, American Embassy, Tokyo. "Japan Monthly Trade and Economic Letters – July 1929."

United States Department of State, *Report of the Mission on Japanese Combines, Part 2: Analytical and Technical Data*, Department of State Publication 2628, Far Eastern Series no. 14, Washington D.C.: Department of State, 1946.

The United States Strategic Bombing Survey, 10 vols., New York: Garland Publishing, 1976.

保高正記 編, 《群山開港史》, 群山: 群山府, 1925.

財政部理財司 編, 《滿洲國銀行總覽》, 新京: 會計局, 1935.

한국어 문헌

강동진, 《일제의 한국침략정책사》, 한길사, 1980.

강만길, 《조선후기상업자본의 발달》, 고려대학교 출판부, 1974.

江村居士, 〈銀行頭取人物評: 東銀頭取関大植氏〉, 《三千里》8, 1936. 2, 51~55쪽.

고병우, 〈민족자본〉, 권오익 외편, 《경제학대사전》, 624쪽.

고승제, 《한국금융사연구》, 일조각, 1970.

고원섭 편, 《反民者 罪狀記》, 백엽문화사, 1949.

고재욱 편, 《인촌 김성수전》, 인촌기념회, 1976.

谷浦孝雄(안병직 역), 〈해방후 한국산업자본의 형성과 발전〉, 진덕규 편, 《1950년대의 인식》, 297~331쪽.

구자경 편, 《연암 구인회》, 연암기념사업회, 1979.

권영민 편, 《해방 40년의 문학: 1945~85》 전4권, 민음사, 1985.

권오기 편, 《인촌 김성수의 애족사상과 그 실천》, 동아일보사, 1982.

_____, 《인촌 김성수-인촌 김성수의 사상과 일화》, 동아일보사, 1985.

권오익 외편, 《經濟學大辭典》, 박영사, 1964(개정판, 1980).

권태억, 〈경성직뉴주식회사의 성립과 경영〉, 《韓國史論》 6, 1980. 12, 297~320쪽.

길진현, 《역사에 다시 묻는다》, 삼민사, 1984.

김병하, 〈육의전〉, 권오익 외편, 《경제학대사전》, 1089~1090쪽.

김상형 편, 《수당 김연수》, 수당기념사업회, 1971.

김성수, 〈大隈重信와 조선유학생〉, 《三千里》 6, 1934.5, 96~99쪽.

김성수, 《일제하 한국 경제사론》, 경진사, 1985.

김성한 편, 《사진으로 보는 한국 백년(1876~1976)》, 동아일보사, 1978.

김연수, 〈재계회고〉, 《재계회고》 1, 19~276쪽.

김영모, 《조선지배층연구》, 일조각, 1982.

김영선, 〈귀국열차〉, 《사보 경방》(1970. 11~1971. 6).

김영진 편, 《反民者 大公判記》, 漢豊出版社, 1949.

김용섭, 《조선후기농업사연구》 전2권, 일조각, 1974.

_____, 〈한말·일제하의 지주제 사례 1: 江華 金氏家의 秋收記를 통해서 본 지주경영〉, 《동아문화》 11, 1972. 12, 3~86쪽.

_____, 〈한말·일제하의 지주제 사례 3: 羅州 李氏家의 지주로의 성장과 그 농장경영〉, 《진단학보》 42, 1976. 8, 29~60쪽.

_____, 〈한말·일제하의 지주제 사례 4: 古阜 金氏家의 지주경영과 자본전환〉, 《한

국사연구》 19, 1978. 2, 65~135쪽.

김용주, 〈재계회고〉, 《재계회고》 2, 19~161쪽.

《김일성저작집》 전30권, 평양: 조선노동당출판사, 1979.

김준철, 《일제하의 한국민족자본과 민족사학에 관한 연구》, 상조사, 1984.

김화진 편, 《芝山遺稿全》, 회상사, 1966.

김황중 편, 《울산김씨 족보》 전3권, 1977.

김희일, 〈민족개량주의의 계급적 기초는 예속부르조아지이다〉, 《력사과학》 4,
    1966, 38~46쪽.

김윤환, 《한국노동운동사 Ⅰ: 일제하편》, 청사, 1982.

노인환 편, 《전경련 이십년사》, 전국경제인연합회, 1983.

동은기념사업회, 《동은 김용완》, 동은기념사업회, 1979.

〈만주의 조선고적〉, 《朝鮮實業俱樂部》 12, 1934. 3, 51쪽.

〈萬目 주시하는 三大 爭覇戰〉, 《三千里》 4, 1932. 4, 46~53쪽.

《萬性大同譜》, 서울.

박동순, 《재벌의 뿌리》, 태창문화사, 1980.

박두병전기위원회, 《연강 박두병》, 합동통신사 출판부, 1975.

박원선, 《객주》, 연세대학교 출판부, 1968.

박은식, 《박은식전서》 전3권, 단국대학교 출판부, 1975.

박재을, 〈한국면방직업의 사적 연구: 1876~1945〉, 경희대학교 박사학위논문, 1980.

박정희, 《국가와 혁명과 나》, 향문사, 1963.

박종태 편, 《조흥은행 팔십오년사》, 조흥은행, 1982.

박흥식, 〈재계회고〉, 《재계회고》 2, 163~271쪽.

배덕진 편, 《방협 삼십년사》, 대한방직협회, 1977.

〈商用語 韓-日-英 對照〉, 《商業界》 3, 1908. 12, 15~16쪽.

손정연, 《무송 현준호》, 전남매일 출판국, 1977.

신용하, 《조선토지조사사업연구》, 지식산업사, 1982.

L.生, 〈썼던 탈을 벗어나는 物産獎勵〉, 《開闢》 40, 1923. 10, 53~59쪽.

원유한, 《조선후기화폐사연구》, 한국연구원, 1975.

유광렬, 〈이광수의 '김성수론'을 駁함〉, 《三千里》 3, 1931. 10, 43~45쪽.

유길준, 《유길준전서》 전3권, 일조각, 1971.

유원동, 《한국근대경제사연구》, 일지사, 1977.

윤병석, 신용하, 안병직 편, 《韓國近代史論》 Ⅰ, 지식산업사, 1979.

윤용구, 《海平 尹氏 大同譜》 전5권, 海平尹氏大同譜刊行委員會, 1983.

윤주찬, 〈지성知性 개량〉, 《湖南學報》 3, 1908. 8, 39~45쪽.

이강현(L生), 〈직공에게 고함〉, 《商工月報》 19, 1911. 5, 3~5쪽.

이광수, 《이광수전집》 전20권, 삼중당, 1962~1964.

이기백, 《한국사신론》(개정판), 일조각, 1982.

이병철, 〈재계회고〉, 《재계회고》 1, 277~377쪽.

이승렬, 〈일제시기 민족자본가 논쟁〉, 《역사비평》 1990 여름호, 56~67쪽.

이철승, 〈仁村을 바로 알자〉, 《동아일보》 1989년 7월 15일자.

이한구, 《일제하 한국기업설립운동사》, 청사, 1989.

《재계회고》 전10권, 한국일보사 출판국, 1984.

전목구, 《전기 박정희》, 교육평론사, 1966.

조기준, 〈일인 농업이민과 동양척식주식회사〉, 윤병석, 신용하, 안병직 편, 《韓國近
代史論》 Ⅰ, 53~71쪽.

_____, 〈한국민족기업건설의 사상적 배경: 仁村 金性洙의 民族企業活動〉, 권오
기 편, 《인촌 김성수의 애족사상과 그 실천》, 85~155쪽.

_____, 《한국기업가사》, 박영사, 1974.

_____, 《한국 자본주의성립사론》, 대왕사, 1981(원저는 1973).

진덕규 외, 《1950년대의 인식》, 한길사, 1981.

滄浪客, 〈백만장자의 백만원觀: 자꾸 쓰고 싶다는 金性洙氏〉, 《三千里》 7, 1935. 9,
44~48쪽.

최중희, 〈反民特委에 관한 분석적 연구〉, 이화여자대학교 석사학위논문, 1976.

최태호, 〈貢人〉, 권오익 외편, 《경제학대사전》, 199쪽.

최호진, 〈客主〉, 권오익 외편, 《경제학대사전》, 53~54쪽.

_____, 〈旅閣〉, 권오익 외편, 《경제학대사전》, 994~995쪽.

〈한국의 자본주의와 자유주의〉, 《신동아》 1986년 8월호, 276~295쪽.

한국인명대사전 편찬실, 《韓國人名大辭典》, 신구문화사, 1967.

한국일보사 경제부, 《한국의 50대 재벌》, 경영능률연구소, 1985.

한우근, 《한국통사》, 을유문화사, 1970.

허유, 《김성수》, 동소문사, 1984.

허장만, 〈1920년대 민족개량주의의 계급적 기초 해명에서 제기되는 몇 가지 문제〉,
《력사과학》 3, 1966, 37~43쪽.

일본어 문헌

アジア經濟硏究所, 《舊植民地關係機關刊行物總合目錄: 朝鮮編》, 東京: アジア經濟
硏究所, 1974.

《著名商工案內》, 大阪: 株式會社商業興信所, 1942.

全承範, 〈大東亞戰爭と朝鮮經濟の進路〉, 《朝鮮實業》 20, 1942. 3, 8~14쪽.

〈朝鮮實業俱樂部成立の經過と現狀〉, 《朝鮮實業俱樂部》 15, 1937. 6, 164쪽.

朝鮮綿絲布商聯合會, 《朝鮮綿業史》, 京城: 朝鮮綿絲布商聯合會, 1929.

〈朝鮮を育みし入城名士〉, 《朝鮮實業俱樂部》 13, 1935. 10, 30~39쪽.

堂本貞一, 〈滿洲國産業の大勢と鮮滿貿易に就て〉, 《朝鮮實業俱樂部》 13, 1935. 4,
2~7쪽.

吉田廉三郎, 〈滿洲國に就て〉, 《朝鮮實業俱樂部》 10, 1932. 10, 14~15쪽.

韓翼敎 編, 《韓相龍君を語る》, 京城韓相龍氏還曆紀念會, 1941.

韓相龍, 〈北支を見て〉, 《朝鮮實業》 18, 1940. 7, 56~68쪽.

_____, 〈時局と滿洲國〉, 《朝鮮實業俱樂部》10, 1932. 10, 25~31쪽.

_____, 〈實業俱樂部の沿革〉, 《朝鮮實業俱樂部》7, 1929. 9, 2~4쪽.

_____, 〈滿洲事變三周年を迎えて〉, 《朝鮮實業俱樂部》12, 1934. 10, 2~11쪽.

_____, 〈南北滿洲を視察して〉, 《朝鮮實業俱樂部》10, 1932. 4, 3~16쪽.

_____, 〈年頭所感〉, 《朝鮮實業俱樂部》18, 1940. 1, 11~12쪽.

橋口秀孝 編, 《朝鮮纖維要覽》, 京城: 朝鮮織物協會, 1943.

〈本會の沿革と事業〉, 《朝鮮實業》18, 1940. 3, 2~11쪽.

朝日新聞社 編, 《現代人物辭典》, 東京: 朝日新聞社, 1977.

〈會員名簿〉, 《朝鮮實業俱樂部》14, 1936. 6, 85~117쪽.

〈會務〉, 《朝鮮實業俱樂部》14, 1936. 11, 186~187쪽.

梶村秀樹, 《朝鮮における資本主義の形成と展開》, 東京: 龍溪書舍, 1977.

大連商工會議所 編, 《滿洲銀行會社年鑑1942》, 大連: 大連商工會議所, 1943.

姜東鎭, 《日本の朝鮮支配政策史》, 東京: 東京大學出版會, 1979.

川合彰武, 《朝鮮工業の現段階》, 京城: 東洋經濟新報社, 1943.

〈京城紡績會社の內容を訊く〉, 《朝鮮實業俱樂部》10, 1932. 12, 16~17쪽.

金禮顯, 〈支那事變後に處すべき半島人の用意〉, 《朝鮮實業俱樂部》16, 1938. 3, 64~65쪽.

貴田忠衛, 《朝鮮人事興信錄》, 京城: 朝鮮新聞社, 1935.

小林英夫, 《「大東亞共榮圈」の形成と崩壞》, 東京: 御茶の水書房, 1975.

_____, 〈「會社令」研究ノート〉, 《海峽》3, 1975. 12, 21~36쪽.

小島精一, 《北支經濟讀本》, 東京: 千倉書房, 1939.

國民總力朝鮮聯盟 編, 〈國民總力讀本〉, 《朝鮮實業》19, 1941. 10, 41~45쪽 및 《朝鮮實業》19, 1941. 12, 39~44쪽.

工藤三次郎, 〈朝鮮對滿洲貿易の十年〉, 《朝鮮實業》20, 1942. 9, 2~5쪽.

松井孝也 編, 《日本植民地史 1: 朝鮮》, 東京: 每日新聞社, 1978.

御手洗辰雄 編, 《南次郎》, 東京: 南次郎傳記刊行會, 1957.

宮林泰司, 〈朝鮮織物業界の展望〉, 《朝鮮實業》 18, 1940. 3, 102~6쪽.

內藤八十八 編, 《鮮滿産業大鑑》, 東京: 事業と經濟社, 1940.

中村資良 編, 《朝鮮銀行會社組合要錄》, 京城: 東亞經濟時報社, 1933.

小倉貞太郎 編, 《朝鮮産業年報: 1943》, 京城: 東洋經濟新報社, 1943.

置鮎敏宏 編, 《朝鮮法律判例決議總覽》, 京城: 大阪屋號商店, 1927.

奧平康弘, 《治安維持法小史》, 東京: 筑摩書房, 1927.

大連商工會議所 編, 《滿洲經濟圖說》, 大連: 大連商工會議所, 1940.

朴榮喆, 《五十年の回顧》, 京城: 朴榮喆還曆紀念會, 1929.

酒井一夫, 〈滿洲輕工業の發達過程に關する覺書〉, 《大日本紡績聯合會月報》 583,
    1941. 5, 2~6쪽.

大連商工會議所 編, 《滿洲銀行會社年鑑: 1938》, 大連: 大連商工會議所, 1938.

作道好男, 江藤武人 編, 《東京工業大學九十年史》, 東京: 財界評論新社, 1975.

三瓶孝子, 《日本綿業發達史》, 東京: 慶應書房, 1941.

世界政經調査會, 《1975年版 韓國-北朝鮮人名辭典》, 東京: 世界政經調査會, 1975.

〈鮮滿貿易座談會〉(上, 下), 《朝鮮實業俱樂部》 10, 1932. 6, 31~36쪽; 1932. 7,
    41~65쪽.

〈鮮滿經濟産業座談會〉(上, 下), 《朝鮮實業俱樂部》 15, 1937. 5, 32~57쪽; 1937. 6,
    89~117쪽.

下中邦彥 編, 《日本人名大辭典: 現代》, 東京: 平凡社, 1979.

下中稱三郎 編, 《大人名辭典》 전10권, 東京: 平凡社, 1953~1955.

〈新入會員〉, 《朝鮮實業俱樂部》 14, 1936. 2, 64쪽 이하.

鹽見常三郎, 〈朝鮮に於ける紡績工業の現狀〉(Ⅰ), 《大日本紡績聯合會月報》 587,
    1941. 9, 7~15, 102쪽.

_____, 〈朝鮮に於ける紡績工業の現狀〉(Ⅱ), 《大日本紡績聯合會月報》 589, 1941.
    11, 63~73쪽.

高橋龜吉, 《現代朝鮮經濟論》, 東京: 千倉書房, 1935.

日本商業通信社 編, 《中國工商名鑑》, 東京: 日本商業通信社, 1942.

宇垣一成, 《宇垣日記》, 東京: 朝日新聞社, 1954.

山成喬六, 〈滿洲國の金融事情〉(Ⅰ, Ⅱ, Ⅲ), 《朝鮮實業俱樂部》 11, 1933. 3, 31~33
쪽; 11, 1933. 4, 32~37쪽; 11, 1933. 5, 24~33쪽.

李載坤, 〈永登浦の三大工場を觀る〉, 《朝鮮實業俱樂部》 14, 1936. 6, 74~76쪽.

〈財界片片〉, 《朝鮮實業俱樂部》 10, 1932. 6, 37쪽 이하.

帝國地方行政學會朝鮮支部, 《朝鮮經濟年報 昭和15年版》, 東京: 改造社, 1940.

文部省 編, 《國體の本義》, 1937.

영어문헌

Adamson, Walter L., *Hegemony and Revolution: A Study of Antonio Gramsci's Political and Cultural Theory*, Berkeley and Los Angeles: University of California Press, paperback, 1980.

Altman, Albert A., "Korea's First Newspaper: The Japanese Chosen Sinpo", *Journal of Asian Studies* 43, no. 4, 1984. 8, pp. 685~696.

Aminzade, Ronald, *Class, Politics, and Early Industrial Capitalism: A Study of Mid-nineteenth century Toulouse, France*, Albany: State University of New York Press, 1981, pp. 5~78.

Amsden, Alice H., *Asia's Next Giant: South Korea and Late Industrialization*, New York: Oxford University Press, 1989.

Anderson, Perry, "The Antinomies of Antonio Gramsci", *New Left Review* 100, 1976. 11~1977. 1, pp. 207~239.

Asia Watch Committee, *Human Rights in Korea*, New York and Washington D.C.: Asia Watch Committee, 1986.

Ayusawa, Iwao F., *A History of Labor in Modern Japan*, Honolulu: East-West

Center Press, 1966.

Baker, Donald, "Jesuit Science through Korean Eyes", *Journal of Korean Studies* 4, 1982~1983, pp. 207~239.

Baker, Edward J., "The Role of Legal Reforms in the Japanese Annexation and Rule of Korea, 1905~1919", *Harvard Law School Studies in East Asian Law, Korea*, no. 1.

Baldwin, Frank Prentiss, "The March First Movement: Korean Challenge and Japanese Response", Ph.D.diss., Columbia University, 1969.

Ban, Sung Hwan, Pal Yong Moon, and Dwight Perkins, *Rural Development*, Cambridge: Council on East Asian Studies, Harvard University, 1982.

Bartz, Patricia M., *South Korea*, Oxford: Clarendon Press, 1972.

Berlin, Isaiah, *Four Essays on Liberty*, Oxford: Oxford University Press, paperback, 1979.

Bishop, I.B., *Korea and Her Neighbours*, Fleming H. Revell Co., 1897.

Bisson, T.A., *Japan's War Economy*, New York: International Secretariat, Institute of Pacific Relations, 1945.

Bloch, Marc, *Feudal Society*, trans. by L.A. Manyon, Chicago: University of Chicago Press, 1964.

Bottomore, Tom, ed., *A Dictionary of Marxist Thought*, Cambridge: Harvard University Press, 1983.

Boyson, Rhodes, *The Ashworth Cotton Enterprise: The Rise and Fall of a Family Firm, 1818~1880*, Oxford: Clarendon Press, 1970.

Brandt, Vincent S.R., *A Korean Village: Between Farm and Sea*, Cambridge: Harvard University Press, 1971.

Cary, Otis ed., *From a Ruined Empire : Letters-Japan, China, Korea, 1945~1946*, Tokyo: Kodansha International Ltd., paperback, 1984.

Chandra, Vipan, "An Outline Study of the Ilchin-hoe of Korea", *Occasional Papers on Korea*, no. 2, 1974. 3, pp. 43~72.

_____, *Imperialism, Resistance and Reform in Late Nineteenth Century Korea: Enlightenment and the Independence Club*, Berkeley: Institute of East Asian Studies, University of California, Berkeley, 1988.

Chen, E. I-te, "The Attempt to Integrate the Empire: Legal Perspectives" in R.H. Myers and M.R. Peattie eds., *The Japanese Colonial Empire, 1895~1945*, Princeton: Princeton University Press, 1984, pp. 240~274.

Ch'oe, Yong-ho, "Reinterpreting Traditional History in North Korea", *Journal of Asian Studies* 40, no. 3, 1981. 5, pp. 503~523.

Choi, Hochin, "The Process of Industrial Modernization in Korea", *Journal of Social Sciences and Humanities*, no. 26, 1967. 6, pp. 1~33.

Chong, Chin-sok, "A Study of the Maeil Sinbo: Public Information Policy of the Japanese Imperialism and Korean Journalism under Japanese Imperialism", *Journal of Social Sciences and Humanities*, no. 52, 1980. 12, pp. 59~114.

Chun, Shin-yong ed., *Economic Life in Korea*, Korean Culture Series, no. 8, Seoul: International Cultural Foundation, 1978.

Cohen, Jerome B., *Japan's Economy in War and Reconstruction*, Minneapolis: University of Minnesota Press, 1949.

Cole, David C., and Princeton N.Lyman, *Korean Development: The Interplay of Politics and Economics*, Cambridge: Harvard University Press, 1971.

Collier, Peter and David Horowitz, *The Rockefellers: An American Dynasty*, New York: New American Library, 1977.

Conroy, Hilary, *The Japanese Seizer of Korea 1868~1910: A Study of Realism and Idealism in International Relations*, Philadelphia: University of Pennsylvania

Press, 1974.

Cook, Harold F., "Pak Yong-hyo: Background and Early Years", *Journal of Social Sciences and Humanities,* no. 31, 1969. 12, pp. 11~24.

Crowley, James B., "Japanese Army Factionalism in the Early 1930's", *JAS* 21, no. 3, 1962. 5, pp. 309~326.

Cumings B., *The Origins of Korean War: Liberation and the Emergence of Separate Regimes,* Princeton: Princeton University Press, 1981.

_____, "Corporatism in North Korea", *Journal of Korean Studies* 4, 1982~1983, pp. 269~294.

_____, "The Origins and Development of the Northeast Asian Political Economy" *International Organization,* Winter 1984, pp. 1~40.

Deuchler, Martina, *Confucian Gentlemen and Barbarian Envoys: The Opening of Korea, 1875~1885,* Seattle: University of Washington Press, 1977.

Diefendorf, Jeffry M., *Businessmen and Politics in the Rhineland, 1798~1834,* Princeton: Princeton University Press, 1980.

Dong, Wonmo, "Japanese Colonial Policy and Practice in Korea, 1905~1945: A Study in Assimilation", Ph.D.diss., George Town University, 1965.

Dore, Ronald, "The Late Development Effect", in Hans Dieter-Evans ed., *Modernization in South-East Asia,* London: Oxford University Press, 1973, pp. 65~80.

Dower, J.W., *Empire and Aftermath: Yoshida Shigeru and the Japanese Experience, 1878~1954,* Cambridge: Council on East Asian Studies, Harvard University, 1979.

Duus, Peter, "Economic Dimensions of Mejii Imperialism: The Case of Korea, 1895~1910", in Ramon H. Myers and Mark R. Peattie eds., *The Japanese Colonial Empire, 1895~1945,* Princeton: Princeton University Press, 1984, pp. 128~171.

Eckert, Carter J., "The Colonial Origins of Korean Capitalism: The Koch'ang Kims and the Kyongsong Spinning and Weaving Company, 1876~1945", Ph.D.diss., University of Washington, 1986.

Francillon, R. J., *Japanese Aircraft of the Pacific War*, London: Putnam and Co., 1979.

Gale, James, *Korean Sketches*, Fleming H. Revell, 1898.

Gerschenkron, Alexander, *Economic Backwardness in Historical Perspective*, Cambridge: Harvard University Press, 1962.

Gold, Thomas Baron, "Dependent Development in Taiwan", Ph.D.diss., Harvard University, 1981.

Gordon, Andrew, *The Evolution of Labor Relations in Japan: Heavy Industry, 1853~1955*, Subseries on the History of Japanese Business and Industry, Harvard East Asian Monographs, no. 117, Harvard University, 1985.

Gragert, Edwin Harold, "Landownership Change in Korea under Japanese Colonial Rule, 1900~1935", Ph.D. diss., Columbia University, 1982.

Grajdanzev, Andrew, *Formosa Today*, New York: Institute of Pacific Relations, 1942.

————, *Modern Korea*, New York: International Secretariat, Institute of Pacific Relations, 1944.

Gramsci, *Selections from the Prison Notebooks*, International Publishers, paperback, 1971.

Haboush, JaHyun Kim, *A Heritage of Kings: One Man's Monarchy in the Confucian World*, New York: Columbia University Press, 1988.

Han, Sungjoo, *The Failure of Democracy in South Korea*, Berkeley and Los Angels: University of California Press, 1974.

Hanley, S.B. and Kozo Yamamura, *Economic and Demographic Change in Preindustrial Japan, 1600~1868*, Princeton: Princeton University Press, paperbook, 1977.

Heilbroner, Robert L., *The Nature and Logic of Capitalism*, New York: W.W.Norton, 1985.

Hemingway, Ernest, *The Snows of Kilimanjaro and Other Stories*, New York: Charles Scribner's Sons, 1927.

Henderson, Gregory, *The Politics of the Vortex*, Cambridge: Harvard University Press, 1968.

Hibbett, Howard., *The Floating World in Japanese Fiction*, New York: Oxford University Press, 1959

Hirschman, Albert O., *The Passions and the Interests: Political Arguments for Capitalism Before its Triumph*, Princeton: Princeton University Press, 1977.

_____, *Rival Views of Market Society and Other Recent Essays*, New York: Viking, Elisabeth Sifton Books, 1986.

Hirschmeier, Johannes and Tsunehiko Yui, *The Development of Japanese Business 1600~1973*, Cambridge: Harvard University Press, 1975.

Hunter, Janet E., *Concise Dictionary of Japanese History*, Berkeley and Los Angeles: University of California Press, 1984.

Huntington, Samuel P., *Political Order in Changing Societies*, New Haven: Yale University Press, paperback, 1968.

Ihara Saikaku, *The Japanese Family Storehouse, or The Millionaires' Gospel Modernized(trans.)*, Cambridge: Cambridge University Press, 1959.

_____, *This Scheming World(trans.)*, Rutland, Vt: Charles E. Turtle, 1965.

_____, *Worldly Mental Calculations(trans.)*, Berkeley and Los Angeles:

University of California Press, 1976.

Johnson, Chalmers, *MITI and the Japanese Miracle: The Growth of Industrial Policy, 1925~1975*, Stanford, Calif.: Stanford University Press, 1982.

Jones, F.C., *Manchuria since 1931*, London: RIIA, 1949.

Jones, L.P. and I. Sakong, *Government, Business and Entrepreneurship: The Korean Case*, Council on East Asian Studies, Harvard University, 1980.

Juhn, Daniel S., "Nationalism and Korean Businessmen", in Eugene Kim and D.E. Mortimore eds., *Korea's Response to Japan: The Colonial Period, 1910~1945*.

_____, "Entrepreneurship in an Underdeveloped Economy: The Case of Korea, 1890~1940", D.B.A. diss., George Washington University, 1965.

Kamesaka, Tsunesaburu ed., *Who's Who in Japan: Fourteenth Annual Edition(1931~1932)*, 1932.

_____, *Who's Who in Japan with Manchukuo and China: Nineteenth Annual Edition*, 1938.

Kawashima, Fujiya, "Clan Structure and Political Power in Yi Dynasty Korea: A Case Study of the Munhwa Yu Clan", Ph. D. diss., Harvard University, 1972.

Kernig, C.D. ed., *Marxism, Communism and Western Society: A Comparative Encyclopedia*, New York: Herder and Herder, 1973.

Keynes, John M., *The End of Laissez-Faire*, London: Hogarth Press, 1926.

Kidd, Yasue Aoki, *Women Workers in the Japanese Cotton Mills, 1880~1920*, Ithaca. N.Y.: China—Japan Program, Cornell University, 1978.

Kim, C.I. Eugene and Kim, Han—kyo, *Korea and the Politics of Imperialism 1876~1910*, Berkeley and Los Angeles: University of California Press, 1967.

_____, and D.E. Mortimore eds., *Korea's Response to Japan: The*

Colonial Period, 1910~1945, Kalamazoo: Center for Korean Studies, Western Michigan University, 1977.

Kim, Key—Hiuk, *The Last Phase of East Asian World Order: Korea, Japan and Chinese Empire, 1860~1882*, Berkeley and Los Angeles: University of California Press, 1980.

Kim, Kwan Bong, *The Korea-Japan Treaty Crisis and the Instability of the Korean Political System*, New York: Praeger Publishers, 1971.

Kim, Richard, *Lost Names: Scenes from a Korean Boyhood*, New York: Praeger Publishers, 1970.

Kim, Se—Jin, *The Politics of Military Revolution in Korea*, Chapel Hill: University of North Carolina Press, 1972.

Kim, Young—Ho, "Yu Kil—chun's Idea of Enlightenment", *Journal of Social Sciences and Humanities,* no. 33, 1970. 12.

Kobayashi, Ushisaburo, *The Basic Industries and Social History of Japan 1914~1918*, New Haven: Yale University Press, 1930.

Koh, Sung Jae, *Stages of Industrial Development in Asia: A Comparative History of the Cotton Industry in Japan, India, China, Korea*, Philadelphia: University of Pennsylvania Press, 1966.

Krause, Richard A., *Cotton and Cotton Goods in China, 1918~1936*, New York: Garland Publishing, 1980.

Kuznets, Paul W., *Economic Growth and Structure in the Republic of Korea*, New Haven: Yale University Press, 1977.

Landes, David, "Japan and Europe: Contrasts in Industrialization", in William Lockwood ed., *The State and Economic Enterprise in Japan*, pp. 93~182.

Ledyard, Gari Keith, "The Korean Language Reform of 1446", Ph.D. diss., University of California, Berkeley, 1966.

_____, "Korean Travelers in China over Four Hundred Years, 1488~1887", *Occasional Papers on Korea,* no. 2, 1974. 3.

Lee, Chong-Sik, *Japan and Korea: The Political Dimension,* Stanford: Hoover Institution Press, 1985.

_____, *The Korean Worker's Party: A Short History,* Stanford: Hoover Institution Press, 1978.

_____, *The Politics of Korean Nationalism,* Berkeley and Los Angles: University of California Press, 1963.

Lee, Hoon K., *Land Utilization and Rural Economy in Korea,* University of Chicago Press, 1936.

Lee, Jung Young, *Sokdam: Capsules of Korean Wisdom,* Seoul: Seoul Computer Press, 1983.

Lee, Ki-baik, *A New History of Korea(trans.),* Cambridge: Harvard University Press, 1984.

Legge, James, *The Works of Mencius,* New York: Dover Publications, 1970.

Lew, Young Ick, "The Kabo Reform Movement: Korean and Japanese Reform Efforts in Korea, 1894", Ph.D. diss., Harvard University, 1972.

Linton, George E., *The Modern Textile Dictionary,* New York: Duell, Sloan, and Pearse, 1954.

Lockwood, William W., *The Economic Development of Japan: Growth and Structural Change, 1868~1938,* Princeton: Princeton University Press, 1984.

_____ ed., *The State and Economic Enterprise in Japan,* Princeton: Princeton University Press, 1969.

Manchester, William, *The Arms of Krupp, 1587~1968,* Toronto: Bantam, paperback, 1970.

Manchoukuo Year Book(1942), Hsinking: Manchoukuo Year Book Co., 1942.

Maruyama, Masao, *Thought and Behavior in Japanese Politics*, London: Oxford Univetsity Press, 1963.

Marx, Karl, *Capital: A Critique of Political Economy,* 3 vols., Samuel Moore/Edward Aveling trans., New York: International Publishers.

Mason, Edward S. et. al., *The Economic and Social Modernization of the Republic of Korea,* Cambridge: Council on East Asian Studies, Harvard University, 1980.

Matsumura, Hiroshi ed., *Diamond's Japan Business Directory, 1975,* Tokyo; Diamond Lead Co., Spring 1975.

Matsusaka, Y. Tak, "The Kwantung Army and the Reorganization of the South Manchuria Railway Company", Paper presented at the 42nd Annual Meeting of the Association for Asian Studies, Chicago, 1990. 4. 7.

McCune, George M., *Korea Today,* Cambridge: Harvard University Press, 1950.

McNamara, D., "The Keisho and the Korean Business Elite", *Journal of Asian Studies* 48, no. 2, 1989. 5, pp. 310~323.

Memmi, Albert, *The Colonizer and the Colonized,* Boston: Beacon Press, 1967.

Mitsubishi Economic Research Bureau, *Japanese Trade and Industry: Present and Future,* Tokyo: Mitsubishi Economic Research Bureau, 1936.

Molony, Barbara Ann, "Technology and Investment in the Prewar Japanese Chemical Industry", Ph.D. diss., Harvard University, 1982.

Montalvo, Joseph C. ed., *Cotton Dust: Controlling on Occupational Health Hazard,* American Chemical Society, 1982.

Moore, Barrington Jr., *Social Origins of Dictatorship and Democracy: Lord and Peasant in the Making of the Modern World,* Boston: Beacon Press, 1966.

Moser, Charles K., *The Cotton Textile Industry of Far Eastern Countries,* Boston: Pepperell Manufacturing Co., 1930.

Moskowitz, K., "The Creation of the Oriental Development Company: Japanese Illusions Meet Korean Reality", *Occasional Papers on Korea*, no. 2, 1974. 3, pp. 73~121.

_____, "Current Assets: the Employees of Japanese Banks in Colonial Korea", Ph.D. diss., Harvard University, 1979.

_____, "Korean Development and Korean Studies – A Review Article", *Journal of Asian Studies* 42, 1982. 11, pp. 63~90.

Myers, Ramon H. and Mark R. Peattie eds., *The Japanese Colonial Empire, 1895~1945*, Princeton: Princeton University Press, 1984.

Nakamura, Takafusa, *Economic Growth in Prewar Japan(trans.)*, New Haven: Yale University Press, 1983.

Namgung Yong, "A Congratulatory Address", *Sangopkye* 1, 1908. 10, pp. 4~5.

Oppert, Ernst, *A Forbidden Land: Voyages to the Corea*, New York: G.P. Putnam's Sons, 1880.

Ortega y Gasset, Jose, "History as a System", in Hans Meyerhoff ed., *The Philosophy of History in Our Time*, Garden City, N.Y.: Doubleday Anchor Books, 1959.

Palais, James B., *Politics and Policy in Traditional Korea*, Cambridge, Mass.: Harvard University Press, 1975.

_____, "Stability in Yi Dynasty Korea: Equilibrium Systems and Marginal Adjustments", *Occasional Papers on Korea*, no. 3, 1975. 6, pp. 1~18.

Park, Soon Won, "The Emergence of a Factory Labor Force in Colonial Korea: A Case Study of the Onoda Cement Company", Ph. D. diss., Harvard University, 1985.

Patrick, Hugh, ed., *Japanese Industrialization and Its Social Consequences*,

Berkeley and Los Angels: University of California Press, paperback, 1976.

Pearse, A.S., *Cotton Industry of Japan and China*, Manchester: International Cotton Federation, 1929.

Peattie, Mark R., "Japanese Attitude Toward Colonialism", in R.H. Myers and M.R. Peattie eds., *The Japanese Colonial Empire, 1895~1945*.

Polany, Karl, *The Great Transformation: The Political and Economic Origins of Our Times*, Boston: Beacon Press, 1957.

Pyle, Kenneth B., "Advantages of Followership: German Economics and Japanese Bureaucrats, 1890~1925", *Journal of Japanese Studies 1*, 1974. 8, pp. 127~164.

───────────, *The Making of Modern Japan*, Lexington, Mass.: D.C. Heath, 1978.

Quinones, C.K., "The Prerequisites for Power in Late Yi Korea: 1864~1894", Ph.D. diss. Harvard University, 1975.

───────────, "The Impact of Kabo Reforms upon Political Role Allocation in Late Yi Korea, 1884~1902", *Occasional Papers on Korea*, no. 4, 1975. 9, pp. 1~13.

Reischauer, E.O. and A. Craig, *Japan: Tradition and Transformation*, Houghton Mifflin Co., 1978.

Roberts, John G., *Mitsui: Three Centuries of Japanese Business*, New York and Tokyo: John Weatherhill, 1973.

Robinson, Michael E., *Cultural Nationalism in Colonial Korea, 1920~1925*, Seattle: University of Washington Press, 1988.

Sampson, Anthony, *The Sovereign State: The Secret History of ITT*, Sevenoaks, Kent: Hodder and Stoughton, 1974.

Saxonhouse, Gary R., "A Tale of Technical Diffusion in the Mejii Period",

Journal of Economic History 34, 1974. 3, pp. 149~165.

──────────────, "Working Koreans in Korea and Japan in the Inter-War Period", Unpublished Paper, Dept. of Economics, University of Michigan.

Scalapino and Lee, *Communism in Korea,* 2 vols., Berkeley: University of California Press, 1968.

Schmitter, Philippe C. and Gerhard Lehmbruch eds., *Trends Toward Corporatist Intermediation,* Beverly Hills: Sage Publications, 1979.

Seki, Keizo, *The Cotton Industry in Japan,* Tokyo: Japan Society for the Promotion of Science, 1956.

Selected Works of Mao Tse-tung, 5 vols., Peking: Foreign Language Press, 1975.

Shin, Susan, "Economic Development and Social Mobility in Pre-Modern Korea: 1600~1860", *Peasant Studies* 7, no. 3, Summer 1978, pp. 187~197.

──────────, "The Social Structure of Kumhwa County in the Late Seventeenth Century", *Occasional Papers on Korea,* no. 1, 1974. 4, pp. 9~35.

Shin, Yong-ha, "Pak Unsik's Idea of National Salvation by Industry", *Journal of Social Sciences and Humanities,* no. 50, 1979. 12, pp. 17~53.

Sih, Tien-Tsung, "Japan and Cotton Industry in North China", *Council of International Affairs Information Bulletin* 3, no. 6, 1936. 3, pp. 123~137.

Silverman, Bernard, and H.D. Harootunian eds., *Japan in Crisis: Essays on Taisho Democracy,* Princeton: Princeton University Press, 1974.

Smith, Adam, *An Inquiry into the Nature and Cause of the Wealth of Nations,* New York: Random House, Modern Library, 1937.

Somerville, John N., "Stability in Eighteenth Century Ulsan", *Korean Studies Forum,* no. 1, Autumn-Winter 1976~1977, pp. 1~18.

Song, Chan-shik, "Genealogical Records", *Korea Journal* 17, 1977. 5, pp.

15~24.

Storry, Richard, *The Double Patriots: A Study of Japanese Nationalism*, Boston: Houghton Mifflin Company, 1957.

Suh, Dae-Sook, *Documents of Korean Communism: 1918~1948*, Princeton: Princeton University Press, 1970

_____, *Korean Communism 1945~1980: A Reference Guide to the Political System*, Honolulu: University Press of Hawaii, 1981.

_____, *The Korean Communist Movement, 1918~1948*, Princeton University Press, 1967.

_____, and Lee, Chae-Jin eds., *Political Leadership in Korea*, Seattle: University of Washington Press, 1976.

Suh, Sang-Chul, *Growth and Structural Changes in the Korean Economy, 1910~1940*, Cambridge: Council on East Asian Studies, Harvard University, 1978.

Tsurumi, E. Patricia, *Japanese Colonial Education in Taiwan, 1895~1945*, Cambridge: Harvard University Press, 1977.

Tucker, Robert C., *The Marx-Engels Reader,* New York and London: W.W.Norton, 1978.

Van der Wee, Herman ed., *The Great Depression Revisited: Essays on the Economics of the Thirties*, The Hague: Nijhoff, 1972.

Veblen, Thorstein, *The Theory of Business Enterprise*, Clifton, N.J.: Augustus M. Kelly, 1973.

Wagner, Edward W., "The Ladders of Success in Yi Dynasty Korea", *Occasional Papers on Korea*, no. 1, 1974. 4, pp. 1~8.

_____, "Munkwa Project", Computer Printouts, Harvard University, 1971.

_____, "Social Stratification in Seventeenth Century Korea: Some Observations from a 1663 Seoul Census Register", *Occasional Papers on Korea*, no. 1, 1974. 4, pp. 35~54.

_____, *The Literati Purges: Political Conflict in Early Yi Korea*, Cambridge: East Asian Research Center, Harvard University, 1974.

Wales, Nym and Kim San, *Song of Arirang: A Korean Communist in the Chinese Revolution*, San Fransico: Ramparts Press, 1941.

Wallerstein, Immanuel, *The Capitalist World-Economy*, Cambridge: Cambridge University Press, 1979.

Warren, Bill, "Imperialism and Capitalist Industrialization", *New Left Review* 81, 1973. 9~10, pp. 1~92.

Wartime Legislation in Japan: A Selection of Important Laws Enacted or Revised in 1941, Tokyo: Nippon Shogo Tsushin Sha.

Weber, Max, *The Protestant Ethic and the Spirit of Capitalism*, New York: Charles Scribner's Sons, Lyceum, 1958.

Woo, Jung-eun, "State Power, Finance, and Industrialization of Korea", Ph.D. diss., Columbia University, 1988.

Yamamura, Kozo, "General Trading Companies in Japan: Their Origins and Growth", in Hugh Patrick ed., *Japanese Industrialization and Its Social Consequences*.

_____, "The Japanese Economy, 1911~1930: Concentration, Conflicts, and Crises" in B.S. Silverman and H.D. Harootunian eds., *Japan in Crisis: Essays on Taisho Democracy*.

_____, "Then Came the Great Depression: Japan's Interwar Years", in Herman Van der Wee, ed., *The Great Depression Revisited: Essays on the Economics of the Thirties*.

신문

《朝鮮新聞》

《전국노동자신문》

Japan Times and Mail

Japan Weekly Chronicle—Commercial Supplement

《京城日報》

《매일신보》

New York Times

Seoul Press

《西部每日新聞》

《大邱日報》

《동아일보》

인터뷰

김각중, 주식회사 경방 회장, 경방 본사, 영등포(서울), 1984. 3. 29.

김상덕, 박윤도, 삼양염업사, 전라북도 고창군 해리면 동호리, 1982. 10.

김용완, 주식회사 경방 전 회장 및 전경련 전 회장, 두산빌딩, 서울, 1984. 3. 30;
  1984. 4. 13 (녹음).

이경훈, 이도영의 장남, 시애틀, 1985. 12. 22.

역자 후기

오래전 내가 대학원 박사과정에서 한국경제사 분야의 논문 주제를 찾을 때 접한 이 책은 충격 그 자체였다. 식민지시대 하면 일제의 수탈과 그에 대한 한국인들의 저항, 그리고 미완의 혁명 과제를 떠올리던 시절에, 일제의 식민지 지배가 한국의 자본주의적 변혁과 근대화를 촉진하고, 그 과정에 한국인이 적극 참여했으며, 현대 한국의 고도성장의 기원이 바로 거기에 있다는 이 책의 주장은 매우 파격적이었다. 게다가 경성방직(주)의 중역회의록, 주주총회록, 영업보고서와 각종 회계장부, 개인 서신 등의 자료를 새로 발굴하여, 거기서 추출한 갖가지 사실들을 치밀하게 엮어서 하나의 선명한 주장으로 제시했다는 점에서도 이 책은 단연 돋보였다. 그 주장과 근거 제시, 서술 능력 면에서 이 책은 그때까지 접한 연구서 중 독보적이었다.

그로부터 15년도 넘는 시간이 흘렀고, 한국 근현대사에 관한 많은 연구들이 세상에 나왔건만, 한국의 역사학계는 아직도 수탈론과 식민지근대화론의 대립구도를 넘어서지 못하였다. 그 원인 중 하나는 상대의 논의를 제대로 이해하지 못한 채 자신의 주장만 되풀이하는 데 있다. 내용이 그다지 난해할 것 없는 이 책도 기본 논지가 정확히 이해되지 못한 채 연구자의 입맛에 맞는 일부만 인용되거나, 그 실증적 근거 여하에 관계없이 논지 자체가 거부되고 있다. 내가 이 책을 번역한 것은, 이 책을 정확히 이해함으로써 한국 근대사에 관한 논의를 좀더 발전시키는 데 일조하기 위해서다.

저자는 1970~1980년대의 한국사관인 내재적 발전론을 비판하는 데서 출발한다. 내재적 발전론이란, 식민지화 이전의 한국 사회에서 자생적으로 사회경제발전이 이루어지고 있었으나 일제의 식민지 지배가 이를 뿌리뽑아 한국 경제의 발전을 억압했다는 주장으로, 아직까지도 한국사 연구자들의 사고를 지배하고 있다. 반면 저자는 한국인의 감정에는 거슬리는 것이겠으나, 한국 사회 변화의 기동력이 외부(일본)에서부터 왔으며, 일제의 식민지 지배는 한국의 자본주의적 변혁과 근대화를 촉진했다는 시각, 곧 광의의 식민지근대화론의 시각을 택한다. 저자가 이러한 시각을 택한 이유는 역사 연구가 가상의 세계가 아니라 실제의 세계를 대상으로 삼아야 한다는 생각 때문이었다. 따라서 그는 일본이 침략하지 않았더라면 어떤 일이 일어날 수 있었을까를 상상하기보다는 일본의 침략으로 실제 일어난 일을 살펴볼 것을 주문한다.

만약 일본이 침략하지 않았더라면, 혹은 한국이 일본의 식민지가 되지 않았더라면 한국이 어떤 길을 걸었을지 추측한다는 것은 어려운 일이다. 반면 실제로 일어난 일은 조사할 수 있는데, 즉 일본에 의한 강제적 개항과 그 이후의 식민화를 통해 시작된 한국의 시장경제, 재산권 제도의 확립, 선진기술과 지식의 이식, 그리고 산업화 등이 그것이다. 저자는 추측할 수 없는 것을 억지로 추측해서 가상의 기준을 만들고, 그에 빗대어 실제 일어난 변화를 평가하지 말 것을 주문한다. 대신 실제로 상업과 무역의 확대, 농업과 공업의 개발, 지주와 산업자본가의 성장을 일어난 일로서 인정할 것을 요구한다. 외부에서 이식된 자본주의경제체제가 이 땅에 뿌리를 내려 성장하는 것을 직시하라는 것이다.

그렇다면 그러한 자본주의 발전과정에서 한국인, 한국인 기업은 어떤 길을 걸었다는 것인가. 저자는 일본의 정책상, 또 자본주의 발전의 속성상 한국인이 그러한 변화과정에서 배제되지 않았다는 것, 아니 그러한 발전 과정은 한국인들을 아우르면서 진행되었으며 수많은 한국인 상공업자·기업가가 성장했다는 것을 강조한다. 그리고 그 대표적인 예로 경방을 말한다. 저자는 단순한 직포업체로 출발한 경방이 그 불안정성을 극복하여 마침내 일본의 대방적 자본의 조선내 공장에 견줄 만한 방적방직 겸영의 거대 사업체로 눈부시게 성장하였으며, 만주 지역에 제국주의적 자본을 수출까지 하기에 이르렀다는 것을 보여준다.

그 성장 요인과 관련하여 저자는 일제하의 한국인 기업이 일본 제국주의의 온갖 억압에도 불구하고 자신의 자본과 기술력으로 성장했다고 보는 조기준 등의 민족자본긍정론이나, 일제하에서는 일본 제국주의와 협력한 소수의 예속적인 한국인 자본만 발전했을 뿐이라는 가지무라 등의 토착자본비판론을 모두 부정한다. 그는 총독부가 경제개발에서 한국인(한국인 부르주아지)을 배제하지 않고 참여하도록 이끄는 '협력적 자본가개발정책' 을 펼쳤고, 그 조건 아래서 경성방직을 필두로 한 광범위한 한국인 기업이 자본의 조달, 원료·설비의 구매, 기술의 획득, 노동자의 지휘·통제, 제품의 판매 등 여러 측면에서 일본인 기업과 긴밀히 협력하면서 성장했음을 보여주었다. 나아가 대동아공영권을 건설한다는 일제의 대륙침략전쟁에 경방이 적극 참여하였으며, 그로 인해 일제 말까지 확장과 번영을 구가했지만 그 대신 한국 사회에서 지도력을 상실했다는 것도 보여주었다. 저자는 경방이 일본 제국주의 당국 및 일본의 대기업과의 긴밀한 제휴, 그로부터의 지원을 토대로 성장하고 일본 제국주의에 자신의 명운命運을 걸었다는 점에서 그를 '제국의 후예'라 불렀다.

저자는 이 식민지 자본주의 발전의 의의에 관해, 식민지 지배가 한국적 특성을 가진 토착 자본가계급을 창출하고 훗날의 경제개발·공업화에 모델을 제공해 주었으며, 그로 인해 한국의 경제개발이 여러 가지 점에서 일제의 식민지 개발을 연상시킨다고 결론지었다.

이러한 저자의 주장은 식민지 시기에 한국 경제사회의 근대화가 시작되었다는 식민지근대화론에 해당하지만, 그것을 식민지지배긍정론이니 미화론이니 하고 매도하는 것은 단견이다. 그는 실제로 일어난 일을 기술했을 뿐 그것이 바람직했다거나 좋았다는 식의 선악善惡, 호오好惡의 판단은 내리지 않았다. 그런데도 이것을 긍정론이니 미화론이니 하는 것은 적절치 못하다.

저자는 자신이 식민지기 역사의 밝은 면을 언급하고 있을 뿐이며, 그 이면에는 식민지 지배의 어두운 모습도 있음을 분명히 밝혔다. 이민족의 지배에 따르는 민족 억압과 민족 간 갈등, 민족 내부의 분열과 갈등이 당대는 물론이고 후대에도 크나큰 대가를 치르게 했다는 것이다. 따라서 그 밝은 측면마저도 대단히 고통스러운 것이었는데, 이 책의 제7장에 상세히 서술된 경방에서의 어려운 노동생활이 바로 그것이다. 이 점을 제대로 이해한다면 그의 견해를 식민지 지배미화론으로 매도하는 잘못을 범하지는 않을 것이다.

우리가 이 책을 통해 얻을 수 있는 시사점은 다음의 세 가지로 집약해 볼 수 있겠다.

첫째는 한국의 근대화를 좀더 긴 역사적 시야에서 접근하는 것이다. 영미권의 경제발전론자들처럼 한국이 1960년대 초에 '어느 날 갑자기' 공업화를 시작한 것으로 보거나, 한국의 국사학자들처럼 식민배와 전쟁으로 초토화된 폐허 위에서 한국이 공업화를 시작했다고 보는 것과 달리, 저자는 한국 근현대사를 시장경제화와 공업화·도시화가 진행되는 하나의 '장기지속'의 역사로 파악하며, 그렇기에 책의 부제처럼 '한국 자본주의의 식민지적 기원the colonial origins of Korean capitalism'을 구명하려 했다.

둘째는 한국에서 전통 사회를 해체하고 자본주의 경제를 발전시킨 기동력이 외부에서 왔다는 것을 분명히 한 것이다. 내생성·주체성·자생성이란 듣기에는 좋은 말이지만, 한국의 근대화를 촉발한 동력은 사실은 일본·미국과의 국제관계에서부터 왔다는 점을 인정해야 한다. 물론 쇄국체제로서의 조선왕조 사회에서도 내재적인 발전이 있었다. 그렇지만 한국이 근대화로 나아가게 된 결정적 계기는 개항에 따른 세계자본주의체제로의 편입이었다. 개항 이후 사회경제 변화의 속도는 전통 사회에서보다 훨씬 더 빨랐다. 이 점을 분명히 한 것이 저자의 또다른 공적이다.

셋째는 일본의 자본주의적 개발에 대한 한국인의 뛰어난 적응성을 발견한 것이다. 개항 후 쌀 수출무역으로 많은 상인·지주가 부를 축적했고, 그중 고창 김씨가를 비롯한 여러 상인·지주가 공업기업가로 변신했다. 보잘것없는 직포회사로 출발한 경성방직은 일본인 대기업과 견줄 만한 대방직기업으로 성장했다. 거기에는 식민정부 당국 및 일본인 기업과의 교류·협력을 통해서라도 필요한 경영자원을 조달하고 활용한 한국인 경영진의 역할이 결정적이었다. 이것은 자본주의 경제개발에 대한 한국인의 뛰어난 적응능력을 시사하는데, 이 점은 고창 김씨가라는 예외적인 한 가문에 국한된 일이 아니라, 이병철이나 정주영, 구인회 등을 비롯한 수많은 중소 한국인 상공업자에게도 해당되는 일이었다.

이상은 우리가 그의 연구로부터 얻을 수 있는 중요한 논점이지만, 저자의 주장을 잘못 읽을 가능성에도 유의해야 한다.

첫째, 경성방직이 식민정부 및 일본인 기업의 지원과 협력 덕분에 성장한 제국의 후예이니, 그것은 곧 예속자본이 아닌가 하는 것이다. 저자는 이 책에서 경성방직이 총독부 권력 및 일본인 자본으로부터 어떤 도움을 받았는가에 서술의 초점을 맞추었다. 그렇기에 저자는 그것을 '제국의 후예'라고 불렀다. 국사학계의 많은 연구자들은 이 점에 입각해서, 경성방직 및 그로 대표되는 한국인 자본이 '민족자본'이 아니라 '예속자본', '매판자본'이며, 그것은 민족사적으로 아무런 의의를 갖지 못하는 존재, 예컨대 '일본 제국주의의 영원한 꼬붕'이라고 보고 있다. 그러나 이러한 민족자본 – 예속자본의 이분법적 시각 및 영세자본을 제외한 한국인 자본의 예속자본론은 저자가 이 책에서 정면으로 비판한 것이다. 경성방직이 총독부 권력 및 일본인 자본과 긴밀한 협력·의존 관계에 있었던 것은 사실이지만, 그것이 예속자본·매판자본이라는 논리는 지극히 편협한 발상이다. 경성방직은 오히려 총독부 권력 및 일본인 자본과 잘 협력했기에 뛰어난 학습자가 될 수 있었으며, 그 덕분에 후발자로서 선발자를 따라잡을 수 있었다는 것이 더 중요한 논점이다. 이제는 교류·협력했으니 매판이요, 예속이라는 발상에서 벗어날 때가 되었다.

둘째, 저자의 견해가 사회경제발전의 동인을 외부에서만 찾는 외인론外因論이 아닌가 하는 것이다. 발전외인론의 예로는 《한국전쟁의 기원》의 저자 커밍스Cumings를 들 수 있는데, 그는 한국의 경제발전에서 그 세계체제론(더 정확하게 말하면 지역체제론)적 맥락을 강조하여, 미국-일본-한국 간의 지역분업체제의 형성을 한국 공업화의 핵심적 요인으로 보았다. 따라서 미국이 한국의 수출지향 공업화 계획을 작성해 주었으며 한국의 공업제품에 시장을 제공해 주었다는 의미에서 한국의 공업화를 '초대에 의한 발전'이라 명명하였다.

저자는 한국 사학계의 내재적 발전론을 비판하면서 일본 제국주의의 주도로 한국의 자본주의적 변형이 진행된 것에 초점을 맞춰 서술했을 뿐이지, 개항 이전 조선 사회가 정치·경제·문화적으로 발전해왔다는 사실과 식민지 자본주의 개발과정에 한국인이 주체적·능동적으로 참여하여 자기개발을 해나갔다는 사실을 부정하지 않는다. 저자는 논의의 초점을, 일본이 침략하지 않았더라면 한국이 자주적으로 근대화를 성취할 수 있었으리라는 내재적 발전론의 가정법에서 일본의 식민지 지배로 실제 일어난 사회 경제 변화를 추적하는 데로 옮겼을 뿐이다. 따라서 저자의 입장은 발전 외인론과는 다르다.

셋째, 저자의 견해가 한국의 경제발전이 식민지 지배 덕분에 가능했다는 것이 아닌가 하는 것이다. 이 책의 부제에서 보는 것처럼 저자의 주장은 '현대 한국의 식민지 기원론·연속론'이라 부를 만하다. 그는 책의 결론에서 "경제에서의 국가의 압도적 지배, 소수 재벌 수중으로의 경제력의 집중, 수출의 강조, 경제성장에 대한 자극제로서의 전쟁의 위협" 등을 식민지 공업화의 유산으로 꼽고, 그것이 1960년대 이후의 공업화에서 다시 나타났다는 것을 지적하여 한국 경제발전의 식민지적 기원을 분명히 했다.

그러나 기원론과 기원결정론은 구별할 필요가 있으며, 저자의 주장은 기원론으로 해석하는 것이 적절하다. 기원론은 한 시대에 그전 어떤 시대의 자취가 남아 있다는 의미이다. 오늘의 한국사회에 조선시대의 자취가 남아 있다는 의미에서 현대 한국의 조선시대 기원론도 가능하다. 마찬가지로 오늘의 한국 사회에는 당연히 식민지시대의 자취가 남아 있다. 반면 식민지기원결정론이란 한국 경제발전의 핵심적 요소들이 식민지기에 대부분 형성되었고, 식민지시대가 해방 후의 역사를 결정지었다는 주장이다. 예컨대 커밍스와 우정은 한국의 국가주도적 발전 모델이 일제의 식민국가 및 1930년대의 공업화 경험으로부터 제공되었다고 보며, 콜리Kohly는 '한국 발전국가의 일본계 혈통'을 주장하면서 "개도국의 성공·실패 여부는 상당 부분 그 식민지 유산의 차이로 설명된다"고까지 말하였다.

반면 저자의 주장은 이와 다르다. 그는 'A가 없으면 B도 없다'는 식으로까지 강한 주장을 하지는 않았다. 그는 한 후속 논문에서 "전쟁 준비에서 중일전쟁과 태평양전쟁으로 이어진 과정은 조선의 경제와 사회를 재편하였고, 오늘날에도 한반도의 남쪽에서 여전히 진행중인 공업화와 사회 변화과정을 활성화하고 가속했다"라고 썼다. 그러나 그는 또 "식민지 지배가 한국의 공업화와 사회변화를 가능하게 한 유일한 길이었다고 말하는 것은 아니"라고 단서를 달았다. 그는 'A가 B에 영향을 미쳤다'는 의미의 주장을 하고 있는데, 이번 한국어판 서문에서도 식민지유산을 해방 후의 다른 많은 요인들의 맥락 속에서 평가하겠다는 입장을 밝혔다. 이러한 점들에 유의하면 이 책을 좀더 정확히 이해할 수 있으리라고 생각한다. 물론 이는 역자의 견해이며, 저자의 생각은 이와 다를 수 있다.

이 책은 연구사적으로 중요한 논점을 제기하고 있지만, 좋은 연구서란 어떠해야 하는가에 관한 전범典範이기도 하다. 저자는 이 책에서 단순히 하나의 기업, 기업가에 관한 사례연구에 머물지 않고 당대의 시대상황 전체를 담아냈다. 이 책에는 제국주의에 의한 식민지 사회경제의 변형, 한국인의 반응, 민족주의에 대응한 일제 지배정책의 변화, 한국인 부르주아지의 동향, 전시동원과 한국사회의 계급적 분열 등 한국 근대사의 핵심적 주제들이 잘 녹아 있다. 또한 이 책에서 저자의 뛰어난 글솜씨도 맛볼 수 있다. 연구란 여러 가지 재료들을 조리해 맛있고 먹기 좋은 요리를 만들어내는 것과 같다고 할 수 있을진대, 그는 탄탄한 논리에 걸맞은 많은 일화를 소개하는데, 여러 가지 수사를 적절하게 사용하여 이야기를 흥미진진하게 풀어간다. 그 덕분에 독자들은 그 시대와 인물에 관해 선명하게 이해할 수 있다. 독자들이 이 책을 통해 경성방직과 그 시대 인물들의 세계를 제대로 들여다 볼 수 있기를 바란다.

금번 번역작업에서는 에커트 교수의 제자인 연세대 국제대학원의 마이클 김 교수가 번역 원고의 감수를 담당했다. 전체 원고를 꼼꼼히 읽고 역자가 잘못 번역한 것과 빠트린 부분을 바로 잡아준 김 교수의 노고에 감사한다.

찾아보기

ㄱ

제국의 후예

● 2008년 2월 14일 초판 1쇄 인쇄
● 2008년 2월 19일 초판 1쇄 발행
● 지은이   카터 J. 에커트
● 옮긴이   주익종
● 펴낸이   박혜숙
● 편집인   백승종
● 책임편집   신상미
● 디자인   조현주
● 영업 및 제작   변재원
● 인쇄   백왕인쇄
● 제본   경일제책
● 종이   화인페이퍼
● 펴낸곳   도서출판 푸른역사
            우 110-040 서울시 종로구 통의동 82
            전화: 02)720 - 8921(편집부) 02)720 - 8920(영업부)
            팩스: 02)720 - 9887
            E-Mail: 2007history@naver.com
            등록: 1997년 2월 14일 제13-483호

ISBN   978-89-91510-55-5   03900

· 잘못 만들어진 책은 교환해드립니다.